KB072022

일본 사상을
다시 만나다

일본 사상을 다시 만나다

초판 1쇄 인쇄 2014년 6월 24일
초판 1쇄 발행 2014년 6월 30일

지은이   임태홍
펴낸이   김준영
펴낸곳   성균관대학교 출판부
출판부장 박광민
편 집   신철호 | 현상철 | 구남희
마케팅   박인봉 | 박정수
관 리   이경훈 | 김지현

등 록   1975년 5월 21일 제1975-9호
주 소   110-745 서울특별시 종로구 성균관로 25-2
전 화   760-1252~4
팩 스   762-7452
홈페이지 press.skku.edu

ISBN 979-11-5550-053-8 93150

* 잘못된 책은 구입한 곳에서 교환해드립니다.

일본 사상을
다시 만나다

임태홍 지음

일본의 대표적 사상가 16인의 생애와 사상

성균관대학교
출판부

『일본 사상을 만나다』 차례

여는 글

1) 『일본 사상을 만나다』 시리즈 두 번째

2010년 1월 『일본 사상을 만나다 - 일본의 대표적 사상가 15인의 생애와 사상』(성균관대학교 출판부)이 나온 지 4년 만에 그 속편을 내놓는다. 앞서 소개하지 못한 16명을 새롭게 정리했다. 이 책에 담은 인물들 역시 대부분은 일본 사상사에서 매우 중요한 사람들이다.

각 인물들에 대한 서술은 앞 책 『일본 사상을 만나다』(이하 제1권이라 부름)와 비슷하다. 도입부가 있고, 생애에 대한 소개가 있으며, 중요한 사상이나 공적에 대한 서술 그리고 연보를 제공하는 순이다.

'일본 사상'이라는 큰 주제를 염두에 두고 본다면, 이 책은 제1권에서 소개한 내용을 좀 더 심화시키며 부족했던 부분을 보완해 나가는 형식을 취하고 있다. 그런 의미에서 말 그대로 '속편'이다. 제1권을 이미 읽은 독자들은 이 책을 읽어가면서, 제1권의 내용을 다시 상기해 보면 좋을 것이다. 제1권을 읽지 않은 독자들은, 이 책만 읽어도 일본 사상의 큰 흐름을 파악할 수 있으나, 가능하면 이 책을 읽고 제1권을 추가로 읽으면 좀 더 입체적으로 일본의 사상과 문화를 이해할 수 있을 것이다.

2) 에도 시대 이전의 인물 소개

이 책에서 소개하는 에도 시대 이전의 인물은 모두 4명이다. 시대별로 제1권과 비교하면서 살펴보면 다음과 같다.

	시대	기간	이 책에서 소개하는 인물	제1권에서 소개한 인물
고대	아스카(飛鳥)	593-710		
	나라(奈良)	710-794	교키(行基)	
	헤이안(平安)	794-1192	엔닌(円仁)	구카이, 사이초
중세	가마쿠라(鎌倉)	1192-1336	도겐(道元)	잇펜, 니치렌
	무로마치(室町)	1336-1573	렌뇨(蓮如)	요시다 가네토모
	아츠지 모모야먀	1573-1603		

지난 제1권에서는 모두 5명의 사상가를 소개했다. 구카이와 사이초 등 헤이안 시대 인물부터 소개를 했는데, 이번에는 시대를 올라가 나라 시대의 교키(行基, 668-749)부터 소개한다. 교키는 민중의 입장에서 실천을 중시한 승려다. 헤이안 시대 인물로는 사이초의 제자 엔닌(円仁, 794-864)을 소개한다. 교키와 엔닌을 통해서 일본 사회가 독자적인 정체성을 찾아가는 모습을 드러내고자 했다.

가마쿠라 시대에는 선종 승려 도겐(道元, 1200-1253)을 소개한다. 도겐은 중국에 유학한 적이 있는데, 특히 조동종(曹洞宗)에 관심을 두어 일본 조동종의 개조라고 불린다. 그는 선종의 개조 에이사이(榮西, 1141-1215)의 제자다. 지난 1권에서는 염불을 중시한 정토종계 승려 잇펜과 일련종 개조 니치렌을 소개했는데, 이번에는 무사적이며 정적인 분위기가 물씬 풍기는 선종을 중심으로 당시의 사상적 분위기를 서술해 나갈 계획이다. 무사 집단이 정권을 잡은 가마쿠라 시대는 역시 선종이 매우 흥성한 시대로 당시의 사상문화가 이 선종과 밀접하게 관련되어 있다.

일본 사상을 다시 만나다

무로마치 시대로 내려와서는 정토진종의 승려 렌뇨(蓮如, 1415-1499)를 소개한다. 일본 역사상 혼란의 극치를 이룬 이 시대에 역사의 한 축을 담당했던 인물이 렌뇨다. 그는 정토진종의 개창자 신란(親鸞)의 가르침을 따랐는데, 일시적으로 정치적인 실력까지 갖추고 광범위한 지역에서 자신의 영향력을 발휘했다. 렌뇨를 통해서 전국시대에서 에도 시대로 넘어가는 시대의 혼란스러운 분위기를 살펴본다.

3) 에도 시대 이후의 인물 소개

일본 사상사는 간단히 말하면 다음과 같이 크게 세 부분으로 나눌 수 있다.

① 불교의 시대 ② 유학의 시대 ③ 양학(洋學)의 시대

불교의 시대는 에도 시대 이전, 즉 아스카 → 나라 → 헤이안 → 가마쿠라 → 무로마치 → 아츠지 모모야마 시대로 이어지는 기간이며, 유학의 시대는 그 이후인 에도 시대, 즉 근세라고 하는 기간이다. 그 뒤 지금까지는 양학, 즉 서양의 학문이 주류가 된 시대라고 할 수 있다.

앞에 소개한 에도 시대 이전의 인물들은 제1권에 소개된 요시다 가네토모만 빼고 모두 승려이다. 그들이 살았던 시대가 바로 불교의 시대였기 때문이다. 불교는 종교 신앙뿐만 아니라 정치, 사상, 문화 등 생활 전반에 강력한 영향을 미치고 있었다.

에도 시대 이후의 인물로 이 책에서는 모두 9명을 소개한다.

이토 진사이(伊藤仁齋, 1627-1705), 아라이 하쿠세키(新井白石, 1657-1725), 이시다 바이간(石田梅岩, 1685-1744), 다다노 마쿠즈(只野眞葛, 1763-1825), 히

라타 아쓰타네(平田篤胤,1776-1843), 아이자와 야스시(會澤安, 세이시사이正志齊, 1782-1863), 와타나베 카잔(渡邊華山, 1793-1841), 요시다 쇼인(吉田松陰, 1830-1859), 사카모토 료마(坂本龍馬, 1836-1867) 등 9인이다.

이들은 모두 직간접적으로 유학 사상과 관련되어 있다. 에도 시대는 바로 유학이 시대사상의 핵심을 이루고 있었다. 히라타 아쓰타네와 같은 국학자도 그 사상적인 뿌리를 찾아가면 에도 시대 초기에 일본에 전해진 주자학에 연결된다. 사카모토 료마와 같이 표면적으로는 유학과 별로 관련이 없는 막말(幕末) 지사들도 아이자와 야스시로 대표되는 미토학(水戶學)이나 요시다 쇼인의 유학 사상 및 양명학 사상의 영향을 받았다. 와타나베 카잔의 경우도 대개 난학자, 양학자로 분류되지만 역시 유학사상을 바탕으로 삼고 있다.

에도 시대의 유명한 학자들을 표로 분류하여 표시하면 다음과 같다.

구분	주자학파 朱子學派	양명학파 陽明學派	고의학파古義學派 고문사학파古文辭學派 미토학파水戶學派	국학파 國學派
1603 - 1650	후지와라 세이카 藤原惺窩,1561-1619 하야시 라잔 林羅山,1583-1657	나카에 토쥬 中江藤樹,1608-1648		
1651 - 1700	야마자키 안사이 山崎闇齋,1618-1682 기노시타 쥰안 木下順庵,1621-1698 가이바라 엣켄 貝原益軒,1630-1714	구마자와 반잔 熊澤蕃山,1619-1691	야마가 소코 山鹿素行, 1622-1685 이토 진사이 伊藤仁齋, 1627-1705	게이츄 契沖,1640-1701

1701 - 1750	사토 나오가타 佐藤直方,1650-1719 **아라이 하쿠세키** 新井白石,1657-1725 아메노모리 호슈 雨森芳洲, 1668-1755 *이시다 바이간 石田梅岩, 1685-1744	미와 싯사이 三輪執齋, 1669-1744	오규 소라이 荻生徂徠,1666-1728 이토 토가이 伊藤東涯,1670-1736 다자이 <u>슌</u>다이 太宰春台,1680-1747	가다노 아즈마마로 荷田春滿,1669-1736
1751 - 1800	미우라 바이엔 三浦梅園,1723-1789 나카이 리켄 中井履軒,1732-1817			가모노 마부치 賀茂眞淵,1697-1769 모토오리 노리나가 本居宣長,1730-1801
1801 - 1850	*다다노 마쿠즈 只野眞葛, 1763-1825 와타나베 카잔 渡邊華山, 1793-1841	사토 잇사이 佐藤一齋,1772-1859 오시오 츄사이 大鹽中齋,1793-1837	아이자와 야스시 會澤安,正志齋,1781-1863 후지타 토고 藤田東湖,1806-1855	히라타 아쓰타네 平田篤胤,1776-1843 이쿠다 요로즈 生田萬,1801-1837
1851 - 1867		사쿠마 쇼잔 佐久間象山 1811-1864 요시다 쇼인 吉田松陰,1830-1859 *사카모토 료마 坂本龍馬 1836-1867		오쿠니 다카마사 大國隆正 1792-1871

주) '＊' 표시가 있는 인물은 학파적인 성격은 약하지만, 편의상 관련이 있는 학파에 소속시켰다.

학파별로 나누고, 에도 시대 시작부터 끝까지 50년 단위로 나누었다. 밑줄 친 학자들(6명)은 지난 제1권에서 소개한 인물들이며, 고딕체의 짙은 글씨로 되어 있는 인물들은 이 책에서 앞으로 소개할 인물들이다.

표를 보면 국학파는 맨 오른쪽에 표시했는데, 국학파는 사상적으로 매우 다른 특징을 가지고 있다. 예를 들면, 타 학파는 대개 텍스트로 중국의 유학 경전을 사용하고 있는데, 국학파는 일본의 고대 텍스트를 사용했으며, 또한 중국 사상을 철저히 배격했다.

지난 제1권과 비교하면, 이 책에서는 주자학과 관련된 인물들의 소개가 많고, 에도 시대 후기의 사상가들을 많이 다뤘다. 아울러 이번에 소개하는 에도 시대 인물들은 제1권보다 3명이 더 늘어났다. 에도 시대 전체 사상사를 좀 더 다양하게 살펴보고, 무사들이 집권한 도쿠가와 막부가 어떤 과정을 거쳐서 발전, 몰락하게 되었는지 사상적인 측면에서 상세하게 그려보고자 했기 때문이다.

명치유신 이후의 인물로는 오모토교(大本教)라고 하는 신종교 교조 데구치 나오(出口なお, 1837-1918)와 일본 민속학의 창시자 야나기타 쿠니오(柳田國男, 1875-1962) 그리고 『일본정치사상사 연구』로 국내 독자들에게도 친숙한 마루야마 마사오(丸山眞男, 1914-1996)를 다룬다.

제1권에서는 천리교 교조 나카야마 미키(中山みき), 일본 기독교계의 사상가 우치무라 간조(內村鑑三, 1861-1930)와 후쿠자와 유키지(福澤諭吉, 1835-1901), 니시다 기타로(西田幾多郎)를 소개했는데, 이들 사상가들을 염두에 두면서 일본의 근대가 어떻게 시작해 어떻게 타락하고 종언을 고하게 되었는지, 그 가운데 사상가들이 어떠한 고뇌를 했는지 살펴볼 계획이다.

4) 에도 시대는 어떤 시대였나?

참고로 에도 시대란 일본 전체 사상사에서 어떤 의미를 가지고 있을까, 정리해보기로 한다. 앞의 표를 보면 일본에서 대표적이라고 할 만한 사상가들이 거의 다 보인다. 이 시대 안에 불교사상을 제외한 거의 모든 일본 사상이 다 들어 있다고 해도 과언이 아니다.

그렇다면 불교의 시대라고 한 에도 시대 이전의 사상사는 어떤 것인 가? 아스카 시대부터 아즈지 모모야마 시대까지의 사상사는 엄격히 말하자면 '불교신앙'의 역사였다고 할 수 있다. '불교학'의 사상사가 아니다. 학문적인 내용을 담은 사상사가 아니라 '신앙'으로서 불교를 이야기하는 사상사였다.

나라 시대, 헤이안 시대를 거치면서, 일본 불교는 사색하고 연구하는 불교보다는 기도하고 신앙하는 실천적인 종교로 발전했다. 그렇기 때문에 사상사적으로 깊이 있는 내용은 찾기 힘들다. 새로운 사회를 이끌어갈 만한, 독창적이면서도 의미 있는 사상은 에도 시대를 기다려야 한다. 그리고 그것을 가능하게 한 것이 바로 '주자학'이었다.

물론 일본에 유학이 전해진 것은 매우 이르다. 아스카 시대 이전까지 거슬러 올라간다. 기록상으로는 백제의 왕인 박사가 『논어』와 『천자문』을 전해 준 것이 처음이었다. 그러나 당시에 전해진 유학은 송나라의 주자학이 아니라 그 이전의 유학 사상이었다. 아울러 불교가 큰 영향력을 발휘했기 때문에, 유학은 연구보다는 한문 습득을 위한 교과 과목 정도로 취급되고, 불교가 더 주목을 받았다. 불교의 압도적인 유행은 아스카 시대, 나라 시대, 헤이안 시대를 거쳐 에도 시대 직전까지 계속되었다.

그동안 중국에서는 당나라가 멸망하고 오대(五代), 북송, 남송 시대를 거쳐 신유학이 등장했는데, 주자(朱熹, 1130-1200)가 집대성한 신유학, 즉 주자학은 에도 시대 이전에 이미 일본에 들어와 있었다. 하지만 대개는 그 내용이 지닌 깊은 의미는 파악하지 못하고 있었다. 잘 이용하면 통치자들을 위한 이데올로기가 될 수 있고, 일반 백성들을 교화하여 정치를 안정시킬 수 있는 도구로 사용할 수 있는 주자학이었지만, 일본사회는 아직 그 장점을 이해하지 못했다. 사회가 요구하지 않았던 것이다. 주자학 서적을 탐독한 사람들도 불교를 주업으로 삼는 승려들이었기 때문에 더 말할 필요가 없다.

일본의 지식인들이 주자학에 본격적인 관심을 갖기 시작한 것은 임진왜란 이후 한반도에서 전래된 주자학을 접하고 나서부터였다.

임진왜란 때 한반도를 침략한 일본인들은 대량의 주자학 관련 서적을 약탈해갔다. 또 강항(姜沆, 1567~1618)과 같은 주자학적 소양을 갖춘 지식인들을 대거 연행해 감으로써 주자학이 비로소 일본사회에 전파되어 영향을 미치게 되었다.

물론 주자학이 일본 사회에 뿌리를 내리게 된 것은 후지와라 세이카나 하야시 라잔과 같은 선구적인 지식인들의 역할이 컸다. 또 끊임없는 전쟁에서 벗어날 수 있게 하는 무엇인가를 갈구했던 도쿠가와 막부 통치자들의 혜안도 무시할 수 없다. 그들이 조선에서 들어온 유학서적을 탐독하고 조선의 지식인들에게 배움을 청해 도움을 받음으로써 일본 사상계는 그야말로 파천황의 대변혁을 맞게 되었다.

표에도 나타나 있듯이, 에도 시대가 시작된 17세기부터 명치유신이 일어난 19세기 중반까지 약 260년 사이에 고학파(古學派, 고의학파와 고문사학파), 미토학파(水戶學派), 양명학파(陽明學派) 그리고 이러한 학파들의 사상적인 모색을 바탕으로 국학파(國學派)가 형성되었다.

주자학파의 야마자키 안사이, 양명학파의 나카에 토쥬, 고학파의 이토 진사이와 오규 소라이 그리고 국학파의 모토오리 노리나가는 일본 사상사에 있어서는 보기 드문 최고급의 사상가들이다. 이러한 사상가들이 순식간에 서로 경쟁하듯 등장한 시대가 바로 에도 시대였다.

에도 시대 사상의 큰 흐름은 다음과 같다. 표에서, 보듯이 오른쪽으

일본 사상을 다시 만나다

로 갈수록 '보편적인' 주자학에서 멀어지고 개성화, 일본화가 된다. 그리고 시간이 흐를수록, 즉 시대가 밑으로 내려갈수록 1868년의 명치유신과 관련성이 깊다. 물론 시간 축으로 보아도, 밑으로 내려갈수록 보편적인 주자학에서 멀어지면서 일본화, 특수화되는 경향이 있다.

일본은 우리나라 조선시대와 비교해보면 학파 간의 경계가 분명하지 않고, 서로간의 학문적인 교류가 매우 활발했다. 각 사상가들이 서로 고립되어 100% 순수한 자기들만의 학문을 했던 것은 아니다. 이 때문에 후대의 학자들은 전대의 학자들이 어느 학파에 속해 있던 참고하고 배우고자 했다. 표에서 여러 학자들을 학파별로 분류해놓은 것은 이해하기 쉽도록, 편의상 그렇게 한 것이지 불변의 기준은 아니다.

에도 시대 사상사의 또 하나의 큰 흐름은 '조선'이라는 화두에서 시작해 '천황'이라는 화두로 끝난다는 것이다. 이는 일본 사상 전체로 범위를 넓혀도 마찬가지로 적용할 수 있는 말이다. 에도 시대 사상사가 일본 전체 사상사를 대변할 수 있다는 의미이기도 하다.

'조선'이라는 화두는 앞서 지적했듯이 조선에서 주자학이 전래되어 왔기 때문이다. 후지와라 세이카와 하야시 라잔이 일본에 처음 주자학을 소개했을 때 그 주자학은 조선의 퇴계학이었다. 그때 그들이 읽은 유교 경전들은 조선에서 들여간 서적들이었다.

에도 시대 사상사는 그렇게 시작했지만 그들 사상가들은 조선의 학문을 극복하고 부정하는 데 남다른 노력과 시간을 투자했다. 그래서 나온 것이 주자학자들의 퇴계학 비판, 양명학자들의 주자학 비판 그리고 고학자들의 송대 유학 비판이었다. 이러한 경향은 급기야는 국학자들의 중국학 전체에 대한 비판으로 발전하게 되었다.

그러한 사상적 발전의 마지막 단계에 해당하는 국학자들이 모토오리 노리나가와 히라타 아쓰타네였다. 이 사상가들은 '일본인'과 관련 없는 모든 사상은 '더러운' 사상, '순수하지 못한' 사상으로 치부하고 오직 순수한 일본인들의 글과 사상만이 지고한 가치를 가지고 있다고 보았다. 그래서 그들이 주목한 것이 『고사기』였다. 그런데 『고사기』의 중심, 즉 핵심적인 내용은 바로 태양신 아마테라스 오미카미(天照大神)의 직계자손이 '천황'이라는 사상이다.

에도 시대 260여 년간의 사상사는 한마디로 정의하자면 '천황'을 지고의 선으로 보고, 모든 가치의 중심에 두는 사상을 만들어내는 과정이라고 할 수 있다. 이러한 사상은 명치유신 직전에 실천적인 운동과 만나게 되었는데, 그 실천 운동을 뒷받침한 사상이 바로 양명학 사상이었다. 양명학에 심취한 막말의 지사들은 자신들의 행동 목표를 이미 앞선 사상가들이 제시한 '천황'으로 집중했다. 천황을 현실의 정치로 불러내, 일본 내의 모든 분열적인 상황을 종식시키는 것, 그것이 그들의 목표였다. 1868년의 명치유신은 바로 그러한 운동의 결실이었다.

그렇다면 에도 시대가 끝난 뒤에 찾아온 근대는 어떤 시대였을까? 그것은 현실의 정치권으로 몸을 드러낸 천황이 직접 정치를 펼쳤던 시대였다. 물론 천황이 현실적으로 모든 실권을 가지고 있은 아니었지만, 큰 그림을 보면 모든 것은 천황이 주도한 것이다.

그 결과는 우리 모두가 아는 것처럼 제국주의 일본의 건설이었다. 주변 나라들을 정복하고 중국을 침략하고, 종국에는 미국과 전쟁을 일으켰다. 그리고 패전한 것이 일본 근대의 역사다. 패전으로 일본의 근대는 끝나고, 천황은 다시 에도 시대나 그 이전의 가마쿠라 막부 시대처럼 상징적인 권위만을 유지한 채로 현실 정치에서 물러나게 되었다. 현재는 무사시대의 쇼군처럼 총리가 모든 정치를 책임진다.

일본 사상을 다시 만나다

16명의 일본 사상가를 소개하는 이 책의 서술은 크게 보면 이러한 줄거리를 가지고 있다. 나라 시대의 승려 교키에서부터 근대의 마지막 시기에 등장하는 마루야마 마사오까지의 사상을 통해서 우리는 '조선'이라는 화두가 어떠한 과정을 거쳐서 '천황'이라고 하는 화두로 변천하게 되었는지, 그것이 일본 사회의 변화, 발전과 어떠한 관련을 가지고 있었는지 살펴보는 것이 이 책의 큰 줄거리라고 할 수 있다.

일러두기

1. 인명이나 지명 등 고유명사 표기 방식은 가독성을 고려하여 한 가지 방식을 고집하지 않았다. 경우에 따라서는 일본어 읽기로 표기하거나 혹은 한국어 읽기 방식으로 표기했다.
2. 각 인물의 연보에 표시하는 나이는 태어난 해를 한 살로 계산한 것이다.
3. 이 책에서 인용한 인용문은 " " 혹은 ' ' 표시를 한 경우에도 필요에 따라 원뜻을 훼손하지 않는 범위 내에서 독자들이 읽기 쉽도록 쉬운 말로 수정했다. 특히 번역서에서 인용한 경우와 오래된 서적에서 한글 원문을 인용한 경우 현대 한국어로 읽기 쉽게 바꾸었다.
4. 저작권 표시가 되어 있지 않는 사진이나 그림은 저자 본인이 직접 촬영했거나 http://commons.wikimedia.org, http://ko.wikipedia.org/, http://jp.wikipedia.org/ 등 저작권 프리 사이트에서 다운로드한 것이다.

일본 민중불교의 선구자

교키

"교키 보살과 함께 서방정토에 왕생할 것이다."

교키(行基, 668-749)

나라 시대 불교와 교키

나라시(奈良市)에 있는 동대사(東大寺, 도다이지)에서 가장 가까운 전철역은 긴테쓰(近鉄) 나라역(奈良駅)이다. 전철을 내려 2번 출구로 나가면 교키 광장(行基広場)이 있고, 그곳 광장 분수대 중앙에 교키(行基, 668-749) 입상(立像)이 세워져 있다.

동대사는 나라 시대(奈良時代, 710-794) 덴표(天平) 문화의 대표적인 건축물이고, 교키는 나라 시대의 대표적인 승려다. 동대사 가는 길목에 교키 입상이 세워져 있다는 것은 그만큼 그의 존재가 중요하다는 것이다. 그는 동대사 조영(造営)에 큰 역할을 했으며, 나라 시대 민중의 희망이었고 '민중불교'의 선구자였다.[1] 동대사 건립의 역사는 바로 나라 시대 불교사라고 할 수 있다. 교키를 비롯해 료벤(良弁), 신쇼(審祥) 등 수많은 불교인이 동대사 건립과 관련되어 있고, 당시 일본 사회의 모든 역량이 그 사업에 투입되었다. 나라 시대 문화를 덴표 문화라고 하는데, 동대사 건립을 적극 추진했던 쇼무천황(聖武, 701-756, 재위 724-749) 시대의 연호가 덴표였다. 국제적이고 귀족적이며 불교의 영향이 가득 담긴 덴표 문화의 대표적인 작품이 바로 동대사에 안치되어 있는 대불(大佛)이다.

동대사 대불의 조영은 743년에 쇼무천황이 노사나불 건립을 결심하고, 칙명을 내려 국력을 모아 추진한 것이다. 비로자나불, 대일여래(大日如來) 등으로도 불리는 노사나불은 화엄경의 본존불로 빛과 같이 세상을 널리 비치는 불타의 진리를 상징한다.[2] 태양 자체를 뜻하는 것은 아니지만, 태양신의 자손이라 자처하는 천황으로서는 각별한 존재다.

쇼무천황은 그보다 2년 전인 741년에 국가에 재난이 많이 일어나고 있는 것이 자신의 부덕한 책임이라며,[3] 국가의 평안과 번창을 위해 전

지하철 나라역 앞의 교키 입상. 동대사를 향해 세워져 있다.

국에 승려들과 여승들이 거주해 불경을 읽을 수 있는 국분사(國分寺) · 국분니사(國分尼寺)를 건축하도록 칙명을 내린 바 있다. 수도가 있는 야마토(大和) 지방에 전국 60여 개 국분사의 구심점이 되는 사찰이 필요하기도 했다.

당시 70대의 고령이었던 교키는 조정의 동대사 건립에 적극 협력해 제자들을 이끌고 모금 활동을 했다.[4] 그는 원래 조정의 탄압을 받는 입장이었다. 승니령(僧尼令)의 규정을 어기고 민중을 상대로 포교를 했으며 복지사업을 펼치는 한편, 각지에 독자적인 사원을 건립하고 있었기 때문이다. 하지만 조정은 동대사 건립에 민중의 지지를 확보하고 교키 집단의 인력과 기술력, 자금력을 이용하고자 교키에게 손을 내밀었다.[5] 나중에 교키는 대승정(大僧正)에 임명되었는데, 교키의 협조를 높이 평가해 일본 최고의 승려로 대우해준 것이다.

동대사는 752년에 대불 개안식을 했다. 이 개안식에는 승려 1만 명

일본 사상을 다시 만나다

을 포함한 총 2만 명이 초대되었는데, 신라에서도 700여 명의 축하사절단이 파견되었다.[6] 인도에서 온 승려 보제선나(菩提僊那)가 부처님의 눈을 그렸는데, 쇼무 태상천황은 그 붓에 연결된 줄을 잡고 있었다고 한다.[7] 개안식이 끝난 뒤, 대불을 보존하는 불당 건설 공사가 시작되어 6년 만인 758년에 공사가 끝났다. 세계 최대의 목조건물이 탄생한 것이다.

동대사는 이후 나라 시대 불교의 중심 사찰이 되었다. 나라에는 동대사 외에 법륭사(法隆寺), 약사사(藥師寺), 대안사(大安寺), 흥복사(興福寺), 원흥사(元興寺), 서대사(西大寺)가 조정의 주도로 세워지거나 운영되는 관사(官寺)였는데 정부의 통제를 받았다. 각 절에 소속된 승려와 비구니들은 승강(僧綱)의 관리와 감독을 받았으며, 승려들의 출가에 인가가 필요했다.

나라 시대의 불교는 나중에 '남도육종(南都六宗)'이라고 불렸는데, 당시 삼론종(三論宗), 법상종(法相宗), 구사종(俱舍宗), 성실종(成実宗), 율종(律宗), 화엄종(華厳宗) 등 여섯 종파가 비교적 활발하게 연구되었기 때문이다. 당시에는 뚜렷한 종파의식이 없었고 신앙적인 연대감도 없었으며, 학구적인 승려들이 주로 교리 연구를 했다. 소위 말하는 '학문불교', '교학불교'였다.[8]

이러한 종파들은 사실상 동대사 대불 조영 후에 조정에서 기획해 수용한 것으로, 동대사에 소속된 승려가 각 종파의 대표를 맡았다. 각 파의 사무실이나 도서관도 동대사에 갖추어져 있었다. 조정에서 주도하는 이러한 불교계와는 달리 일부 승려들은 산림에서 수행을 하고 거리에서 민중들을 대상으로 설법을 하며 포교를 하기도 했는데 교키가 대표적인 인물이었다.[9]

한편 나라 시대 초기에 나라의 헤이조쿄로 천도를 하기 위해 실시한 대

규모 공사는 국가 재정에 커다란 부담이 되었다. 또한 동대사를 비롯해 당초제사(唐招提寺, 759년 창건) 등 여러 사찰을 세우고, 전국 각지에도 국분사를 설치하게 되자 막대한 재정 지출이 이루어졌다. 조정에서는 그런 지출을 감당하기 위하여 세금을 늘렸으며, 각종 공사에 수많은 인력을 동원해 백성들의 원성이 높았다.

수도인 헤이조쿄 성안에는 아사자가 속출하고, 길거리에는 각종 공사에서 도망했거나 토지를 잃고 부랑자가 된 사람들이 늘어났다. 거기에다 기근이 발생하고, 도적이 곳곳에서 발호했으며, 전염병이 확산되어 사회 분위기가 뒤숭숭했다.[10] 교키가 국가에서 운영하는 사찰을 뛰쳐나와 민중 속으로 들어가 우물을 파고, 다리를 만들며, 저수지를 조성하는 등 사회사업을 적극적으로 전개한 것은 그러한 배경이 있었다. 그가 각지에 사원을 조성하자 그 사원을 중심으로 수많은 사람이 모여들어 조정에서는 교키 집단을 주목하고, 경계했다. 하지만 결국 교키 집단의 영향력을 무시할 수 없고, 또 민중의 불만이 쌓였기 때문에 조정에서 교키를 끌어들였다.

나라 시대 말기에 불교계는 더욱 더 정치화, 세속화되었다. 정치세력과 결탁해 승려들이 직접 정치에 개입하고, 계율이 문란해졌으며, 승풍(僧風)이 타락하여 부정부패가 만연했는데, 승려 도쿄(道鏡)의 사례가 대표적이었다. 도쿄는 여성 천황인 쇼토쿠천황(稱德天皇)의 총애를 받아 권력을 휘두르다 천황과 추문을 일으키고 자신이 직접 천황에 오를 야심으로 음모를 벌이다 실패한 인물이다.[11]

동대사를 중심으로 나라 시대 불교를 간단히 조망해 보았는데, 당시의 불교는 '호국불교', '궁중불교', '진호(鎭護)국가불교' 등으로 불리는 것과 같이[12] 국가에 의한, 국가를 위한, 국가의 불교였다. 이전의 아스카

시대의 불교는 '씨족불교'적인 성격이 강했다.[13] 아스카 시대와 다른 점은 외국 불교에 대한 체계적인 수용이 이루어졌으며, 새롭고 신기한 외래 종교라는 이미지가 사라지고, 정치적으로나 종교적으로 생활과 밀접하게 된 것이다. 국가에서는 조직적으로 사찰을 짓고 승려들을 관리했으며,[14] 승려들은 국가의 지원을 받으며 불교를 연구하고 국가와 귀족이 요청하는 의식을 진행했다. 한편 일반 민중은 힘든 삶을 지탱해주는 신앙으로써 불교를 수용하기 시작했는데, 이러한 실천불교적인 경향은 헤이안 시대로 가면 더욱 두드러진다.

교키의 생애

교키는 668년 가와치(河内, 和泉国) 오토리군(大鳥郡)에서 태어났다.[15] 이곳은 현재의 오사카부(大阪府) 사카이시(堺市) 지역으로, 가원사마을(家原寺町)에 있는 가원사(家原寺)가 그가 태어난 곳이다. 이 사찰은 교키가 704년 민간 포교 활동을 시작하던 때 교키 자신이 살던 집을 개조한 것이다.

교키가 태어난 668년은 고구려가 멸망한 해로 백제는 이미 660년에 사비성이 함락되어 멸망했다. 백제 지역에서는 663년까지 부흥운동이 일어났으며, 일본에서도 덴치(天智)천황(626-672, 재위 668-672)이 지원군을 파견했으나 백촌강 전투에서 패해 결국 한반도에서 백제의 깃발은 사라지게 되었다. 백제의 부흥을 돕던 왜나라, 즉 아스카왕조(592-710년)는 백제, 고구려 등 한반도 유민을 적극적으로 받아들여 좀 더 크고 강력한 국가 건설을 위해 개혁에 박차를 가했다. 그 결과 탄생한 것이 '천황(天皇)'이라는 통치자와 '일본(日本)'이라는 새로운 국가였다. 교키의

오사카의 가원사. 교키 자신이 생가를 고쳐 만든 사찰이다.

생애는 이러한 새로운 일본의 등장과 깊게 맞물려 있다.

교키의 아버지 고시노 사이치(高志才智)는 백제에서 건너간 왕인(王仁) 박사의 후예로,[16] 고시(高志) 집안은 일본 사회에서 중간 정도의 위상을 가진 집안이었다.[17] 어머니는 하치다노 고니히메(蜂田古爾比売, ?-710)로 역시 백제 이주민 자손이다. 교키의 외가 역시 부친 집안과 비슷한 위상을 가진 가문이었다. 당시는 남편이 부인의 집에 출근하면서 생활하는 결혼 형태가 일반적이었기 때문에 교키는 현재의 가원사 마을에 있던 외가에서 태어난 것이다.[18]

5세 때(672년) 천황 계승권을 둘러싸고 진신(壬申)의 난이 발생했다. 이 난으로 원래 천황의 자리를 물려받았던 텐지천황의 아들은 자살하고 동생인 덴무(天武)가 천황에 즉위했다. 덴무천황(631-686)은 일본이라고 하는 국가를 만드는 데 가장 눈부신 활약을 한 인물로, 그의 재위연간(673-686)에 '일본'이라는 국호와 '천황'이라는 칭호가 정착되고 일본의 역사와 문화의 원형이 형성되었다. 『고사기(古事記)』와 『일본서기』의 구상도 그의 재위 시기에 이루어졌다.

교키는 15세 되던 682년에 출가해 야마토 지방의 약사사(藥師寺)에 들어가 도쇼(道昭, 629-700)에게 불교를 배웠다.[19] 도쇼는 현장(玄奘)에게 배워 법상종(法相宗)을 일본에 전래한 당나라 유학승으로 교키는 그로부터 법상종을 배우고 『유가론(瑜伽論)』, 『유식론(唯識論)』 등을 읽었다.[20] 스

　　　　　　　　　　　　　　일본 사상을 다시 만나다

물네 살 때 교키는 고궁사(高宮寺)의 도쿠미쓰(德光)로부터 구족계(具足戒)를 받았다.[21] 이후 아스카사(飛鳥寺, 당시는 호코사法興寺)에서 교학을 배우고 산림 수행에 전념했다.

　도쇼는 10년 가까이 일본의 각 지역을 돌아다니며 불교를 전도하고, 우물을 파거나 교량을 설치하고, 나루터를 만드는 등 민중의 복지, 후생사업에 많은 힘을 기울였다.[22] 교키는 그러한 스승의 뒤를 따라다니며 민중들의 비참한 삶을 목격하고 충격을 받았다. 결국 도쇼가 사망한 뒤, 교키는 고향으로 돌아가 민간포교 활동을 시작했다.[23] 아울러 아스카, 나라 지역을 중심으로 치수사업, 관계사업, 교량 건설사업 등 사회사업과 빈민구제, 복지사업을 추진했다.[24]

　그는 또 신도들로부터 기증을 받아 각지에 수많은 사원을 건축했다. 예를 들면 오토리군의 대수혜원(大須惠院, 705년 착공), 이즈미(和泉国)의 봉전사(蜂田寺, 706년 착공), 신봉사(神鳳寺, 708년), 야마토(大和国)의 은광사(恩光寺, 716년), 융복원(隆福院, 718년), 관원사(管原寺, 현재의 희광사喜光寺, 721년) 등 모두 49개의 사원을 건축했다고 알려져 있다.

　그가 41세 되던 708년에 헤이조쿄(平城京, 현재의 나라奈良) 조영이 시작되었는데, 2년 뒤에는 나라로 천도했다. 당시는 겐메이(元明)천황(661-721, 재위 707-715)이 다스리던 때였는데, 오노 야스마로(太安麻呂)가 천황의 지시로 712년에 『고사기』를 편찬했다. 8년 뒤에는 일본 최초의 국가 편찬 역사 서적인 『일본서기』가 완성되었다. 이 두 서적은 겐메이천황의 시부모되는 덴무천황 재위 때 기획된 것으로, 역대 천황의 계보와 전설, 설화를 묶거나 궁중의 역사를 정리하고, 새로운 국가 '일본'의 근본을 세우고자 의도한 것이었다.

　궁정 내부에서는 이러한 사업이 진행되고 있는 가운데 일반 사회에서는 과중한 부역 부담으로 민심이 흉흉했다. 새로운 수도 건설에 참여한 사람 중에 도망자가 속출하고, 일부 작업을 마치고 귀향하는 사람중에는 먹을 것이 없어 굶어죽는 사람이 발생하고 있었다. 과다한 사원 공사나 천도에 따른 토목 공사 등으로 전국에서 많은 인부가 동원되었으며, 민중은 그에 따른 소요 경비를 충당하기 위하여 많은 조세를 부담해야 했다. 거기에다 전염병이 수시로 창궐해 사망자, 병자들이 속출하고 유랑민이 급증했다. 교키는 이즈음 보시옥(布施屋)을 설치해 그러한 사람들에게 먹을 것을 주고 휴식처를 제공했다.

교키의 이러한 포교 활동과 그의 적극적인 사원 건축 움직임은 조정의 비난을 받기에 이르렀다. 717년에 민중 선동의 의혹을 받은 교키는 수도에서 민간인들을 상대로 포교를 하는 것은 승니령(僧尼令) 위반이라는 경고를 받았다.[25] 하지만 그에게는 이미 광범위한 민중의 지지가 있었고, 또 당시 신라승 원효(元曉, 617-686)의 민중 지향적인 활동에 대해서 잘 알고 있던 일부 지도층 승려들의 묵인이 있었기 때문에 심한 탄압은 모면했다.[26] 이후로도 교키의 활동은 지방 호족과 민중의 넓은 지지를 받아 교단이 계속 확대되었다. 추진하던 사회사업도 날로 진전이 있어서, 불교에 깊이 심취한 쇼무(聖武)천황(701-756, 재위 724-749)이 즉위한 뒤부터 탄압이 완화되었다.

731년에 조정은 교키를 따르던 재가신자들 중 고령자들의 출가를 허용했고, 그 다음해에는 가와치의 저수지 축조에 교키 일행의 기술력과 농민동원 역량을 활용하기도 했다. 이러한 협조 덕분에 교키는 738년 조정에서 반포한 문서에 '정진수행의 대덕(大德)'으로 지명되기도 했다.

76세가 된 743년에는 쇼무천황이 동대사(東大寺) 대불조영(大仏造営)의

일본 사상을 다시 만나다

이코마산의 죽림사(지쿠린지)에 있는 교키의 묘.

칙명을 반포했는데, 교키는 제자들을 이끌고 대불조영을 위한 '권진(勸進)'을 했다. 권진이란 사찰을 건립하거나 수리할 때에 사람들에게 그 비용을 봉납(奉納)하게 하는 것이다. 봉납 행위를 통해서 불교의 가르침을 펴고 신앙심을 고조시키는 것이다.[27] 교키의 활약으로 당시 재목을 시주한 자가 5만 1,590명이었고, 무보수로 공사에 참여한 자는 166만 5,071명, 금전적인 시주를 한 사람은 37만 2,075명 그리고 기술자로 참여한 사람이 51만 4,102명이었다. 당시 일본 인구는 약 500만 명이었는데 그 반 정도가 참여한 것이다.[28] 78세 때(745년) 교키는 일본 최초로 '대승정(大僧正)'에 임명되었다.[29] 3년 뒤 그는 노환으로 나라의 관원사(菅原寺)에 은거했다가, 749년 82세의 나이로 그곳에서 사망했다. 제자들은 그의 시신을 상여에 메고 이코마(生駒)의 왕생원(往生院)까지 운반해 그곳에서 화장한 뒤 죽림사(竹林寺)에 유골을 안치했다. 조정에서는 그에게 '보살(菩薩)'의 칭호를 내려 사람들은 그를 '교키보살(行基菩薩)'이라고 부르게 되었다.

『일본영이기』의 교키 설화

『일본영이기』 중권에 다음과 같은 이야기가 있다

"쇼무천황 때의 이야기다. 다이료라고 하는 사람의 집 대문 앞에 큰 나무가 있었는데, 이 나무에 까마귀가 둥지를 틀고 새끼를 낳아서 품고 누워 있었다. 수컷은 먼 곳으로 날아가 먹이를 구해서는 새끼를 품고 있는 아내를 먹였다. 그런데 그 수컷이 먹이를 구하러 간 사이에 다른 까마귀가 와서 암컷과 정을 통했다. 암컷은 막 정을 통한 까마귀가 마음에 들었는지 함께 높이 허공으로 날아오르더니 북쪽으로 향해 날아가 버리고, 새끼는 버려두고 돌보지 않았다.

이때 남편이 되는 수컷이 먹을 것을 물고 왔다가 제 아내가 없는 것을 알았다. 그후 자식을 사랑으로 품고는 누워서 먹을 것도 구하지 않은 채 며칠을 보냈다. 다이료가 이를 알고 사람을 시켜 나무에 올라 그 둥지를 살펴보게 했더니, 자식을 품은 채 죽어 있었다. 그걸 본 다이료는 매우 슬퍼하며 가엾게 여겼다. 게다가 까마귀의 사악하고 음란한 꼴을 보았는지라 세상이 싫어져서 출가했다. 처자식을 떠나 벼슬을 버린 후 교키 대덕(大德)을 따라서 선업을 닦으며 불도를 구했다. 법명은 신곤(信嚴)이라 했다. 오로지 염원해 하는 말은 이것이었다. '대덕과 함께 죽어서 반드시 같이 서방정토에 왕생할 것이다.'"[30]

설화가 탄생할 즈음에 일본 사회는 모계사회 유풍이 많이 남아 있어 결혼하면 대개의 경우 남자가 부인의 집으로 출근해 부부가 밤을 함께 지내는 형태였다. 위 설화에서 까마귀가 새끼와 아내가 있는 둥지로 찾아들어가는 모습이 마치 당시의 방처혼(訪妻婚)을 연상케 한다. 주인공 다이료가 바람을 피우는 암컷 까마귀를 보고 분노를 느끼고 삶의 회의까지 느꼈다고 하는 이야기에서, 한 남자가 한 여자를 완전히 독점할 수 없는 방처혼의 시대에도 부부 사이에 의리나 정조 관념은 있었다는 것을 알 수 있다.

한편 출가한 다이료가 "교키와 함께 서방정토에 왕생할 것"이라고 한 구절을 보면 교키가 살았던 나라 시대에 이미 정토사상이 어느 정도 민간에 알려져 있었다는 것을 짐작할 수 있다.[31]

오사카 야마토(大和川)강에 있는 교키대교의 모습

『일본영이기』는 일본 최초의 불교 설화집으로, 원래 이름은 『일본국(日本国) 현보선악영이기(現報善悪霊異記)』이다. 그 뜻은 일본국에서 선악의 업보를 드러낸 영험하고도 기이한 이야기라는 것이다. 착한 일은 하면 반드시 복을 받으며, 나쁜 일을 하면 벌을 받고 지옥에 간다는 권선징악의 내용이 대부분이다. 저자 교카이(景戒)는 나라 시대 약사사(藥師寺, 야쿠시지)의 승려로 787년 이전에 『일본영이기』 집필을 시작해 822년에 완성했다.[32] 헤이안 시대(794-1185)에 완성했으나 대개의 설화는 나라 시대의 것들이다.[33]

이 책은 상·중·하 3권으로 되어 있는데, 시대순으로 배치되어 있다. 이 책에 실린 설화는 나라, 오사카, 교토 등 기나이(畿内)지역의 것이 많으며, 등장인물은 서민에서 공무원, 귀족, 황족, 승려들에 이르기까지 매우 다양하다. 교키 관련 설화는 쇼무천황 시기를 다룬 중권에 실려 있는데, 전체 설화 총 116편 중 7편이 교키와 관련된 것이다.[34] 같은 시기에 활약했던 간진(鑑眞)이나 료벤(良弁)에 대해서는 언급이 전혀 없고, 도쇼(道昭)나 도죠(道場) 등에 대해서는 몇 차례 언급이 있으나 교키만큼은 아니다. 교키에 대한 설화가 이렇게 각별하게 많은 것에 대해 연구자들은 저자 교카이가 같은 사찰(藥師寺) 출신이어서 자료 수집이 용이했고, 정식 승려가 되지 못했던 자신의 처지와 비슷해 호의적이었기 때문이라고 한다.[35] 그뿐만 아니라 교키가 그만큼 나라 시대의 대표적인 승려였으며, 민간에서 인기가 많았기 때문이었을 것이다.

교키에 대한 설화를 한 가지 더 읽어본다. 설화 제목은 '교키 대덕이 천안(天眼)으로 여인의 머리에 돼지기름이 발라져 있는 것을 보고 꾸짖은 이야기'이다.

"옛날 서울의 원흥사(元興寺)가 있던 마을에서 법회를 성대하게 준비해서 교키 대덕을 모셔다가 이레 동안 설법을 하시게 했다. 여기에 승려들과 속인들이 모두 모여서 설법을 들었다. 청중 가운데 한 여인이 있었는데, 머리에 돼지기름을 바른 채 그 가운데서 설법을 듣고 있었다. 대덕이 그 여인을 보고는 꾸짖어 말했다. '냄새가 심하군. 저기 머리에 피를 바른 여인을 멀리 내쫓아라.' 여인은 아주 부끄러워하며 나갔다. 범부의 눈에는 이것이 머릿기름 색으로만 보이지만, 성인의 밝은 눈은 분명히 짐승의 몸에서 나온 피로 본다. 일본국에서 대덕은 몸을 드러내신 성인이고, 몸을 숨긴 성인이시다."[36]

교키가 설법하다가 교인 한 사람을 꾸짖는 이야기다. 돼지기름을 발라 간접적으로나마 살생을 범해서는 안 된다는 가르침이다. 이 설화는 교키 대덕이 원래는 부처나 보살이지만 사람의 몸으로 화생한 성인이라고 강조하면서 끝을 맺었다. 교키가 일개 승려가 아니라 신앙의 대상이 될 만한 존재로 추앙되었음을 알 수 있다.

교키의 출생과 신분에 대해서 이러한 설화도 있다. 지혜가 많아서 불경의 주석서를 많이 짓고 불경을 읽으면서 부처의 가르침을 전하는 어떤 승려가 교키를 비방하다가 고통을 받고 교키의 가르침에 귀의한다는 이야기다. 그 가운데 일부만 인용한다.

"그때 교키라는 사미(예비 승려)가 있었는데, 속성은 코시노 후히토(越

史)였다. 에치고(越後) 지방의 쿠비키군(頚城郡) 사람이었다.[37] 모친은 이즈미 지방(和泉國)의 오토리군(大鳥郡) 사람으로, 하치다노 쿠스시(蜂田藥師)였다. 교키는 속세를 떠나고 욕망을 버렸으며, 불법을 널리 펴서 미혹되어 헤매는 이들을 교화했다. 사람됨이 총명하고 민첩했으며, 나면서부터 모든 것을 아는 사람이었다. 안으로는 보살의 위엄을 갖추었으나, 겉으로는 성문(聲聞, 불법을 소리로 듣고 가르침을 배워서 깨닫는 불제자)의 모습을 하고 있었다. 덴무천황은 그의 위엄 있는 덕에 감화되어 그를 존중하고 믿었다. 당시 사람들은 그를 흠모하고 존경하여 '보살'이라 일컬었다. 744년 겨울에 대승정에 임명되었다. 그러자 치코(智光) 법사는 시샘하는 마음을 일으켜 이렇게 헐뜯었다. '나는 지혜로운 사람이고, 교키는 사미일 뿐이다.'"[38]

교키는 정식으로 출가한 사람이 아닌데 조정의 인정을 받아 대승정에 임명된 것에 대한 불만을 토로한 치코 법사의 이야기이다. 교키는 출가를 하기는 했으나 관사(官寺)를 박차고 나왔다. 그리고 불경 공부를 위주로 불법을 전하는 승려들과 거리를 두고 민중 사이로 들어가 거기에서 다양한 복지사업과 토목사업을 통해서 포교를 실천했다. 치코 법사는 나중에 "교키 사미는 아는 게 얕은 사람이고 구족계도 받지 않았는데, 어찌하여 천황께서는 교키를 대단하게 여기고 치코를 버리십니까?"[39] 라고 한 자신의 말에 대해 깊게 뉘우치고, 교키 보살이 성인이라는 것을 인정하게 되었다고 한다.

교학불교가 중심이었던 나라 시대의 불교계와 그러한 분위기와는 다르게 민중 사이에서 불교의 가르침을 실천하고자 했던 교키의 상황이 분명하게 드러나는 설화라고 할 수 있다.

나라 동대사 한쪽에 세워져 있는 교키 사당. 교키는 동대사 건립에 크게 기여했다.

'일본인' 교키

나라의 동대사를 방문한 한국 사람들은 이렇게 말한다. "우리나라 사람들이 만든 동대사에 자부심을 느낀다. 자랑스럽다." 한반도 사람들과 그 후손들이 주체가 되어 그것을 만들었다고 생각하기 때문이다. 그리고 '왜 일본인들은 그런 사실을 분명히 밝히지 않는 걸까' 하고 불평을 한다. 일본인들은 그 점에 대해서 어떻게 생각할까?

일본 불교 전문가인 다무라(田村晃祐) 박사는 나라 시대의 여섯 종파를 소개하면서 "이 여섯 종파를 처음 전해준 사람들을 보면 재미있는 것이 한반도 3국과 일본인이 모두 있다는 것"[40]이면서, 삼론종은 고구려 혜관(慧灌, ?-681)이 전했고, 성실종은 백제의 도장(道藏)이 전했으며, 화엄종은 신라의 신쇼(審祥, ?-742)가, 율종은 당나라 간진(鑑眞, 687-763, 일

일본 사상을 다시 만나다

본 입국은 753년)이, 그리고 법상종과 구사종은 도쇼(道昭, 629-700)가 전했다고 했다. 교키의 스승 도쇼를 '일본인'으로 보고 '재미있다'고 한 것이다. 다무라 박사는 도쇼의 출신에 대해서 정확히 몰랐던 것 같다. 도쇼역시 한반도 이주민의 후손이다.[41]

나라 시대를 대표하는 승려로 대개 도지(道慈, ?-744)와 교키를 든다. 도지는 702년 당나라에 유학해 718년에 귀국했다. 교키가 법률 규정을 무시하고 민간을 상대로 포교를 하고 사회사업을 펼치고 있었을 때, 도지는 국가불교의 중추로 활약했다.[42] 또 당나라에서 배운 지식을 활용해『일본서기』(720년 완성)의 편찬 작업에도 참여했다. 그런데 그 역시교키처럼 조상이 한반도에서 이주한 사람이다.[43] 이렇게 파고들다 보면고대일본에서 한반도와 관련이 없는 지식인을 찾기가 힘들다. 물론 권력의 최고 정점에 있던 천황들도 한반도에서 간 이주민이거나 그 후예라는 주장이 적지 않다.

앞서『일본영이기』를 소개했는데, 거기에 한반도 도래인이나 그 후손들의 설화가 매우 많다. 상권 4화의 엔세(圓勢), 7화의 구사이(弘濟), 14화의 기가쿠(義覺), 26화의 다라상(多羅常) 등은 백제인들이고, 12화의 도토(道登)는 고구려인이다. 상권 22화, 28화에 등장하는 도쇼는 앞서 지적한 대로 이주민 집안 출신이다. 저자인 교카이(景戒)도 도래인 후손으로 추정되는 인물이다. 그가 불교 설화와 관련된 수많은 설화를 수집할수 있었던 것은 높은 문화 수준 속에서 거주하고 있던 도래인들과 연결되어 있었기 때문이라고 한다.[44]

『일본영이기』상권 설화 중 상당 부분은 나니와(難波)와 관련되어 있다. 그런데 나니와에 구다라사(백제사)가 있었으며 그 일대는 구다라주(百濟洲)로 불렸다. 구다라주는 왕인 박사와 그 후손들이 거주하던 곳으

로 교키도 그 후손 중의 한 사람이다.[45]

동대사 건립 상황을 보면 정말 흥미로운 사실이 드러난다. 쇼무천황이 처음에 동대사를 세우려고 결심한 것은 교키가 태어난 나니와의 가와치(河內) 마을과 관련되어 있다.

교키의 고향(오사카 사카이시 堺市)에 있는 백제천(百濟川) 의 모습

740년 쇼무천황이 그곳의 지식사(知識寺)에 들러서 예불을 드린 적이 있었다. 그때 신라승 신쇼(審祥)로부터 화엄종에 관한 지식을 얻고 그곳에 모셔진 비로자나불을 본 뒤, 자신도 그러한 부처님을 모시고 싶다는 생각을 갖게 되었다.[46] 그런데 가와치 지역은 한반도에서 이주해 온 씨족들의 거점이었다. 최신의 불교문화가 가와치 지역에 유입되고 있었고 지식사도 그 주민들이 직접 만든 절이었다.

쇼무천황이 결단을 망설이고 있을 때 대불 조영 추진을 결정하도록 계시를 준 것은 규슈 지방의 지역신 우사하치만이었다. 요컨대 우사하치만을 신앙하는 지역의 강력한 지지가 동대사 건립의 추진 기반이 된 것이다. 우사하치만 신은 한반도에서 건너간 신으로 한반도 이주민들이 사는 곳의 지역신이었다.[47] 이렇게 동대사 건립 배경에는 한반도 사람들과 밀접한 관련이 있었다.

건립공사가 시작되자 참여한 사람도 한반도와 관련된 사람이 많았다. 동대사 건축의 총책임은 백제인의 후손 료벤(良弁, 689-773)이 맡았으며, 대불 주조 책임은 백제인 국중마려(國中麻呂)였고, 가람 건축의 총책임자는 고구려인 고려복신(高麗福信)이었다. 대불전 건축은 신라인 저명부백세(豬明部百世)가 담당했고, 대불 주조 총감독 및 설계 담당은 백제 귀족(달솔)의 후손 쿠니나카노 키미마로(國中公麻呂)였다. 가람 건설의 핵심적인 기술, 즉 목공기술은 신라계 이주씨족인 이나베노 모모요(猪名部百世)가 맡았으며 재정 담당은 신라인 후예 하타노 아사모토(秦朝之)였다. 가와라 지역의 신라 이주씨족 집단이 구리를 제공했으며, 의자왕 증손자로 백제로 이주한 경복(敬福)이 대불 도금을 위한 황금을 헌납했다.[48] 연구자들은 "역사상으로 나타나는 인물은 일부 지도자에 불과하며, 그들을 따르는 많은 한반도 계통의 이주민들이 동대사의 건립에 참여했을 것"으로 보고 있다.[49]

교키가 승니령을 위반했을 당시(717) 승려들을 총괄하는 승망(僧網) 3인 중 2명은 역시 한반도와 관련된 인물이다. 승정 의연(義淵)은 백제계 이주 씨족 출신이었으며, 대승도(大僧都) 관성(觀成), 즉 관도(觀導)는 신라의 학문승이었다. 율사인 관지(觀智)는 신라에 유학한 인물이었는데 도래인의 후손인지는 불명확하다.[50] 그러나 그 가능성이 90%는 될 것이다. 이렇듯 일본 불교사에 중요한 역할을 한 사람들 중 적지 않은 사람이 한반도에서 건너간 이주민이거나 그 후손이었다. 한반도와 관련이 없는 경우를 찾기가 힘들 정도다. 이것은 무엇을 의미할까? 우리가 생각하는 이상으로 당시 나라 시대 사람들 중 많은 사람이 한반도에서 간 사람이거나 그 후손이었다는 것이다.

일본 학자의 과학적인 연구에 따르면, 나라 시대 직전(7세기) 일본의 인구 구성은 소위 '도래인'이 원래 살고 있던 선주민의 8.6배였다고 한다.[51] 당시 인구 중 약 90%가 외부에서 들어간 사람이었다는 것이다. 압도적으로 많은 사람이 한반도에서 건너간 것이다.

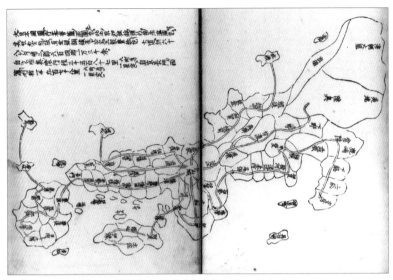
교키 지도. 교키가 일본 전역을 돌아다니면서 제작했다고 알려져 있다.

후세 사람들의 왜곡에 의하여 우리는 한반도 '도래인'이 아주 적은 수인 것으로 알고, 그들이 만든 문화적 성과에 대해서 감격해 하지만, 사실 고대일본의 거의 모든 것이 '도래인', 즉 이주민의 손에 의해서 만들어졌다.

일본에 근대적인 지도가 만들어지기 전까지 일본 지도의 모범이 된 지도가 '교키 지도(行基圖)'다. 이 교키 지도의 원본은 전해지지 않고 있으며, 실제로 교키가 그러한 형태의 지도를 그렸는지는 명확하지 않다. 지도의 중심이 되는 곳도 나라가 아니라 교토 남부, 즉 헤이안성(山城)이다. 하지만 분명한 것은 이 지도가 하나의 일본, 즉 일본의 정체성을 공간적으로 분명하게 표현한 지도라는 점이다. 그리고 교키가 그러한 공간적인 일본의 정체성을 만든 사람으로 인식되어 왔다는 점이다. 『일본서기』에는 신공황후(神功皇后)가 신라를 정복했다는 기록도 있고,

일본 사상을 다시 만나다

한반도 나라들이 일본에 조공을 바쳤거나 인질을 보냈다고 하는 등 우리로서는 기분 나쁜 왜곡이 많다. 그런데 그런 왜곡을 다른 누가 한 것이 아니다. 『일본서기』 편찬에 참여한 사람 중 다수는 백제가 멸망한 뒤에 일본으로 이주한 한반도 사람이었다.[53] 일본 문화, 일본인, 일본국 등 일본과 관련된 정체성은 한반도에서 간 도래인, 즉 이주민들이 만든 것이다. 교키의 지도는 그것을 상징적으로 나타낸다. 교키는 백제인의 후손이기도 하지만 전형적인 '일본인'이기도 한 것이다.

교키 연보

1세(668년) 가우치(河內, 현재의 오사카) 오토리군(大鳥郡蜂田里)에서 태어남.

5세(672년) 천황 계승을 둘러싸고 진신(壬申)의 난 발생. 다음해 덴무(天武)가 천황에 즉위.

15세(682년) 출가함.

24세(691년) 고궁사(高宮寺) 도쿠미쓰(德光)에게 구족계(具足戒)를 받음. 이후 법흥사(法興寺, 후의 아스카테라飛鳥寺)에서 교학을 배우고 산림 수행에 전념함.

33세(700년) 교키의 스승 도쇼(道昭)가 법흥사에서 사망함(향년 72세).

37세(704년) 살던 집을 고쳐서 사찰(가원사家原寺, 이에바라지)로 개조함.

38세(705년) 오토리군에 오스에원(大須惠院)을 세움. 모친과 함께 야마토(大和) 지역으로 거처 옮김.

39세(706년) 이즈미 지방(和泉国和泉郡)에 봉전사(蜂田寺)를 세움.

40세(707년) 모친을 모시고 야마토 지방 이코마(生駒)의 산방(山房)으로 이주함.

41세(708년) 신풍사(神鳳寺, 和泉國大鳥郡)를 세움. 헤이조쿄(平城京) 조영을 시작함.

43세(710년) 헤이조쿄(현재의 나라奈良) 천도. 모친 사망.

45세(712년) 수도의 궁전 건설에 동원된 사람 가운데 도망자 빈번하게 발생. 귀향

할 때 굶어죽는 사람들 발생. 이즈음 교키의 보시옥(布施屋)이 설치됨.

49세(716년) 야마토 지방(大和国平群郡)에 은광사(恩光寺) 착공.

50세(717년) 교키의 헤이조쿄 민간 포교가 승니령(僧尼令) 위반으로 금지됨.

51세(718년) 정부가 승려들의 유랑, 구걸을 금지함. 야마토 지방(大和国添下郡)에 융복원(隆福院) 착공.

53세(720년) 가우치 지방(河内国河内郡)에 석응원(石凝院)을 세움. 이 해에『일본서기』가 완성됨.

57세(724년) 쇼무(聖武)천황 즉위. 오토리군(大鳥郡)에 청정토원(清浄土院) 등 세움.

64세(731년) 교키를 따르는 재가신자들 중 고령자들에게 출가를 허용. 이즈음 여러 곳에 사원을 건축함.

71세(738년) 이즈음 편찬된 대보율령(大宝律令)의 주석에 교키가 정진 수행의 대덕(大徳)으로 지명됨.

74세(741년) 각 지방에 국분사(国分寺, 고쿠분지) 건립의 칙명이 반포됨.

76세(743년) 동대사(東大寺) 대불 조영에 관한 칙명이 반포됨. 제자들을 이끌고 권진(勧進)함.

78세(745년) 대승정(大僧正)에 임명됨. 화재·지진이 빈발해 사회불안 고조. 헤이조쿄로 다시 천도.

80세(747년) 동대사 대불 주조를 시작. 긴키(近畿)지방 기근.

81세(748년) 동대사 조영에 관한 기구를 정비함. 교키, 나라 지방 관원사(菅原寺, 스가하라지)에 은거함.

82세(749년) 관원사에서 병으로 사망. 이코마산(生駒山) 동쪽 언덕(현재의 竹林寺)에서 화장.

주석

1   타무라 엔쵸, 노성환 역,『고대 한국과 일본불교』울산대학교 출판부, 1997, 227쪽.
     速水侑(「行基の魅力」,『民衆の導者 行基』, 吉川弘文館, 2004, 12쪽 참조.

2　타무라 엔쵸, 노성환 역,『고대 한국과 일본불교』, 234쪽 참조.

3　田村晃祐,『大法輪』76-7, 2009.7, 91쪽.

4　石田瑞麿 저, 이영자 역,『일본불교사』, 민족사, 1995, 92쪽. 井上薫,『行基』, 吉川
弘文館, 2000, 121쪽.

5　최복희,『교키와 일본의 오대산문수신앙』,『일본불교사연구』5, 2011, 15쪽.

6　타무라 엔쵸,『고대 한국과 일본불교』, 234쪽. 박찬수,『한국에서 쓴 일본역사
이야기』, 솔, 2003, 116-117쪽.

7　石田瑞麿 저, 이영자 역,『일본불교사』, 68쪽.

8　田村晃祐,『大法輪』76-7, 90, 88쪽.

9　田村晃祐,『大法輪』76-7, 88, 90쪽.

10　이정희,「『일본영이기』를 통해 본 天平期의 정치에 대하여」,『인문과학연구』2,
1999, 11-12쪽. 타무라 엔쵸, 노성환 역,『고대 한국과 일본불교』, 220-224쪽 참조.

11　石田瑞麿 저,『일본불교사』102-103쪽. 이정희,「『일본영이기』를 통해 본 天平
期의 정치에 대하여」17쪽. 구태훈,『일본고대·중세사』, 재팬리서치 21, 2008,
138쪽 참조.

12　石田瑞麿 저, 이영자 역,『일본불교사』, 39-42쪽.

13　吉田一彦,『古代仏教をおみなおす』, 吉川弘文館, 2006, 28쪽.

14　石田瑞麿 저, 이영자 역,『일본불교사』, 47-52쪽.

15　井上薫,『行基』, 吉川弘文館, 2000, 1-2쪽.

16　吉田靖雄,『日本古代の菩薩と民衆』, 吉川弘文館, 1988, 303쪽. 그의 묘지에서
발견된 전기 기록에 왕인의 후예라고 했다(김정미,「『일본영이기』의 행기설화
고」,『일본학』12, 1993, 100쪽).

17　井上薫,『行基』, 吉川弘文館, 2000, 3쪽.

18　井上薫,『行基』, 10쪽.

19　井上薫와 김달수는 교키가 아스카사에서 출가하고 거기에서 도쇼에게 배웠
다고 한다(井上薫,『行基』, 32쪽). 김달수,「일본 최초의 대승정, 백제계 교오키」
(『일본 속의 한국문화 유적을 찾아서』, 대원사, http://www.krpia.co.kr/pcontent/
?svcid=KR&proid=215, 2013.2.8) 참고.

20 井上薰,『行基』, 30쪽.

21 이 점에 대해 사실을 부정하는 견해도 있으나 여기에서는 速水侑(「行基の生
涯」,『民衆の導者 行基』, 吉川弘文館, 2004, 17-19쪽)와 타무라 엔쵸(노성환 역,
『고대 한국과 일본불교』, 217쪽)의 의견을 따름.

22 나카오 타카시(中尾堯) · 이마이 마사하루(今井雅春) 편찬,『일본명승사전
(日本名僧辭典)』(김달수,「일본 최초의 대승정, 백제계 교오키」 참조).

23 김정미,「『일본영이기』의 행기설화고」, 97, 103쪽 참조. 井上薰,『行基』, 32-33쪽.

24 김정미,「『일본영이기』의 행기설화고」, 98쪽.

25 田村晃祐,『大法輪』 76-7, 88쪽.

26 타무라 엔쵸,『고대 한국과 일본불교』, 227-229쪽. 根本誠二,『奈良時代の僧侶
と社会』, 雄山閣出版, 1999, 170쪽 참조. 원효가 나라 시대 불교계에 알려진
사실에 대해서는 박균섭의「원효와 히지리의 대중교화론」(『교육철학』 42,
2010년, 65-67쪽) 및 타무라 엔쵸의『고대 한국과 일본불교』(239쪽), 홍윤기의
『일본문화사신론』(322쪽)을 참조. 신쇼(審祥)는 740년 신라에서 가져간 원효의
『판비양론(判比量論)』(671년)을 쇼무천황의 부인인 고묘(光明)에게 올렸다
(〈조선일보〉, 2002.4.3, 박찬수,『한국에서 쓴 일본역사 이야기』, 130쪽).

27 田村晃祐,『大法輪』 76-7, 88쪽.

28 홍윤기,『일본문화사신론』, 한누리미디어, 2011, 322쪽 참조.

29 김정미,「『일본영이기』의 행기설화고」, 100쪽.

30 쿄오카이 저, 정천구 역,『일본영이기』, 씨아이알, 2011, 117-118쪽. 번역된 문장
일부를 읽기 편하도록 수정함. 이하 인용문은 같음.

31 교키의 설화는 교키 사후에 형성되었다는 것이 통설이다(최복희,『교키와 일본
의 오대산문수신앙』,『일본불교사연구』 5, 2011, 12, 25쪽). 따라서 나라 시대
후기에 정토사상이 민간에 퍼져 설화에 포함되었을 가능성도 있다.『일본영이기』
설화 상권의 '삼보를 믿고 공경하여 현보를 얻은 이야기'에도 미륵불로 알려져
있는 일본 최초의 불상이 아미타상으로 바뀌어 있다(최복희,『교키와 일본의
오대산문수신앙』, 28쪽).

32 쿄오카이 저, 정천구 역,「해제」,『일본영이기』, 358쪽.

33 쿄오카이 저, 정천구 역, 『일본영이기』, 해제 363쪽.

34 이정희, 「『일본영이기』를 통해 본 天平期의 정치에 대하여」, 『인문과학연구』 2, 1999, 16쪽.

35 김정미, 「『일본영이기』의 행기설화고」, 101쪽, 95쪽. 이정희, 「『일본영이기』를 통해 본 天平期의 정치에 대하여」, 17쪽 참조.

36 쿄오카이 저, 정천구 역, 『일본영이기』, 196쪽.

37 이 설화에서 말하는 교키의 출생지는 잘못된 것이다(井上薫, 『行基』, 11-12쪽 참조).

38 쿄오카이 저, 정천구 역, 『일본영이기』, 132-139쪽.

39 쿄오카이 저, 정천구 역, 『일본영이기』, 137쪽.

40 田村晃祐, 『大法輪』76-7, 88쪽.

41 井上薫, 『行基』, 22쪽. 김달수, 「일본 최초의 대승정, 백제계 교오키」『일본 속의 한국문화 유적을 찾아서』, 대원사, http://www.krpia.co.kr/pcontent/?svcid=KR&proid=215.

42 승려 자격 획득 방법을 정하거나(734년) 궁중에서 『最勝王經』을 강의했으며 (737년), 진호(鎭護)국가의 법도로써 불교 지위를 확립했다(川崎庸之, 「奈良仏教の成立と崩壊」, 『日本名僧論集第1卷-行基 鑑眞』, 1983, 23쪽 참조).

43 吉田一彦, 『古代仏教をおみなおす』, 吉川弘文館, 2006, 23쪽.

44 교카이 저, 정천구 역, 『일본영이기』, 해제 361-362쪽. 김정미 「『일본영이기』의 역행자설화고」, 『일어일문학연구』 19집, 1991, 222쪽.

45 교카이 저, 정천구 역, 『일본영이기』, 해제 362쪽.

46 타무라 엔쵸 저, 노성환 역, 『고대 한국과 일본불교』, 233-234쪽.

47 타무라 엔쵸 저, 노성환 역, 『고대 한국과 일본불교』, 235-237쪽.

48 홍윤기, 『일본문화사신론』, 317-324쪽. 타무라 엔쵸 저, 노성환 역, 『고대 한국과 일본불교』, 240-241쪽. 박찬수, 『한국에서 쓴 일본역사이야기』, 117-118쪽 참조.

49 타무라 엔쵸 저, 노성환 역, 『고대 한국과 일본불교』, 245쪽.

50 타무라 엔쵸 저, 노성환 역, 『고대 한국과 일본불교』, 228쪽.

51 하니와라 가즈로(埴原和郞), 「日本人の成り立ち」, 1995.(홍윤기, 「홍윤기의 역사
    기행 일본 속의 한류를 찾아서-고대 일본어의 뿌리는 '구다라어'였다」(세계일
    보, http://www.segye.com/, 2006.12.06.)에서 재인용).

52 구태훈, 『일본고대 · 중세사』, 재팬리서치21, 2008, 134쪽.

53 참고자료
    - 『略年譜』, 『民衆の導者』, 吉川弘文館, 2004, 208-210쪽.
    - 井上薫, 『略年譜』, 『行基』, 吉川弘文館, 2000, 221-231쪽.

일본 불교의 기초를 닦은

엔닌

"환속보다도 필사한 경전을 가지고 돌아가지 못할까 걱정스럽다"

엔닌圓仁(794-864)

간무(桓武)천황이 나라(奈良)에서 헤이안쿄(平安京, 교토)로 수도를 옮긴 794년부터 1185년까지 약 400년 동안을 헤이안 시대라고 한다.

수도를 이전한 이유는 두 가지를 들 수 있다.[1] 하나는 나라에 있는 승려들의 힘이 너무 강해졌기 때문이다. 강력해진 사원 세력이 정치에 개입해 폐해가 컸다. 남도육종(南都六宗)이라 불리는 나라 불교는 삼론종·성실종·법상종·구사종·화엄종·율종의 여섯 종파가 세력을 형성하고 있었는데, 국가를 수호한다는 명목으로 정치와 밀접하게 연결되어 있었다. 승려들은 국가에서 보호, 관리하고 대우를 해주었으나 나중에는 그들이 국가의 권위를 위협하고 국가 재정에 부담을 주었다.

둘째, 나라 지역에 뿌리를 둔 반대파들의 정치적인 공세를 피하기 위해서였다. 간무천황은 덴치천황(天智天皇, 668-671년 재위) 계열(덴치의 증손자)로, 덴무천황(673-686년 재위) 계열과는 정치적 적대관계에 있었다. 간무는 반대파들을 따돌리기 위해서 자신의 활동이 유리한 북쪽의 헤이안 지역을 선택한 것이다.

결국 간무천황은 국가의 기강을 바로잡아 강력한 중앙 집권적인 통치를 구현하기 위해서 천도를 단행했다. 덕분에 간무천황, 헤이제이천황(平城天皇), 사가(嵯峨)천황으로 이어지는 헤이안 초기에 천황은 절대왕권을 행사하고 조정의 기능이 강화됐다.

하지만 시간이 흐르면서 다시 신흥 귀족이 등장하고 새로운 종파의 승려들이 세력을 키워나갔다. 특히 사가천황 이후에 외척 세력인 후지와라 씨 가문의 힘이 막강해졌는데, 천황을 허수아비 삼아 섭정정치(摂関政治)를 펴면서 부패도 만연해졌다.

이렇게 100여 년이 지나자, 정치에서 소외된 하급 귀족이 반란을 일으키고 도적들이 각지에서 설치기 시작했다. 이러한 혼란을 수습하기 위해서 동원된 무사들이 차츰 세력화되었는데 후기로 접어들면서는 직접 정치에 나서기 시작했다. 천황의 권위가 완전히 땅에 떨어지고 그동안 권력의 최하층에서 군사적인 힘으로 생계를 도모하던 무사들이 최고의 권위를 확보하기에 이르렀다. 이들 때문에 헤이안 시대가 끝나고 무사들이 가마쿠라에 모여 일본 천하를 통치하는 시대가 시작되었다. 일본사에서 중세라 불리는 가마쿠라(鎌倉) 시대다.

이와 같은 헤이안 시대 400년은 전체적으로 거칠게 말하면 천황 한 사람에게 집중되어 있던 권력이 귀족과 무사 그리고 하층민으로 분산되어가는 과정이었다. 공간적으로 말하면 교토에 집중되어 있던 권력이 동쪽으로 이동하는 과정이었다. 그런 흐름은 헤이안 시대를 이은 가마쿠라, 무로마치, 전국 시대까지 계속된다. 전국이 통일되어 평화가 정착한 에도 시대에 비로소 그러한 움직임이 종료된다.

헤이안 시대의 불교는 그러한 시대적인 변화와 사회 주류 세력의 변화에 따라 자신을 변모시켜 나갔다. 처음에는 교학적인 성격이 강한 천태종에서 밀교를 흡수하고, 헤이안 중기에 유행하기 시작한 정토사상을 수용한 형태로 진화했다.

헤이안으로 천도한 뒤, 나라의 불교 사원들은 수도 가까이 접근할 수 없었다. 새로 설립된 사원들은 대개 험준한 산악에 배치됐다. 헤이안 초기에 천황과 귀족의 보호를 받은 사이초(最澄, 767-822)의 천태종은 헤이안 동북쪽에 있는 비예산(比叡山, 히에이잔)에 사찰을 세우고, 구카이(空海, 774-835)의 진언종은 남쪽으로 멀리 떨어진 고야산(高野山)에 사찰을 세운 것이 그러한 사례다. 승려에 대한 관리도 철저히 했다.

일본 사상을 다시 만나다

천태종과 진언종은 헤이안 시대 초기에 통치자들이 불교 세력을 정리하는 과정에서 등장한 양대 불교 종파였다. 이들 종파는 남도육종이 가지고 있던 느슨한 정체성과는 달리 강력한 자기 주장과 종파의식을 가지고 있었다. 사이초가 법상종의 승려와 벌인 논쟁에서 그러한 의식을 엿볼 수 있다.

간무천황 때에는 사이초의 천태종이 주목을 받았다. 하지만 후임 천황인 사가천황 때부터는 밀교인 구카이의 진언종이 궁정의 적극적인 지지를 받아 주류 종파가 되었다. 상황이 이렇게 된 것은 밀교 자체의 매력도 있었지만 구카이가 정치적 변란기(구스코의 난藥子の變)에 사가천황을 적극 지지한 것이 주효한 점도 있었다. 정치적 줄서기에 성공한 것이다. 수세에 몰린 천태종 교단은 적극적으로 밀교를 수용해 진언종(동밀東密, 東寺密敎)에 대응하는 천태밀교(天台密敎, 태밀台密)로 변신, 헤이안 초기에 일본 불교계는 온통 밀교가 득세하는 형국이 됐다.

이후 불교계는 정토사상이 유행하기 시작했다. 특히 말법의 시대가 시작되었다고 하는 1052년 전후로 정토교의 영향을 받은 많은 사찰이 건립되고 아미타여래 내영도(來迎圖)가 인기를 끌었다. 이러한 종교사상은 헤이안 초기의 천태종이나 진언종과 비교해보면, 좀 더 민중적이고 탈귀족화된 것이라고 할 수 있다. 그리고 국가를 위한 호국불교가 개인의 안심입명(安心立命)을 위한 종교로 탈바꿈했다는 것을 의미한다. 헤이안 시대 중엽 이후의 변화된 사회적 분위기가 반영된 것이다.

대륙문화에 대한 반발도 종교적 지형을 변화시킨 원인 중 하나로 들수 있다. 대륙문화란 중국, 즉 당나라의 문화라고 보통 생각할 수 있지만 사실은 한반도의 문화, 좁게는 신라의 문화라고 할 수 있다.

헤이안 시대 중기에 국풍(國風)문화가 일어났다. 자기 내부 사회의 문화에 주목하는 독자적인 문화운동이었다. 당나라가 쇠퇴하자 중국 문화를 실어오는 견당사 파견을 중지했다(894년). 그 이전에 신라 문화를 실어오는 견신라사 파견도 중지했다.

헤이안 시대 초기에 형성되기 시작한 가나(假名)문자는『겐지 이야기』를 쓴 무라사키 시키부(紫式部, 973-1014년경)와 같은 작가들이 등장하는 계기가 되었다. 한자만 존재하는 문화적인 풍토에서 순수한 일본어에 의한 표현은 자국 문화에 대한 긍지를 높였는데, 가나가 이룩한 새로운 문학적 성취처럼 예술 방면에서도 야마토에(大和繪)라고 불리는 일본적인 그림이 그려졌다. 이렇게 강력해진 자국 의식은 무엇 때문일까?

순수한 일본 문화처럼 보이는 가나 문자의 뿌리가 사실은 신라의 구결(口訣)이었다는 설이 제기된 바 있다.[2] 일본에 전해진 원효의 저작『판비량론(判比量論)』에 찍힌 각필을 근거로 일본 가타카나의 원형이 신라에 있었을 가능성을 지적하는 연구도 있다.[3] 새로 출현한 문화의 배경에 모순적이지만 신라 문화의 영향이 자리 잡고 있었을 가능성이 크다.

헤이안 시대를 연 간무천황은 생모가 백제계라고 한다. 이는 일본 아키히토 천황이 2001년 12월 자신의 생일을 맞이해 기자회견하면서 밝힌 사실이다. 그는 "간무천황의 생모가 백제 무령왕의 자손이라고『속일본기』에 기록돼 있는 사실에 한국과의 깊은 인연을 느낀다"고 했다.

그렇다면 간무천황의 부친 49대 일본 천황 고닌(光仁, 709-782)은 순수한 일본인 혈통이었을까? 사실은 덴치천황의 손자인 그도 백제계 도래인의 후예이다. 덴치천황이 백제계 후예이기 때문이다. 헤이안 시대에 줄곧 외척세력으로 이름을 떨친 후지와라 씨 가문도 한반도 도래인의 후손으로 알려져 있다. 이 후지와라 씨 가문의 딸들이 많은 천황의 부인이 되었기 때문에 사실은 헤이안 시대 천황은 대부분이 한반도 도래

말법 시대의 첫 해라는 1052년에 세워진 평등원(平等院)의 봉황당(鳳凰堂). 사람들은 연못 이쪽에 서서 봉황당의 아미타여래가 자신을 맞이해 줄 것을 기원했다.

인의 후손이라고 할 수 있다.

결국은 이러한 천황가의 권위가 땅에 떨어지고, 후지와라 씨가 권력을 상실하게 되었다는 것은 무엇을 의미할까? 교토의 귀족은 몰락하고, 그곳에서 동쪽으로 멀리 떨어진 곳의 무사들이 득세했으며, 이름 없는 민중이 지지하는 정토신앙이 귀족의 종교를 대체했다는 것은 무엇을 의미할까? 그것은 바로 한반도의 영향을 벗어나 일본문화가 독자적인 발전을 시작했다는 것을 의미한다. 정신적 자립, 나아가 문화적 자립이 헤이안 시대 전체 기간을 통해서 이루어지고 있었다고 할 수 있을 것이다.

물론 동쪽 지역의 무사들, 이름 없는 민중이 한반도 계통 도래인과 전혀 상관없는 순수한 '일본인'이었다는 것은 아니다. 그들도 많은 사람이 오랜 기간을 통해서 한반도에서 조금씩 이주해간 사람이었다. 일부는 한반도가 아닌 다른 지역에서 흘러들어간 사람도 있었다. 어쨌거나 그들은 한반도, 특히 백제와 신라의 영향을 덜 받은 사람들이었다. 그렇기 때문에 아스카 → 나라 → 헤이안으로 이어지면서 창출된 문화에 공감하는 정도가 덜하고, 문화적인 권위에도 덜 순종적이었다고 할 수 있다.

엔닌(圓仁)의 중국 여행기 『입당구법순례여행기(入唐求法巡礼行記)』를 읽어보면 그는 수많은 신라인의 도움을 받아 순례여행을 했다는 것을 알 수 있다. 라이샤워의 말을 빌리면 "실제로 엔닌의 일기는 일본인의 중국 여행기였지만 그 전체 내용에 등장하는 인물의 수에서 중국인에 필적하는 것은 신라인이고 일본인의 그림자는 지극히 미약하다"고 했다.[4] 여기서 신라인은 한반도 사람을 말한다. 당시 한반도는 신라로 통일되어 있었기 때문이다.

엔닌은 헤이안 시대의 많은 승려처럼 한반도 도래인의 후예로 알려져 있는데, 중국에서 신라인과 대화를 하면서 신라인으로 자처한 사실도 있다. "우리는 본래 신라 사람인데 전에는 초주(楚州)에 살았습니다. 밀주(密州)로 가서 의논할 일이 있어 잠시 조공사선을 타고 함께 왔습니다."[5] 이 말을 들은 신라인들도 자기들도 '본래 신라인'이라고 답하였다. 이렇게 대화가 통했는데 나중에 그는 다른 신라 사람에게 순수한 신라인이 아니라는 사실이 발각된다. 아마도 그가 말하는 신라어가 신라 본국의 억양과 다르거나 무언가 다른 점이 있었을 것이다. 어쨌든 그는 어눌하지만 한반도 말을 할 줄 알았던 것 같다.

엔닌은 헤이안 초기에 살면서 사이초가 운영하던 연력사에 들어가 천태종을 배웠다. 그리고 경쟁관계에 있던 구카이의 진언종을 뛰어넘기 위해 당나라로 건너갔다. 그곳에서 밀교를 배우고 불교와 관련된 여

일본 사상을 다시 만나다

러 가지 사상과 의례를 배워서 일본으로 귀국했다. 그가 배운 것 중에는 정토교 관련 의례도 있었다. 헤이안 시대 중기 이후에 융성하게 되는 정토사상의 선구적인 도입이 그에 의해서 이루어졌다. 그는 이러한 모든 사상을 천태종에 담아 천태밀교와 천태정토교를 만들어냈다. 그의 활동을 통해서 우리는 헤이안 시대 초기에서 후기로 넘어가는 일본 불교의 변모 과정을 알아낼 수 있다. 나아가 한반도의 후예들이 일본인으로 변모해가는 모습을 그리고, 그들이 어떻게 일본적인 독특한 문화를 구축해갔는지 살펴볼 수 있다.

엔닌의 생애

간무천황이 수도를 나라에서 헤이안쿄로 옮긴 해에 엔닌이 태어났다.[6] 그는 교토에서 동쪽으로 멀리 떨어진 시모쓰케 지방(下野国) 쓰가군(都賀郡)에서 태어났는데, 지금의 도치기현(栃木県 下都賀郡)에 해당하는 곳으로 도쿄 북쪽에 위치한다. 당시는 수도에서 매우 멀리 떨어진 벽지(僻地)에서 태어난 것이다.

엔닌의 아버지 미부노 오비토마로(壬生首麻呂)는 지방 호족으로 당시 역장(驛長)이었다. 미부씨 집안은 신라인 호족이다. 엔닌의 부친은 엔닌이 5살 때 사망했다. 그래서 그는 어려서부터 형에게 간단한 한문과 역사를 배웠는데, 9살 때 마을 근처에 있는 대자사(大慈寺, 지금의 小野寺)에 들어가 승려 고치(広智)로부터 불교를 배웠다. '엔닌'이라는 이름을 갖게 된 것은 이때였다.

15살 때(808년) 스승 고치는 엔닌을 데리고 멀리 헤이안 궁 가까이에

비예산의 모습. 엔닌은 15살 때 이곳에 올라 사이초의
제자가 되었다.

있는 비예산(比叡山)까지 가서 사이초(最澄)에게 소개해 제자가 되게 했다.[7] 어린 엔닌은 500여 킬로미터에 달하는 먼 거리를 스승과 걸으면서 장차 중국의 대지를 종횡으로 누빌 수 있는 경험을 축적한 셈이다.

사이초는 당시 중국에서 귀국해 3년째 되는 해로 조정으로부터 비예산을 하사받아 천태종을 개창한 지 2년이 되던 때였다. 엔닌은 비예산에 입산한 지 6년 만인 814년에 승려가 되기 위한 국가시험에 응시해 합격했다. 그 2년 뒤에 나라에 있는 동대사(東大寺)에서 구족계를 받고 승려 자격을 획득했다. 당시 비예산에서는 아직 승려 자격을 얻을 수 없었기 때문에 나라까지 가게 된 것이다.

817년 엔닌은 사이초로부터 여러 가지 관정(灌頂, 세례)과 계율을 받고, 동국(東國) 순례에 동행했다. 그때 그는 사이초와 사이초를 따르는 여러 제자와 함께 비예산 입산 후 처음으로 고향을 방문하고 자신이 공부하던 다이지사도 들렀다. 당시 사이초 일행을 보려고 몰려든 사람들이 수만 명에 이르렀다고 한다.

822년(29세)에 엔닌은 사이초로부터 일심삼관(一心三観)의 묘의(妙義)를 받았는데, 이 해에 사이초가 사망했다. 엔닌은 그 후 법륭사(法隆寺, 호류지)에서 『법화경(法華経)』을 강의하거나 사천왕사(四天王寺)에서 『인왕경(仁王經)』 등을 강의하면서 수행생활을 계속했다. 또 동쪽으로 멀리 떨어진 자신의 고향에 가서도 불법을 전파했다.

833년, 40세 때 엔닌은 큰 병에 걸려 요코가와(橫川)의 암자에 들어가 사경(写経)을 하면서 요양생활을 했다.[8] 죽을 줄 알았으나 그의 병은 2년 뒤에 나았으며, 그후 입당(入唐) 청익승(請益僧, 단기간 방문하는 승려)에 선발되어 당나라에 가게 되었다.

836년(43세) 7월, 엔닌은 견당사(遣唐史)와 함께 규슈 다자이후(太宰府)에서 출발했다. 그러나 갑자기 역풍이 불어 배가 더 이상 항해를 하지 못하고 되돌아왔다. 이듬해 다시 규슈에서 출발했으나 또다시 역풍을 만나 돌아왔다. 3년째 되던 838년 6월, 그와 견당사 일행은 규슈에서 당나라를 향해 출발했다. 일본에서 보낸 견당사는 이때가 마지막이었다. 거의 10년간 계속된 엔닌의 일기 『입당구법순례행기(入唐求法巡礼行記)』는 바로 이 시점부터 기록이 시작된다.[9]

일행을 태운 3척의 배는 20일 정도 순조롭게 항해를 계속해 당나라 내륙 운하를 거쳐 양주(揚州)에 도착했다. 견당사 일행은 수도 장안으로 향하고, 엔닌은 개원사(開元寺)에 머물며 당나라 조정에 천태산 순례 허가를 요청했다. 조정에서 허가를 내주지 않아 엔닌은 다음해 견당사 일행과 합류해 귀국길에 올랐다. 하지만 천태산 순례를 포기할 수 없어 해주에서 배를 내려 내륙으로 들어가려고 했는데, 신분이 탄로나 다시 귀국하는 배를 타야 했다. 그런데 갑자기 불어닥친 바람 때문에 선박이 표류하는 바람에 엔닌은 육지에 다시 올랐다. 그와 제자 3명은 귀국하는 견당사 일행과 헤어져 산동반도 문등현(文登縣) 적산법화원(赤山法華院)으로 갔다. 그곳에서 그들은 신라인들의 협력을 얻어 순례 여행을 준비했다.

840년(47세) 2월, 엔닌 일행은 천태산으로 가려던 계획을 바꿔 오대산으로 향했다. 도움을 주던 신라인들이 오대산 쪽을 권했기 때문이다.[10] 그

해 5월, 적산법화원을 떠나 2천 리가 넘는 길을 걸어 오대산 죽림사(竹林寺)에 도착했다. 엔닌 일행은 대화엄사(大華嚴寺)에 체류하면서 오대산 순례를 했다. 그리고 일본에서 가져온 30조항의 질문에 대한 답을 얻고, 틈틈이 일본에 전래되지 않은 경전과 주소 등 37권을 필사했다.

오대산에서 2개월 정도 머문 뒤 장안(長安)으로 출발해 53일간의 도보여행 끝에 그해 8월 자성사(資聖寺)에 도착했다. 장안에서 엔닌은 밀교를 배우고 일본에 없는 경전을 필사하면서 관정(灌頂)을 받았다. 이듬해(841년)에는 금강계대법(金剛界大法)과 전법관정(伝法灌頂)도 받았다. 이후 귀국하기 위해서 당나라 조정에 수차례 신청했으나 거부되었다.

842년 도교에 빠진 당나라 무종(武宗, 814-846)에 의해서 불교 탄압(회창會昌의 폐불廢佛, 842-846년)이 시작되었다. 승려들은 모두 환속 명령을 받고 절을 떠나게 했는데, 엔닌을 포함한 외국 승려들도 별도로 소집되어 사찰에 대기하게 되었다.

이윽고 845년 5월, 엔닌은 칙명에 의해 환속 명령을 받고, 동시에 추방령을 받아 장안을 떠나 귀국하게 되었다. 그는 같이 따라간 제자 2명과 함께 그동안 필사한 불경과 그림을 몰래 싸들고 양주, 초주(楚州), 해주(海州), 밀주(密州) 등지를 경유해 등주(登州)로 갔다. 8월에 적산법화원에 도착한 엔닌 일행은 신라인의 도움을 받아 귀국 준비를 했다. 이 무렵 일본의 연력사에서는 목숨이 위험하게 된 엔닌을 구하기 위해서 엔닌의 제자 쇼카이(性海)를 파견했다.

846년 5월 불교 탄압 정책을 펴던 무종이 갑자기 사망해 탄압이 중지되었다. 그해 10월경에 엔닌은 일본에서 온 쇼카이를 만나 필요한 물품과 금화를 제공받았다. 54세가 된 847년 9월 엔닌 일행은 다시 머리를 깎고 승복을 갈아입은 뒤 산동반도 적산포(赤山浦)를 출발해 귀국

1990년에 복원된 웨이하이시의 적산법화원 모습. 엔닌은 당나라에 입국할 때와 출국 때 모두 이곳에 체류했다.

길에 올라 만 9년 3개월 만에 규슈 다자이후에 도착했다.

848년 3월 엔닌은 자신을 마중 나온 제자들과 함께 교토로 돌아왔다. 그해 엔닌은 전등대법사(伝燈大法師) 직위를 받았는데, 당시 대법사 칭호를 받은 것은 그가 처음이었다. 스승 사이초나 진언종 창시자 구카이도 그런 칭호를 받지 못했으니 그로서는 실로 영광스러운 칭호였다. 또 내공봉십선사(內供奉十禪師)에 선임되었는데, 이 직책은 궁중에서 천황을 위해 기원을 하거나 병치료를 행하는 것으로 종신직이었다. 61세 되던 854년에는 제2대 천태좌주(天台座主)의 뒤를 이어 제3대 좌주에 임명되었다. 제1대는 기신(義眞), 제2대는 엔쵸(圓澄)였는데 그때까지 이 직책은 연력사 내부의 직책이었으나 엔닌부터는 태정관(太政官)이라는 공적인 자리로 인정을 받았다. 그 뒤 10년이 지난 864년, 71세의 나이로 입적했다.

천태밀교의 토대 구축

밀교(密教)는 불교의 한 종파로, '진언(眞言, 만트라)'이라 부르는 주문을 외우고 그것으로 정신을 통일해 부처가 되는 최고의 경지에 이르는 것을 목표로 삼는다. 특히 이 만트라(mantra)를 외우거나 그 문자를 보면 공덕이 있게 되고 즉신성불(卽身成佛)의 깨달음을 얻을 수 있으며, 나아가 세속적인 소원을 성취할 수 있다고 한다.[11]

밀교는 중국에서는 밀종(密宗)이라고 하며, 한국과 일본에서는 진언종이라고도 한다. 밀교는 대일여래(大日如來), 즉 비로사나불(毘盧舍那佛)을 본존으로 모신다. 인도에서 7세기 중엽에 밀교 사상이 정리되어 『대일경(大日經)』이나 『금강정경(金剛頂經)』과 같은 경전이 출현해 중국에 전래되었다.[12]

이러한 밀교는 이미 나라 시대 때에 일본에 전해졌으나[13] 본격적으로 한 종파로서 밀교가 전래된 것은 구카이(空海) 때부터였다. 그는 804년에 견당사의 일원으로 당나라에 건너갔을 때, 밀교 자료를 수집하고 수행법을 익히고 귀국해 일본 진언종을 창시했다. 구카이와 같이 당나라에 건너간 엔닌의 스승 사이초(最澄)는 구카이와 달리 천태종을 배워 왔다(805년). 사이초도 밀교에 접하기

엔닌이 일본에 전한 만다라(熾盛光曼茶羅). 천태종 승려 천해(天海,, 1536-1643) 그림.

는 했지만 큰 의미를 부여하지는 않았다. 사이초가 먼저 귀국해 천태종의 기반을 갖추고 포교에 나섰는데, 구카이가 귀국해 밀교를 선전하자 헤이안의 귀족들은 밀교에 더 큰 관심을 가졌다. 그래서 사이초도 구카이에게 밀교를 배우고 관정을 받는 등 노력했으나 구카이의 진언종을 넘어서지는 못했다.

비예산의 천태종 종단은 진언종을 넘어서기 위해서 조직적으로 밀교를 배워서 천태종 교리에 밀교의 가르침을 수용하고자 했다. 그 주도적인 역할을 행한 승려가 엔닌이었고, 그 뒤를 이어 중국에 유학을 간 승려가 엔친(圓珍, 814-891)이었다.

엔닌은 840년, 오대산을 떠나 천신만고 끝에 장안에 도착하자마자 밀교에 정통한 사람을 찾았다. 9월 5일 일기를 보면 "밤에 비사문천왕(毘沙門天王)을 마음에서 염송하고 기원을 하여 밀교에 정통한 사람을 알려주시기를 빌었다"[14]고 했다. 그 다음날 9월 6일에는 장안에서 누가 밀교에 정통한지 알려주는 어떤 승려의 말을 이렇게 적었다.[15]

"만약 밀교의 비법을 얻기를 바라신다면, 저는 장안성에서 밀교 전반에 정통한 사람을 잘 알고 있습니다. 청룡사의 법윤화상은 태장계만을 이해하고 있으나 이에 관해서는 깊이 일가를 이루고 있습니다. …… 대흥선사의 문오사리는 금강계를 이해하고 있으며 성안에서는 뛰어난 분입니다. 청룡사의 의신화상은 태장계와 금강계를 겸하고 있습니다. 대흥선사에는 원정화상이 있어 깊이 금강계를 이해하며 행법과 교리에 다 통달하고 있습니다."

그해 10월 29일 일기에 엔닌은 이렇게 적었다.[16]

"대흥선사로 가서 칙으로 설치된 역경원에 들어가 원정화상을 만나 뵙고 처음으로 금강계의 대법을 배웠다. 칙에 의해 설치된 관정도량

서안에 있는 대흥선사. 엔닌은 이곳을 통해서 밀교에 대한 많은 정보를 얻었다.

으로 들어가 여러 대만다라에 예배하고 공양을 마련해 관정을 받았다."

대흥선사(大興善寺)는 당시 장안에서 가장 큰 사찰로 중국 밀교의 발원지이자 포교의 중심적인 역할을 하고 있었다. 엔닌은 같은 날 일기에 꿈속에 스승을 만났다면서 이렇게 적었다.

"꿈을 꾸었는데 금강계(金剛界) 만다라를 그려 본국으로 갔더니 사이초 대사께서 그 만다라를 펴보시고 몹시 기뻐하셨다. 대사께 예배하려고 했더니 말씀하시기를 '나는 감히 그대의 예배를 받을 수가 없다. 내가 지금 그대에게 예배하겠다'고 하셨다. 만다라를 그려온 것을 은근히 기뻐하셨다."

정통 밀교를 당나라 땅에서 직접 목격하고 일본으로 만다라를 그려 갈 수 있다는 기쁨에 스승 사이초의 꿈까지 꾼 것이다.

그해 겨울(12월 25일) 엔닌은 사람을 시켜 처음으로 금강계 만다라 4

폭을 그리게 했다.[17]

만다라는 '전체', '원(圓)', '집합'의 뜻을 가진 산스크리트어이다. 인도에서 처음 생겼을 때 그것은 단순한 그림이라기보다는 '전체'를 나타내는 어떤 것이었다. 인도인들에게 이 세계는 맨 중앙에 신들이 사는 수미산이 있고 그 주변은 바다와 산으로 겹겹이 둘러싸여 있다. 그 너머 바다에 섬들이 있고 사람들은 거기에 산다. 이러한 전체 세계를 상징하는 것이 만다라다. 또 만다라는 '본질'을 뜻하는 '만다'와 '가지다'를 뜻하는 '라'가 조합된 것으로 해석하기도 한다. '본질을 가진 그림'이라는 뜻으로, 그것은 진리를 깨달았을 때 보이는 우주의 모습을 의미한다. 밀교에서 이러한 만다라를 중시하는 것은 신을 포함한 세계 전체를 보여주고 동시에 깨달음 자체를 한눈에 보여주기 때문이다.[18] 그것을 자꾸 봄으로써 인간은 깨달음의 세계와 자신을 일치시킬 수 있다는 것이다.[19]

금강계 만다라 그리는 일은 다음해 2월에 끝났다. 엔닌은 만다라에 공양을 하고 그 앞에서 관정을 받았다. 4월에 들어서 그가 꿈을 꾸었는데 어떤 승려가 "스님께서 태장계(胎藏界) 그림을 그리려고 하는 것을 알고 시주가 있어 보시를 보냅니다"라고 말했다. 주위 사람들이 기뻐하며 "스님, 지금 태장계 만다라를 만들게 하십시오."라고 했다. 그래서 그는 태장계 만다라를 그리도록 의뢰했다.[20] 금강계 만다라와 태장계 만다라를 모두 그려 일본으로 가져가려는 것이었다. 엔닌은 이후 여러 곳의 불교 사원을 순례하면서 만다라와 불교 의례 물품을 수집하고 불교 경전 등 580부 794권의 자료를 모아 일본으로 가져갔다.

본격적으로 밀교를 배운 그는 비예산으로 복귀한 뒤 중국에서 가져온 금강계 만다라와 태장계 만다라를 복제하게 했다. 그리고 황실의 후

원을 받아 천 명 이상의 승려가 참가하는 관정 의식을 주재했다. 856년
에는 천황과 황태자, 그 측근들과 황실의 고관들에게 비밀스러운 관정
의식을 베풀었다.[21] 천태종에 밀교를 접목한 적극적인 활동을 전개한
것이다.

엔닌이 가지고 들어온 밀교 의식과 화려한 예술품 그리고 풍부한 상
징물들은 헤이안 사회에 큰 영향을 미쳤다. 비예산은 헤이안궁 바로 동
북쪽에 있었기 때문에 멀리 남부에서 번창했던 구카이의 밀교보다 더
욱 영향력이 컸다. 엔닌 이후 엔친이 다시 중국에 유학해 새로운 밀교
를 배워오고, 엔닌의 제자 안연(安然) 때 완성을 본 것이 천태밀교, 즉 태
밀이다.

태밀은 구카이의 동밀(東密)에 대응하면서 발전했는데『대일경(大日
経)』이나『금강정경(金剛頂経)』등 전통적인 밀교 경전뿐만 아니라『법화
경』·『화엄경』도 이론적인 밀교 경전이라고 보고, 밀교의 대일여래(大
日如来)가 사실은 석가여래(釈迦如来)와 동일한 존재라고 주장했다. 사이
초 시기에 기존의 천태종에서는『법화경』을 최고의 경전으로 여기고,
석가여래를 중심적인 존재로 상정했으나, 태밀에서는 밀교 경전과 대
일여래를 좀 더 중시했다.

이러한 태밀은 이후 헤이안 시대 말엽까지 약 300년 동안 일본 불교
의 대표적인 주류가 되었다.[22]

천태정토교의 창시

천태정토교는 천태종과 정토교를 결합한 것으로 연력사에서 천태

일본 사상을 다시 만나다

종을 바탕으로 형성된 정토교를 말한다. 엔닌은 이러한 천태정토교의 기본 토대를 구축했다.

비예산의 천태종은 불교의 종합대학이라는 말을 들을 정도로 불교의 다양한 가르침이 융합되어 있었다. 이런 경향은 이미 사이초(最澄) 시대 때부터 시작된 것으로 사이초는 천태교학뿐만 아니라 밀교, 계율, 참선 등에 대해서도 깊은 관심을 가지고 수용했다.

헤이안 시대 중엽에 건축된 평등원(平等院) 봉황당(鳳凰堂, 阿弥陀堂)의 운중공양보살상(雲中供養菩薩像). 정토신앙의 대표적인 작품이다.

사이초는 804년에 8개월 정도 중국에 머물렀을 때 천태종이나 밀교, 선종에 대해서 관련 사찰을 방문해 경전을 수집하고 수행법을 배웠다.[23] 예를 들면 수선사(修禪寺)의 도수(道邃)와 행만(行滿)으로부터 천태교학을 배웠고, 선림사(禪林寺)의 수연(脩然)으로부터 달마선을, 월주(越州) 영엄사(龍興寺) 순효(順曉)로부터 밀교를 배웠다. 일본에 가지고 돌아온 경전도 천태 계통이나 밀교 경전이 많았다. 하지만 사이초는 정토교에 대해서는 특별히 주목하지 않았다.

일본에서 정토교는 헤이안 시대 중기부터 크게 인기를 끌기 시작했다. '시장의 성자(히지리, 聖)' 혹은 '아미타의 성자'라 불린 구야(空也, 903-972)는 길거리에서 서민들을 대상으로 염불을 권유하고 정토사상을 전했다.

이후 료겐(良源, 912-985)이 나와서 수행의 방법으로 염불을 위주로 한 상행삼매(常行三昧)를 적극 도입해 침체된 비예산의 분위기를 일신하고 새롭게 중흥시켰다. 겐신(源信, 942-1017)은 『왕생요집(往生要集)』을 지어 정토교 신앙을 정리해 정토교 이론과 수행을 체계화했으며, 료닌(良忍, 1072-1132)은 융통염불(融通念仏)을 제창했다. 료닌은 융통염불종의 창시자로 평가된다.[24]

이들의 활약 외에도 11세기 중엽에 말법사상이 크게 유행했는데, 이러한 사상을 배경으로 정토신앙 역시 널리 퍼졌다. 이 때문에 아미타당(阿弥陀堂)이 많이 세워졌는데, 법성사(法成寺) 무량수원(無量寿院)이나 평등원(平等院)의 봉황당(鳳凰堂) 등이 그러한 건축물이었다.

평등원은 1052년에 지어졌고, 봉황당은 그 다음해에 지어졌는데, 1052년은 당시 특별한 의미를 갖는 해였다. 소위 말법사상에서, 그 해는 석가모니가 입멸한 뒤에 오직 그의 가르침만 남고 수행하는 자도 없고 수행해 깨달은 자도 없는 시대, 즉 인심이 극악해지고 악한 일들만 일어나는 시대가 시작된다. 마침 헤이안 시대 중기를 지나면서 율령제가 붕괴되고 불교 교단들이 퇴폐했으며 전란과 천재지변, 기근과 전염병이 만연해 세상의 종말이 가까이 온 듯해 종말론적인 말법사상이 더욱 사람들의 관심을 끌었다.[25]

이렇게 정토교가 흥성한 데는 역시 엔닌이 중국 유학 과정에서 경험한 정토교를 적극적으로 소개하고 비예산에 관련 의례와 사상을 수용하도록 노력했기 때문이다. 그가 중국에 단기 유학승 자격으로 방문한 주요 목적은 천태교학의 보완과 함께 밀교에 대한 체계적인 학습과 관련 자료의 수집이었다. 그래서 장안에 들어가자마자 밀교 전문가를 찾았고 그 뒤에 체계적으로 밀교를 배우고 자료를 수집했다. 진언 밀교와 천태종의 결합이 그의 최대 관심사였다.[26] 밀교 수용은 이렇게 계획적이었지만 정토교에 대해서는 달랐다. 우연히 중국의 불교계를 돌아보

일본 사상을 다시 만나다

(위)비예산 연력사(延曆寺)의 아미타당
(아래)연력사의 상행삼매당. 이 건물은 1595년에 재건했다.

는 가운데 그 중요성에 눈을 뜬 것이다.

아마도 종교가로서 엔닌의 가장 빛나는 업적 중 하나는 염불종, 즉 정토교에 대한 다양한 문화를 접촉하고 그것에 관한 정보를 수집해 일본에 전한 것이다. 그는 중국에 있을 때 염불의식이나 정토사상과 관련한 문화를 적지 않게 목격했다. 예를 들면 오대산 죽림사에 있었을 때 어떤 공양의식에 초대되었는데, 승려들이 나발을 치고 소리 높여 아미타불을 외우고, 다른 비구니들도 모두 함께 똑같이 하고 있는 광경을 보았다.[27]

또 그가 장안의 자성사에 체류하고 있을 때, 어떤 승려가 아미타불의 정토에 대한 가르침과 염불의 가르침을 전한 것을 보았다.[28] 그는 일기에 이렇게 적었다. "칙을 내려 경상법사로 하여금 여러 절에서 아미타 정토 염불교를 전도하게 했다. 또 여러 절을 순회하며 절마다 3일간 전도하고 매월 순회해 그치지 않았다."[29]

중국에서는 이미 북위 말엽에 승려 담란(曇鸞, 476-542)과 수나라 시대에 승려 도작(道綽, 476-542) 그리고 선도(善導, 613-681)가 나와서 칭명(稱名) 염불을 민간 사회에 널리 퍼뜨렸다. 아미타불의 이름을 반복해 외우면 서방의 극락정토에 갈 수 있으며 구제를 받을 수 있다는 정토사상이었다.

엔닌은 귀국 후 851년에 상행삼매당(常行三昧堂, 상행당常行堂)를 건립하고, 오대산(伍台山)에서 본 염불삼매법(念仏三昧法), 즉 상행삼매법을 처음으로 행했다. 염불 수행의 도장이 생긴 것은 일본 최초였다. 상행삼매는 90일간 입으로는 염불을 외우면서 마음으로는 부처를 보며 아미타여래의 주위를 계속 도는 것이다. 865년에는 엔닌의 유언으로 7일간에 걸쳐 부단염불(不斷念佛)이 실시되기도 했다.

일본 사상을 다시 만나다

엔닌 이전에 정토신앙은 주로 학승(學僧)들에 의해서 『무량수경』 등 경전에 대한 연구와 주석이 이루어지고 있었다. 종교 신앙으로서의 접근은 엔닌 때부터라고 할 수 있다. 엔닌 이후에는 구야가 나와서 일반 서민 사이에 염불을 널리 퍼뜨렸다. 구야를 민간 정토종의 시조, 정토교의 선구자라고 부르는 이유가 여기에 있다. 구야 이후에 료겐, 겐신, 료닌을 거쳐 호넨(法然, 1133-1212)에 이르러 비로소 정식적인 종파로 일본 정토종이 탄생한다.

엔닌의 밀교 수용과 소개가 헤이안 시대 초기, 즉 스승 사이초 시대의 요구에 부응한 것이었다고 한다면, 정토종의 수용과 소개는 헤이안 중기 이후, 즉 새로운 시대에 대한 준비였다고 할 수 있다. 그 때문에 가마쿠라 시대에 일본 정토종을 개창한 호넨은 스스로 존경하는 엔닌의 의복을 자기 몸에 감싸면서 사망했다고 한다. 호넨으로서는 엔닌이야말로 자신이 일본에 정토종을 개창할 수 있게 길을 열어준 스승이었던 것이다.

엔닌 연보

1세(794년) 시모쓰케 지방(下野国, 현재의 도치기현栃木県) 쓰가군(都賀郡)에서 출생.

9세(802년) 대자사(大慈寺)에 들어가 광지(広智)에게 불교를 배움.

15세(808년) 광지와 함께 비예산(比叡山)에 올라 사이초(最澄)의 제자가 됨.

23세(816년) 동대사(東大寺)에서 구족계(具足戒)를 받고 승려 자격을 획득함.

24세(817년) 사이초의 동국(東国) 순례를 수행. 사이초에게 전법관정(伝法灌頂)을 받음.

29세 (822년) 사이초로부터 일심삼관(一心三観)의 묘의(妙義)를 받음. 스승 사이초 사망.

35세(828년) 법륭사(法隆寺)에서 『법화경(法華經)』 강의. 엔친(円珍), 비예산에
　　　　　 올라옴.

36세(829년) 사천왕사(四天王寺)에서 『인왕경(仁王經)』 등 강의. 관동, 동북지방
　　　　　 순례 시작.

40세(833년) 큰 병에 걸려 요코가와(横川)의 암자에 들어가 사경(写経)을 하면서
　　　　　 요양함.

42세(835년) 병이 나은 뒤 입당(入唐) 청익승(請益僧)에 선발됨. 3월 구카이(空海)
　　　　　 사망.

43세(836년) 7월, 견당사와 함께 규슈 다자이후(太宰府)에서 출발, 역풍으로 되돌아옴.

44세(837년) 다시 견당사 일행과 함께 규슈에서 출발했으나 역풍을 만나 돌아옴.

45세(838년) 6월, 순조롭게 출발해 당나라 양주(揚州)에 도착. 개원사(開元寺)에
　　　　　 체류.

46세(839년) 귀국하는 견당사와 헤어져 문등현(文登縣) 적산법화원(赤山法華院)
　　　　　 에 체류.

47세(840년) 2월, 적산법화원을 떠나 5월, 오대산 죽림사(竹林寺) 도착. 대화엄사
　　　　　 (大華厳寺)에 체류하면서 오대산 순례 마침. 8월, 장안(長安) 자성사
　　　　　 (資聖寺) 도착.

48세(841년) 금강계대법(金剛界大法), 전법관정(伝法灌頂) 등을 받음. 귀국 신청을
　　　　　 했으나 거부됨. 이후 불교 탄압(회창会昌의 폐불廢佛,842-846년) 시작.

50세(843년) 승려들의 환속 명령이 내려지고 외국 승려들이 호출됨.

52세(845년) 5월, 칙명에 의해 환속. 추방령을 받고 장안을 떠남. 8월, 적산법화원
　　　　　 도착.

53세(846년) 5월, 당 무종의 사망으로 불교탄압 중지. 일본에서 온 제자 쇼카이
　　　　　 (性海) 만남.

54세(847년) 9월, 산동반도(山東半島) 적산포(赤山浦) 출발, 규슈 다자이후 도착.

55세(848년) 3월, 제자들과 함께 교토에 돌아옴. 6월, 전등대법사(伝燈大法師) 직위
　　　　　 를 받음.

　　　　　　　　　　　　　일본 사상을 다시 만나다

58세(851년)　오대산(伍台山)의 염불삼매법(念仏三昧法)을 처음으로 행함.

61세(854년)　제3대 천태좌주(天台座主)에 임명됨.

71세(864년)　사망함. 2년 후 자각대사(慈覺大師) 시호를 받음.

주석

1　구태훈, 『일본고대·중세사』, 재팬리서치 21, 2008, 150쪽 참조.

2　「한중일 한자 삼국지·中, 日本편」, 『신동아』 560, 2006.5.1, 496–508쪽 (http://shindonga.donga.com/, 2013.1.25.).

3　「"신라문헌서 가나 닮은 문자" 日언론 집중보도」, 『Chosun.com북스』, 2002. 4. 3.(http://books.chosun.com/, 2013.1.25).

4　E. Q. 랴이샤워, 조성을 역, 『중국 중세사회로의 여행』, 268쪽.

5　엔닌, 김문경 역, 『엔닌의 입당구법순례행기』, 중심, 2001, 135쪽.

6　793년에 태어났다는 설도 있다(E. Q. 랴이샤워, 조성을 역, 『중국 중세사회로의 여행』, 한울, 1991, 31쪽).

7　遠藤證圓, 『鑑真和上—私の如是我聞』, 文芸社, 2001, 115쪽.

8　E. Q. 랴이샤워, 조성을 역, 『중국 중세사회로의 여행』, 32쪽.

9　이후 엔닌의 여행에 대한 대략적인 소개는 별도의 주석이 없는 경우 『엔닌의 여행 경로」(김문경 역주, 『입당구법순례행기』, 중심, 2001), 10-12쪽 및 「円仁」(http://ja.wikipedia.org/, 2013.1.23.) 참조.

10　E. Q. 랴이샤워, 조성을 역, 『중국 중세사회로의 여행』, 36쪽.

11　강향숙, 「후기밀교에 나타난 만뜨라의 기능과 역할」, 『인도연구』 11-2, 2006.11, 4쪽.

12　동봉, 『불교의 이해』, 고려원, 1997, 138쪽. 정순일, 『인도불교사상사』, 운주사, 2005, 582-583쪽. 장익, 「밀교의 기원에 관한 고찰」, 『전운덕 총무원장 화갑 기념 불교학 논총』, 천태불교문화연구원, 1999, 1227쪽.

13　임남수, 「廣隆寺의 초기밀교와 元興寺」, 『인문연구』 57, 2009.12, 571쪽.

동시대 신라 밀교에 대해서는 옥나영, 「『관정경』과 7세기 신라밀교」, 『역사와현실』 63, 2007 및 정병삼, 「혜초의 활동과 8세기 신라밀교」, 『한국고대사연구』 37, 2005를 참조.

14 엔닌, 김문경 역, 『엔닌의 입당구법순례행기』, 381쪽.

15 엔닌, 김문경 역, 『엔닌의 입당구법순례행기』, 381-382쪽.

16 엔닌, 김문경 역, 『엔닌의 입당구법순례행기』, 388-389쪽.

17 엔닌, 김문경 역, 『엔닌의 입당구법순례행기』, 391쪽.

18 PHP研究所, 『密教のすべて』, PHP, 1999, 76-77쪽.

19 PHP研究所, 『密教のすべて』, PHP, 1999, 84-85쪽.

20 엔닌, 김문경 역, 『엔닌의 입당구법순례행기』, 396, 399, 402, 403쪽 참조.

21 E. Q. 라이샤워, 조성을 역, 『중국 중세사회로의 여행』, 41-42쪽.

22 E. Q. 라이샤워, 조성을 역, 『중국 중세사회로의 여행』, 45쪽 참조.

23 田村晃祐, 『最澄』, 吉天弘文館, 2005, 75-94쪽.

24 田村晃祐, 『最澄』, 261쪽

25 구태훈 등, 『일본 전통사회의 이해』, 한국방송통신대학교 출판부, 2007, 167쪽 참조.

26 E. Q. 라이샤워, 조성을 역, 『중국 중세사회로의 여행』, 163, 174쪽. 840년 5월 5일의 일기. 엔닌, 김문경 역, 『엔닌의 입당구법순례행기』, 300쪽.

27 E. Q. 라이샤워, 조성을 역, 『중국 중세사회로의 여행』, 186-187쪽.

28 E. Q. 라이샤워, 조성을 역, 『중국 중세사회로의 여행』, 185쪽

29 엔닌, 김문경 역, 『엔닌의 입당구법순례행기』, 396쪽.

30 窪德忠 등, 조성을 역, 『중국종교사』, 한울아카데미, 110-114쪽.

31 石田瑞麿저, 이영자 역, 『일본불교사』, 142쪽.

32 石田瑞麿저, 이영자 역, 『일본불교사』, 민족사, 142-143쪽.

33 참고자료

  - 김문경, 「엔닌 연보」, 『엔닌의 입당구법순례행기』, 중심, 2001.

  - 岩舟町教育委員會, 「円仁の年譜」, 『郷土の生んだ 慈覚大師 円仁』, 1992.

  (http://www.town.iwafune.tochigi.jp/General/static/furusato/, 2013.1.20)

일본 사상을 다시 만나다

일본 조동종의 창시자

도겐

"좌선 수행하는 모습, 그 자체가 깨달음이다."

도겐(道元, 1200-1253)

선종의 일본 전래

중국에서 선종(禪宗)은 520년경, 위진남북조 시대 말엽에 인도인 보리달마(菩提達磨)와 그의 제자 혜가(慧可, 487-593)에 의해서 시작되었다. 그동안의 불교가 강단불교, 교학불교, 즉 배우는 불교였다고 한다면, 이 선종의 등장으로 불교는 이제 스스로 깨달음을 실천하는 불교로 그 면모를 일신하게 되었다.[1]

선종은 제2조(祖) 혜가 이후 제3조 승찬(僧璨, ?-606), 제4조 도신(道信, 580-651), 제5조 홍인(弘忍, 601-674), 제6조 혜능(六祖慧能, 638-713)으로 전해졌다. 홍인의 큰 제자로 혜능 외에 신수(神秀, ?-706)도 있었는데, 신수 쪽은 북종선(北宗禪), 혜능 쪽은 남종선(南宗禪)으로 구분한다.

사실상 선종이 중국에서 개성이 풍부한 하나의 종파로 일정한 세력을 형성하고 발전하기 시작한 것은 제6조 혜능부터였다.[2] 북종선에 대응해 남종선이라 불린 혜능의 선사상은 이후 크게 두 파로 발전했는데, 하나는 마조도일(馬祖道一, 707-786), 황벽희운(黃檗希運, ?-850)과 임제의현(臨濟義玄, ?-867)으로 이어지는 임제종(臨濟宗) 계열이고, 다른 하나는 동산양개(洞山良价, 807-869)와 조산본적(曹山本寂, 839-901)으로 이어지는 조동종(曹洞宗) 계열이다. 임제종은 나중에 선문답, 즉 공안(公案)을 중시하는 간화선(看話禪)을 제창했으며, 조동종은 남송 초기에 굉지정각(宏智正覺)이 좌선(坐禪)을 중시하는 묵조선(默照禪)의 선풍(禪風)을 확립했다.

우리나라에는 신라시대 때 선사상이 전래되었다. 법랑(法朗)이 당나라에 유학을 가서 선종 4조인 도신(道信)에게 선법을 배워와 전했다. 그의 제자들도 뒤를 이어 중국의 선종, 즉 북종선을 전했지만 하나의 종파로 크게 일어나지는 못했다. 선종의 본격적인 수용은 780년에 당나라에 가서 821년에 귀국한 도의(道義)가 남종선의 홍주종(洪州宗, 마조선馬祖禪이라고도 함)을 전해 온 뒤에, 그것이 바탕이 되어 고려시대 초기에 9산 선문(九山禪門)이 형성되었다.[3] 홍주종은 교종(敎宗)인 화엄종에 대응해 등장했지만, 기본적으로 화엄의 교리를 바탕에 깔고 있다.[4]

현재 우리나라에서 가장 대표적인 불교 종파는 조계종(曹溪宗)이다. 압도적인 영향력은 타 종파와 비교가 안 된다. '조계(曹溪)'는 혜능의 호에서 따온 것으로, 이름 그 자체를 보면 좌선을 중시하는 선종(禪宗)이 틀림없다. 하지만 그 성격은 교종(敎宗)도 포함된다. 조계종이 이렇게 큰 세력을 가지고, 선교 양종의 성격을 겸하게 된 이유는 조선시대 초기와 일제시대에 천태종 등 교종을 통합해 단일한 종파로 만들었기 때문이다.[5]

역사를 더 거슬러 올라가 보면 조계종은 고려시대에 의천(義天, 1055-1101)의 천태종에 대항해 신라시대 때부터 전해 오던 9산 선문이 통합해 성립되었다. 그 뒤 지눌(知訥, 1158-1210), 보우(普愚, 1301-1382) 등을 거치면서 선종과 교종이 교리적으로 융합되어갔다.[6] 보우 등 일부 승려들은 특히 원나라에 가서 임제종을 배워 고려사회에 전했는데,[7] 조계종의 선법 역시 이러한 전통을 따라 공안(公案, 화두)을 중시하는 간화선(看話禪)이 되었다.

이러한 역사 때문에 우리나라에서 스님의 이미지는 참선을 하면서 불경을 읽고 공부하는 승려의 이미지가 강하다. 일본은 다르다. 소위 학승(學僧)의 이미지가 약하다.

일본에 선이 전래된 역사는 오래되었다. 나라 시대에 이미 북종선(北宗禪)이 전래되었고, 헤이안 시대 초기에 사이초(最澄, 767-822)가 중국에 유학해(804년) 천태종과 함께 선을 배워 왔다. 사이초가 당나라에서 배

일본 사상을 다시 만나다

일본의 전통적인 장난감 다루마. 선종의 개조 달마대사가 좌선을 하고 있는 모습을 본뜬 인형으로 일본 사회에서 선종이 지닌 각별한 의미를 잘 나타낸다.

운 선법은 우두선(牛頭禪)과 천태의 지관(止觀)이라 불리는 좌선관법(坐禪灌法)이었다.[8] 우두선은 중국 선종의 4대조 도신(道信)의 제자 우두법융(牛頭法融, 594-657)이 제창한 선으로, 『대반야경(大般若經)』의 영향을 받아 '모든 것은 공(空)이다'라는 사상을 종지(宗旨)로 삼는 선사상이다. 남종의 마조선(홍주종)도 헤이안 시대 초기에 전래되었다. 하지만 우두선이나 마조선 등 선법은 종파로 정착되지는 못했다.[9]

참선의 중요성을 강조하고 종파의 수준까지 끌어올려 정식으로 일본 사회에 선종을 소개한 인물은 에이사이(榮西, 1141-1215)였다. '일본선(日本禪)의 창시자', '일본 임제종의 개창자'[10]로 불리는 그는 헤이안 시대 말엽과 가마쿠라 시대 초기에 활약했는데, 1187년에 중국에 가서 임제종 황룡파(黃龍派)의 선법을 배워 왔다. 1191년에 귀국한 그는 기존에 이미 전래되어 있던 달마종의 선법을 비판하고 임제종의 선법에 따라 참선을 부흥시켜 나라를 보호하자는 『흥선호국론(興禪護國論)』을 주창했다.

에이사이의 임제종은 사이초의 강력한 영향을 받아서 참선 하나만을 중시하는 것이 아니라, 어디까지나 천태 교학, 진언 밀교 그리고 염불을 동시에 중시하는 경향이 있었다.[11] 소위 '습합선(習合禪)'이었다.

이 점은 우리나라에서 발전해온 선종과 유사하다. 화두를 중시한 것도 동일하다. 하지만 일본 선종에는 이채를 발하는 도겐(道元)이라는 존재가 있다.

1227년에 중국에 유학한 도겐은 조동종의 묵조선(黙照禪)을 일본에 들여왔다. 그는 공안을 배제하고 오로지 좌선(坐禪)만을 추구할 것을 주장했다. 수행을 통해서 깨달음을 획득한다는 참선의 본래 목표를 정확히 인식하고[12] 그 점을 강조했다. 특히 '지관타좌(只管打坐)', 즉 오로지 좌선만 할 것을 주장해 가마쿠라 시기에 하급 무사들과 민중들의 큰 호응을 얻었다. 도겐이 처음 포교할 때에는 비예산 승려들의 세력이 컸기 때문에 많은 탄압을 받았으나, 차츰 막부 고위 무사들의 지지를 얻어 가마쿠라 시대 말엽에 그 세력이 크게 성장했으며, 무로마치 시대에는 지방에 거대한 세력을 형성했다.[13]

이러한 도겐의 조동종은 에도 시대를 거치면서 세력이 약해졌으나, 한때는 일본 최대의 종파로 17,000곳의 사찰을 보유하고 천만 명 가까운 신도를 보유하기도 했다. 지금도 여전히 일본 불교계에서 대표적인 교단 중 하나이며, 일본 선종의 대표적인 종파로 꼽힌다.[14]

도겐의 생애

도겐은 가마쿠라 시대(鎌倉時代, 1192-1333) 초기에 교토에서 태어났다. 그가 태어난 해(1200년)는 가마쿠라 막부가 염불종(念佛宗, 정토종)을 금한 해이기도 하다. 당시는 기성 교단이 쇠퇴하면서 새로운 종파가 모색을 도모하는 시기였다. 정토종을 창시한 호넨(法然)과 그 제자 신란(親鸞) 등도 그 금령 때문에 막부에 체포되어 유배되었는데, 그때가 1207년 도겐이 8살 때였다.

도겐의 외할아버지 후지와라노 모토후사. 헤이안 시대 말엽에 천황의 측근으로 활약했다.

도겐의 부친은 미나모토노 미치치카(源通親, 1149년-1202), 모친은 후지와라노 이시(藤原伊子)로 부모 모두 귀족 집안 출신이었다.[15] 특히 부친은 헤이안 시대 말엽에 활약한 인물로 내대신(內大臣)의 직책을 가지고 있었으며, 도겐의 외할아버지도 태정대신(太政大臣)까지 오른 후지와라노 모토후사(藤原基房)로, 각종 행사나 법령, 의식, 제도, 관직, 풍습 등의 선례와 고증에 대해서는 당대 최고의 전문가였다.[16] 이렇듯 도겐은 친가 쪽이나 외가 쪽이 모두 훌륭한 내력을 가졌으나 정작 부모 복은 적었다. 3살 때 부친을 여의고 8살 때는 모친까지 사망했기 때문이다.

졸지에 고아가 된 도겐은 이복 형의 양자가 되어 그 밑에서 자랐다. 13세가 된 1212년에는 구도(求道)에 뜻을 두고,[17] 외숙 요시아키(良顕)가 있는 비예산(히에이산)에 올라가 연력사(延历寺, 엔랴쿠지)로 들어갔다. 외숙은 처음에 도겐의 출가를 반대했으나 도겐의 의지를 꺾지는 못했다.[18]

헤이안 시대 초기에 세워진 연력사는 여전히 천태종의 중심 사찰이었기 때문에 그는 거기에서 출가를 하고, 천태 교학을 배웠다. 하지만 당시의 연력사는 무장한 승병들이 활개를 치고 다니고, 내부적으로 파벌 싸움이 끊이지 않아 도겐은 그곳에 정을 붙일 수 없었다.[19]

18세 때(1217) 도겐은 교토(京都 東山)의 건인사(建仁寺, 겐닌지)로 갔다. 스승으로 모신 원성사(園城寺)의 고인(公胤)이 건인사에 가볼 것과 송나라에 유학을 가서 선종을 공부하도록 권했기 때문이다. 당시 건인사는 송나라 관련 정보가 집중되었고 또 유학의 기회도 많았다.[20]

건인사는 에이사이(榮西, 1141-1215)가 1202년에 세운 사찰로 일본 최초의 선원(禪院)이었다. 에이사이는 도겐이 건인사에 가기 직전에 사망해 도겐은 에이사이를 만나지는 못했다.[21] 하지만 거기에서 에이사이의 제자 묘젠(明全)을 스승으로 모시게 되었다. 도겐이 정식적으로 선종에 흥미를 가지고 선법을 공부하게 된 것은 이때부터였다. 하지만 당시 건인사의 분위기는 참선만을 중시하지 않는, 소위 교승선(敎乘禪), 즉 겸수선(兼修禪)이었다. 말하자면, 선종과 함께 계율종, 천태종, 진언종의 가르침도 중시하는 분위기였다.[22]

24세(1223년) 때 도겐은 묘젠을 따라 송나라 유학을 떠났다. 규슈의 하카다를 떠나 중국 영파(寧波)에 도착하여 아육왕산(阿育王山), 천동산(天童山), 경산(徑山) 등지를 방문했다. 그 뒤 1225년에 천동사(天童寺) 주지로 부임한 여정(如浄, 1163-1228)을 만나 조동종(曹洞宗)의 선법을 배웠다. 여정은 조동종 제13대조(祖)로 당시 이미 60세가 넘은 노승이었다. 천동사는 도겐이 유학할 당시 경덕사(景德寺)로 불렸는데, 이 절에 에이사이도 유학한 적이 있었다. 에이사이는 1134년(紹興 4년)에 스승인 허암선사(虛庵禪師)를 따라 천태산(天臺山)에서 이곳으로 와 임제선의 선맥을 이어받았다. 하지만 천동사의 참선 분위기는 그 뒤 바뀌었다. 정각(宏智正覺) 선사가 1129년에 이곳에 거처를 정하고 30여년간 수행 생활을 하면서 묵조선의 선법을 정착시켰기 때문이다.[23] 도겐이 그곳에서 배운 것은 그러한 묵조선이었다. 도겐은 3년간의 수업을 마치고 법의(法衣)와 경전 등을 받아 28세(1227) 때 일본으로 귀국했다.

일본 사상을 다시 만나다

귀국 후 도겐은 교토의 건인사로 들어가 중국 유학 중에 사망한 스승 묘젠의 사리를 전하고, 자신이 배운 선법을 소개했다. 그의 선법은 기존의 방법과 달랐기 때문에 주위의 박해가 시작되었다.[24] 3년쯤 지난 뒤에 그는 그곳을 떠나 후카쿠사(深草, 京都市伏見区)의 안요원(安養院)으로 거처를 옮기고 잠시 휴식을 취했다(1231). 그의 대표작이라고 할 수 있는 『정법안장(正法眼蔵)』의 집필이 이때 시작되었다. 서문으로 집필된 『변도화(辨道話)』를 통해서 그는 일본에서 새로운 종파의 불교를 개창하는 선언을 하고, 새로운 선종을 포교하기 위한 본격적인 활동의 시작을 알렸다.[25]

34세(1233) 때에는 교토에 고쇼사(興聖寺)를 세웠다. 이 절은 일본 최초의 본격적인 선사(禪寺)라고 할 수 있는데, 이즈음부터 그와 그의 제자들은 연력사의 승려들로부터 탄압을 받았다. 급기야 도겐의 활동으로 위기감을 느낀 천태종 승려들은 무기로 무장하고 습격해 와 그가 세운 흥성사(興聖寺)를 파괴했다(1243).

도겐은 그 다음해 기성 교단 측의 박해를 피하기 위해서 제자들을 이끌고 에치젠(越前, 현재의 후쿠이현福井県)으로 옮겨가 그곳에 대불사(大佛寺)를 세웠다. 이 절은 나중(1246년)에 영평사(永平寺)로 명칭을 바꾸고 조동종의 대본산으로서 그 위상을 구축하게 된다.

1247년경 도겐은 당시 집권(執權) 호조 도키요리(北条時頼)의 요청을 받아 가마쿠라에 가서 설법을 하고 그에게 보살계(菩薩戒)를 수여했다. 그리고 가마쿠라에서 약 반년간의 교화활동을 전개했다. 도키요리는 그에게 사찰을 지어줄 테니 가마쿠라에 계속 남아 활동해줄 것을 요청했으나 그는 거절하고 시골에 있는 자신의 사찰 영평사로 돌아갔다.

53세(1252) 가을에 그의 건강 상태가 나빠졌다. 다음해 영평사의 주지

가마쿠라의 대불(大佛). 1247년 도겐은 가마쿠라에서 포교활동을 했는데, 이 아미타여래상은 그 당시에 건조한 것이다.

직을 제자에게 물려주고 교토에 있는 제자의 집으로 가 요양생활을 했다. 그러나 얼마 되지 않아 건강이 더욱 악화되어 54세의 나이에 그곳에서 사망했다.

도겐의 대표작으로는 좌선의 의미를 설파한 『보권좌선의(普勸坐禪儀)』, 불교의 원리를 자세히 설명하고 수행의 방법을 제시한 『정법안장(正法眼藏)』 95권(1231-1253), 자신이 전하는 선종이야말로 국가 보호를 위한 정법(正法)이라고 역설한 『호국정법의(護国正法義)』 그리고 『학도용심집(学道用心集)』, 『보경기(寶慶記)』 등이 있다. 『보경기』는 도겐이 중국에서 스승 여정으로부터 참선에 대해 배울 때의 기록으로 좌선할 때의 주의사항, 경전을 읽는 방법 등이 기록되어 있다. 시호(諡号)는 '불성전동국사(仏性伝東国師)', '승양대사(承陽大師)'이다.

일본 선종의 발전

헤이안 시대의 불교는 교토의 천황과 귀족들이 중심이 된 불교였다. 재정적인 여유가 많은 귀족들은 사찰에 물질적인 기여를 하고, 사찰과 승려들은 그들을 위한 의식이나 불경 연구에 힘썼다.

일본 사상을 다시 만나다

그러나 헤이안 시대 말엽으로 접어들면서 천황과 귀족 세력이 위축되고 무사들이 사회의 주류층으로 올라서자 불교계에 큰 변화가 생겼다. 무사나 농민 등 하층 민중을 대상으로 한 종파가 차츰 세력을 넓히기 시작한 것이다.[27] 새롭게 등장한 종파들은 사원에 대한 기부나 의례 행사가 극락왕생이나 성불(成佛)을 위한 필수 조건이 아니라는 것을 주장했는데, 선종도 그러한 종파 중 하나였다. 특히 선종은 끊임없이 생사의 갈림길에서 긴장된 삶을 사는 무사들에게는 매우 매력적이어서 많은 무사의 지지를 받았다.[28]

궁지에 몰린 기성 교단은 권력투쟁에 몰두하고, 승병을 조직해 조정을 협박하는 등 더욱 더 세속화되었다. 특히 천태종의 연력사 승려들은 기성 종단으로서 자신들의 위상을 고착화시키기 위해 신생 종파에 대한 탄압을 더욱 강화해 나갔다.

비예산에 올라 천태종을 배운 에이사이는 중국에 두 차례나 유학을 가서 중국 불교를 배워 왔다. 첫 번째 갔을 때(1168)는 쇠락한 천태종을 다시 세우는데 관심이 컸다. 하지만 두 번째(1187)는 선종에 대한 필요성을 절감하고 약 4년간 중국에 머물면서 임제종의 선법을 배워 일본에 돌아왔다. 두 번째 유학에서 돌아왔을 때는 미나모토노 요리토모(源賴朝)가 가마쿠라 막부를 열기 2년 전이었다.

사회가 매우 혼란스러운 상황에서 에이사이는 선종이 일본 사회를 바로

교토의 건인사 입구. 도겐은 18세 때(1217) 이곳에서 선종을 배웠다.

잡을 수 있다고 생각했다. 하지만 헤이안 시대의 전통이 아직 강하게 남아 있던 불교계는 여전히 천태종 승려들의 영향력이 강했다. 이러한 상황에서 에이사이가 선종만을 고집할 수는 없었다. 에이사이 자신 역시 선종 외에 밀교에 대한 관심도 컸다. 그래서 그가 쇼군 미나모토 요리이에(源賴家) 비호를 받아 세운 건인사는 선종과 함께 천태종 및 밀교도 같이 겸해 수행하는 사찰이었다.

에이사이의 귀국 후 40년이 지난 1227년에 송나라에서 귀국한 도겐은 자신의 사찰에서 처음 설법을 행할 때 이렇게 말했다. "이 도겐, 송나라에서 빈손으로 돌아왔다. 선물처럼 들고 온 불법(佛法)은 없다. 이 도겐이 바로 불법이다."[29] 대담한 자신감에 넘친 설법이었는데, 그 안에는 중국에서 배우고 깨달은 자신만의 사상이 담겨 있었다.

그는 '수증일여(修証一如)', 즉 수양과 깨달음(証)이 한 가지로 똑같다고 주장했다. 수양하는 자기 자신이 바로 부처인 것이다. 오로지 좌선만 하면 바로 부처가 된다. 그러므로 '지관타좌(只管打坐, 오직 좌선)', 즉 좌선전수(坐禪專修)의 선법을 주창했다.

이러한 선법은 세 가지 점에서 에이사이의 선법과 차별성을 갖는 것이었다. 하나는 교종(천태종)이나 밀종(태밀台密)을 모두 버리고 오직 선종만을 중시했다고 하는 점이며, 또 다른 하나는 깨달음에 있어서 화두의 과정을 거치지 않고 오직 좌선만을 중시한 점이다. 묵조선의 선법이다.[30] 그리고 마지막으로 주목할 만한 점은 좌선하는 그 모습 자체가 깨달음이라고 주장한 것이다. 즉 좌선을 통해서 깨달음을 얻기 위한 노력의 과정이 필요 없다는 것이다. 그래서 "이 도겐이 바로 불법"이라고 강조한 것이다.

이러한 도겐의 선종은 하층 농민들의 절대적인 지지를 받았다. 도겐

일본 사상을 다시 만나다

이 주창한 묵조선이 특별한 지식이나 훈련을 요구하는 것이 아니었기 때문이다. 에이사이의 임제종은 조정과 막부 고위층 무사들의 지지가 컸다. 화두를 둘러싸고 스승과 대화를 나누어야 하는, 임제종의 간화선은 아무래도 불교적인 지식이 필요했다. 하지만 도겐의 조동종은 아무 것도 필요하지 않았다.

도겐이 오로지 좌선만의 선법을 주창했던 것은 그 자신이 에이사이와 달리, 현실과의 타협을 거부하고 순수한 수행을 더 중시하는 외골수적인 성격 때문이기도 하겠지만, 사회적으로 귀족 세력의 몰락과 그로 인한 세태의 변화를 생각해볼 수 있다.

도겐은 에이사이보다 60여 년 늦게 태어났다. 시대는 이미 가마쿠라로 접어들어, 미나모토씨(源氏)는 3대에 멸망하고, 뒤를 이어 호조씨(北條氏)가 정치적 실권을 장악했다. 도겐이 건인사에서 수행생활을 하던 1221년에 조큐(承久)의 난이 일어났다. 이 난은 고토바(後鳥羽) 상황(上皇)이 중심이 되어 반기를 든 막부 타도 운동이었는데, 오히려 막부 세력에 진압되어 무가 정권이 더욱 강성하게 되는 기회를 제공했다.[31]

이 때문에 귀족 세력은 더욱 급격히 몰락하고, 귀족 세력의 지원을 받던 기성 불교 교단도 그 기반을 상실했다. 이러한 상황 덕분에 천태교학과 밀교(台密)의 교리를 과감히 버리고 오직 좌선만을 택해도 불교 종파로서 생존이 가능한 상황이 된 것이다.

도겐이 중국에서 수행생활을 마치고 귀국하려고 할 때, 스승이었던 여정(如淨)이 다음과 같은 가르침을 주었다.[32]

"고향에 돌아가면 불법을 널리 알리고, 인간세상과 천상계를 이롭게 하라. 시장이나 번화한 곳에서는 살지 말고, 국왕이나 대신들과 가까이 하지 마라. 그저 심산유곡에 거처하면서 훌륭한 인재를 찾아 불법을 전

건인사 영내의 모습. 도겐은 송나라 유학 전 6년 동안, 유학 후 3년 정도 이곳에서 수행 생활을 했다.

해 우리 종(宗)이 단절되지 않도록 하라."

　도겐은 이러한 스승의 가르침에 따라 당시 천황이 거처한 교토나 쇼군이 거처한 가마쿠라에서 멀리 떨어진 시골의 사찰에 거주하면서 오로지 좌선 수행만을 실천하며, 제자들을 지도하고 집필 활동을 하면서 일생을 보냈다.

　'오로지 좌선'이라는 도겐의 조동종이 일본 사회에서 꽃을 피우게 된 것은 스승이 남긴 가르침과 도겐 자신의 성격 그리고 당시 일본 사회의 시대적 상황이 만들어낸 것이라고 할 수 있다.

　2009년에 조사된 자료에 따르면, 일본 불교는 약 4,900만 명의 신도를 거느리고 있는데, 선종 계통이 약 320만 명이다. 그 중 조동종의 신도수가 약 50%를 차지하고, 나머지는 임제종, 황벽종 등 기타 종파에

일본 사상을 다시 만나다

속한다. 사찰수를 보면, 선종계통에 2만여 개의 사찰이 속해 있는데, 조동종이 15,000개로 전체의 75%를 차지한다.[33] 조동종이 일본의 대표적인 선종임을 알 수 있다.

좌선 제일주의 : 그 모습 자체가 깨달음

도겐이 중국 유학 중에 기록한 『보경기(宝慶記)』에는 좌선에 대한 이야기가 많이 나온다. 예를 들면 다음과 같은 것들이다.

"여정 스님이 이렇게 말씀하셨다. 좌선할 때 마음을 여기저기에 두는 데 사실 정해진 곳이 있다. 왼손 손바닥 위에 마음을 집중시키는 것이 부처님이 전한 바른 방법이다."[34]

"여정 스님이 이렇게 말씀하셨다. 좌선할 때 벽이나 병풍 혹은 참선용 의자 등에 기대지 마라. 만약 그러면 병이 생긴다. 반드시 몸을 바르게 하고 단정하게 앉아야 한다."[35]

"만약 40, 50년간 좌선을 익숙하게 해 결코 졸지 않은 사람은 눈을 감고 좌선해도 상관없다. 하지만 아직 익숙하지 않은 초학자는 눈을 뜨고 앉아야 한다. 만약에 오랫동안 앉아서 피곤해지면 발을 좌우로 바꿔도 된다."[36]

일반적으로 도겐이 일본 조동종의 창시자라고 하지만, 사실 도겐의 선법은 엄밀히 말하면 중국 조동종이 처음 시작될 당시의 선법과 크게 다르다. 예를 들면 중국 조동종의 개조 양개(良价, 807-869)가 제자에게 도를 깨우치게 하는 일화를 살펴보자.[37]

제자 : "추운 날이나 더운 날에는 어디로 가야 몸을 피할 수 있습니까?"

동산 : "추위나 더위가 없는 곳으로 가면 되지 않겠나?"

제자 : "거기가 어느 곳입니까?"

동산 : "추우면 얼어죽고, 더우면 타죽는 곳이지."

양개는 위와 같은 문답을 사용하여 제자들을 지도했다. 할(喝, 외침)이나 봉(棒, 몽둥이)을 쓰지 않고, 공안(公案)으로 제자들의 머리를 어지럽게 하지도 않았다.[38] 참선과 평이한 문답을 통해서 득도에 이르도록 했다.

이러한 방법이 발전해 아무 말을 하지 않고 참선만을 하게 된 것은, 즉 묵조선(默照禪)의 방법을 사용하게 된 것은 정각(正覺, 1091-1157) 때부터였다. 1224년 천동사에 주지 스님으로 부임한 여정(如淨)은 바로 정각의 묵조선을 수행하는 선승이었다. 이 여정의 제자가 된 도겐은 정각의 묵조선을 배웠다. 모든 생각을 끊고 화두도 없이 묵묵히 참선만을 하는 방법이다.

여정은 "분향·예배·염불·수참(修懺)·간경(看經)을 하지 않는다. 지관타좌(只管打坐)할 뿐이다"라고 도겐을 가르쳤다.[39] '간경'이란 경전을 읽는 것을 말한다. 염불이나 예배뿐만 아니라 불경 읽는 것도 무의미하다고 판단한 것이다. 이러한 입장은 바로 일본에서 스승으로 삼았던 에이사이나 묘젠의 입장과 전혀 다른 것이었다. 에이사이 등은 참선을 득도를 하기 위한 여러 방법 중 하나로 보았다.

여정은 또 다음과 같이 말했다. "석가세존께서 말씀하셨다. 불법을 듣고 생

도겐이 조동종의 선법을 배운 절강성 영파(寧波)의 천동사 (天童寺) © 2005.5

일본 사상을 다시 만나다

일본 조동종의 대본산 영평사(永平寺). 1244년 도겐이 후쿠이현에 건립했다. © 663highland, 2008.11.2

각하는 것은 마치 문밖에 있는 것과 같다. 좌선은 바로 집안에 들어가 편안히 앉아 있는 것과 같다. 그러므로 좌선은 바로 한 순간 한 찰나일지라도 그 공덕은 무량하다." 좌선이 불법을 듣는 것보다 훨씬 더 소중하다는 것이다.

묵조선은 일체의 진리가 본래부터 완성되어 있다는 것을 전제로 시작한다. 그 때문에 수행자는 참선을 통해서 깨달음을 추구하는 것이 아니라 그 행위 자체를 깨달음으로 인식해야 한다. 자신에게 존재하는 불성을 봐야 하는 것이다.

그래서 도겐은 좌선(修)의 결과로 깨달음(證)을 얻는 것이 아니라 좌선 그 자체가 바로 깨달음이라고 하는 '수증일여(修證一如)'를 주장한 것이다.

여정의 가르침은 사실상 도겐이 비예산에서 배운 천태교학의 본각사상(本覺思想)과 크게 다르지 않은 것이었다. 본각사상은 '우리는 원래 태어날 때부터 깨달음을 갖추고 있다.' '우리는 있는 그대로가 불성을 가지고 있다'는 것으로 '마음이 곧 부처'라는 사상이다.

도겐은 처음 불법을 배울 때부터 "인간은 왜 불성을 가지고 있는데, 또 발심 을 해서 깨달음을 얻으려고 할까" 하는 의문을 가지고 있었다. 그는 이렇게 물었다.

"불법에서는 마음이 그대로 부처라고 한다. 이것을 충분히 이해한다면, 불경을 읽지 않고 불도(佛道)를 수행하지 않더라도 불법에 어긋난다고 할 수 없다. 오직 불법이 처음부터 나에게 갖추어져 있다는 것을 알면 된다. 그 외에는 다른 사람에게 무엇을 구할 필요도 없다. 하물며 좌선 수행을 일부러 할 필요가 있을까?"

원래부터 깨달은 존재인 인간이 왜 엄격한 수행을 통해서 다시 깨달음을 얻어야 하는가, 그런 의문에 대한 답을 스승 여정에게서 들은 것이다.

도겐의 '지관타좌' 사상은 좌선 제일주의라고 할 수 있다. 그는 "좌선이야말로 석존이 깨달음을 얻은 근본이며, 누구라도 바르게 불법을 얻을 수 있는 유일한 법문(法門)"이라고 주장한다. 그리고 그 좌선은 깨달음을 얻고자 어떤 노력을 할 필요가 없이 그 자세 자체가 깨달음이라고 한다. 그런 의미에서 그는 좌선을 하는 수행자를 좌불(坐佛)이라고 불렀다. 좌선을 하는 모습 그 자체가 부처님이라는 뜻이다.

도겐까지 흘러온 일본 선종의 변천사를 살펴보면 우리나라 선종의 변천사와 정반대인 것을 알 수 있다. 일본은 헤이안 시대 천태종에 포함된 선종이 가마쿠라 시대에 이르러 독립되어 순수한 선종으로 독자적인 발전을 했다. 이에 반해 우리나라는 독자적인 선종이 서로 통합되고, 나아가 천태종 등 교종과도 통합되는 양상을 보여준다. 일본의 경우 도겐의 좌선 사상을 보면 언어도 버리고 사유하는 노력 자체도 버리는 방향으로 발전했다. 이러한 차이는 어디서 오는 것일까? 두 민족의 종교적, 사상적인 취향은 참으로 다르다는 것을 알 수 있다.

일본 사상을 다시 만나다

도겐 연보

1세(1200년)   교토의 귀족 집안에서 출생.

3세(1202년)   부친 고가 미치치카(久我通親) 사망.

8세(1207년)   모친 후지와라노 이시(藤原伊子) 사망.

13세(1212년)   비예산(比叡山)에 올라가 외숙 요시아키(良顕)를 방문함.

14세(1213년)   삭발하고 보살계(菩薩戒)를 받음.

16세(1215년)   일본 임제종의 개조 에이사이(榮西)가 사망함.

17세(1216년)   원성사(園城寺)의 고인(公胤)이 선학(禪學) 공부를 권함.

18세(1217년)   건인사(建仁寺)에 들어가 에이사이의 제자 묘젠(明全)에게 배움.

24세(1223년)   묘젠을 따라 송나라 유학을 떠남. 영파(寧波) 천동산(天童山) 도착.

26세(1225년)   선사(禪師) 여정(如淨)을 만나 조동종(曹洞宗)의 선법을 배움. 묘젠
                사망.

27세(1226년)   이즈음 『보경기(宝慶記)』 집필.

28세(1227년)   천동산을 떠나 일본으로 귀국. 여정 사망함. 건인사에 들어감. 좌선
                을 소개한 『보권좌선의(普勸坐禪儀)』 집필.

34세(1233년)   교토에 흥성사(興聖寺)를 세움. 이즈음 비예산 승려들로부터 탄압
                받음.

43세(1242년)   이즈음 『호국정법의(護國正法義)』 집필.

44세(1243년)   비예산 승려들의 공격으로 흥성사가 파괴되어 에치젠(越前)으로
                옮김.

45세(1244년)   가사마쓰(傘松)에 대불사(大佛寺)를 세움.

47세(1246년)   대불사(大佛寺)를 영평사(永平寺)로 바꿈.

49세(1248년)   가마쿠라 막부의 요청으로 가마쿠라에 가서 약 반년간 교화활동을
                전개함. 당시 집권자(執權) 호조 도키요리(北条時頼)와 면담.

53세(1252년)   이 해 가을 악성종양이 생김.

54세(1253년)   1231년부터 집필한 『정법안정(正法眼藏)』을 마지막으로 추가함.

영평사의 주지 직책을 제자에게 물려줌. 교토의 제자 집에서 요양
하던 중 사망함.

주석

1   가루베 다다시·가타오카 류 저, 고희탁 등 역,『교양으로 읽는 일본사상사』, 논형,
    2010, 94쪽.

2   정성본,『중국선종의 성립사 연구』, 민족사, 1991, 335, 504, 559쪽.

3   고익진,『한국의 불교사상』, 1997, 동국대출판부, 30-31쪽.

4   고익진,『한국의 불교사상』, 31, 222쪽.

5   고익진,『한국의 불교사상』, 53쪽.

6   고익진,『한국의 불교사상』, 222-223쪽,

7   고익진,『한국의 불교사상』, 51쪽.

8   平田精耕,『榮西 明日を創る』集英社, 1985, 57쪽.

9   가루베 다다시·가타오카 류 저, 고희탁 등 역,『교양으로 읽는 일본사상사』, 논형,
    2010, 95쪽.

10 平田精耕,『榮西 明日を創る』, 59쪽.

11 石田瑞麿 저, 이영자 역,『일본불교사』, 민족사, 1995, 176-177, 187쪽 참조.

12 가루베 다다시·가타오카 류 저, 고희탁 등 역,『교양으로 읽는 일본사상사』, 96
    쪽.

13 스에키 후미히코(末木文美士)저, 이시준 역,『일본불교사-사상사로서의 접근』,
    뿌리와이파리, 2005, 218쪽-219쪽. 石田瑞麿, 이영자 역,『일본불교사』, 195쪽.

14 니시무라 에신(西村惠信),「일본 간화선의 전통과 변용」,『보조사상』25, 2006,
    108쪽.

15 中尾良信,『孤高の禪師 道元』, 吉川弘文館, 2003, 50-51쪽. 조동종 교단에서는
    도겐 부친의 이름을 고가 미치치카(久我通親)로 부른다. 도겐의 부모에 대해서
    는 여러 가지 설이 있으나 여기서는 일반적인 설에 따른다.

16 ja.wikipedia.org/wiki/松殿基房, 2012.12.25 참조.

17 모친을 여읜 후 세상의 삶에 대한 무상감을 느끼고 구도생활을 하게 되었다고 한다
(竹内道雄, 「道元の宗教の歴史的性格」, 『日本名僧論集 第8卷 道元』, 吉川弘文
館, 1983, 3쪽). 한편 집에서 도망갔다는 설도 있다(운허, 「道元」, 『불교사전』,
http://buddha.dongguk.edu/(한국불교문화종합시스템), 2012.12.30.).

18 宋原泰道, 『道元 自己をならう』, 集英社, 1987, 12쪽.

19 宋原泰道, 『道元 自己をならう』, 12쪽.

20 中尾良信, 『孤高の禪師 道元』, 52쪽, 57쪽.

21 中尾良信, 『孤高の禪師 道元』, 53쪽. 宋原泰道, 『道元 自己をならう』, 21쪽. 竹内
道雄은 「道元の宗教の歴史的性格」(9쪽)에서 에이사이와 도겐이 만난 적이
있다고 하였으나 최근의 연구는 이러한 설을 부정함.

22 中尾良信, 『孤高の禪師 道元』, 55쪽.

23 郝魁府, 「寧波天童寺問"禪茶"」, 『西湖龍井資訊平臺』 2012.5.25.(光明網,
http://www.gmw.cn/).

24 石田瑞麿저, 이영자 역, 『일본불교사』, 192쪽.

25 中尾良信, 『孤高の禪師 道元』, 69쪽.

26 增田秀光 등, 『禅の本』, 學習研究社, 2002, 45쪽.

27 박석순 등, 『일본사』, 대한교과서주식회사, 2005, 130쪽.

28 스에키 후미히코, 『일본불교사−사상사로서의 접근』, 216쪽.

29 增田秀光 등, 『禅の本』, 學習研究社, 45쪽.

30 니시무라 에신(西村惠信), 「일본 간화선의 전통과 변용」, 108쪽.

31 宋原泰道, 『道元 自己をならう』, 9쪽.

32 增田秀光 등, 『禅の本』, 44쪽.

33 일본문화청 『宗教年鑑 平成22年版』, http://www.bunka.go.jp/, 2013.1.3

34 道元, 「宝慶記」, 飯田利行 편역, 『道元』, 國書刊行會, 2001, 111쪽.

35 道元, 「宝慶記」, 109쪽.

36 道元, 「宝慶記」, 105쪽.

37 嗚經態 저, 서돈각 · 이남영 역, 『선학의 황금시대』, 천지, 1997, 251쪽.

38 嗚經態, 『선학의 황금시대』, 251쪽.

39 스에키 후미히코, 『일본불교사-사상사로서의 접근』, 204쪽 참조.

40 道元, 「宝慶記」, 108쪽.

41 스에키 후미히코, 『일본불교사-사상사로서의 접근』, 204-206쪽 참조.

42 宋原泰道, 『道元 自己をならう』, 14-15쪽.

43 道元, 「弁道話」, 末木文美士, 「脱構築から再構築へ─道元『正法眼藏』」, 『仏典をよむ』, 新潮社, 2009, 247쪽.

44 宋原泰道, 『道元 自己をならう』, 96쪽.

45 참고자료.

  -「道元略年譜」, 宋原泰道, 『道元 自己をならう』, 集英社, 1987, 263-268쪽.

  -「略年譜」, 中尾良信, 『孤高の禪師 道元』, 吉川弘文館, 2003, 220-223쪽.

4

정토진종을 부흥시킨

렌뇨

"나무아미타불만 외우면 누구나 극락에 갈 수 있다."

렌뇨(蓮如, 1415-1499)

무로마치 시대와 불교

'무로마치(室町)'라는 단어는 평화로운 느낌을 준다. '상점의 거리'라고 번역할 수 있는 '무로마치'는 교토의 황궁 바로 북쪽 일대를 가리키는 지명이다. 무로마치 시대(1336-1573)에 그곳에 막부 쇼군의 거처가 있었다.

교토에 가면 아직도 무로마치 시대의 대표적인 건축물로 금각사(金閣寺)와 은각사(銀閣寺)가 있다. 석정(石庭)이라는 정원으로 유명한 용안사(龍安寺)도 무로마치 시대의 문화유산이다. 조용히 참선 구도를 하는 사람들에게 어울릴 만한 석정의 풍경도 무로마치 시대를 평화롭고 낭만적인 시대로 착각하게 한다.

하지만 사실 무로마치 시대는 피비린내가 진동하는 동란의 시대였다. 교토 시가지가 수시로 화염에 휩싸이고, 무사들의 함성과 시민들의 비명소리가 끊임없이 이어지던 혼란의 시대였다. 그렇기 때문에 상대적으로 조용하고 평화로운 세계를 동경하는 문화유적이 많은 것이다.

무로마치 시대 약 240년은 대략 세 시기로 나눌 수 있다. 일본 역사에서 처음이자 마지막으로 천황이 둘이 존재하던 남북조시대(1336-1392) 약 60년 그리고 비교적 평화스러웠던 좁은 의미의 무로마치 시대 80여 년, 그 뒤 오닌(応仁)의 난(1467-1467) 이후 1573년까지의 전국시대 약 100년간이다. 오닌의 난 때는 쇼군 후계자 문제로 교토에서 10여 년간 전국의 영주들이 두 편으로 나뉘어 전쟁을 벌였다. 당시 교토는 거의 모든 지역이 잿더미로 변해 괴멸적인 타격을 입었다. 쇼군의 권위는 땅에 떨어지고 전국이 전란에 휩싸였다.

사회적인 상황이 이러했기 때문에 불교계는 가마쿠라 시대나 그 이전처럼 조용히 불교 경전을 읽고 새로운 사상을 모색할 수 있는 분위기가 아니었다. 특히 중엽 이후는 사회 질서를 유지할 수 있는 권위가 사라지고 있었기 때문에 각 사찰은 스스로를 지키기 위해서 성벽을 쌓고 승병을 키우며 무장하는 일이 중요했다. 불교의 가르침과 교리는 그러한 사업을 뒷받침하는 쪽으로 발전했다.

무로마치 시대에 불교계를 둘러싸고 일어난 대형 사건을 몇 가지 살펴보기로 하자.

1488년 가가 지방(加賀國, 현재의 이시카와현石川県)에서 정토진종의 신도들이 주동이 되어 반란을 일으켰다. 이 난을 '잇코잇키(一向一揆, 일향종의 난)'로 부르는데, 궁지에 몰린 영주가 자살을 했다. 이후 이곳은 오다 노부나가(織田信長)에 의해서 진압될 때까지 본원사(本願寺) 세력이 중심이 되어 100여 년간 자치정부를 만들어 운영했다.[1]

1506년 에치젠(越前) 영주 가마쿠라씨(朝倉氏) 군대가 가가 지역에서 침공해온 정토진종 신도들을 격파한 뒤, 그 요새인 요시자키(吉崎) 사원 마을을 파괴했다. 요시자키 마을은 천태종 승병들의 박해를 피해 온 정토진종의 렌뇨(蓮如, 1415-1499)가 1471년부터 약 4년간에 걸쳐 신도들과 함께 구축했는데, 중앙에 사찰을 세우고 주변에 신도들이 거주하는 마을이 있었다. 산 위에 건설된 이 마을은 호쿠리쿠(北陸) 지방의 포교 거점으로 사용되었으며, 강으로 둘러싸인 천연적인 요새였다.

1532년 일련종 승려 닛신(日親, 1408-1488)을 중심으로 한 교토의 일련종 신도들이 무사들과 합세하여 정토진종에서 세운 사찰 마을(山科本願寺)을 공격해 불태웠다(홋케잇키法華一揆).[2] 교토 동남부에 위치한 정토진종의 본원사는 1478년에 조영을 시작하여 수년에 걸쳐 완성된 것으로 성곽처럼 빙 둘러싸여 방어시설이 잘 정비되어 있었으나, 일련종 측의 갑작스런 급습으로 함락되었다.

일본 사상을 다시 만나다

교토 동남쪽에 건설된 본원사(山科本願寺) 사찰마을.
유사시에는 전투까지 가능하도록 만들어졌다.

1536년 천태종의 히에이산 승병들이 21개의 교토 소재 일련종 모든 사찰에 대해 총공격을 감행했다. 일련종 사찰을 천태종 사찰의 하위 조직으로 만들려는 의도가 있었다. 이 공격으로 일련종 사찰들은 모두 파괴되고 불탔으며, 신도들은 교토 바깥으로 추방됐다(천문법란天文法亂).

1571년 오다 노부나가는 천태종의 연력사(延曆寺)를 공격했다. 강력하게 대응했던 승려들은 결국 노부나가 군대에 패배하여 사찰 건물들이 모두 불태워졌다. 노부나가는 1580년에 오사카에 근거한 정토진종의 본원사(石山本願寺)로부터도 항복선언을 받아내 일련의 종교전쟁을 종결지었다.

무로마치 시대에 일어난 종교적 사건을 몇 가지 살펴보았는데, 이러한 사건들은 거의가 종교전쟁의 양상을 띠었다. 적게는 수천 명, 많게는 수만 명의 신도나 승려들이 동원된 전쟁에서 그들은 무사들 못지않게 무장을 하고 용감하게 전장을 누볐다. 죽음 앞에서 한 차례의 염불이나 좌선은 편안하게 극락세계에 왕생할 수 있다는 믿음을 주었다.[3] 종교는 죽음의 공포를 없애는 강력한 무기였다.

당시의 불교계는 이미 제시된 불교사상 중에 시대 상황에 맞는 것만 찾아서 단순화시켰다. 죽음 앞에 놓인 개인에게 어떤 가르침이 더 평안을 줄 수 있을까? 어느 교리가 더 강력한가? 결국 전쟁의 승리는 그런 교리가 결정할 것이다. 그렇게 기존 불교가 제시한 구원의 효능을 확인

렌뇨가 구축한 사찰 마을(石山本願寺). 오사카는 이 마을이 발전한 것이다.ⓒ신란회(www.shinrankai.or.jp)

해보는 시기였다.

많은 전쟁을 거치면서 궁중의 귀족 세력은 몰락해갔다. 그들을 지탱하고 있던 장원경제도 무너지고, 전통과 권위가 추락했다. 귀족층에 영합했던 고급 무사들도 세력을 잃고 상대적으로 하층 무사들과 사회의 밑바닥에서 살고 있던 농민들이 차츰 힘을 갖게 되었다.[4]

가마쿠라 시대에 불교는 선종, 정토종, 일련종이 새롭게 등장해 영역을 넓혀갔다. 초기에 이들 종파의 교리는 기존의 권위와 전통을 완전히 무시하지는 못하고 절충적인 입장을 취했다. 선종은 참선만을 고집하지 않았으며, 정토종 역시 반드시 염불만을 고집하지는 않았다. 하지만 나중에 정토종은 오직 염불만을 외치고, 한 차례의 염불만으로도 극락에 간다고 했다. 사람을 많이 죽인 '악인', 즉 전쟁터의 무사들이 극락에 더 쉽게 갈 수 있다고 가르쳤다. 선종은 참선하는 자세만 갖추어도 그것이 부처님이라고 외쳤다. 이들은 오직 자신들의 불법만이 진리며 타인의 것은 사이비라는 적개심을 가졌다. 타 종파는 철저하게 배척했다.[5]

신불교 사상은 분명히 가마쿠라 시대의 사상이었지만, 사실은 무로마치의 전쟁터에서 그 가치가 새롭게 발견된 사상이었다. 그런 의미에서 가마쿠라 시대의 불교사는 바로 무로마치 시대가 만들어낸 불교사라고도 할 수 있다. 우리는 무로마치 시대의 한복판에서 치열하게 살다간 정토진종 본원사 제8대 주지 렌뇨를 통해서 그러한 모습을 찾아볼 수 있다.

일본 사상을 다시 만나다

렌뇨는 1415년 봄 교토의 본원사(本願寺, 혼간지)에서 존뇨(存如)의 장자로 태어났다. 본원사는 현재의 지은원(知恩院) 부근에 있었다.

렌뇨가 태어날 때 본원사는 할아버지 교뇨(巧如, 당시 40세)가 제6대 주지(法主)로 있었는데, 그는 정토진종의 창시자 신란(親鸞)의 제7대손이다.

렌뇨의 부친 존뇨는 당시 20세로 나중에 본원사 제7대 주지가 된 인물이다. 렌뇨의 모친은 교뇨의 부인을 모시던 여성이라고 전해지고 있으나 자세한 내용은 알 수 없다. 렌뇨가 6살 때 존뇨가 본처를 맞이하자 생모(生母)는 본원사를 떠났다.

렌뇨가 어렸을 때 본원사는 참배객들이 거의 없어서 매우 적막한 사찰이었다. 그래서 그는 항상 자신의 집이기도 하고 조상 대대로 이어져온 가문의 절이기도 한 본원사가 신도들로 가득 차기를 꿈꿨다. 신란 이후 정토진종은 4개의 파로 나뉘었는데, 본원사파(本願寺派), 불광사파(佛光寺派), 전수사파(專修寺派), 삼문도파(三門徒派)가 있었다. 이 중에 신란의 자손이 직접 운영한 본원사가 가장 존재감이 없었다.[6]

교토 지은원 한쪽에 세워져 있는 렌뇨 탄생지 기념비. 이 곳에 렌뇨가 태어난 본원사가 있었다.

렌뇨가 43세 때(1457년) 부친 존뇨가 사망했는데, 이때 본원사 내부에서 제8대 주지를 놓고 대립이 일어났다. 서자라는 불리한 신분이었던 렌뇨가 숙부의 지원을 받아 주지가 되었다.[7] 렌뇨 자신이 그동안 부친을 따라다니면서 보여준 능력과 신도들을 대하는 겸손한 마음이 당시 집안 사람들의 마음을 산 것이다.[8]

당시까지 본원사는 여전히 인기가 없어 정토진종의 중심 사원으로서의 권위를 상실하고, 청련원(青蓮院, 쇼렌인)의 부속 사찰로 전락해 있었다. 청련원의 본사(本寺)는 비예산 연력사(延曆寺, 엔랴쿠지)였는데, 연력사는 본원사에 대해 여러 가지 문제를 트집 잡아 탄압했다. 이에 대해 본원사 측에서는 상납금을 지불하거나 혹은 거절하는 방법으로 대응했다.

1465년 그가 51세 되던 해 연력사 측에서 렌뇨를 불적(佛敵), 즉 이단으로 간주하고 본원사를 파괴하려고 했다. 그들은 그해 3월에 승병들을 보내 기물을 파괴하고 건물을 불태웠다. 이 때문에 렌뇨는 신란의 초상화를 가슴에 품고 이곳저곳 전전하면서 피신 생활을 했다. 기존의 불교 교단이 이렇게 본원사를 적극적으로 공격한 것은 렌뇨의 적극적인 포교 활동과 그에 따른 세력 확대를 견제하기 위한 것이었다.[9]

1467년 렌뇨는 연력사 측과 화해했다. 그 조건은 렌뇨가 은퇴할 것 그리고 잘못된 가르침을 버리고 정법(正法)으로 귀의할 것 등이었다.[10] 이 해에 쇼군 계승 문제로 호소카와 가쓰모토(細川勝元) 세력과 야마나 소젠(山名宗全) 세력이 교토 근방에서 충돌했다(오닌応仁의 난). 이 사건은 11년간의 전쟁으로 이어지는데, 이로써 일본 사회는 전국시대(1467-1573)라고 하는 전란의 소용돌이로 빠지게 되었다. 막부의 권위는 실추했고 지방 영주들은 더 강력해졌으며, 능력 없는 영주들은 부하들에게 쫓겨나는 '하극상(下剋上)'의 시대가 되었다.

거처를 잃은 렌뇨는 여러 곳을 돌아다니다 1471년에 교토의 동북쪽 에치젠(越前, 현재의 후쿠이현福井県)의 요시자키(吉崎)로 갔다. 그는 이곳을 활동 거점으로 삼아 신도들을 모아 사찰을 세우고 사원마을(吉崎御坊)을 건립하는 등 적극적인 포교 활동에 나섰다.

1474년 요시자키와 인접한 가가(加賀)의 신도들이 가가의 영주(守護) 토가시 마사지카(富樫政親)와 연합해 반대세력을 격파했다. 반대세력은 마사지카의 동생(富樫幸千代) 세력과 그들을 지원하는 정토진종의 다카다파(高田派)를 말한다. 마사지카는 자신의 반대세력을 제거한 뒤 민중이 렌뇨를 중심으로 모이는 것을 경계해 견제를 했다. 교단 내부에서도 반란을 선동하는 사람들이 있어, 렌뇨가 그들의 경거망동을 엄하게 꾸짖었으나, 결국 1475년에 그는 그곳에서 몰래 탈출했다.[11]

가가에서 한 발 뒤로 물러선 렌뇨는 3년 정도 오사카(河內)에 체재하다 1478년에 교토로 상경했다. 그리고 교토의 동남부에 넓은 대지를 확보해 사찰 조영을 시작했다. 이것이 나중에 산과본원사(山科本願寺, 야마시나 혼간지)로 알려진 사찰 마을인데, 넓이는 동서로 800m, 남북 1km에 달했다. 건축 작업은 1483년에 끝났다. 이곳은 사찰이라고 하지만 사실상 당시는 누구도 안전을 보장해주지 못한 시대였기 때문에 전투에 대비한 성곽과 같은 것이었다.

교토 동산(東山, 히가시야마)에 있는 청련원(青蓮院)의 모습. 렌뇨는 이곳에서 삭발을 하고 출가했다. 본원사는 이곳에서 100m 거리에 있다.

한편 가가 지역의 신도들은 영주 마사지카 측과 지속적인 갈등을 빚고 있었다. 결국 1488년에 반란이 일어났는데, 이 반란으로 영주는 자살했다. 전형적인 하극상 사태였다. 렌뇨는 신도들의 반란을 꾸짖었으나 이미 상황은 돌이킬 수 없었다.[12] 영주를 제압한 신도들은 가가 일대를 점거해 이후 100여 년간 이어지는 자치왕국을 구축했다.

1489년 렌뇨는 본원사 주지를 두 번째 부인의 첫째아들 시쓰뇨(実如)에게 물려주고 은퇴했다. 이때 이미 75세로 상당히 연로한 편이었으나, 은퇴한 뒤에도 그는 신도들 교육을 시키거나 포교 활동을 하는 등 여전히 활발한 활동을 했다. 1496년 82세가 된 그는 교토를 떠나 오사카(大坂)에서도 안전하게 은거할 수 있는 사찰을 계획했다. 이 사찰마을(石山本願寺)은 약 1년 뒤에 완성됐는데, 오늘날 오사카는 이 마을이 발전한 것이다. 나중에 도요토미 히데요시(豊臣秀吉)가 이 마을 터에 오사카 성을 지었다.

1498년 다섯 번째 부인이 또 아들을 낳았다. 84세에 낳은 27번째 아이였다. 렌뇨는 그동안 부인과 사별을 네 번이나 경험했다. 부인들은 대개가 아이를 낳다 죽었는데, 당시 산모의 사망률은 매우 높았다. 결국 렌뇨는 일생 동안 모두 5차례 결혼했다. 아들 13명, 딸이 14명이었는데, 아들들은 각 지방의 선교 거점 사찰에 배치되었으며, 딸들은 전국시대 무사의 딸들처럼 정략적인 결혼을 통해 부친의 활동을 측면 지원했다.[13] 그 다음해, 렌뇨는 죽음을 앞두고 교토(山科本願寺)로 돌아왔다. 그 후 후손들에게 유언을 남기고 사망했는데 향년 85세였다.

정토종의 전래와 발전

교토역 앞에는 약 500m쯤 전방에 서본원사(西本願寺)와 동본원사(東本

일본 사상을 다시 만나다

교토역 앞 동본원사 내부 모습.

顧寺)가 나란히 서 있다. 두 사찰 모두 정토진종의 사찰로 규모면에서 방
문객을 압도한다.

서본원사는 본원사파(本源寺派)의 본산(本山)으로 2009년 말 현재 전국
에 약 1만 개 사찰, 약 700만 명의 신도를 거느리고 있다. 동본원사는
대곡파(大谷派)[14]의 본산으로 약 8,600개 사찰, 550만 명의 신도를 거느
리고 있다. 정토진종의 신도들은 주로 서일본 지역에 많은데, 일본 전
체 불교계 신자 약 9천만 명 중 14% 정도를 차지한다. 정토종 신자(약
600만 명)까지 합하면 정토종 계열의 신도수는 전체 불교계 신자 중 약
20%를 차지한다. 참고로 동일본을 중심으로 신도를 거느리고 있는 일
련종계의 신도수는 약 1,400만 명이다.[15] 정토종 계열 신도들보다는 약
간 적은 편이다.

서본원사와 동본원사가 나뉜 것은 정토신종 제11대 주지인 겐뇨(顯

如) 이후이다. 1602년 도쿠가와 이에야스(德川家康)가 겐뇨의 큰아들 교뇨(教如, 1558-1614)에게 12대 주지 자리를 주고 절터를 하사해 본원사를 세우게 했다. 교뇨는 오다 노부나가와 도요토미 히데요시에 끝까지 항거한 강경파 인물로 12대 주지 직위를 동생인 쥰뇨(准如)에게 뺏긴 상태였다. 온건파인 동생이 본원사의 법통을 이어받은 상태에서, 교뇨가 다시 본원사의 법통을 인정받은 것이니, 결국 본원사가 이들 형제 때부터 두 개의 본원사로 분리된 것이다. 강력한 본원사 세력에 대한 막부측의 교묘한 책략이었다. 교뇨의 본원사는 동쪽에 있었기 때문에 동본원사라 칭하고 원래의 본원사는 서본원사로 칭한다.[16]

본원사의 법통은 위로 거슬러 올라가면 제8대 주지 렌뇨를 거쳐 정토진종의 창시자 신란(親鸞, 1173-1262)에 이른다. 정토진종은 '오로지 하나에 전념한다'는 뜻으로 일향종(一向宗)이라고도 불리는데, 교단 내부에서는 이러한 호칭 사용을 거부하고 '정토진종' 혹은 '진종(眞宗)'이라는 호칭을 선호했다.[17] '진종'은 '참다운 종교' 혹은 '진짜 정토종'이란 뜻으로, 이러한 호칭을 정토종 쪽에서는 당연히 싫어한다. 그것은 후대 정토진종의 교인들, 특히 렌뇨 시기에 만들어진 단어이기 때문이다. 신란은 호넨을 스승으로 모시고 그의 가르침이 '진실한 가르침'이라고 생각했으나 스스로 하나의 종파를 만들어 '정토진종'이라고 이름을 붙이지는 않았다.

일본 정토종은 헤이안 시대 말엽에 태어나 활약한 호넨을 개창자로 보지만 사실 일본에서 정토종의 역사는 더 고대로 올라간다. '종파(宗派)'로서가 아닌 신앙으로서 시작된 역사가 있다.[18] 헤이안 시대 초기에 집필된 불교 설화집에 다음과 같은 이야기가 실려 있다.

"옛날에 이 절 근처에 어진 아내가 살고 있었다. 그 여인의 이름은 전

일본 사상을 다시 만나다

일본 정토종의 창시자는 호넨이며, 총본산은 교토에 있는 지은원(知恩院)이다.

해지지 않는다. 남편이 죽던 날에 아미타의 형상을 새기려는 바람을 가졌으나 가난했기 때문에 바람대로 하지 못했다. 그렇게 오랜 세월이 지났다. 해마다 가을이면 이삭을 주워 모았는데, 그것을 가지고 이윽고 화공에게 부탁했다. 여인은 직접 혼령을 위해 공양했는데, 애잔한 감정이 솟아 눈물을 흘렸다. 화공은 그 모습이 애틋해 함께 발심했고, 화려한 필치로 그림을 그려냈다. 이리하여 재(齋)를 지내고 화상(畵像)을 금당에 안치했으며, 여인은 늘 거기서 공경스런 마음으로 절을 했다. 그 뒤에 도둑이 불을 놓아 그 금당이 다 타버렸다. 그런데 오로지 여인이 걸어둔 화상만 손상되지 않은 채 남아 있었다.”[19]

이러한 이야기는 이르면 5세기 후반에서 727년 사이, 늦으면 적어도 822년 이전에 수집, 집필된 것인데,[20] 당시 이미 정토신앙, 즉 아미타(阿彌陀) 신앙이 형성되어 있었다는 것을 알 수 있다. 아미타 신앙은 '아미타불이 상주하는 서방 극락세계에 왕생하기를 기원하는 것'[21]을 말한다. 앞의 설화에서 아내는 남편을 위해 아미타 그림을 절에 안치했다. 원래는 남편이 막 사망하려고 할 때 아미타 상을 새기려고 했으나 돈이 없어서 못했다. 아미타 신앙에는 임종 시 아미타불을 만나면 극락왕생이 보장된다는 믿음이 있다. 불쌍한 아내는 신랑이 극락왕생하도록 죽음을 맞이하기 전에 아미타불의 모습을 보여주고 싶었던 것이다.[22]

헤이안 시대 중엽에 일본 사회에서는 아미타 신앙이 크게 유행했다. 예를 들면 '아미타 성인(阿彌陀聖)'이라 불린 구야(空也, 903-972)는 거리에서 염불하면서 설법을 했고, 연력사 천태종의 승려 에신(惠心, 942-1017)은 『왕생요집(往生要集)』을 써서 체계적으로 정토신앙을 소개했다. 특히 1052년은 말법(末法) 시대가 시작되는 해로, 그 후로는 부처님의 가르침이 행해지지 않고 천재지변과 전란, 전염병이 온 세상을 휩쓴다는 말법사상이 득세했다. 그래서 염불을 하면 아미타여래에게 구원을 받아 극락정토에 갈 수 있다는 정토사상이 더욱 널리 퍼졌다.[23]

정토사상은 원래 많은 대승경전에 언급되어 있으며, 중국에 불교가 전래된 초기부터 이미 알려져 있었다. 그 때문에 중국에서는 일찍부터 정토신앙과 관련된 염불결사가 나타났으며, 수많은 왕생설화가 만들어졌다.[24] 하지만 정토신앙은 선종이나 천태종 혹은 화엄종처럼 교단화, 조직화되지는 못했다.

스승과 제자의 계보도 뚜렷하지 않았는데 송나라 시대에 비로소 그 계보가 정리되었다. 정토종 계보는 송나라 사람 종효(宗曉)의 『악방문류(樂邦文類)』(1199)나 지반(志磐)의 『불조통기(佛祖統紀)』(1269)에서 볼 수 있는데, 이들은 모두 천태종의 승려들로서 정토종의 창시자 호넨보다 더 늦거나 비슷한 시기의 인물들이라는 점을 주목할 필요가 있다. 이들이 정리한 계보는 일본 승려 호넨이 정리한 것보다 더 조잡했다. 호넨은 중국 정토종을 혜원(慧遠)의 관념념불(觀念念佛) 계통, 도작(道綽)·선도(善導)의 칭명염불(稱名念佛) 계통 그리고 자민(慈愍)의 선정융합(禪淨融合) 계통으로 나누고, 자신은 칭명염불 계통으로 담란(曇鸞, 476-542) → 도작(道綽, 562-645) → 선도(善導, 613-681) → 회감(懷感, ?-699) → 소강(小康, ?-805)으로 이어진다고 정리했다.[25]

일본 사상을 다시 만나다

앞서 종효와 지반이 모두 천태종의 승려들이었다고 지적했는데, 사실상 중국에서 정토신앙은 독립적인 종파로 조직화되거나 종단화되지 못하고 삼론종이나 율종, 천태종, 선종 등 종파에 포함되어 수행의 한 방법으로 수용됐다. 그러한 사정은 우리나라도 마찬가지다. 신라시대의 원효(元曉)나 경흥(憬興), 의적(義寂) 등이 정토신앙에 관심을 가졌으나 그것만을 가지고 종파 조직을 형성하지는 않았다.[26]

일본도 처음에는 천태종 승려들이 밀교와 함께 자신들의 수행의 한 방법으로 수용했다. 그러나 호넨이 등장함으로써 독자적인 종파로 독립하기 시작했고, 신란과 렌뇨를 거치면서 일본인의 정신세계가 반영된 독특한 정토신앙, 즉 정토진종으로 발전하게 된 것이다.

렌뇨의 사상

렌뇨는 1471년에 요시자키에서 새로운 포교 거점을 구축할 당시 신도들에게 다음과 같은 글을 써서 전했다.

"우리 정토진종, 즉 신란 성인의 가르침이 가지고 있는 특징은 이렇습니다. 일부러 출가해서 깨달음을 얻으려는 모습을 취하거나 가정을 버리고 욕망을 버리는 모습을 남에게 보여주는 것이 아닙니다. 단지 일념으로 아미타여래의 가르침에 따라 타력(他力)의 신심을 갖게 되었을 때 구원을 받습니다. 나아가 그 때는 남성, 여성, 늙은이, 젊은이 구별이 없는 것입니다."[27]

이 글은 『오첩어문(伍帖御文)』(1471-1498)에 포함된 것으로 '오후미(御文)'라고 불린다.[28] 렌뇨는 이러한 문장을 통해서 신란의 가르침을 신도들에게 직접 전파했다. 인용문에 따르면, 렌뇨는 구원에는 남녀 구분이 없다고 했다. 당시 기성 불교교단이 여성을 차별한 것과 비교해보면 상당히 과격한 발언이라고 할 수 있는데,[29] 이러한 발언에서

렌뇨와 신도들이 1471년에 구축한 요시자키(吉崎) 사찰마을 복원도. 당시의 사찰은 상호간의 분쟁이 극심해 전투요새와 같이 지었다.

포교를 중시한 그의 입장을 엿볼 수 있다.

그는 또 사람들에게 굳이 출가하거나 어려운 수행을 할 필요가 없다고 말했다. 또 '타력(他力)'의 신심을 강조했는데 사람들이 자신을 믿고 스스로 수행을 통해서 성불을 이루려고 하는 것을 반대했다. 타력의 신심(信心)은 내 힘이 아니라 '아미타여래의 힘'에 의한 구원을 믿는다는 '신심'이다. 그는 그러한 신심을 갖는 것조차 아미타여래의 선택이며 구원이라고 보았다.

이러한 가르침은 정토진종의 개창자 신란으로부터 나온 것이다. 신란은 "아미타불은 지니기 쉽고 외우기 쉬운 나무아미타불이라고 하는 명호(名號)를 생각해내어 이것을 외우는 이들을 정토로 맞이해 주시기로 약속했다"[30]고 말했다.

명호는 염불을 말한다. 나무아미타불이라고 하는 이름만 외우면 누구나 극락정토로 가는 것이지, 인간은 아미타불의 불가사의한 힘으로 생사의 고해에서 벗어날 수 있다고 믿어야, 즉 그러한 신심을 가져야 극락에 가는 것이 아니라는 것이다. 글자를 모르는 어리석은 사람이라

일본 사상을 다시 만나다

도 알기 쉬운 염불을 외우기만 하면 누구나 극락에 갈 수 있다.[31] 이러한 신란의 사상을 렌뇨는 재해석하여 민중에게 알기 쉽게 전파했다.

극락정토는 아미타불이 거주하는 곳으로 서쪽으로 십만억토나 멀리 떨어져 있는 곳이다. 무한하게 멀리 있는 곳이며, 인간이 살고 있는 더러운 이 세상과는 달리 즐거움이 가득하고 깨끗한 곳이다. 렌뇨는 인간이 죽어서 그곳에 왕생하지 못하면 무간지옥(無間地獄)으로 떨어진다고 했다. 인간이 살고 있는 이승은 모든 것이 덧없는 무상(無常)의 세계이고 몽환의 세계이다.[32] 그러나 누구나 염불만 외우면 극락정토에 갈 수 있다고 했다.

엄밀히 따지면 렌뇨의 사상은 신란의 것을 재해석하는 정도에 불과했지만, 렌뇨를 통해서 당시 사람들은 신란 사상의 중요성을 새롭게 인식하게 되었다. 그리고 그는 결국에 주변의 영주들까지 두려워할 만한 정도로 큰 세력과 영향력을 갖게 되었기 때문에, 즉 대중적인 포교에 성공했기 때문에 무로마치 시대의 대표적인 종교가로 주목되는 것이다.

렌뇨는 젊어서부터 신란 관련 문집을 꾸준히 필사함으로써 신란 사상을 자신의 것으로 만들었다. 특히 신란의 제자 유이엔(唯圓, 1222-1289)이 지은 『탄이초(歎異抄)』는 렌뇨가 직접 필사해서 전한 것이다. 원본은 없어졌으며 렌뇨가 필사한 것도 남아있지 않다. 렌뇨의 필사본을 보고 필사한 『탄이초』가 현재 교토 서본원사에 소장되어 있다.[33]

렌뇨가 본격적으로 포교 활동을 전개하고 또 그러한 활동이 성공한 것은 1465년에 연력사의 천태종 승려들로부터 공격을 받은 후에 적극적으로 교토 인근 지역의 포교에 나섬으로써 비롯됐다. 특히 1471년부터 시작한 호쿠리쿠 방면의 포교가 성공하고 요시자키 사찰마을을 중심으로 교인들이 급증했다. 타 종파의 공격으로 사찰이 불타 없어진 상황에서 전화위복이 된 것이다.

그가 포교에 크게 성공했던 것은 몇 가지 독특한 방법이 있었기 때문이다.[34] 그는 우선 앞서 소개한 것처럼 '오후미(御文)'라고 하는 평이하고도 의미 있는 문장을 많이 써서 수시로 교인들에게 전해주었다. 또 '나무아미타불' 등 다양한 명호(名號)를 하루에 200매 이상을 써서 교인들에게 제공했다. 적어도 매일 200명 이상의 사람들에게 포교활동을 벌인 것이다. 그것도 자신이 쓴 부처님의 이름을 부적처럼 지니고 다니게 했으니 자연스럽게 깊은 신심을 유도한 것이다.

또 그는 『탄이초』나 『교행신증(敎行信証)』 등 신란의 저작물을 새롭게 판각해 그것을 교인들에게 소개하고 독송(讀誦)하도록 했다. 그리고 신도들을 모아 '강(講)'을 개설해 서로 간의 의견을 교환하고 교류하도록 했다. '강'은 피라미드 조직으로 구성되었는데, 본사 밑에 몇 개의 말사(末寺)가 있고, 그 밑에 몇 개의 강이 조직되어 조직적으로 움직였다.

아울러 신란을 사모하는 보은강(報恩講)을 수시로 개최해 개조로서 신란의 위상을 강화하고 신란을 중심으로 정토진종의 교인들이 서로 협력하고 단결하도록 했다. 외부 세력의 위협에 대해서는 방어조직으로 조(組)를 구축해 방비했다.[35] 이 때문에 신도들 사이에 강한 유대감이 발생하고, 교단은 비약적 발전하게 된 것이다.

이 외에도 다섯 명의 부인을 통해서 얻은 자식들도 교세의 확장에 커다란 역할을 했다. 그는 각 거점별로 사찰을 세워, 13명의 아들들을 파견하여 늘어나는 신도들을 관리하고 지도하게 했다. 14명의 딸들은 협력이 필요한 세력과 연합하고 동맹을 맺는데 활용했다.

렌뇨는 왕권을 중시하고 권력과의 마찰을 최대한 피했다. 그는 '왕법을 근본으로 삼아라(王法爲本)'고 하여 권력자와 갈등이 일어나는 것을 극도로 조심했다. 또 그는 전투적인 자세를 버리고 '인의를 우선시하라 (仁義爲先)'는 입장을 취했다. 1475년경에 내린 훈계를 보면 '제신제불(諸神諸佛)'을 경시하지 마라고 했으며, 신사의 신들 그리고 다른 사찰에서 모시는 부처들에 대해서도 조심하도록 했다.[36] 심지어 그는 '제종제법 (諸宗諸法)'을 비방하지 말라고 했는데, 불교의 여러 종파나 불교외의 종교에 대해서도 비방을 삼가도록 했다. 이런 조심스러운 태도가 혼란한 시대에 성공을 일궈낸 것이다.

그는 교인들에 대해서도 항상 겸손한 태도를 취했다. 원래 본원사는 신도들이 거의 없었다. 그래서 렌뇨의 부모는 매끼 식사를 걱정하고, 식량이 없어서 아이들을 양자로 내보냈다. 어려서부터 그러한 것을 보아왔기 때문에 그만큼 신도들을 소중하게 여겼다. 신란의 가르침을 따라 항상 신도들을 '동행(同行, 같은 수행자)' 혹은 '동붕(同朋, 같은 친구)'이라 부르고 모두가 "신도들 덕분"이라고 했다.[37] 술대접, 음식대접도 정성껏 하고, 자신이 대접받을 때는 신도들이 먹는 음식을 그대로 가져오게 했다. 강론을 할 때도 같은 높은 단을 피하고, 승려들이 신도들 앞에서 잘난 체하는 것을 경계하게 했다. 이러한 태도가 무로마치 시대에 자의식이 강한 하층민들의 강력한 지지를 이끌어낸 것이다.

렌뇨 연보

1세(1415년)   교토 히가시야마(東山)의 본원사에서 존뇨(存如)의 서자로 출생.

6세(1420년)   부친이 본처를 맞이하게 되어 렌뇨의 생모는 본원사를 떠남.

15세(1429년)   본원사를 부흥시키고자 뜻을 세움.

17세(1431년)   교토 청련원(靑蓮院)에서 삭발을 하고 출가함.

22세(1436년)   부친이 조부(巧如)로부터 제7대 주지 직책을 수여받음.

28세(1442년)   장남 준뇨(順如)가 태어남. 생모는 뇨료(如了).

33세(1447년)   부친과 함께 관동 지역을 방문함.

35세(1449년)   부친을 따라 호쿠리쿠(北陸) 및 관동을 방문해 포교함.

41세(1455년)   부인 뇨료 사망함. 뇨료와 사이에 모두 7남매를 낳음.

43세(1457년)   부친 사망(향년 62세). 혼간지 제8대 주지의 직책을 맡음.

44세(1458년)   두 번째 부인(蓮祐)이 지쓰뇨(實如)를 낳음. 지쓰뇨는 나중에 혼간지
               제9대 주지가 됨.

46세(1460년)   『정신게대의(正信偈大意)』를 집필함.

47세(1461년)   처음으로 『오후미(御文)』 집필 시작.

51세(1465년)   연력사에서 렌뇨를 불적(佛敵)으로 간주하고 본원사 파괴를 시도.
               본원사가 불타고, 렌뇨는 교토를 떠나 피신함.

53세(1467년)   은퇴를 조건으로 연력사 측과 화해. 오닌의 난이 일어남.

54세(1468년)   관동 지방에 있는 신란 유적을 방문. 연력사의 승병들이 공격해옴.

56세(1470년)   두 번째 부인 사망. 이 부인과 사이에서 10남매를 낳음.

57세(1471년)   오즈(大津)에서 요시자키로 가, 그곳에서 사원 마을(寺内町) 개발.

59세(1473년)   요시자키에 거주하면서 포교 활동. 반대파의 공격에 대비해 전투
               준비시킴.

61세(1475년)   본원사 교인들이 슈고(守護) 토가시 마사지카(富樫政親) 부하들과
               전투 벌임.

62세(1476년)   사카이(堺)에 사찰(信証院)을 세움.

64세(1478년)   교토에 상경해 사찰(山科本願寺) 조영(造営)을 시작함(1483년에 완성).
               셋째 부인(如勝) 사망함(향년 31세). 이 부인과는 딸 하나를 둠.

70세(1484년)   네 번째 부인(宗如)에게서 아들을 얻음. 그 뒤 부인 사망. 이 부인
               에게서는 남매를 낳음.

74세(1488년)   가가(加賀)에 반란이 일어남. 가가 교인들이 토가시 마사자키를
               공격해, 마사자키가 자살함. 렌뇨는 신도들의 반란을 꾸짖음. 이후

116   일본 사상을 다시 만나다

100여 년간 교인들의 왕국이 됨.

75세(1489년)　본원사 주지를 지쓰뇨에게 물려주고 은거함.

82세(1496년)　오사카에 사찰(石山本願寺)을 짓기 시작함. 다음해 완성.

84세(1498년)　『오후미』로 전도 활동을 왕성하게 함. 득남함(다섯 번째 부인과는 7남
매를 낳음).

85세(1499년)　죽음을 앞두고 교토(山科本願寺)로 돌아옴. 후손과 제자들에게 유언
을 남기고 사망.

주석

1　石田瑞麿, 이영자 역, 『일본불교사』, 민족사, 1995, 226쪽 참조.

2　石田瑞麿, 이영자 역, 『일본불교사』, 227-228쪽 참조.

3　김영미, 『통일신라시대 아미타신앙의 역사적 성격』, 『한국사연구』 50·51, 1985,
42쪽.

4　石田瑞麿, 이영자 역, 『일본불교사』, 225-226쪽 참조.

5　石田瑞麿, 이영자 역, 『일본불교사』, 173-195쪽 참조. 김호성, 「가마쿠라 신불교」,
〈불교신문〉 2363호, 2007.9.26. (http://www.ibulgyo.com/news/articleView.
html?idxno=83114)

6　神田千里, 『民衆の導師 蓮如』, 吉川弘文館, 2004, 23-24쪽.

7　源了圓, 『蓮如』(淨土佛教の思想 제12권), 講談社, 1993, 133쪽.

8　源了圓, 『蓮如』, 132-133쪽. 石田瑞麿, 이영자 역, 『일본불교사』, 216쪽 참조.

9　神田千里, 『民衆の導師 蓮如』, 27-29쪽.

10　神田千里, 『民衆の導師 蓮如』, 30쪽.

11　森龍吉, 「蓮如」, 298쪽. 神田千里, 『民衆の導師 蓮如』, 吉川弘文館, 38-39쪽.

12　源了圓, 『蓮如』, 305-307쪽.

13　神田千里, 「略年譜」, 『民衆の導師 蓮如』, 吉川弘文館, 2004, 26쪽, 223-225쪽.

14　대곡(大谷, 오타니)이란 신란의 묘소가 있는 곳을 말한다.

15　일본 문화청 『宗教年鑑 平成22年版』, http://www.bunka.go.jp/shukyouhou

jin/nenkan/pdf/h22nenkan.pdf, 2013.1.3

16 고이케 나가유키저, 이상경 역, 『종교를 알아야 일본을 안다』, 철학과현실사,
    1997, 211-212쪽.

17 「一向宗」, 일본 위키피디아(http://ja.wikipedia.org/), 2013.1.3

18 히에이산의 良源, 源信이나 三論의 永觀 등이 염불을 했다. 이 외에도 민중에
    정토신앙이 유포되어 있었다. 강동균, 「鎌倉신불교와 정토진종」, 『일본사상』
    창간호, 1999, 15쪽 참조.

19 교카이(景戒) 저, 정천구 역, 『일본영이기(日本靈異記)』, 씨·아이·알, 2011, 103-
    104쪽.

20 교카이(景戒) 저, 정천구 역, 『일본영이기(日本靈異記)』, 358, 363쪽.

21 김영미, 「중국의 아미타신앙」, 『백련불교논집』 2, 1992, 226쪽.

22 김영미, 「중국의 아미타신앙」, 248쪽.

23 민두기 편저, 『일본의 역사』, 지식산업사, 1976, 56-57쪽 참조.

24 김영미, 「중국의 아미타신앙」, 227-130쪽.

25 김영미, 「중국의 아미타신앙」, 234쪽.

26 김영미, 「통일신라시대 아미타신앙의 역사적 성격」, 44쪽. 김동윤, 「신라 아미타
    신앙의 민중지향적 전개와 그 배경」, 『경주사학』 7, 1988, 13쪽.

27 蓮如, 出雲路修校注, 『御ふみ』, 平凡社, 1978, 14쪽.

28 出雲路修, 「解說」, 『御ふみ』, 370쪽.

29 伍木寬之, 『蓮如』, 岩波書店, 1994, 106-107쪽 참조.

30 유이엔저, 오영은 역, 『탄이초』, 지식을만드는지식, 2008, 73쪽.

31 유이엔저, 오영은 역, 『탄이초』, 76쪽.

32 堀美佐子, 「淨土とその意味_蓮如の場合」, 『宗教研究』 230, 1976, 49-50쪽.

33 유이엔저, 오영은 역, 『탄이초』, 11쪽.

34 이하 렌뇨의 포교 방법에 대해서는 石田瑞麿, 이영자역, 『일본불교사』, 215쪽과
    구태훈, 『일본 고대·중세사』, 재팬리서치21, 2008, 414쪽을 참조.

35 森龍吉, 「蓮如」, 『一休 蓮如』, 吉川弘文館, 1983, 297쪽.

36 이러한 내용에 대해서는 고이케 나가유키저, 이상경역, 『종교를 알아야 일본을

일본 사상을 다시 만나다

안다』, 철학과현실사, 1997, 210쪽과 森龍吉, 「蓮如」, 『一休 蓮如』, 吉川弘文館, 1983, 297쪽을 참조.

37 고이케 나가유키 저, 이상경 역, 『종교를 알아야 일본을 안다』, 207-209쪽 참조.

38 참고자료

- 源了圓, 「年譜」, 『蓮如』(淨土佛敎の思想 제12권), 講談社, 1993, 389-403쪽.

- 神田千里, 「略年譜」, 『民衆の導師 蓮如』, 吉川弘文館, 2004, 223-225쪽.

- 「蓮如上人略年譜」, http://www.terakoya.com/hongwanji/rekidai/h_8_nenpu.html, 2012.3.28

고의학古義學의 창시자

이토 진사이

"성인은 인도(人道)를 말했지, 천리(天理)를 말하지 않았다."

이토 진사이(伊藤仁齊, 1627~1705)

　고학파(古學派)는 중국 고대, 즉 송나라 이전의 유학을 중시하는 학파다. 송나라 때 탄생해 송학(宋學)이라고 불리는 주자학에 반대해 그 이전의 시대로 올라가 유학사상의 원뜻을 잘 이해해야 한다고 주장한 학자들이 고학파이다.

　이들은 주자학뿐만 아니라 양명학도 후세 학자들이 유학을 재해석해 나온 것이기 때문에 거부하고, 공자와 맹자로 올라가 그들의 고전을 배워야 참다운 유학을 이해할 수 있다고 주장했다. 그래서 성인 공자는 천리(天理)를 말하지 않았다고 한 것이다.

　일본 사상사에서 고학파의 등장은 진정한 의미의 일본적 특색을 지닌 유학이 탄생했다는 것을 의미한다.[1] 고학파는 주로 에도 시대 중반, 즉 1600년대 후반에서 1700년대 중반까지 활약했는데, 주요 인물로는 야마가 소코(山鹿素行, 1622-1685), 이토 진사이(伊藤仁齋), 오규 소라이(荻生徂徠, 1666-1728) 세 사람을 들 수 있다. 야마가 소코의 고학은 성학(聖學), 이토 진사이의 고학은 고의학(古義學), 오규 소라이의 고학은 고문사학(古文辭學)으로 나누어부르기도 한다.

　오규 소라이는 이토 진사이의 고의학에서 커다란 영향을 받았다. 진사이의 고의학을 더 심화시킨 형태가 소라이의 고문사학이라고 할 수 있다. 예를 들면 진사이는 『논어』와 『맹자』를 중시했는데, 소라이는 좀 더 앞선 시대에 편찬되었다고 믿었던 육경(六經)을 중시했다.

　진사이가 살았던 에도 시대 초기는 중국에서 명나라(1368-1644) 말엽에 해당된다. 명나라에서는 당시 왕양명(王陽明, 1472-1528)이 제창한 양명학이 관학화된 주자학을 대신해 지식인들의 흥미를 끌고 있었다. 명나라 말엽에는 또 실증적인 연구와 경세치용의 실용성을 중시하는 학문이 일어났으며, 청나라 때 들어서 고증학적인 연구가 널리 성행했다.

이러한 중국의 학문적인 분위기가 고학파에 어떠한 형태로든 영향을 끼친 것으로 생각된다. 일부 학자들은 명나라가 멸망한 뒤(1659년)에 일본으로 망명해온 유학자 주순수(朱舜水, 1600-1682)를 지목해 그가 진사이에게 일정한 영향을 미쳤다고 보기도 한다.[2] 이런 의견은 아직 소수파다.

주순수는 1659년에 일본으로 망명, 귀화한 인물이다. 미토번의 영주 도쿠가와 미쓰쿠니(徳川光圀)의 초빙으로 번 유학자로 고용이 되어 여생을 일본에서 지냈다. 그는 이토 진사이와 아라이 하쿠세키(新井白石, 1657-1725) 등 많은 일본 지식인들과 학술 교류를 했는데 그의 학문은 주자학과 양명학 사이의 실학(實學)이었다. 특히 고학(古學)과 시서(詩書)에 통달한 그는 고증을 중시하고 도리를 추구했으며 실질적인 활용을 중시했다. 실생활에 쓸모없는 학문은 필요 없다고 생각했다. 그의 생활은 소박하고 절약을 중시했으며, 실천 수단으로 성(誠), 경(敬), 예(禮), 학(學), 행(行)의 5단계를 주장했다.[3] 주자학과 거리를 두면서 고증을 중시하고 도덕적 실천을 중시한 것은 고학파의 학문적 특징과 유사하다.

일본 사회 내부로 눈을 돌려보면, 고학파들이 활약한 시기는 겐로쿠(元祿) 시대(1688-1703)라고 불리는 때였다. 오사카, 교토, 에도를 중심으로 도시문화가 발전하고 상업경제가 번창한 시기로, 대중적인 오락문화가 꽃을 피운 시기였다. 중국이나 조선의 유학에 벗어나고자 하였으며, 또 자기주장이 강한 고학파 사상에는 그러한 사회경제적 발전과 거기에서 나오는 자신감이 담겨 있다.

고학파 이전의 일본 주자학계는 초기 발전단계로 학자들도 많지 않

고학파는 상업과 도시문화가 발달된 겐로쿠 시대에 발전했다. 에도 시대 오사카 하치켄야(八軒家) 선착장의 모습(오사카 역사박물관의 모형).

았고 학문적인 깊이도 없었다. 후지와라 세이카나 하야시 라잔(林羅山, 1583-1657)은 주로 주자학의 소개와 서적의 정리, 출판에는 큰 기여를 했지만 학문적으로는 아직 충분히 성숙하지 못했다.

이후에 등장한 주자학파의 야마자키 안사이(山崎闇齋, 1618-1682)는 이토 진사이보다 9살 많은 인물로 거의 동시대에 살았는데, 진사이가 나중에 학당을 열었던 곳의 맞은 편 거리에서 역시 학당을 열고 학생들을 가르쳤다. 안사이는 주자학의 이론적 천착보다는 실천을 중시한 학자였다. 양명학파의 나카에 도쥬도 에도 시대 초기 유학자로 꼽을 수 있으나, 양명학의 입장에서 주자학을 비판하고 실천을 중시했다. 그는 인생의 늦은 시기에 겨우 양명학 공부를 시작한 경우였다.

그러한 의미에서 고학파의 등장은 일본 유학이 이전의 유학적 기반과 발전 위에서 한 단계 더 비약한 것이라고 볼 수 있다. 이들은 독자적으로 자기 개성을 갖고 유학 경전을 해석하고자 했다. 이들의 연구 성과는 곧바로 학계의 주목을 받았는데, 얼마 되지 않아 학문적인 주도권을 움켜쥐고 기존 학자들을 비판할 정도까지 되었다. 에도 사상계의 주류가 된 것이다.

이러한 발전에 위기를 느낀 정통 주자학자들과 막부 관료들은 1790년에 칸세이(寬政) '이학의 금(異學의 禁)'을 발표했다. 특히 오규 소라이의 고문사학을 막부가 설립한 학교(昌平坂)에서 강의를 할 수 없도록 했는데, 이러한 조치로 고문사학은 차츰 몰락하고 그 뒤 일어난 국학에게 사상계의 주류 자리를 넘겨주었다.

고학파는 국학파에게 사상적인 기반을 제공했다는 점에 있어서도 일본 사상사에서 중요한 의미가 있다. 가모노 마부치(賀茂眞淵, 1697-1769)나 모토오리 노리나가(本居宣長, 1730-1801)의 국학은 바로 고학파의 학문 방법을 적극적으로 수용한 결과였다. 노리나가의 학문은 특히 오규 소라이의 방법론을 매우 잘 계승한 사례라고 할 수 있다.

앞선 시대의 고전을 더 중시하고 그 고전을 고대의 맥락에서 읽어내려는 고학파의 지향은 그대로 국학파에도 계승되었는데, 고학파가 중국의 고전을 텍스트로 삼은 반면에, 국학자들은 일본 고대의 문학 작품과 역사적 기록을 중시했다. 국학자들은 또 실증적이고 치밀한 연구방식을 추구했다. 물론 국학파도 히라타 아쓰타네(平田篤胤, 1776-1843)에 이르러서는 그러한 정신이 많이 탈색되지만, 기본적으로 국학파는 역시 고학파의 방법론을 충실히 계승했다고 할 수 있다.

일본 사상을 다시 만나다

이토 진사이는 1627년 교토 호리가와(堀川) 부근에서 출생했다. 1627
년은 에도 시대에 막부가 설치된 지 20여 년이 지난 때로 에도 시대 초
기에 해당된다.

그는 이토 시치에몬(伊藤七右衛門)의 장남으로 태어났다. 진사이는 호
이며, 이름은 고레에다(維楨). 어려서는 겐시치(源七)로 불렸다.[4]

11세 때부터 그는 한문을 배웠는데, 15세가 되던 때 집안 가족들이
그에게 의사가 될 것을 권했다. 그러나 그는 거절하고 유학 공부에 뜻
을 두었다.

가족들은 이후로도 끈질기게 충고하면서 어떻게 해서든 장래가 불
확실한 학문 생활을 포기하도록 했다. 특히 그는 장남이었기 때문에 늙
은 부모와 가난한 집안을 책임져야 할 형편이기도 했다. 그래서 집안
어른들은 더욱 더 진사이의 생각을 바꾸도록 추궁했다. 하지만 그는 완
고하게 자신의 뜻을 굽히지 않았다.

"(가족 중) 나를 사랑하기를 깊이 하는 자일수록 나를 추궁하기에 더욱
힘썼다. 그 고초의 상황은 마치 죄수를 심문하는 것 같았다. 회초리가 앞
에 있고 수사관이 옆에 있어
지독하게 닦달하는 데에는
응하지 않을 도리가 없었다.
그러나 내가 학을 좋아하는
마음이 두텁고 뜻을 지키려
는 정신이 굳세었기 때문에
지금에 이를 수 있었다."[5]

이토 진사이의 집 앞을 흐르는 호리가와(堀川)

16세경에 그는 『근사록』과 『성리대전』 등 주자학 관련 서적을 읽었다. 특히 19세 때 『이연평답문』과 『문공소학(文公小學)』을 구해서 읽고 크게 깨우친 바가 있었다. 그는 당시 상황을 이렇게 말했다.[6]

"나는 어려서부터 이미 유학의 도(道)에 뜻이 있었다. 하지만 속된 학문과 시문에 빠져 더 발전하지 못한 것이 벌써 몇 년째였던가? 다행히 연평(延平)선생의 책(이동李侗의 『연평문답』)과 『문공소학』을 읽고 처음으로 커다란 깨달음을 얻었다. 이제 평생의 뜻이 아무도 막을 수 없을 정도로 분명해졌다."

그래서 그는 이렇게 결정했다.

"믿기를 더욱 더 독실하게 하고, 이 배움 쌓기를 더욱 오래할 것이다. 그러면 이익이나 관직에 대한 생각과 공명을 얻으려는 생각이 모두 마음에서 사라질 것이다." 또 스스로 이렇게 생각했다. "세상을 떠나 알려지지 않아도 후회하지 않는 것이 원래 학자의 도리가 아닌가? 그러면 성인의 경지가 어찌 멀겠는가!"

생계 유지에 대한 가족들의 걱정을 뿌리치고 주자학 공부에 매달린 그는 27세 때(1653년) 자신의 호를 '게이사이(敬齋)'로 짓고 더욱 분발했다. 그러나 2년 뒤에 병에 걸려 치료 때문에 은거했다. 모든 집안일을 동생에게 맡긴 그는 오히려 그러한 기회를 이용해 더욱 학문에 전념했다. 이때 그는 양명학, 불교, 노장사상 등을 공부하고 백골관(白骨觀)이라고 하는 수양법을 배워 실천하기도 했다.

이 기간에 그는 주자의 학문에 대해서 심각한 회의를 갖기 시작했다. 급기야는 송나라 학문을 배격하고 시대를 더 거슬러 올라가 논어와 맹자 시대의 유학에 더 관심을 갖게 되었다. 그 결과, 32세를 전후로 그는 게이사이라는 호를 버리고 『인설(仁說)』을 짓고 호를 진사이(仁齋)로 바꾸었다. 공경을 의미하는 '경'보다는 어짊과 사랑, 즉 '인(仁)'을 더 중요한 덕목이라고 판단한 것이다.

36세(1662년) 때 그는 호리가와 부근에 있는 자택으로 돌아와 고의당(古義堂)을 개설하여 주변 학생들을 모집해 강의를 시작했다. 이후 약 10년간 그는 고의당을 근거로 학생들에게 강의를 하면서 고의학을 구축하게 되었다. 고의학이 실질적으로 성립된 것은 46세~49세 때로 알려져 있다. 이 기간에 『논어고의(論語古義)』와 『맹자고의』 등 원고가 완성되었다.[7]

그는 46세 때에 구마모토(熊本)의 호소카와(細川) 가문에 초빙되기도 했으나 모친 병간호를 이유로 사양했다. 모친은 다음해 사망했는데 격식을 갖추어 유교식으로 3년상을 치렀다. 부친이 사망한 때(1674년)에도 그는 상복을 입고 3년 상을 치렀다. 상복을 입는 동안에는 모든 강의와 동지회 모임 등 활동을 중지해 정성을 다했다. 이러한 상례는 지금도 그렇지만, 당시 불교식의 상례가 일반적인 일본에서는 거의 볼 수 없었던 일이었다.

그는 비로소 50세가 되던 해에 강의를 재개했다. 이후 젊은 부인과 사별(향년 33세)하고 재혼하기도 했으며, 재혼하던 해에는 이질에 걸려 중태에 빠지기도 했으나 77세 때까지 꾸준히 강의를 하고 『동자문』을 집필하는 등 학문 생활을 계속했다. 그러다 1705년에 79세로 담질에 걸려 사망했다.

저서는 『논어고의(論語古義)』, 『맹자고의(孟子古義)』, 『어맹자의(語孟字義)』, 『중용발휘(中庸發揮)』, 『동자문(童子問)』 등이 있다. 『논어고의』는 『논어』를 주석한 것으로 30세~50세 장기간에 걸쳐 집필하고 수정해 나간 서적이다. 『맹자고의』 역시 『맹자』를 주석한 서적인데, 46세경에 초고

를 완성한 후 평생에 걸쳐 내용을 수
정했다.

『어맹자의』는 진사이의 대표적인
저술이라고 할 수 있는데, 『논어』와
『맹자』에 보이는 중요한 개념들을 소
개한 것으로 주자학을 비판하는 입장
에서 자신의 독자적인 사상을 제시하
고 있다. 『중용발휘』는 『중용』이 공자
의 정신을 잘 계승한 책이라는 주장

이토 진사이의 아들 이토 토가이(1670-
1736). 부친의 학문을 이어받아 활약했다.

을 편 것이다. 『어맹자의』와 함께 진사이의 대표작으로 들 수 있는 『동
자문』은 62세경에 착수해 65세 때에 초고를 완성했으며, 유학에 대한
이론과 학문 방법을 논한 것이다. 진사이의 저서들은 거의 그가 사망한
뒤에 아들 이토 토가이가 출판했다.[8]

그는 첫 번째 부인에게서 아들 하나 딸 둘을 얻었고, 사별한 뒤 재혼
한 부인에게서 아들 넷과 딸 하나를 얻었다. 아들들은 나중에 모두 훌
륭한 유학자로 성장했는데 장남인 이토 토가이(東涯)는 조선통신사를
통해서 조선에까지 알려졌다. 토가이는 호리가와의 동쪽 가까이[涯]에
산다고 해 스스로 자신이 붙인 호인데,[9] 이름은 나가쓰구(長胤)이다.

그는 고의학파의 후계자로서 고의당을 물려받아 운영하고, 부친이
남긴 글을 모아 문집을 편찬하는 한편, 자신의 저작으로 『고금학변(古今
學變)』, 『용자격(用字格)』, 『제도통(制度通)』 등을 남겼다. 특히 중국어를 잘
하고 중국의 제도에 관심이 많았으며, 유교의 역사 등 기초적인 분야의
연구에 힘썼다.

일본 사상을 다시 만나다

이토 진사이는 조선시대에 이미 국내에 알려졌다. 이덕무(李德懋, 1741-1793)가 일본에 대한 정보를 모아놓은 『청령국지(蜻蛉國志)』를 살펴 보면 진사이의 말이 다음과 같이 소개되어 있다.[10]

"스스로 문호(門戶)를 열고 배울 사람을 기다린다. 공자를 첫째 성인 (聖人)으로 여긴다면, 『논어(論語)』가 실로 최상지극(最上至極)한 우주에서 첫째 가는 책인데, 그 중에서 첫째 가는 것이 인(仁)이며, 의(義)로 짝을 삼고 예(禮)로 도움을 삼고 충신(忠信)으로 바탕을 삼는다."

자신이 고의당을 개설해 학생을 가르친 점, 공자와 『논어』를 중요하 게 여긴 점 그리고 '인의(仁義) 도덕을 중시한다는 점'을 짧은 문장으로 표현했다. 진사이는 또 주자학을 비판하면서 이렇게 말했다.

"궁리(窮理)를 앞세우면 덕행(德行)을 뒤로 미루지 않더라도 덕행이 절 로 뒤처지게 되지 않을 수 없으니, 이 때문에 학문에 방해가 있게 된다."

'궁리'는 리(理)를 탐구하는 것을 말한다. 진사이는 주자학이 '천리(天 理)'나 '성즉리(性卽理)'의 사상에서 언급되는 '리'의 탐구를 너무 중시한 다고 지적한 것이다. 그것을 너무 앞세우기 때문에 도덕적인 실천은 소 홀하게 할 수밖에 없다는 것이다.

조선시대 실학자 안정복(安鼎福, 1712-1791)은 통신사 일원으로 직접 일 본을 방문한 적이 있었는데, 그는 일본에서 돌아와 진사이와 관련해 이 런 글을 남겼다.

"내가 나름대로 (이토 진사이의) 『동자문(童子問)』 3책에서 논한 바를 보 니, 대체로 맹자를 받들어 높이면서 때때로 (송나라 유학자) 이천(伊川)을 비 판한 것이었다. 영종(英宗) 무진년(1748)에 통신사로 갔을 때이다. 서기

(書記) 중에 유씨(柳氏) 성을 가진 자가 호를 난릉(蘭陵)이라고 하는 이즈미 (和泉) 사람을 만났는데, 그 자가 학문적인 지식이 있기에 진사이의 학 문에 대하여 물었다. 그랬더니, 그 자가 대답하기를 '이토 진사이는 참 으로 우리나라의 호걸(豪傑)다운 선비입니다. 그러나 우리 도(道)가 아니 므로 자세한 말씀은 드리고 싶지 않습니다'고 했다 한다. 이는 아마도 진사이의 학문이 정주(程朱)의 성리학을 배척한 때문인 듯하다."[11]

1748년은 이미 진사이가 사망하고 43년이 지난 때였다. 오규 소라 이도 벌써 이보다 20년 전에 사망했다. 당시는 소라이학이 일본 전역 에 널리 유행할 때였다. 안정복은 진사이가 일본에서 유명한 학자이며 송나라의 성리학을 배척한 점을 중요하게 보았다. 조선시대 학자들은 대개 주자학에 대해서 깊은 신앙과 확신을 가지고 있었다. 그러므로 그 런 점을 주목한 것이다.

진사이의 고의학(古義學)은 말 그대로 '고대의 뜻(古義)'에 주목하는 학문 이다. 고의학에서 유학 경전을 해석할 때는 송나라의 신유학에 근거하지 않고, 고대 경서를 직접 살펴서 당시의 원래 의미를 파악하고자 했다.

진사이는 그것을 이렇게 설명했다.

"무릇 글자의 뜻은 학문에 있어 진실로 작은 것이다. 그렇지만 하나 라도 그 뜻을 잃어버리면 해가 되는 것이 적지 않다. 다만 마땅히 하나 하나 『논어』와 『맹자』에 근거해 그 의사와 어맥에 합치할 수 있어야 될 것이요, 망령된 뜻으로 옮기고 나아가 자기의 사견(私見)을 섞어서는 안 될 것이다."[12]

함부로 자기의 개인적인 의견을 섞어서는 안 된다고 했는데, 그것은 바로 송나라 시대의 성리학자들을 염두에 두고 비판한 것이다. 진사이 는 주자학이 불교나 노장사상의 영향을 받아 경전 해석을 그렇게 멋대

오른쪽 일본식 가옥이 호리가와에 있는 고의당. 진사이는 1662년부터 이곳에 학당을 열고 학생들에게 유학을 가르쳤다.

로 해석했다고 판단했다.

아울러 진사이는 주자학이 '리(理)'를 중시한 점에 대응해 '정(情)'을 강조했다. 추상적인 논리보다는 인간적이고 피가 통하는 감정을 중시한 것이다.

그는 특히 주자학의 추상적인 성리학적 담론을 매우 싫어했다. 예를 들어 천리(天理)에 대해서 이렇게 비판했다.

"'리(理)'라는 글자와 '도(道)'라는 글자는 서로 비슷하다. 그렇지만 '도'는 왕래하는 것을 말하는 것이고, '리'는 조리(條理)를 말하는 것이다. 성인은 천도(天道)라고 하고 인도(人道)라고 하였지, '리'라는 글자를 가지고 말하지는 않았다."[13]

공자가 '리'라는 글자를 사용하지 않았는데, 주자를 비롯해 송나라 유학자들이 근거 없이 '리'나 '천리'를 언급한 것이라고 비판한 것이다. 진사이가 말한 '도(道)'는 길을 뜻하는 것으로 사람들이 다니는 구체적인 것을 뜻하는 것이지, 주자학에서 말하듯이 사물 안에 들어 있는 어떤 '리'나 '조리'와는 다르다.

진사이는 또 "천리(天理)라는 두 글자는 『장자』에 자주 보이는 것으로 우리 성인의 경전에는 없다. 『악기(樂記)』에 비록 '천리인욕(天理人欲)'이라는 말이 있지만 그것은 본래 노자에서 나온 말이지 성인의 말이 아니다."[14]라고 지적했다. 주자학은 이기론을 바탕으로 구축되어 있는데 진사이가 '리' 개념을 이렇게 부정한 것은 바로 주자학 자체를 거부한다는 것을 의미한다.

이기론에 바탕을 둔 주자학의 우주론에 대해서도 그는 이렇게 비판했다.

"그것은 상상에서 나온 견해일 뿐이다. 무릇 천지가 생기기 이전과 천지의 시작을 누가 보아 누구에게 그것을 전했겠는가? 만약 세상에서 어떤 사람이 천지가 아직 개벽되기 이전에 태어나서 수백억만 년을 장수해 눈으로 직접 보고 후대 사람들에게 그것을 전해 서로 전하고 암기해 지금에 이르렀다면 진실로 참일 것이다. 그러나 세상에는 천지가 아직 개벽되기 이전에 태어난 사람이 없고 또 수백억만 년을 장수할 수 있는 사람도 없다. 그렇다면 대체로 여러 가지 천지개벽의 설을 말하는 자는 모두 정도에서 매우 벗어나 있는 것이다."[15]

진사이는 원래 학문을 처음 시작했을 때는 주자학자였다. 주자학에 깊이 심취한 그였지만, 30세(1656년) 전후로 커다란 사상적인 전환을 맞이했다. 29세 때 병 때문에 은둔생활을 시작한 그는 양명학과 불교, 노장사상 등을 접하면서 생각이 달라졌다.[16] 고대의 순수한 유학사상에 대한 지적 호기심이 강하게 생긴 것이다.

그는 공자와 맹자의 참된 학문이 한나라 시대 이후에 노장사상에 의해서 해석이 되고, 나중에 송나라 이후에는 불교의 선학과 뒤섞이게 됨으로서 크게 훼손되었다고 생각했다. 그래서 후대에 주자와 왕양명의 학문을 공부하는 사람들이 쉽게 빠지는 폐단을 극복하기 위해서는 고대의 경전, 즉『논어』와『맹자』에 근거해 유학사상을 배워야 한다고 주

일본 사상을 다시 만나다

장했다.[17] 이러한 생각이 바탕이 되어 그의 독창적인 '고의학'이 구축된 것이다.

진사이의 천명(天命)

'하늘의 명령' 즉 '천명(天命)'은 무엇일까? 우리나라 사람들에게 물어보면 십중팔구는 사람의 수명, 혹은 부부나 형제 사이의 도리라고 대답할 것 같다. 간단한 국어사전을 보면 천명의 뜻은 1) 타고난 목숨, 즉 천수(天壽) 2) 타고난 운명 3) 하늘의 명령 등으로 정의되어 있다.[18]

사람 사이의 도리라고 대답한 사람은 무의식중에 유교의 영향을 받은 것이다. 중용에 『천명지위성(天命之謂性) 솔성지위도(率性之謂道)』, 즉 "하늘이 명한 것을 본성이라 하고 그 본성에 따르는 것이 도리이다"라는 구절이 있다. 인간적인 도리가 본성이며, 그것은 바로 '하늘이 명한 것(天命)'이라는 가르침이다.

천명은 원래 중국 주나라 초기에 생긴 말이다. "천하를 다스려라"는 정치적인 뜻으로 하늘이 그렇게 명을 내렸다는 의미이다. 특히 덕이

1605년 조선통신사로간 사명대사가 묵었던 교토의 절(本法寺). 진사이의 고의당 부근에 있는 이 절 한쪽에 신도들이 공물로 올리는 짚신이 걸려 있다. ⓒ 2010.8.5 필자촬영.

있는 자에게 내리는 하늘의 명령으로, 만약에 백성의 원성이 높아지면 하늘은 그 임금을 쫓아내고 덕이 있는 다른 사람에게 천명을 내린다고 한다.[19] 이것은 소위 천명사상으로, 혁명을 정당화시켜주는 정치적인 슬로건이었다고 할 수 있다.

중국에서 운영되는 온라인 중국어사전에서 '천명'의 뜻을 찾아보면[20] 1) 하늘의 의지. 널리 운명을 가리킴 2) 자연계의 필연적인 법칙으로 되어 있다. 여기에서 하늘의 의지는 바로 '천하를 너에게 주겠다'고 하는 정치적인 의지를 말한다. 이러한 뜻에 나중에 운명이나 숙명 혹은 자연계의 법칙 등을 의미하는 개념이 추가되어 널리 사용된 것이다.

'천명사상'은 일종의 혁명 논리로 한 정치 세력이 다른 정치 세력에 대항해 '우리가 천명을 받았으니 천하는 우리 것이다'라고 하는, 일종의 대세론이다. 요즘은 선거가 있을 때, 어떤 정치가들은 여론조사기관을 매수하거나 여론조사 결과를 조작해 대세론을 만들어낸 경우가 있는데, 과거 전통시대 중국에서도 천명사상을 널리 퍼트려 자기 세력의 활동에 유리하게 이용했다.

우리나라도 이러한 천명사상이 일찍부터 유입되어 신라가 망할 때, 혹은 조선이 건국될 때 그러한 사상이 등장했다.[21] 또 조선시대 말엽 최제우(崔濟愚, 1824-1864)는 스스로 천명을 받았다고 하여 자신의 종교를 퍼뜨리다 혹세무민의 죄명으로 처형을 당하기도 했다.

다만 우리나라에서는 고대부터 나라가 한 번 세워지면 수백 년은 지속했기 때문에 왕조 교체가 빈번하고 수많은 나라가 각축을 벌인 중국에서처럼 천명사상이 활발히 거론되지는 않았다. 그래서 '천명'이라는 개념도 우리나라의 경우는 정치적인 색깔이 약하다.

중국에서 천명사상은 『논어』 위정편(爲政篇)에 '나이 50에 천명을 알

　　　　　　　　　　　일본 사상을 다시 만나다

았다(伍十而知天命)'는 표현이나 『중용』의 「천명을 성이라고 한다(天命之謂性)」에서 알 수 있듯이 철학적 사유의 소재로도 발전했다. 『맹자』의 『인심을 잃어 고립된 사람인 걸(桀)과 주(紂)를 처형했다는 말은 들었어도 임금을 죽였다는 말은 듣지 못했다』(「양혜왕」)라는 문장처럼 역성혁명을 합리화하고 왕도정치를 옹호하는 정치사상으로 진화되기도 했다.

한편 일본에 전해진 '천명' 사상은 어떻게 변했을까? 간단한 인터넷 일어사전을 검색하면 1) 하늘의 명령. 하늘이 인간에게 부여한 사명 2) 사람의 힘으로 바꿀 수 없는 운명, 즉 숙명 3) 하늘이 정한 수명, 즉 천수 4) 하늘이 부여한 벌, 즉 천벌 등으로 제시되어 있다.

중국에서는 매우 역동적이며 능동적인 뜻을 가지고 있던 천명 개념이 일본으로 전해진 뒤에는 피동적이며, 수동적인 의미로 바뀌었음을 알 수 있다. 또 정치적인 의미가 탈색되고 비정치적인 의미가 많이 가미되었다. 수명이나 운명 등의 뜻은 우리나라와도 같지만, '사람의 힘으로 바꿀 수 없는 숙명' 혹은 '하늘이 부여한 천벌' 등으로 수동적인 의미가 매우 강화되었다.

일본의 경우는 우리나라보다 더 왕조의 교체가 드물었다. 나라 시대에 시작한 왕조가 1300년 넘게 정권을 유지하고 있다. 국가 이름도 거의 변치 않고 '일본(日本)'으로 고정되어 있다. 역성혁명이 거의 없었기 때문에 정치적인 의미의 '천명'이나 '천명사상'은 사실상 사어(死語)에 가깝다. 그러한 사상이 언급된 『맹자』는 "맹자의 책을 실은 배는 일본에 도착하기 전에 침몰한다."[22]라는 이야기가 전해질 정도로 금기시되기도 했다.

일본에서 천명 개념은 중국과 정반대 방향으로 발전된 느낌도 든다. 바꿔 말하면 천명 개념은 교묘하게 변질되어 역성혁명을 반대하는 논리로까지 발전되었다. 진사이의 '천명' 관념에서 그런 경향을 읽어볼 수 있다. 진사이는 '천명'을 이렇게 정의했다.

"대개 천(天)은 오로지 자연에서 나와 인력으로 할 수 있는 것이 아니요, 명(命)은 인력에서 나온 듯하지만 실상은 인력으로 미칠 수 있는 것이 아니다. 천은 군주와 같고, 명은 그의 명령과 같다."[23]

천명은 군주의 명령과도 같은 것이며, 인력으로는 어찌할 수 없는 일이라고 했다. 또 이렇게 천명을 설명하기도 했다.

"대개 길하거나 흉하거나 혹은 화를 당하거나 복을 받거나 혹은 죽거나 살거나 혹은 보존되거나 망하거나, 인간이 만나는 행과 불행은 모두 자연적으로 이루어지므로 어찌할 수 없기 때문에 그것을 '명'이라고 말한 것이다."[24]

수동적이고 피동적인 천명 개념의 극치라고 할 수 있다. 천명을 운명이나 숙명의 의미로 받아들이고,[25] 거역할 수 없는 군주의 명령과도 같이 여긴다.

주자학에서 하늘(天)은 완벽하고 궁극적인 존재로 정의되지만, 진사이는 하늘을 '살아 있는 생물'[26]로 본다. 그렇기 때문에 하늘이 잘못을 저지를 수도 있다. 예를 들면 기상이변과 같은 일을 들 수 있다.[27] 그러므로 그러한 하늘이 내린 명령, 즉 천명은 잘못된 명령일 수도 있다. 그것이 어떤 사람에게는 불행, 즉 천벌일 수도 있는데, 그것이 천명이기 때문에 그 사람은 마땅히 그것을 기쁘게 받아들이고, 거기에 순응해야 한다고 주장한다. 그러므로 우리가 천명을 안다는 것은 재난이나 흉한 일을 만나더라도 마음의 평안을 유지하는 경지에 도달했다는 것을 의미한다.[28]

이러한 결론은 물론 진사이가 독단적으로 상상해낸 것은 아니다.

나름대로의 논리를 가지고 『논어』, 『맹자』 등 유교 경전을 분석해 추출해낸 결론이다. 하지만 진사이가 전개하는 이러한 천명론은 이미 중국이나 우리나라에서 볼 수 있는 천명론과는 전혀 다른 방향으로 발전된 것이다.

이러한 수동적인 천명론은 사실 진사이 혼자만의 것은 아니고 일본 문화에 뿌리 깊게 내재해 있는 '수동성', '피동성'과 밀접하게 관련된 사상이라고 할 수 있다. 예를 들면 일본어 문장에 수동적인 표현이 많은 것은 그러한 수동성을 보여주는 한 가지 사례라고 할 수 있다.

동아시아에서 본 진사이

진사이의 고학은 실학을 집대성한 다산 정약용(丁若鏞, 1762-1836)에게도 큰 영향을 미쳤다. 다산은 자신의 저서에 진사이의 학문적 성과를 인용하기도 하고 진사이를 '선생님'이라고 부르는 등 존경을 표했다. 또 진사이와 소라이의 문장을 읽고 "옛날에 노략질과 도둑질을 일삼던 일본이 아니라 문물이 빛나고 예의염치와 옳고 그름을 아는 문화국가가 된 만큼 이제는 이웃나라 조선을 침략하지 않을 것"이라고 단언하기도 했다.

진사이의 사상은 동아시아 사상계에서 어떠한 위치를 지니고 있는 것일까? 대만의 동아시아유학연구자 황준걸(黃俊傑)은 "(동아시아에서) 『사서(四書)』에 대한 새로운 해석을 전개함으로써 반주자학적 사조의 길을 열었던 사람은 17세기 일본 도쿠가와 막부 시대의 유학자 이토 진사이였다."고 지적한 바 있다. 근세라면 근대 직전의 시대, 즉 17~18

세기를 말하는데, 그때 진사이에 의해 시작된 반주자학의 기치는 일본
에서 소라이에게 전해지고, 중국의 대진(戴震, 1724-1777), 조선의 정약용
(1762-1836)으로 이어진다고 보았다. 황준걸은 이들 상호간의 학문적 교
류관계에 대해서는 분명하게 지적하지는 않았지만, 그러한 반주자학
적 사조가 진사이에서 시작했다고 보고, 그 원인으로 청나라 통치자들
이 주자학을 관학(官學)으로 삼음으로써 동아시아 유학계에 반주자학
적 사조의 파도를 불러일으켰다고 설명했다.[31]

또 진사이가 주자학에 대해 가장 빨리 반기를 들 수 있었던 것은 일본
사회가 중국이나 조선과 달리 과거제도를 도입하지 않아 『사서』를 객관
적으로 읽고 연구할 수 있는 분위기였으며, 유학이 공적인 지적 자산으
로 존재했기 때문이라고 지적했다. 자유스러운 토론이 가능했다는 것
이다. 중국의 경우는 지식인들이 주자학에 너무 빠져 있었으며, 조선의
경우도 가족을 중시하고 가문 관념이 강했으며 주자학이 정치, 사회 전
반에 압도적인 영향력을 유지하고 있었기 때문에 늦었다고 한다.[32]

하지만 진사이가 처음으로 반주자학의 기치를 올렸다는 주장은 아
무래도 일본 학계의 영향을 받은 것으로 반드시 옳다고는 할 수 없다.
그것은 특히 마루야마 마사오(丸山眞男)가 헤겔의 부정적인 중국론을 바
탕에 깔고 저술한 『일본정치사상사연구』의 논리와 유사하다. 헤겔은
중국 역사는 정체되어 있고, 발전이 없이 무한 반복하는 구조라고 생각
했다. 그러한 역사는 가족윤리를 강조하는 유교가 국교적인 지위를 가
지고 있는 현상과 밀접히 관련되어 있다고 보았다. 사회관계를 모두 가
족적인 질서로 규정하는 중국에서는 그래서 자유가 없으며, 비판이 없
고 스스로를 발전시키지 못하는 사회라고 했다.[33]

헤겔의 이러한 판단은 매우 자의적이고 터무니없다는 비판을 받기

도 하지만, 마루야마는 헤겔의 중국론을 그대로 받아들였다. 그는 전후 일본 경제가 부흥하고, 상대적으로 중국과 한반도는 내부 혼란과 전쟁으로 후퇴를 거듭하는 현실을 목도하면서 일본이 훌륭한 근대국가를 건설하고 근대적 발전을 거듭할 수 있었던 것은 중국 세계에는 없는 '근대성'이 일본의 근세사상에 담겨 있었기 때문이라고 보았다. 그래서 『일본사상사연구』에서 오규 소라이의 사상에 담긴 근대성을 주목하고, 그 전단계로 진사이의 고학을 통해서 근대성의 배아가 거기에 싹트고 있었다는 점을 증명해 보이고자 했다.

마루야마가 말한 근대성은 바꿔 말하면 주자학에 대한 비판정신이며, 가족주의, 윤리주의에 대한 반성이고 또 윤리 도덕에서 정치가 분리되는 현상, 자연보다는 작위(作為)를 중시하는 사상적 경향을 의미한다. 소위 반주자학적 정신이다. 그는 진사이 사상에 대해서 이렇게 평가했다.

"이토 진사이는 천도(天道)와 인도(人道)를 분리하고, 음양오행(陰陽五行)을 인의예지(仁義禮智)로부터 엄격하게 구별했다. 나아가 후자를 '도덕의 이름이지 (성리학자들이 말하는) 성(性)의 이름이 아니다'라고 하여 송학(宋學)의 사회적 규범, 즉 한편으로는 자연법칙이면서, 다른 한편으로는 인간 본성과 같이 여기는 규범을 모두 부정해버린 것은 주자학적 자연법의 이론적 기초에 있어 상당히 중대한 변혁을 의미하는 것이었다."[34]

주자학을 비판한 진사이의 사상에서 근대성의 맹아를 찾은 마루야마의 연구는 일본 학계에 두루 인정을 받아 일본 사상사 연구에서는 거의 정설로 받아들여졌다. 이후 많은 학자들이 마루야마의 성과에 대해서 많은 비판을 하고 잘못을 지적하기도 했지만 '근대성'을 둘러싼 그의 담론은 아직도 대다수 학자가 지지를 받고 있다. 예를 들면, 일본유학연구자 다지리 유이치로(田尻祐一郎)는 동아시아 사상 속의 진사이를 논하면서 이렇게 말한다.

"근대사상의 시선으로 유학을 본다면, 거기에는 개인의 자아의식도 인권의 관념도 없으며, 정치는 고작 군주로부터의 봉건도덕의 파급으로서 이해될 뿐이고, 도덕도 가부장적인 가족윤리의 응용일 수밖에는 없다고 여겨질 것이다. (중략) 필자는 유학에 대한 적극적인 평가가 만약 행해질 수 있다면, 그것은 유학에 대한 비판을 통해서만이 가능하다고 생각한다. 유학의 사상적인 전통 속에서 처음으로 그러한 비판을 시도한 것이 진사이였다."[35]

다지리의 이러한 지적에는 유학에 대한 폄하가 전제되어 있다. 유학에 대한 부정적인 인식은 일본 근현대 지식인 사이에 뿌리 깊다. 후쿠자와 유키지도 그렇게 생각했는데, 많은 일본 지식인이 헤겔의 중국론을 수용해 유학을 중시하는 사회는 발전이 없다고 본다. 다지리의 언급, 즉 동아시아 유학사상사에서 처음으로 유학을 비판한 사람은 진사이라고 하는 것은 맨 앞에 소개한 대만학자 황준걸의 언급과 일치한다. 황준걸의 의견도 사실 일본 학계의 정설을 따른 것이다.

일본의 사상사학계가 진사이를 반주자학의 효시로 보고자 한 것은 진사이에게서 근대성의 단초를 찾고자 하는 마루야마식의 인식을 고집하기 때문이다. 그런데 최근에 일본에서 진사이의 생애와 관련해 이러한 관점을 뒤집을 만한 연구가 나왔다. 이 연구에 따르면 주순수는 1664년경부터 1670년 사이에 진사이와 서로 편지를 교환하거나 한문 문장을 수정해 주는 등 활발한 학술 교류를 했다. 당시 진사이는 자신이 개설한 학당에서 유학을 연구하며 학생들에게 강의 활동을 하고 있었다. 진사이의 고의학은 1672~1675년 사이에 성립된 것으로 밝혀졌

일본 사상을 다시 만나다

다. 결국 주순수의 학문적인 경향이 진사이에게 전해졌을 가능성이 큰 것이다.[36]

앞으로 진사이가 고의당을 개설한 시기, 자신의 호를 진사이로 바꾼 시기 등에 대해서도 좀 더 치밀한 고증이 필요하겠지만, 주순수는 명말 시기에 이미 학문으로 이름을 떨친 학자였기 때문에 그를 통해서 명말 청초의 학문적인 분위기가 전달되었을 가능성이 크다. 주순수 자신도 송명 이학에 대해서 비판적인 태도를 지니고 있었고, 공자와 맹자의 학문을 중시했다.[37] 그러므로 진사이가 독자적으로 주자학을 비판했다기보다는 중국에서 건너간 주순수의 영향을 받고 고학을 시작하게 되었다는 것이 더 타당할 것 같다. 사실 중국이나 대만에서 발표된 연구 중에는 그러한 가능성을 지적한 경우가 적지 않다. 심지어 주순수가 진사이의 고의학, 야마가 소코의 고학 그리고 오규 소라이의 고문사학이 형성되는 데 매우 중요한 영향을 끼쳤을 것이라고 주장하는 연구도 있다.[38] 결국 진사이의 고의학은 명말 청초에 일어난 중국 고증학의 일본적 전개였다고 생각된다.

이토 진사이 연보

1세(1627년)[39] 교토 호리가와(堀川) 부근에서 출생.

11세(1637년) 처음으로 한문을 배워 『대학』을 읽고 시를 지음.

15세(1641년) 주위에서 의사가 될 것을 권했으나 거절함.

16세(1642년) 유학 공부에 뜻을 두고 『성리대전』 등 주자학 서적을 읽음.

27세(1653년) 주자의 『경재잠(敬齋箴)』을 읽고 호를 게이사이(敬齋)라고 함.

29세(1655년) 갑자기 병이 들어 치료를 위해서 동생에게 집일을 부탁하고 은거. 이 기회를 이용해 학문에 전념. 양명학, 불교, 노장사상을 공부하고 백골관(白骨觀)이라고 하는 수양법을 실천.

32세(1658년) 이즈음에 「인설(仁說)」을 짓고 호를 진사이(仁齋)로 바꿈.

35세(1661년) 겨울에 동지회(同志會) 모임 시작. 11월에 「서재사축(書齋私祝)」 지음.

36세(1662년) 호리가와 부근에 있는 자택으로 돌아와, 고의당(古義堂)을 개설해 학생에게 강의함.

43세(1669년) 이즈음에 결혼. 1년 뒤 장남 토가이(東涯) 출생.

46세(1672년) 『맹자고의』 초고 완성. 구마모토의 호소카와(細川) 가문에 초빙되었으나 모친 병간호를 이유로 사양함.

47세(1673년) 장녀 출생. 모친이 사망함(향년 65세). 3년상을 치름.

48세(1674년) 부친 사망(향년 76세). 3년상 치름. 상복을 입는 동안 강의와 동지회 모임을 중지함.

50세(1676년) 강의를 재개함. 『논어』·『맹자』·『중용』 등을 반복해서 읽음.

52세(1678년) 부인이 사망함. 향년 33세.

55세(1681년) 재혼함. 이질에 걸려 중태에 빠졌으나 회복함.

57세(1683년) 『맹자고의』·『논어고의』·『어맹자의』·『중용발휘(中庸發揮)』 필사본 제작. 큰아들 토가이에게 처음으로 『시경』을 강의시킴.

65세(1691년) 『동자문(童子問)』 초고 완성.

68세(1694년) 막내아들이 태어남.

77세(1703년) 『동자문』 강의를 시작해 이듬해에 강의를 종료함.

79세(1705년) 담질(痰疾)에 걸려 사망함.

주석

1   李甦平, 「17세기 중국·일본 유학사상에 관한 고찰」, 『유교문화연구』 11집, 2007.2, 141쪽 참조.

2 清水徹,「伊藤仁齋の思想形成―朱舜水思想の影響」,『日本歷史』706, 2007.3, 37쪽 참조.

3 종청한, 임태홍 역,『50인으로 읽는 중국사상』, 무우수, 2007, 383, 387-388쪽.

4 이기동,『이토오 진사이』, 성균관대학교 출판부, 2000, 30-31쪽 참조. 이하 진사이의 생애에 대해서는 특별한 주석이 없는 경우 같은 책 30-52쪽 참조.

5 이토 진사이,「送片岡宗純還柳川序」, 이기동,『이토 진사이』, 32쪽에서 인용.

6 『古學先生文集』『伊藤仁齋・伊藤東涯-日本思想大系33』, 岩波書店, 1971, 181쪽. 이기동『이토오 진사이』, 33쪽의「敬齋記」번역문 참조.

7 그동안 고의학의 성립은 진사이 36세경으로 알려져 있으나(금장태,「伊藤仁齋의 고학과 다산의 실학」,『종교와 문화』, 1998, 53쪽 참조) 그것은『논어고의(論語古義)』초고 집필 시기를 잘못된 행장(行狀) 기록에 근거했기 때문이다. 최근의 연구에 따르면 그 행장 기록은 실제 시기가 앞당겨진 것으로 잘못된 기록이다 (清水徹,「伊藤仁齋における「古學」の成立時期」,『日本歷史』723, 2008.8, 53쪽).

8 각 서적에 대한 소개는 이기동의『이토오 진사이』, 55-57쪽 참조.

9 Wikipedia,「伊藤東涯」, http://ja.wikipedia.org/, 2011.1.8

10 한국고전종합 DB(http://db.itkc.or.kr/, 2011.1.8)『靑莊館全書』제64권 인물 伊藤維禎항목 참조.

11 안정복,「雜著・橡軒隨筆下」,『순암선생문집 제13권』, 고전번역원 한국고전 종합DB http://db.itkc.or.kr/, 2011.1.9.

12 이토 진사이, 이기동 역,「어맹자의 서문」,『이토오 진사이』, 77쪽에서 인용.

13 이토 진사이,『語孟字義』上卷, 이기동,『이토오 진사이』, 210쪽.

14 이토 진사이,『語孟字義』上卷, 이기동,『이토오 진사이』, 211쪽.

15 이토 진사이,『語孟字義』上卷, 이기동,『이토오 진사이』, 201쪽.

16 이기동,「이토 진사이의 주자학 극복이론」,『동아시아 유교문화의 새로운 지향』, 청어람미디어, 2004, 312-313쪽 참조.

17 금장태,「伊藤仁齋의 고학과 다산의 실학」, 57쪽 참조.

18 '천명', 다음(www.daum.net, 2011.10.6) 국어사전 참조.

19 장영백,「고대 중국의 천사상 초탐(2)」,『문경』5, 1993.8,

20 '天命', 在線新華字典, http://xh.5156edu.com/, 2011.10.6.

21 신호철, 「신라의 멸망원인」, 『한국고대사연구』 50, 2008.6, 138-139쪽. 최연식 등, 「용비어천가와 조선 건국의 정당화」, 『동양정치사상사』 7-1, 2007.3, 256쪽 참조.

22 上田秋成의 말. 기무라 준지(木村純二), 「伊藤仁齋의 천사상 고찰」, 『유교문화 연구』, 2007.12, 46쪽에서 재인용.

23 이토 진사이, 『語孟字義』 上卷, 이기동, 『이토오 진사이』, 87쪽.

24 이토 진사이, 『語孟字義』 上卷, 이기동, 『이토오 진사이』, 89-90쪽.

25 이기동, 「이토 진사이의 주자학 극복이론」, 316쪽.

26 이토 진사이, 『동자문』, 중권 제67장. 기무라 준지, 「伊藤仁齋의 천사상 고찰」, 32쪽.

27 기무라 준지, 「伊藤仁齋의 천사상 고찰」, 33쪽.

28 기무라 준지, 「伊藤仁齋의 천사상 고찰」, 43-45쪽.

29 김상홍, 「다산의 일본인식」, 『동양학』 46, 2009.8, 80쪽.

30 황준걸, 「비교사상사의 관점에서 18세기 동아시아 유학자들의 사상세계를 논함」, 『한국실학연구』 19, 2010, 13쪽.

31 황준걸, 「비교사상사의 관점에서 18세기 동아시아 유학자들의 사상세계를 논함」, 13쪽.

32 황준걸, 「비교사상사의 관점에서 18세기 동아시아 유학자들의 사상세계를 논함」, 10-12쪽.

33 마루야마 마사오, 김석근 역, 『일본사상사연구』, 통나무, 1995, 105-108쪽 참조.

34 마루야마 마사오, 김석근 역, 『일본정치사상사연구』, 334쪽.

35 다지리 유이치로(田尻祐一郎), 「타자의 발견」, 『민족문화논총』 31, 2005.6, 251쪽.

36 주순수와 진사이 사이의 학문적 교류는 淸水徹, 「伊藤仁齋の思想形成—朱舜水 思想の影響」, 52쪽 참조. 고학의 성립 시기는 淸水徹, 「伊藤仁齋における「古學」 の成立時期」, 『日本歷史』 723, 2008.8, 53쪽 참조.

37 林俊宏, 『朱舜水在日本的活動及其貢獻研究』, 2004, (http://books.google. co.kr/books), 180쪽

38 林俊宏,『朱舜水在日本的活動及其貢獻硏究』, 180쪽. 아울러 張谷,「朱舜水與日本古學」,『鵝湖』361, 2005.7 참조.

39 연보 작성에 吉川幸次郞 외,「伊藤仁齋·東涯略年譜」,『伊藤仁齋·伊藤東涯-日本思想大系33』, 岩波書店, 1971, 633-648쪽. 이기동,『이토오 진사이』, 30-52쪽 등 참조.

서양학의 개척자

아라이 하쿠세키

"서양은 천축국(天竺國)에서 수천 리나 떨어져 있는 곳이다"

아라이 하쿠세키(新井白石, 1657-1725)

난학을 선도한 하쿠세키

1711년에 조선통신사 부사(副使)로 일본을 방문하고 돌아온 임수간(任守幹)은 아라이 하쿠세키(新井白石)와 만나 나누었던 이야기를 이렇게 전했다.[1]

하쿠세키가 사신들을 향해서 말했다. "저는 부족한 사람이지만 스스로 운이 좋은 사람이라고 생각합니다. 왜냐하면 대서양(大西洋), 유럽 지역의 이탈리아 사람과 네덜란드 사람 그리고 유구(琉球) 사람이나 중국의 여러 지방과 항구 사람들을 직접 다 만나보았고, 지금은 또 여러분과 한 방에서 단란한 모임을 가지고 있으니 어찌 기이한 일이 아니겠습니까?"

하쿠세키의 이야기를 듣고 당시 통신사 일행 가운데 가장 직책이 높았던 정사(正使) 조태억(趙泰億)이 이렇게 물었다.

"대서양은 서역(西域)에 있는 나라 이름인데 유럽과 이탈리아, 네덜란드 등 여러 나라는 어느 곳에 있는지 모르겠군요."

하쿠세키는 "귀국에는 만국전도(萬國全圖)가 없습니까?" 하고 물었다. 대서양을 나라 이름으로 생각할 정도로 기본적인 사실을 모르니 그렇게 물어본 것이다. 조태억을 보좌해 종사관(從事官)으로 따라간 이방언(李邦彦)이 이렇게 대답했다.

"옛날 지도가 있기는 하나 그런 나라들이 모두 기재되어 있지는 않습니다."

이 말을 듣고 하쿠세키는 "서양이란 곳은 천축국(天竺國, 즉 인도)에서 수천 리나 떨어져 있는 곳입니다. 소위 대서양과 소서양이 있습니다." 라고 설명하고 "제 집에 지도 한 장이 있는데 필요하다면 드릴 수 있습니다"라고 말했다. 이에 이방언이 "정말 간직한 것이 있으시다면 아낌없이 한번 보여주십시오"라고 말했다.

하쿠세키는 그 다음날 '만국전도'라고 하는 작은 지도를 한 장 보내왔다. 지도를 보내온 사실은 우리나라에 전해진 『강관필담(江關筆談)』에는 보이지 않고 일본에 남아 있는 『강관필담』에만 보인다.[2] 동일한 자료인데도 일본측 자료에만 그 사실이 보이는 것은 아마도 당시 통신사들이 하쿠세키에게 받은 지도에 대해서 탐탁하게 생각하지 않았기 때문일 것이다.

사실 하쿠세키는 당시 막부의 최고급 관리였기 때문에 조선의 관리들에게 보여준 지도보다 훨씬 더 상세하고 훌륭한 지도들을 보여줄 수 있었다. 그러나 일본어로 지명이 표기된 조잡한 지도를 보여준 것은 더 상세한 정보를 조선의 사절단에게 알려줄 필요가 없다고 판단했기 때문이었을 것이다.

하쿠세키를 만나고 조선에 돌아온 통신사들은 관직을 박탈당하는 수모를 당했다. 그들이 받아온 일본측 국서에 기피해야 할 글자가 들어 있었기 때문이었다. 일본에 있을 때부터 사신들은 그런 사실을 미리 알고 일본측 대표인 하쿠세키에게 수정을 요구했으나 거부당했다. 하쿠세키는 그동안 영접을 담당한 다른 사람들과 다르게 조선통신사의 접대에 매우 비협조적이었다. 관례를 무시하고 영접 절차를 간소화하는 등 경비를 삭감했다. 접대 격식을 낮추고 까다로운 요구를 하여 사사건건 조선의 사신들과 다투었다. 당시 조선인들이 그렇게 싫어했던 도요토미 히데요시를 모신 절까지 데려가 참배하도록 했다.

그래서 조선에서 그에 대한 평가가 좋지 않았다. 실학자 이덕무(李德懋, 1741-1793)는 그에 대해서 이렇게 평했다. "재주는 있으나 경박하며,

스승의 학설을 준수하되 자기를 뽐내고 남에게 오만했는데, 역시 버림받아서 죽었다."[3]

하쿠세키는 원래 조선통신사 덕분에 출세한 사람이다. 그는 1682년에 조선통신사가 일본을 방문했을 때 아메노모리 호슈(雨森芳洲, 1668-1755)에게 부탁해 제술관(製述官) 성완(成琬)에게 자신의 시집(『陶情詩集』)을 보내 서문을 받은 적이 있었다. 이 서문 덕분에 하쿠세키는 당시 막부에서 활약하고 있던

동경 분쿄구(文京区) 고히나타(小日向)의 기리시탄 유적지. 이곳에서 하쿠세키는 이탈리아 신부 시도티를 심문했다.

저명한 유학자 기노시타 쥰안(木下順庵)의 제자가 되었고, 결국 쇼군의 시강(侍講)에까지 오를 수 있었다.[4] 1711년에도 그는 사신들에게 『백석시초(白石詩草)』의 서문을 받았다. 그러면서도 통신사 접대를 간소화하고 대등한 관계임을 내세워 의례 격식을 낮추거나 비협조적으로 응대해 조선의 사신들을 골탕먹였다. 그에게는 또 막부 말엽의 정한론자(征韓論者) 그리고 명치유신 이후 조선에 대한 침략의 정신적인 지도자라는 딱지가 붙어 있다.[5]

하쿠세키는 매우 민족주의적이었다. 자신을 보호하고 지지해준 막부의 쇼군과 자신을 낳고 키워준 '일본'을 무엇보다 중요시했다. 그렇기 때문에 일본 안에서 하쿠세키를 보는 시각은 우리와 다르다.

그는 에도 시대 말엽에 『대일본사(大日本史)』를 편찬한 도쿠가와 미쓰쿠니(德川光圀, 1628년-1701)와 함께 당대 최고의 역사가라는 평가를 받았

다.[6] 또 일본 어학의 기초를 세운 어학자, 조선 사절과 교섭에서 수완을 발휘한 행정관·외교관, 쇄국시대 일본의 대표적 지식인 등으로 평가되고 있다.[7] 그는 서구 여러 나라의 지리와 문화 및 종교에 대해서도 체계적인 조사를 했다. 서양문물의 과학성과 우수성을 알림으로써 일본의 서양 인식에 획기적인 전기를 마련한 '서양학의 개척자'[8]라는 평가를 받기도 했다.

오쓰키 겐타쿠(大槻玄澤, 1757-1827)는 '난학(蘭學)'의 도(道)가 아라이 하쿠세키에서 시작되었다고 했다.[9] 난학은 네덜란드학이란 뜻으로 초기 서양학을 말한다. 하쿠세키 자신은 네덜란드어를 잘하지 못했지만 1709년에 나가사키에 있는 네덜란드 통역관의 도움을 받아 이탈리아인 선교사 시도티를 심문한 적이 있다.

또 1712년과 1715년 사이에 수차례 네덜란드 사람들과 회담을 하여 유럽 여러 나라와 세계 지리, 나아가 당시에 벌어지고 있던 각국 간의 분쟁에 대해서 생생한 정보를 확보해『화란기사(和蘭紀事)』,『아란타고(阿蘭陀考)』,『서양기문(西洋紀聞)』등 서양 관련 소개서를 집필하기도 했다. 조선통신사를 만난 하쿠세키는 18세기 초엽 당시 세계 사정에 관한 한 아시아에서는 최고 수준의 전문가였다. 1711년의 조선 통신사 일행은 그러한 인물과 필담을 나눈 것이다.

'대서양'이 무엇인지도 몰랐던 조선의 사신들은 유럽의 상황에 대해서도 전혀 몰랐다. 하쿠세키는 이미 서양의 과학기술 문명과 무기뿐만 아니라 그 지역의 전쟁과 식민지 개척 상황까지 파악하고 있었다. 조선의 불행한 앞날은 앞에 소개한 통신사와 하쿠세키의 대화 사이에 이미 그 징조가 보인다.

아라이 하쿠세키는 1657년 에도에서 태어났다. 그해 1월 에도에 큰
불이 나 10만 명 이상의 사망자가 발생했는데, 하쿠세키는 그 혼란한
가운데 가족들이 임시로 피난했던 가옥에서 태어났다. 그 때문에 그는
어려서 사람들로부터 '불 아이'라고 불렸다. 하쿠세키의 초상화에는
미간에 화(火)자가 그려져 있는데, 그때의 화재를 상징는데, 또 동시에
그의 불같은 성격을 의미하기도 한다. 하쿠세키의 이름은 긴미(君美)이
며, 보통 가게유(勘解由)라 불렸다. 하쿠세키(白石)는 호(號)다.

하쿠세키의 집안은 세키가하라(関ヶ原) 전투에 참가해 패한 뒤 몰락한
무사 집안이었다. 부친 아라이 마사나리(新井正済, 1597~1678)는 어려서 에
도에 나가 18년이나 고생한 끝에 31세 때 겨우 카즈사(上総) 지방(현재의
지바현) 구루리번(久留里藩) 번주(藩主) 쓰치야 토시나오(土屋利直)를 모시게
되어 무사 가문의 체면을 살릴 수 있었다.

하쿠세키는 8세 때부터 글씨를 배웠다. 아버지 지시로 하루에 4천 자
씩 글씨를 쓰고 익혔다고 한다. 또 무사로서 무술 공부도 게을리하지
않고 11세 때부터 아버지로
부터 엄격한 훈련을 받았다.
한번은 자신보다 나이가 더
많은 청년과 검도 대결을 해
이겼는데, 그 일을 계기로
무술 공부에 더 흥미를 갖기
도 했다. 그러나 그는 집안
대대로 내려온 무사의 직업

지바현 구루리 성에서 내려본 마을 모습. 하쿠세키는 에
도에서 태어났으며, 부친이 소속된 번이 이곳 구루리번
이었다.

보다는 문사에 어울렸다. 10대 초반에 그는 벌써 부친의 편지뿐만 아니라 번주의 편지도 도맡아 대필할 정도가 되었다고 한다.

17세(1673) 때에 하쿠세키는 다른 사람의 집에 놀러 갔다가 우연히 나카에 도쥬(中江藤樹)의 『옹문답(翁問答)』을 발견해 빌려 읽고 유학에 뜻을 두었다. 장래에 유학자로서 직책을 얻어 출세하고자 목표를 세운 것이다. 19세 때(1675)에는 번주가 사망해 그 아들이 번주 자리에 올랐으나 하쿠세키 부친은 새 번주와 사이가 좋지 않아 해고당했다. 그러다 하쿠세키가 21세 되던 해(1677) 하쿠세키 부자는 번주 가문의 내분에 휩쓸려 함께 추방되는 일을 당했다. 하쿠세키는 그 후 다른 곳에서 취직할 수도 없는 처지에 몰렸으나, 궁핍한 환경에서도 경학(經學)과 역사학에 전념해 후일을 도모했다.

23세 때(1679) 하쿠세키는 추방죄를 용서받고 그로부터 3년 뒤에 막부의 고위관리였던 홋타 마사토시(堀田正俊, 1634-1684)에게 고용되었다. 하지만 2년 뒤(1684) 홋타가 에도 성안에서 암살을 당한 바람에 하쿠세키는 사직하고 홋타 가문을 나와 에도로 가서 학당을 개설하여 생계를 도모했다.

그동안 계속 독학을 했던 하쿠세키는 1686년 30세 때 막부의 유관(儒官) 기노시타 쥰안(木下順庵, 1621-1699)의 제자가 되었다. 쥰안은 정통파 주자학자로 후지와라 세이카(藤原惺窩)의 제자 마쓰나가 샤쿠고(松永尺伍, 1592-1657)에게서 유학을 배우고 1682년에 막부에 들어가 제5대 쇼군 도쿠가와 쓰나요시(德川綱吉, 1646-1709)의 시강(侍講)을 담당하고 있었다. 당시 아메노모리 호슈(雨森芳洲)나 무로 큐소(室鳩巢)도 쥰안의 제자였다. 하쿠세키는 조선 사신들이 자기 책에 서문을 써준 덕분에 문장 실력을 인정받아 스승으로부터 제자 이상의 대우를 받았다.

일본 사상을 다시 만나다

하쿠세키는 1693년(37세)에 스승의 추천으로 고후번(甲府藩)의 유관(儒官)으로 취직됐다. 번주 쓰나토요(綱豊)에게 강의를 하거나 자문을 행하는 역할이었다. 쓰나토요는 학문을 좋아해 하쿠세키를 초빙한 그 해부터 강의를 듣기 시작했다. 이후 19년에 걸쳐 1299회에 이를 정도로 열성이었다. 그가 주로 들은 강의는 사서(四書, 『대학』·『중용』·『논어』·『맹자』)와 오경(五經, 『역경』·『시경』·『서경』·『춘추』·『예기』) 외에 주자가 지은 『자치통감강목(資治通鑑綱目)』이었다. 하쿠세키도 이 방면에 자신이 있었기 때문에 이런 분야의 강의가 집중적으로 이루어졌다.

번주 쓰나토요는 나중에 제5대 쇼군 도쿠가와 쓰나요시의 뒤를 이어 쇼군이 되었다. 도쿠가와 이에노부(德川家宣, 1662-1712)가 바로 그이다. 이에노부가 쇼군의 직위에 올라 에도성으로 들어가자 아라이도 고위 관료로 발탁되었다. 순식간에 막부의 최고 고문으로서 막부 정치에

지바현 구루리 마을에 세워져 있는 하쿠세키의 동상.©すぎとまち촬영, 2010.4.2.

참여하게 된 것이다. 그는 이전처럼 이에노부에게 강의를 하면서, 주요 정치적 사건에 대한 자문을 하거나 막부의 정책을 직접 입안했다. 막부의 중요 인물로 부상한 것이다.

1712년에 이에노부가 사망했지만 아라이는 그 후계자인 도쿠가와 이에쓰구(德川家継, 1709-1716)가 재직하는 동안에도 계속 막부에 남아 정치고문으로 실권을 휘둘렀다. 이에쓰

구는 도쿠가와 쇼군 중에는 가장 나이가 어린 4살 때 쇼군이 됐다. 그러나 쇼군 직에 올라 겨우 2년 만에 사망함으로써 하쿠세키의 정치적 활동도 갑자기 막을 내렸다.

하쿠세키는 무단(武斷) 정치의 폐해를 제거하고 유학 사상에 근거한 왕도정치, 즉 군자인후(君子仁厚)의 정치를 주창했다. 의례나 제도를 정비하는 데 힘을 쏟았으며 문치주의의 색채를 강하게 드러내고자 했다. 또 이전에 제정되었던 불교적인 제도나 잔혹한 형벌을 폐지했다. 쇼군 호칭의 문제, 사신 접대 의례 등도 재정비해 막부의 위신을 높이고자 했다. 재정문제에도 관심을 가져 화폐를 개혁하고, 막부의 재정을 엄격하게 관리했으며 외국 무역을 좀 더 엄하게 통제하고자 했다. 하지만 그는 타협을 싫어하고 성격이 완고해 동료들로부터 '마귀(鬼)'라고 비난을 받거나 조선통신사나 막부의 유학자들과 크고 작은 다툼을 벌였다. 그렇지만 일본의 후대 역사가들이 그가 활약한 제6대, 제7대 쇼군의 통치기간을 '정덕(正德)의 치(治)'라고 부르는 것을 보면 그에 대한 평가가 나쁘지만은 않다는 것을 알 수 있다.

1716년에 도쿠가와 요시무네(德川吉宗)가 뒤를 이어 집권하자 하쿠세키는 곧바로 실각당했다. 실각한 뒤 그는 정치적으로 불우한 말년을 보냈다. 그가 제시한 여러 정책이나 제안은 폐기되고 심지어 막부에 제출한 저서들도 파기되는 굴욕을 당했다. 상심한 그는 남은 생애를 저술에 전념해 100여 권이 넘는 방대한 분량의 저작을 남겼다.

하쿠세키는 역사와 지리 및 사상, 법률제도에 관한 저술을 많이 남겼다. 특히 그가 남긴 역사서로는 고대 역사를 다룬 『고사통(古史通)』(1716)과 『고사통혹문(古史通或問)』(1716), 헤이안 시대 이후의 역사를 다룬 『독사여론(讀史餘論)』(초고는 1712년, 정본은 1724년 완성)이 유명하다. 다이묘(大

名)의 가계(家系)를 정리한『번한보(藩翰譜)』(1702), 자서전인『오타쿠시바노키(折たく柴の記)』(171), 고대 일본어를 연구한『동아(東雅)』(1719) 그리고『사의(史疑)』(1724)도 널리 알려져 있다.

하쿠세키의 일본사 연구

하쿠세키가 모신 쇼군 이에노부는 학문에 대한 관심이 많았다. 역사에 대해서도 흥미가 많아 쇼군이 되기 전부터 하구세키에게 역대 쇼군들의 역사적 사실과 다이묘(大名) 가문의 가계도를 조사해 오도록 해, 그것을『번한보(藩翰譜)』(1702)라 칭하고 항상 손이 닿는 곳에 두고 참고했다.

그는 또 하쿠세키에게 주자의『자치통감강목(資治通鑑綱目)』을 강의시키고 중국 역사와 함께 일본의 역사에도 흥미를 가졌다. 하쿠세키가 당시(1712) 강의 준비를 위해서 만든 자료가『독사여론(讀史餘論)』이다.[21] 이 책은 일본에서 '명치 이전에 편찬된 유일한 정치사'[22]라는 평가를 받는데, 무가(武家) 정권 성립의 정당성과 최고 권력자로서 쇼군이 갖추어야 할 사명감, 위정자로서 필요한 식견이 무엇인지 잘 정리되어 있다. 원래 초고의 명칭은『본 왕조의 고금연혁 여론(本朝古今沿革餘論)』이었다. 이 제목에서 보듯이, 이 서적은 고대부터 당시 에도 막부가 탄생하기까지의 연혁을 살펴본 것인데, 유학자로서 하쿠세키의 독특한 역사관이 잘 드러나 있다.

하쿠세키에 따르면, 일본 역사는 고대에서 에도 시대에 이르기까지 '구변오변(九變伍變)', 즉 아홉 번 변하고 다섯 번 변했다. 즉, 천황이 주체가 된 시대에는 섭정정치로부터 남북조 대립 시기까지 아홉 번 변

하고, 쇼군이 주체가 된
무가(武家)정치 시대에는
가마쿠라 때부터 에도 시
대까지 다섯 번 변했다는
것이다. 크게 보면 일본사
는 천황의 시대에서 쇼군
의 시대로 변했는데, 그는
이것을 천도(天道)가 귀족
이나 승려들을 버리고 무

제6대 쇼군 도쿠가와 이에노부. 학문을 좋아해 하쿠세키를
초빙해 유학과 역사 강의를 자주 들었다.

인들에게 이동했다고 보고 유가의 '역성혁명(易姓革命)'사상을 들어 설
명했다.[23]

사마광(司馬光)의『자치통감(資治通鑑)』을 보면, 명목상의 군주가 존재
하고 실질적인 실력자로서 별도의 '통치자'가 존재할 경우, 천명은 후
자에 내린 것으로 인정한다. 이에 따라 하쿠세키도 실질적인 통치자인
쇼군이 일본의 진정한 군왕이라고 단정하고, 당시 교토의 천황이 행사
하고 있는 왕궁의 '예악'은 모두 쇼군의 막부에서 행사해야 한다고 보
았다.[24]

쇼군의 무가정치 시대에 대해서도 그는 미나모토노 요리토모(源賴朝,
1147-1199)가 등장해 가마쿠라(鎌倉) 막부를 창설한 것을 제1변으로 보았
다. 호조씨(北條氏)가 집권해 정치한 것을 제2변, 아시카가 타카우지(足利
尊氏, 1305-1358)가 무로마치 막부(室町幕府)를 연 것을 제3변, 오다 노부나
가(織田信長, 1534-1582)와 도요토미 히데요시(豊臣秀吉, 1537-1598)가 아즈치
모모야마(安土桃山) 시대를 연 것을 제4변, 도쿠가와 이에야스가 에도 시
대를 연 것을 제5변이라고 정의했다. 아울러 1변부터 4변까지는 패자

일본 사상을 다시 만나다

(覇者)의 정치가 이루어졌지만, 도쿠가와 시대에는 왕도정치가 이루어지고 있다고 평가했다.[25] 이런 평가에 대해, 자신을 중용해준 도쿠가와 막부에 대한 아첨이며 막부 지배의 현실을 그대로 인정한 것이라는 비판도 있지만[26] 서쪽 교토에 천황이라고 하는 통치자가 존재하면서 동시에 동쪽 에도에 쇼군이라고 하는 통치자가 존재하는 현실을 비정상적인 것으로 보고 유학사상을 빌려 설명하고자 한 점은 높이 평가할 만하다.

그는 또 고대에도 천명의 교체가 있었다는 것을 지적했다. 먼저 기기신화를 재해석해 신화에 등장하는 신들은 모두 인간으로 보고 신의 세계인 다카마가하라(高天原)를 히타치노쿠니(常陸國, 현재 이바라기현)의 다가군(多珂郡)의 해변 지역으로 보았다. 그리고 기기신화의 초기 신들은 2개의 계통이 존재하는데, 처음에는 천통(天統)이 있었고 다음에 국통(國統)이 이어졌다고 보았다. 천통은 첫 번째 신인 아메노미나카누시신(天之御中主神)에서 시작해 '천손강림'이 이루어진 다카미무스비신(高皇産靈神)까지로 보고, 국통은 그 뒤 구니노도코다치신(國常立神)에서 이자나기신(伊奘諾尊)까지로 보았다.[27] 천손 강림신화는 사실상 역성혁명으로, 국통의 자손인 천황들이 영구지배를 정당화하기 위해서 그렇게 왜곡한 것이라고 했다.[28] 국통계열의 천황들도 고다이고(後醍醐) 천황(1288-1339)에서 천명이 다하고 가마쿠라 정권을 세운 무인들에게 천명이 돌아갔다고 해석했다.

하쿠세키는 만년에 고대 역사에도 흥미를 가지게 되었으며, 그것을 기초로 일본 고대어를 조사하기도 했다. 그는 『일본서기』에 근거해 일본의 한반도 남부 지배를 인정하면서 다음과 같이 말했다.

"한반도의 여러 나라가 일본에 복속하게 된 후에는 한반도 사람들이

조선통신사가 에도성에 들어가는 모습. 하쿠세키는 통신사 영접을 기회로 예악을 정비해 천황을 대신해 쇼군이 국왕의 위엄을 갖추도록 시도했다.

일본으로 왔다. 그리고 한반도에 설치된 관부(官府)에 나가 정치를 관장한 일본 사람들도 많아서 서로 말이 섞이게 되었다. 또 육경(六經)의 학문이 전해지고 백제의 박사들이 그들의 학문을 가져와 일본 조정을 섬기는 일이 대대로 끊이지 않았다. 그들은 중국의 서체를 이용했기 때문에 일본의 고문(古文)이 없어지고 고어(古語)도 그 말이 없어지거나 뜻이 변해 일본의 언어가 크게 변하게 되었다."[29] 역사적 사실과는 다르지만, 이런 입장에서 한일 양국의 언어 비교를 시도했는데, 당시는 그래도 선구적인 시도였다고 할 수 있다.[30]

그 외에도 당시 일본 사람들은 중국 기록에 근거해 일본의 조상은 한반도 마한에서 기원했다는 인식을 가지고 있었는데, 그는 이를 정면으로 부정했다. 신공황후(神功皇后)가 삼한을 정벌해 신라가 왜(倭)에 인질

일본 사상을 다시 만나다

을 보냈으며 한반도에 왜가 부(府)를 설치했다고 주장했다. 이러한 하쿠세키의 주장이 명치유신 이후에 간마사토모(菅政友, 1824-1897) 등이 주장한 임나일본부설의 기원이 되었다.[31]

하쿠세키는 또 시대를 더욱 거슬러 올라가 야요이(彌生) 시대에 존재했다고 전해지는 야마타이국(邪馬臺国)의 위치에 대해서도 관심을 가지고 고증을 시도했다. 야마타이국은 20여 개의 읍락국가로 형성된 연합체로『위지(魏志)』(「東夷傳倭人條」)에 위나라에 사신을 보내 교류했다고 했는데 그 위치가 분명하지 않았다. 하쿠세키는『고사통혹문』에서 치쿠고국(筑後国) 야마토군(山門郡, 현재의 기내 지방)이라고 추정했으며, 이것이 나중에 기내설(畿内說)의 대표적 주장이 되었다.[32] 이와는 달리 국학자 모토오리 노리나가(本居宣長)는 그 위치가 규슈 구마소(熊襲)라고 주장해 규슈설을 내세웠다. 아직까지 결론이 나지 않은 이 두 주장은 고대 일본사 연구의 핵심적인 논쟁 중 하나로, 일본이라고 하는 국가가 어떻게 형성되었는지, 그 실체는 어떤 것이었는지 하는 문제와 밀접히 관련되어 있다.

하쿠세키의 역사 연구는 '일본'이라고 하는 국가의 정체성과 매우 밀접한 문제에 관심이 많았다는 것을 알 수 있다. 그의 연구는 유교적이고 국수적이며 가끔은 논리가 비약하는 경향도 있었지만, 여러 기록을 철저히 검토하고 자료의 시대성이나 지역성을 염두에 두고 실증주의를 지향한 점이 특징이다. 방법적인 면에서 비교 고찰을 시도하고 중국과 조선의 역사서를 광범위하게 활용했던 점을 보면, 상당히 근대적이며 선구적인 역사가였다고 할 수 있다.[33]

앞서 조선통신사와 하쿠세키 사이에 이루어진 필담 이야기를 소개했는데, 하쿠세키는 조선통신사를 만나기 2년 전에 이미 이탈리아에서 온 가톨릭 선교사 시도티(Gionanni Battista Sidotti, 1668-1714)를 만나 서양 사정에 대해서 자세히 조사한 적이 있었다.

시도티는 로마 교황청의 외교 사절로 일본에서 가톨릭 포교가 금지되어 있다는 사실을 알면서도, 1708년에 선교 사업을 위해 막부의 책임자에게 협조를 구하러 목숨을 걸고 밀항해 온 인물이었다. 그가 도착한 곳은 규슈 남부의 야쿠섬(屋久島)이었다.

야쿠섬은 1543년에 포르투갈 사람이 처음 일본으로 표류해 온 다네가시마(種子島)의 바로 옆에 있는 섬이다. 당시 포르투갈 사람들은 일본에 신무기인 총을 전해 주었다. 오다 노부나가와 도요토미 히데요시는 이 총 덕분에 일본 전국을 통일하고 조선까지 넘보는 큰 세력을 형성할 수 있었다. 총이 전래된 6년 뒤(1549년)에는 예수회의 스페인 선교사 프란시스 자비에르(Francis Xavier, 1506-1552)가 인근의 가고시마(鹿兒島)에 상륙해 가톨릭을 전파했다. 가톨릭은 순식간에 신도가 급증하고 많은 다이묘가 수용했으며, 급기야 1637년에 규슈 북부의 시마바라(島原)에서 가톨릭을 믿는 농민들이 난을 일으켰다. 이 난을 진압한 막부는 1639년에 포르투갈인의 내항과 포교를 금지하고, 1641년에는 에도에 있던 네덜란드 상관을 나가사키로 이동시켜 철저한 관리를 했다. 허가를 받은 청나라와 네덜란드 상인들만 이곳을 통해서 입출국을 할 수 있었다. 해외무역은 막부가 독점하고 가톨릭 포교는 금지되었다. 이른바 쇄국정책이 시행된 것이다. 그 때문에 입국 금지의 법령을 어기고 몰래 입국

나가사키에 입항한 포르투갈 선박. 당시에는 남만선(南蠻船)으로 불렸는데, 시도티가 일본에 밀입국했을 때 남만선의 입항은 이미 금지되어 있었다.

한 시도티는 나가사키에서 엄벌에 처할 운명이었다.

그런데 1709년에 제6대 쇼군 도쿠가와 이에노부가 집권하면서 막부의 핵심 참모로 등장한 하쿠세키는 시도티를 에도로 불러 심문했다. 그는 그해 겨울 11월에서 12월 사이에 시도티를 4차례 심문하여 가톨릭과 서양에 관한 다양한 정보를 수집했다. 그러한 정보를 바탕으로 시도티가 사망한 1년 후인 1715년에 회상 형태로 초고를 완성하고 자신이 사망하기 직전까지 자료를 보충해 수정한 것이 『서양기문(西洋紀聞)』이다.[34]

『서양기문』은 가톨릭에 대한 내용을 담고 있다고 하여 곧바로 금서 취급을 받았다. 『서양기문』과 유사한 내용의 자료로 『채람이언(采覽異言)』이 있는데, 이것은 제7대 쇼군인 이에쓰구를 위하여 위험하지 않은 부분만 채록해 1713년에 정리하여 공개한 것이다.[35]

『서양기문』은 모두 상, 중, 하(上, 中, 下) 세 권으로 되어 있는데, 내용 구성은 다음과 같다.[36]

상권은 시도티 사건의 시말에 대해서 나가사키 봉행소(奉行所)에서 보고한 내용을 정리하고, 심문의 방법과 시도티의 옥중 모습이나 행동을 관찰한 기록이다. 시도티가 옥중에서 일본인 간수 부부를 감화시켜 세례를 행한 일과 그 일 때문에 마지막으로 지하 독방으로 옮겨져 병으로 사망한 과정도 기록되어 있다. 하쿠세키는 시도티가 가지고 있는 물건에 대해서 이렇게 소개했다.

"그가 휴대하고 있는 보자기를 열어보니 동상(銅像), 화상(畵像) 그리고 거기에 공양하는 도구, 법의, 염주가 있었다. 나머지는 책 16권, 은화 같은 황금이 181개, 탄환같이 생긴 황금이 160개, 일본에서 만들어진 금화 18개, 일본 돈 76문(文), 중국 돈 31문 등이 있었다. 그 중 책 6권은 항상 몸에 지니고 있어 손을 계속 움직이면서 이것을 읽는다고 한다."[37]

중권(中卷)에는 시도티가 전한 서양 여러 나라의 사정에 대해서 정리되어 있다. 예를 들면 지구상에 존재하는 5개 대륙에 대한 설명이 유럽, 아프리카, 아시아, 북미, 남미 등 순으로 각국의 정치와 풍속, 지리 등으로 소개되어 있다. 서양의 군주에 대해서 살펴보면 이렇게 정리되어 있다.

"대개 유럽 지역의 여러 나라는 군주를 세울 때 후계자가 될 인물을 미리 정해놓는다. 만약 후계자가 아직 정해지지 않았다면 백성들이 각자 후계로 삼을 만한 인물의 이름을 적어서 제출한다. 그 중 이름이 가장 많이 적힌 자를 추대한다. 군주는 스스로 관직을 하나라도 감히 임명할 수 없다."[38]

하권은 하쿠세키가 행한 질문에 대한 시도티의 답변이나 시도티가 일본에 온 일에 대하여 설명되어 있다. '천주'에 대한 정의, 로마 교회 및 교황청의 직제, 세계 여러 종교 등에 대한 시도티의 설명과 천주교와 불교에 대한 하쿠세키의 비판이 실려 있다.

그 외에도 하쿠세키는 시도티로부터 가톨릭 교의 및 천주의 만물 창조, 천국과 지옥의 존재, 아담과 이브의 탄생과 원죄, 홍수와 노아의 방주, 모세의 십계와 이집트 탈출, 예수의 출현과 십자가에서 죽음과 부활 승천, 12사도와 로마 교회의 창립, 로마 황제에 의한 교회 박해, 교황청의 구성, 교회의 직제, 이단의 종파 등에 대한 다양한 지식을 얻어 상

일본 사상을 다시 만나다

세하게 기록했다.[39]

하쿠세키가 이렇게 서양의 여러 나라와 세계 지리에 대해서 관심이 많았던 것은 외부 세력에 대해서 일본을 방어해야 한다는 국방의식에 따른 것이었다. 격변하는 국제 정세에 따라 유럽 세계의 군사기술을 수용하고, 나아가 그들의 식민지 정책이나 전쟁 상황 등에 관한 정보를 수집해 대응해야 한다고 생각한 것이다.[40]

하쿠세키는 당시 일본 사회를 크게 위협하는 것으로 가톨릭의 교리를 주목했다. 그는 유교적 합리주의에 입각해 서양 종교에는 비합리적이 내용이 많다고 보았다. 그것은 또 불교에서 유래한 것으로 독자성이 없다고 판단했다. 불교를 경계하는 그의 입장이 반영된 것이다. 아울러 가톨릭이 당시 사회질서를 위협하는 것으로 보았다. 하지만 시도티와 대화를 통해서 그는 서양 종교의 선교활동이 반드시 영토 침략을 목적으로 하지는 않는다는 것을 깨닫게 되었다. 그동안 막부가 쇄국정책을 편 가장 큰 이유가 그 점이었는데, 하쿠세키는 거기에서 좀 더 발전적인 인식을 하게 된 것이다.[41]

시도티를 심문한 뒤 하쿠세키는 세 가지 방안을 제안했다. 상책으로는 시도티를 본국으로 송환하는 것, 중책으로는 감옥에 가두어두는 것, 하책으로는 엄벌에 처하는 것이다. 그러나 시도티는 옥중에서 간수 부부에게 포교를 해 세례한 것이 화근이 되어 1714년에 지하 감옥으로 이관되어 그곳에서 사망에 이르렀다.

하쿠세키는 서양의 사상, 즉 기독교 교리에 대해서는 인정하지 않았다. 그렇지만 자연과학의 수준에 대해서는 높은 평가를 했다. 유학자였던 그는 유학의 이용후생(利用厚生), 경세제민(經世濟民)의 사상에 입각하여 자기 수양의 한 방법인 궁리(窮理)의 연장선에서 서양 문명의 과학적

지식을 수용하고자 했다. 다만 그것은 전문 분야의 지식에 국한되었다. 에도 시대 난학자들에게 흔히 보이듯 유학적 세계관을 뛰어 넘지는 못했으며 체계적인 이해는 아니었다.[42]

조선통신사와 하쿠세키

1711년 11월 에도를 방문한 조선통신사는 아사쿠사(浅草)에 있는 절(東本願寺)을 숙소로 배정받았다. 하쿠세키는 막부측 영접 대표로 이곳을 몇 차례 방문하고 필담을 나누었는데, 그중에 이러한 대화가 있다.

조선측 대표 조태억이 물었다. "듣건대 귀국에서는 칼과 총을 장기(長技)로 삼는다 하기에 검술을 한번 보고 싶어 일찍이 말씀을 드린 적이 있습니다. 혹시 우리의 활 쏘고 말 타는 재주를 보려고 하신다면, 역시 응해 드릴 용의가 있습니다."[43]

임진왜란 때 일본의 침입을 받았으며 1636년에 청나라의 침입으로 병란을 겪은 조선으로서는 일본 측의 무술 훈련 사정을 알아볼 필요가 있었다.

하쿠세키의 대답은 예상을 빗나갔다.[44]

"칼과 검을 사용한 무술에 대해서는 전날 말씀하셨는데 또 지금 언급을 하시는군요. 아마 공께서 우리가 무(武)를 숭상하는 풍속이 있다고 여기시는 것 같습니다. 우리나라는 평소에 무를 숭상합니다. 하지만 지금 물으신 것은 옛날에 싸우는 기술이었지 우리가 숭상하는 것은 아닙니다."

대답 중에 '옛날에 싸우는 기술'이라는 것은 아마도 함선과 대포를

일본 사상을 다시 만나다

활용한 서양의 새로
운 무술을 염두에 둔
것으로 생각된다. 이
미 시대가 달라져 검
술이나 활쏘기를 서
로 비교해서 무슨 소
용이 있겠는가 하는
의미가 담겨 있다. 물
론 서양의 사정을 전
혀 모른 조선의 사신

1748년 에도 거리를 지나가는 조선통신사 행렬. 하쿠세키는 이보
다 37년 전에 통신사 영접 책임을 맡았다.

들에게는 그 말이 무슨 뜻인지 몰랐을 것이다. 그래서인지 이 부분은
조선에 전해진 『강관필담』에는 빠져 있다.

하쿠세키는 이어서 막부가 집권한 뒤에 이제는 무(武)뿐만 아니라 문
(文)도 함께 중시하고 있다는 사실을 중국의 역사를 이용해 강조했다.
그는 유학을 숭상하는 입장에서 일본이 조선처럼, 나아가 조선보다 더
훌륭한 문치국가가 되기를 원했다. 자신이 쇼군의 시강을 맡고 막부 최
고의 정치자문이 되어 있는 기회를 이용해 그러한 포부를 실현하는 데
힘썼다. 마침 1711년 조선 통신사의 에도 방문은 절호의 기회였다.

그는 자신이 실권을 잡자 통신사를 대접하는 '빙례(聘禮)'를 대대적
으로 개혁했다. 기본적인 방향은 조선과 일본이 대등한 관계이며, 에도
막부의 쇼군과 교토 조정의 천황이 대등한 관계, 나아가 천명이 막부에
옮겨져 있다고 하는 사실을 뒷받침하도록 하는 것이었다. 특히 쇼군을
명실상부한 일본의 국왕으로 만들고자 했으며, 왕권의 구체적인 표현
인 예악과 정벌이 모두 쇼군의 손에서 이루어지게 하려고 했다.[45] 이에

따라 그동안 천황에 대해서는 쇼군이, 조선에 대해서는 일본이 지나치게 낮게 제정되어 있는 의례를 개혁하고자 하였 다. 구체적으로 쇼군의 칭호를 '대군(大君)'에서 '국왕(國王)'으로 바꾸고 조선의 사신들이 쇼군의 사절을 맞이할 때는 계단 아래에서 하도록 했다. 이 외에도 쇼군을 알현할 때에는 조선 측 정사(正使)가 직접 국서를 올리도록 하고, 신하의 예를 취하도록 하는 등 다양한 시도를 했다.[46]

하쿠세키는 조선통신사가 에도를 왕복하는 동안 향응 접대도 다섯 군데에서만 하도록 간소화했다. 조선통신사는 대개 쇼군이 교체되는 때에 축하사절단 형식으로 가는 것이 보통이었다. 그래서 일본 측에서도 거기에 걸맞는 대접을 했다. 쓰시마에서부터 수많은 무사가 동행하고 지나가는 모든 도로는 각 번에서 보수를 하고 준비를 했다. 뱃길에서는 수백 척의 배가 투입되고, 각 번에서는 숙박시설이며 먹을 음식을 후하게 제공했으며, 에도 성안에서 거행된 환영도 고관들이 모두 참석해 매우 호화로웠다. 통신사 접대비가 막부의 1년 세입을 초과할 정도였으니 그 규모를 충분히 짐작할 수 있다. 하쿠세키는 재정적으로도 그렇게 막대한 경비는 줄여야 한다고 생각했으며, 일본의 위신을 위해서도 간소화가 필요하다고 판단했다.

하쿠세키는 또 통신사들을 접대할 때 궁중악무를 공연하도록 했다. 그 당시 공연 상황에 대해서는 『강관필담』의 필담보다 2일 전에 행해진 필담에 잘 묘사되어 있다.[47] 다음은 그 일부이다.

하쿠세키 : 동방(일본)에 나라가 열린 날 천조(天祖)의 공을 상징한 악무(樂舞)입니다. 모든 음악을 연주할 때 반드시 이 곡을 먼저 연주합니다. 진모(振鉾)는 '언무(偃武)'라고 읽습니다. 혹은 '주대무무(周大武舞)'라고도 합니다.

1711년에 일본을 방문한 조선통신사 일행의 숙소로 이용했던 절(東本願寺, 東京都台東区西浅草). 이곳에서 사신들은 하쿠세키와 필담을 나누었다. 현재 건물은 1939년에 재건됨.

조태억 : 잘 어우러져 세상을 다스리는 소리 같군요. 또 사향(祀享)의 음악이 있습니까?

하쿠세키 : 사향에는 신악(神樂)이 있고 국풍(國風)에는 최마락(催馬樂)이 있습니다.

교토의 천황이 있는 곳에서 행해지던 궁중 악무를 갑자기 통신사들 앞에서 펼쳐 보인 것은 막부와 쇼군의 위상을 높이고 일본에서 최고 통치자의 권위는 '국왕'인 막부 쇼군에게 있다는 것을 과시하고자 했기 때문이다. 아울러 유학자의 입장에서 예악의 정비는 문명국의 징표였기 때문에 조선 사신들에게 자신들도 고대부터 중국 문화의 세례를 받았으며, 중국 고대의 문물이 잘 보존되어 있는 문명의 나라라는 것을 드러내고자 한 것이다.[48]

국서(國書)를 교환하면서 피휘(避諱)의 문제도 발생했다. 통신사가 받은 쇼군의 회답 문서에 중종(中宗)의 휘(諱)인 '역(懌)'자가 발견되었다. 조선의 사신이 다른 글자로 수정을 요구하자 일본 측이 거부했다. 그동안은 서로가 문제가 되는 글자는 순순히 수정을 해주었으나 하쿠세키는 그것을 거부했다. 오히려 일본측 역대 쇼군의 휘를 조선의 국서가 범했다고 반격했다. 일본에서는 그동안 피휘를 하지 않았는데도 하쿠세키는 그것을 빌미로 조선 측의 요구를 무시한 것이다.[49]

이러한 여러 가지 접대 방식의 개혁이 갑자기 진행되었는데, 조선 측에서는 사신의 안전과 두 나라의 평화를 유지하기 위해서 막부 측의 요구대로 수용을 했다. 하지만 일본 내부에서도 반발이 일어났다. 그동안 지켜오던 관례를 하루아침에 바꿔버린 것도 문제였지만, 교토에 있는 천황의 위상과도 직접 관련되었기 때문에 많은 학자와 관료들이 반대했다.[50] 결국 1716년에 쇼군이 갑자기 사망하고 하쿠세키가 실각하면서 모든 개혁은 수포로 돌아갔다. 뒤를 이은 쇼군 도쿠가와 요시무네(德川吉宗)는 모든 것을 원상태로 돌려버렸다.

아라이 하쿠세키 연보

1세(1657년)[51]   에도에서 무사의 아들로 출생함. 1남 4녀 중 넷째.

11세(1667년)   8세 때부터 글쓰기에 열중했으며, 이때부터 검도 수련에도 힘씀.

13세(1669년)   번주(藩主)의 편지 대필을 맡음. 이름을 긴미(君美)로 정함.

17세(1673년)   나카에 토쥬의 『옹문답(翁問答)』을 읽고 유학에 뜻을 둠.

18세(1674년)   번주(土屋利直)를 따라 영지를 방문. 번주의 마음을 거슬려 칩거.

19세(1675년)   번주가 사망하고 그 아들이 번주 직책 계승. 부친은 사직함.

21세(1677년)   번주 가문의 내분에 휩쓸려 추방됨. 궁핍한 환경에서도 경학(經學)과 역사학에 전념.

22세(1678년)   모친 사망(향년 63세). 여동생은 전년에 사망(향년 18세).

23세(1679년)   추방의 죄에서 풀려서 재취직이 가능하게 됨.

26세(1682년)   대로(大老) 홋타 마사토시(堀田正俊)를 모심. 부친 사망(향년 82세). 조선통신사와 함께 창화시(唱和詩)를 짓고 자신의 시집에 서문을 받음.

30세(1686년)   막부 유학자 기노시타 준안(木下順庵)의 문하에 들어감.

35세(1691년)   홋타 가문에서 사직하고 에도로 가 학당을 개설함.

37세(1693년)   스승 기노시타 준안의 추천으로 고후번(甲府藩)에 초빙되어 쓰나토요

일본 사상을 다시 만나다

(綱豊)를 모심.

42세(1698년)   스승 준안 사망. 이즈음 쓰나토요에게 수시로 유학 및 역사 강의.

46세(1702년)   전년에 명을 받은 다이묘 가문 조사자료 『번한보(藩翰譜)』를 완성.

48세(1704년)   쓰나토요가 쇼군 후계자로 지명되어 이에노부(家宣)로 개명하고 에도
              성에 들어감.

53세(1709년)   쓰나토요(綱豊), 즉 도쿠가와 이에노부(德川家宣)가 제6대 쇼군으로
              취임함. 하쿠세키는 막부의 고위관료로 등용되어 화폐제도, 나가사키
              무역, 조선통신사 영접 등 각종 정치제도를 건의하고 이를 시행함. 이
              탈리아 선교사 시도티를 심문해 서양 사정을 조사함.

54세(1710년)   쇼군이 작성한 국서에 왕호를 사용하도록 건의함. 교토, 오사카, 나
              라를 방문.

55세(1711년)   조선통신사 영접 관련 의례를 개정하여 조선에 통보. 통신사 영접을
              맡아 마찰을 일으킴.

57세(1713년)   쇼군 이에노부가 사망함. 제7대 쇼군 이에쓰구(家繼) 취임.

58세(1714년)   네덜란드인과 대담함. 류큐(琉球)사절과 대담.

60세(1716년)   쇼군 이에쓰구가 사망하고, 제8대 쇼군 요시무네(吉宗)가 취임하여
              실각함. 『고사통(古史通)』, 『고사통혹문(古史通或問)』, 자서전(『折り
              たく柴の記』) 집필.

61세(1717년)   그동안 살던 가옥을 반납하고, 새로 옮긴 집이 불나는 등 고생함.
              하쿠세키가 제안했던 각종 제도가 폐지되고, 조선통신사 영접 의례
              도 원래대로 복귀됨. 이후 저술에 몰두.

69세(1725년)   에도에서 사망.

주석

1   임수관, 「강관필담(江關筆談)」, 『東槎日記坤』, 한국고전종합DB(http://db.itkc.
     or.kr/), 2011.11.10.

2   지도를 보내왔다는 기록은 국내에 전해 오는 「강관필담」에는 없고 일본에서
    편찬된 『新井白石全集』의 「강관필담」에 들어 있다(이일재, 「『강관필담』에
    대한 일고찰」, 『아시아문화』 19, 2003, 167쪽 참조).

3   이덕무, 「蜻蛉國志」, 『靑莊館全書』 제64권, 한국고전종합DB http://db.itkc.
    or.kr/. 1711년과 1719년에 통신사로 갔던 학자들 사이에서는 학문적인 능력
    때문에 하쿠세키에 대한 평가가 높았다는 지적이 있지만(이호윤, 「아라이 하쿠
    세키와 아메노모리 호슈」, 『석당논집』 45, 2009, 169쪽), 외교적 교류와 관련해
    그는 조선 관원에게 비난과 불신의 대상이었다(三宅英利, 『新井白石の現代的
    考察』, 吉川弘文館, 1985, 113쪽).

4   하쿠세키의 자서전(『折りたく柴の記』)에 서문을 받은 이야기가 소개되어 있다
    (정하미, 「일본의 서양연구 시점에 대하여-아라이 하쿠세키의 시도티 심문과
    관련하여」, 『민족과 문화』 9, 2000, 388-389쪽). 구지현, 「1711년 신묘통신사와
    아라이 하쿠세키의 필담을 통한 상호 소통」, 『열상고전연구』 28, 2008.12, 193
    쪽 참조.

5   최문성, 「新井白石의 조선인식」, 『일본학』 4, 1984, 249쪽. 勝田勝年, 『新井白石
    の学問と思想』, 雄山閣, 1973, 32-34쪽.

6   최문성, 「新井白石의 조선인식」, 252쪽. 宮崎道生, 『新井白石の史学と地理学』,
    7쪽 참조.

7   加藤周一, 「新井白石の世界」, 『新井白石』 日本思想大系35, 岩波書店, 1975, 505쪽.

8   정하미, 「일본의 서양연구 시점에 대하여」, 238-239쪽.

9   정하미, 「일본의 서양연구 시점에 대하여」, 389쪽 참조.

10 宮崎道生, 『新井白石斷想』, 1987, 113-118쪽.

11 宮崎道生, 『新井白石斷想』, 1987, 118쪽.

12 新井白石, 「西洋紀聞」, 『新井白石』 日本思想大系35, 岩波書店, 1975, 64-66 쪽.

13 宮崎道生, 『新井白石』, 吉川弘文館, 1989, 22, 16-17쪽.

14 勝田勝年, 『新井白石の学問と思想』, 雄山閣, 1973, 22-23쪽. 宮崎道生, 『新井
    白石』, 10쪽.

15 宮崎道生, 『新井白石』, 吉川弘文館, 1989, 28-29쪽.

16 勝田勝年,『新井白石の学問と思想』, 28-29쪽.

17 勝田勝年,『新井白石の学問と思想』, 31-32쪽.

18 笠原一男,「新井白石-『讀史餘論』」,『日本思想の名著12選』, 學陽書房, 1973, 207쪽.

19 笠原一男,「新井白石-『讀史餘論』」, 209쪽.

20 笠原一男,「新井白石-『讀史餘論』」, 207-208쪽. 宮崎道生,『新井白石の史学と地理学』, 吉川弘文館, 1988, 29-30쪽.

21 笠原一男,「新井白石-『讀史餘論』」, 210쪽.

22 야마지 아이잔(山路愛山, 1865-1917)의 평가. 미야자키 미치오(宮崎道生)의「歷史の名著『讀史餘論』」(『新井白石斷想』, 近藤出版社, 1987), 69쪽 참조.

23 尾藤正英,「新井白石の歷史思想」,『新井白石』, 岩波書店, 1975, 567쪽. 笠原一男,「新井白石-『讀史餘論』」, 215-216쪽.

24 ケイト・ワイルドマン・ナカイ,「德川朝幕関係の再編—新井白石の幕府王権論をめぐって」,『日本思想史學』27, 1995, 31쪽.

25 宮崎道生,「歷史の名著『讀史餘論』」, 70쪽. 尾藤正英,「新井白石の歷史思想」, 566쪽.

26 笠原一男,「新井白石-『讀史餘論』」, 216쪽.

27 尾藤正英,「新井白石の歷史思想」, 557-564쪽.

28 ケイト・ワイルドマン・ナカイ,「德川朝幕関係の再編—新井白石の幕府王権論をめぐって」, 32쪽 참조.

29 新井白石,「東雅」,『新井白石』日本思想大系35, 岩波書店, 1975, 110쪽.

30 오바타 미치히로,「雨森芳州와 新井白石의 언어관」,『평택대학교』20, 2006, 119-121쪽 참조.

31 최문성,「新井白石의 조선인식」, 255-269쪽.

32 최근의 연구에 따르면 하쿠세키는 나중에 자신의 기내설을 규슈설로 바꾸었다(宮崎道生,『新井白石の史学と地理学』, 48-49쪽 참조).

33 宮崎道生,『新井白石の史学と地理学』, 56-57쪽 참조.

34 정하미,「일본의 서양연구 시점에 대하여」, 390-391쪽.

35 정하미, 「일본의 서양연구 시점에 대하여」, 391쪽.

36 상중하권에 대한 간단한 내용 요약은 カンパナ · マウリツィオ, 「西洋紀聞」, 『史泉』 107, 2008, 4-5쪽 참고.

37 新井白石, 「西洋紀聞」, 26쪽.

38 新井白石, 「西洋紀聞」, 37쪽.

39 宮崎道生, 『新井白石斷想』, 110-111쪽.

40 カンパナ · マウリツィオ, 「西洋紀聞」, 『史泉』 107, 2008, 14쪽

41 カンパナ · マウリツィオ, 「西洋紀聞」, 10-11쪽.

42 カンパナ · マウリツィオ, 「西洋紀聞」, 16쪽.

43 임수관, 「강관필담(江關筆談)」, 『東槎日記坤』.

44 우리나라에 전해지는 「강관필담(江關筆談)」에는 하쿠세키의 답변 내용이 소략하여 일본측 자료에서 인용한다. 이일재, 「『강관필담』에 대한 일고찰」, 193쪽. 원문은 동 논문 169-170쪽을 참조. 아울러 구지현, 「1711년 신묘통신사와 아라이 하쿠세키의 필담을 통한 상호 소통」, 211-212쪽을 참조.

45 ケイト · ワイルドマン · ナカイ, 「德川朝幕関係の再編—新井白石の幕府王権論をめぐって」, 32쪽-33쪽. 閔德基, 『前近代東アジアのなかの韓日關係』, 早稻田大學出版部, 1994, 365-367쪽.

46 김애경 「辛卯通信使行と伍カ所の饗應」, 『동북아문화연구』 9, 2005, 248쪽. 仲尾宏, 『朝鮮通信使をよみなおす』, 明石書店, 2006, 76쪽.

47 『좌간필어(坐間筆語)』를 말한다. 다음에 인용하는 구절은 구지현의 「1711년 신묘통신사와 아라이 하쿠세키의 필담을 통한 상호 소통」, 200쪽에서 재인용.

48 이도남 등, 「한국측 기록에 보이는 일본의 궁중악무에 관한 일고찰」, 『일본문화연구』 35, 2010, 322-323쪽. 구지현, 「1711년 신묘통신사와 아라이 하쿠세키의 필담을 통한 상호 소통」, 187, 199쪽 참조.

49 김애경, 「辛卯通信使行と伍カ所の饗應」, 246쪽, 구지현, 「1711년 신묘통신사와 아라이 하쿠세키의 필담을 통한 상호 소통」, 196, 219쪽.

50 구지현, 「1711년 신묘통신사와 아라이 하쿠세키의 필담을 통한 상호 소통」, 193-194쪽.

일본 사상을 다시 만나다

51 연보 참고자료

- 飯田瑞穂, 「新井白石年譜」, 『新井白石の現代的考察』, 吉川弘文館, 1985, 273-288쪽.

- 宮崎道生, 『略年譜』, 『新井白石』, 吉川弘文館, 1989, 313-321쪽.

7

상인도를 주창한

이시다 바이간

"상인이라도 성인(聖人)의 도(道)를 알아야 한다."

이시다 바이간(石田梅岩, 1685-1744)

이시다 바이간(石田梅岩)은 에도 시대(1603-1868) 중엽에 활약한 상인 출신의 사상가다. 그가 창시한 '상인도(商人道)'는 '상인의 도(道)'라는 뜻으로 무사도(武士道)를 본따서 만든 개념이다.[1]

그는 "상인이라도 성인의 도를 알아야 한다"고 했는데, 상인들도 공자의 가르침을 배워서 의(義)에 합당한 부를 쌓아야 한다는 뜻이다. 이러한 입장에서 그는 상인이 지녀야 할 도덕과 자세 그리고 지향해야 할 정신 등을 모아 하나의 사상 체계를 구축했다. 그것이 상인도이며, 나중에 '석문심학(石門心學)'의 기초가 되었다.

바이간은 교토를 중심으로 활동했는데 오사카 등지를 돌아다니며 상인들을 상대로 강연을 했다. 근면, 성실, 절약, 효행 등 통속적인 윤리를 강조하고, 상인들의 사회적인 역할과 영리 추구를 적극적으로 긍정하는 발언을 함으로써 상인들의 각성을 고취시켰다.

이와나미서점에서 1996년에 번역, 발간한 『도쿠가와 시대의 종교(德川時代の宗教)』 표지에 다음과 같은 문구가 실려 있다.

"서양 이외의 나라에서 단지 한 나라 일본만 근대화에 성공한 것은 왜일까? 미국 사회학자 로버트 벨라(1927-)가 도쿠가와(德川) 시대의 문화적인 전통, 특히 종교가 담당했던 역할을 베버의 가르침을 따른 스승 파슨즈의 근대화론 방법으로 고찰한다. 구미인의 뛰어난 일본론으로 외면할 수 없는 저작."

지금은 사정이 다소 달라졌지만, 미국인 종교사회학자 벨라가 1957년에 미국에서 이 책의 원서를 발간할 때는 그야말로 일본 경제가 눈부시게 발전을 거듭하고 있던 시대였다.

국내에서도 번역된 이 책에서 벨라는 우선 도쿠가와 시대 일본 사회의 구조를 소개하고(제2장), 일본종교의 일반적인 특징(제3장)과 일본에서 종교와 정치의 관련성(제4장), 종교와 경제의 관련성(제5장)을 다룬 뒤 '심학(心學)과 그 창시자 이시다 바이간'(제6장)을 본격적으로 분석 소개했다. 그 뒤에 결론이 이어진다. 전체적으로 보면 한 장(章)을 이시다 바이간에 할애하고 있어, 바이간의 사상이 이 책의 핵심임을 짐작케 한다.

벨라가 말하는 '심학'이란 '석문심학'을 말한다. 창시자 바이간의 성씨인 이시다(石田)의 석(石)을 따서 그 제자들, 즉 '석문(石門)'들이 설파한 '마음의 학문(心學)'이라는 의미다. '석문심학'은 바이간 학문 전체를 지칭하는 것이기도 하지만, 엄격하게 말하면 바이간이 생전에 사용하던 용어는 아니다. 그를 스승으로 모시던 사람들이 일본 각지에서 서민들에게 강의를 하면서 인기를 끌자 그러한 강의 내용을 총괄해서 석문심학이라 부른 것이다.

이 석문심학은 종교적인 색채가 강하다. 종교학자 박규태는 이렇게 지적한다.[2]

"창시자의 구도 체험, 명상 수련이 중시되었다는 점, 강연장의 구조 그리고 무엇보다 종교적 깨달음을 촉구하는 가르침 등에서 우리는 석문심학이 비록 하나의 교단적 조직으로 발전하지 않았다 하더라도 그것이 일종의 종교로 간주될 만한 근거를 찾을 수 있다." 종교단체의 간판은 내걸지 않았지만, '민중적 종교운동'이라고 할 수 있다는 것이다.

벨라가 석문심학에 주목한 것은 그것이 종교적 성격이 강하다는 점, 그리고 상업을 중시하고 근면, 검약을 강조해 사상적으로 일본의 근대화에 중요한 역할을 했다고 보았기 때문이다.

일본 사상을 다시 만나다

"(심학은) 경제적으로는 근면과 검약을 강화하고, 생산을 평가했으며 소비를 줄이도록 했다. 나아가 그것은 정직의 보편주의적인 수준과 계약의 존중을 주장하고 이러한 주장을 종교적으로 강화했다. 이렇게 함으로써 심학은 도시 계급 사

오사카 거리 모습. 바이간은 주로 교토에서 활동했으나 일본 제일의 상업도시이며, 상인의 도시로 불리는 이곳에도 많은 제자가 있었다. ⓒ 필자. 2010.7.22 촬영

이에서 세속의 일에 대한 규율을 가지고 실천적이고 지속적인 태도가 성장하는 데 기여한다고 판단했던 것이 틀림없다. 이 점은 경제가 산업화 과정에 진입할 때 기업가와 노동자의 쌍방에 매우 중요했다."[3]

벨라는 이어서 "심학은 상인 계급의 운동이기는 했지만 상인에게 직접적인 정치권력을 요구하도록 한 것은 아니었다. 무사를 정치적 지도자로 받아들이고 상인에게 경제 분야의 무사에 유사한 역할을 하도록 했다"고 지적하고, 상인에게 끼친 영향을 이렇게 정리했다.

"심학은 고통 속에 고뇌하고 있던 상인들의 생활에 의미를 부여하고, 나아가 그들의 에너지를 사회에 대해서 가장 깊이 있는 의미를 가질 수 있는 방향으로 향하게 했다."

벨라의 이러한 지적은 멀리 거슬러 올라가면 막스 베버(1864-1920)에 닿는다. 베버는 서양 개신교의 합리적이고 금욕적인 생활방식에서 근대 자본주의적 정신을 찾아내고자 했다. 특히 생활 태도를 합리화시킨 금욕적 직업윤리가 절약정신을 낳고 그러한 정신에 의해서 근대적인 산업자본이 형성되었다고 보았다.[4] 이러한 사상을 바탕으로 벨라는 일

본이 경제적으로 발전할 수 있었던 계기를 석문심학의 사상에서 찾고
자 한 것이다.

지금은 우리나라를 비롯해 대만, 싱가포르, 나아가 중국까지 나날이
경제가 발전하고 있어 "일본만 근대화에 성공했다"고 말하기는 어렵
게 되었다. 2010년에는 중국의 국내총생산(GDP) 규모가 일본을 제치고
세계 2위 경제대국의 지위를 차지했다. 1인당 GDP도 일본은 동아시
아에서 가장 높은 나라가 아니다.

그 점에서 벨라의 저서와 거기에서 핵심적인 내용을 차지하는 바이
간의 사상이 다소 빛을 바랜 느낌이 있다. 하지만 아시아에서 근대화가
가장 빨랐던 나라가 일본이며, 적어도 1990년도까지 일본은 아시아에
서 가장 발전된 경제대국이었으며, 아직도 세계 3위의 경제대국이다.
그러한 의미에서 바이간의 사상은 주목해볼 필요가 있을 것이다.

이시다 바이간의 생애

바이간은 1685년 9월 교토 근교에 있는 단바(丹波) 지방 구와다군(桑田
郡)에서 태어났다. 현재 지명은 가메오카시(龜岡市)시로 되어 있는데, 교
토에서 서쪽으로 약 15km 떨어진 곳에 위치해 있다.

그는 농사일 하는 아버지 이시다 조신(石田淨心)의 둘째아들로 태어났
다.[5] 집안이 어려웠고 집안의 재산을 상속받을 수 없는 처지였기 때문
에 그는 11살경에 교토로 올라가 상점에 취직해 점원 생활을 했다. 그
러나 집안 사정으로 4, 5년 만에 고향으로 내려와 농사를 지었다. 23세
가 되던 때 다시 상경해 옷가게에서 점원 생활을 시작했다. 이 상점에

서 그는 은퇴할 때까지 약 23년간 근무했다.

그의 점원 생활은 생활의 방편일 뿐이었다. 마음속으로는 항상 상인으로 출세하기보다는 신도(神道)를 전파하는 사람이 되고 싶었다. 그래서 그는 다른 사람들이 다 잠든 뒤에나 혹은 시간이 날 때마다 공부해 신도, 불교, 유교 등 학문에 관해 지식을 쌓아갔다. 특히 그는 주자학에 대한 서적을 많이 읽어 인간의 본성에 관한 이론적인 지식을 많이 흡수했다.[6] 이는 나중에 그가 사람들에게 강의를 할 때, 주자학에서 많은 이야기를 끌어올 수 있는 바탕이 되었다.

그는 35, 36세 될 무렵에 상당한 수준의 학문적인 지식을 갖출 수 있었다. 1720년경 당시는 고학파의 오규 소라이(荻生徂徠, 1666-1728), 이토 토가이(伊藤東涯, 1670-1736), 다자이 슌다이(太宰春台, 1680-1747)가 한창 활동을 하고 있었을 때였다. 교토에서는 이토 진사이(伊藤仁斎, 1627-1705)의 아들 이토 토가이가 부친의 대를 이어서 고의당(古義堂)을 운영하면서 학생들을 가르치고 있었고, 에도에서는 오규 소라이가 겐엔학파(護園学派)를 형성해 당대 최고의 학자로 명성을 날리고 있었다.

교토 서쪽에 있는 가메오카시의 북쪽 들판. 바이간은 이 부근에서 태어나 11살 때, 상경해 상점에 취직했다. 사진은 가메오카 역에서 바라본 모습.

소라이의 고문사학은 기본적으로 송나라 때 형성된 주자학을 비판하고 고대로 올라가 육경(六經)에 근거해서 『논어』를 읽고 공자사상의 본질을 파악하고자 했다. 특히 소라이는 불교의 형이상학적인 내용이 많이 가미된 추상적인 주자철학을 적극 배격했으며, 나아가 도덕을 중시한 이토 진사이의 고의학(古義學)도 비판하고 유학을 정치사상 혹은 정치제도의 측면에서 이해하고자 했다.

예를 들면 소라이는 세상 사람들은 누구나 최고 통치자를 위해 봉사하는 관리와 같다고 주장했다. "농부는 밭을 갈아서 세상 사람들을 기르고, 기술자는 그릇이나 기계를 만들어 세상 사람들이 사용하도록 하고, 상인은 있는 것과 없는 것을 서로 통하게 하여 세상 사람들이 편리하게 이용하도록 해주고, 사무라이는 이들을 다스려 세상이 어지러워지지 않도록 한다. 각각 자신이 맡은 일만을 한다고 하지만 서로서로 돕고 있는 것이어서 어느 하나라도 빠지게 되면 나라가 돌아가지 않게 된다."[7]

바이간이 나중에 상인 계층을 위해서 독자적인 '도'를 세우고자 한 것도 기본적으로는 이렇게 세상의 모든 직업을 적극적으로 인정하고자 한 소라이학의 정신을 이어받은 것이라고 할 수 있다.

바이간이 어려서 시골에 살다가 교토로 가 상점 점원 생활을 하던 때는 겐로쿠 시대(元祿時代, 1688-1703)라 불리던 시대였다. 상업이 아주 발달한 이때는 5대 쇼군 도쿠가와 쓰나요시(德川綱吉)의 정권이 성립된 시기로 유학이 부흥하기 시작하고 서민문화가 매우 발달했다. 이와 함께 '초닌(町人)'이라 불리던 도시지역의 상인들 사이에서도 자신들의 직업에 대한 자부심과 자긍심이 많아졌다. 상인과 상업을 중시하는 바이간의 사상은 이러한 배경으로 형성된 것이다.

바이간이 결정적으로 자기 자신의 학문을 정립하고 자기 나름대로 방향을 잡고 노력하기 시작한 때는 43세 때 스승 오구리 료운(小栗了雲)을 만나고 나서부터였다. 료운은 승려신분으로 주자학에도 조예가 깊

교토 가라스마도리(烏丸通)역 부근의 오이케도오리(御池通) 모습. 교토 중심가를 동서로 가로지르는 이 부근에 바이간의 학당과 숙소가 있었다.

은 사람이었다. 바이간은 스승에게 불교와 노장사상 그리고 참선에 대해서 배웠다. 료운은 바이간을 만난 2년 후에 사망했으나 바이간에게 미친 영향은 매우 컸다.

스승이 살아 있었을 때, 바이간은 두 차례나 종교적인 체험을 했다. 한번은 바이간이 모친의 간병을 하고 있었을 때 경험했다.

"나는 늘 도에 관심이 있었건만 뛰어난 지혜가 없었으므로 40세가 지나서도 도라는 것이 어떤 것인지 도무지 감을 잡지 못했다. 그런데 고향에 내려가 있던 어느 날, 그러니까 정월 상순에 볼 일이 있어 문을 나서는 순간 홀연히 마음의 눈이 열리는 것을 체험했다. 하늘을 우러러본 즉, 새가 날고 있고 물에는 물고기가 놀고 있고, 나 자신을 보니 바로 벌거숭이임을 알았다. 자성(自性)이야말로 천지만물의 어버이임을 깨우친 나는 너무 기뻤다."[8]

자기 마음(心)과 세상이 하나가 됨을 깨달은 것이다. 나중에 그는 자신이 깨달은 '도'에 대해서 "사람의 도는 다만 효제충신(孝悌忠信)에 있을 따름이다. 이것 외에 다른 길이 없음을 깨우쳐 20여 년간 품고 있던 의문이 풀렸다"[9]라고 회고했다. 바이간은 이러한 깨달음을 스승에게 알렸으나, 스승은 그 깨달음마저 없어질 때 비로소 참다운 깨달음이 온다고 질책했다. 그런 말을 듣고 바이간은 다시 정진 수도를 계속해 '자

성이라고 생각하는 눈'마저 없애는 단계에 도달하게 되었다고 한다.[10]

바이간은 그동안 여러 학자의 강의를 들었으나 어느 것에도 만족하지 못했다. 그래서 스스로 독창적인 '심학(心學)'을 만들어내 상인들을 비롯해 주위 사람들에게 알려주고자 했다.[11]

이후 45세가 되던 때(1729년)부터 그는 자택에서 무료로 학당을 열고 주변 사람들에게 강의를 시작했다. 처음에는 한두 사람에 불과했으나 이윽고 많은 사람이 몰려들기 시작했다. 특히 상인층을 중심으로 그의 가르침이 인기를 끌었는데, 나중에는 효고(兵庫), 오사카, 나라 등지를 방문해 강의를 하기도 했다.

그는 1744년 60세 때 병으로 사망했다. 그의 부친이 71세까지 살았던 것을 생각해보면 그의 죽음은 너무 갑작스러운 것이었다. 제자들은 전국 각지로 퍼져 나가 스승의 가르침을 전파했는데, 그것이 석문심학이라는 이름으로 세상에 알려져 큰 영향을 미쳤다. 저서로 『도비문답(都鄙問答)』과 『검약제가론(儉約齊家論)』이 있다.

상인도 : 상인에 의한, 상인을 위한, 상인의 사상

바이간의 '상인도(商人道)'가 어떤 것인지 『도비문답(都鄙問答)』에 나오는 문장을 분석해 보기로 한다.[12] 『도비문답』은 바이간과 제자의 문답으로 되어 있는데, 어느 날 제자가 이렇게 물었다.

"어떠한 것을 주로 염두에 두고 매매(賣買)라는 생업에 임해야 합니까?"

이러한 질문에 바이간은 다음과 같이 답했다.

"상인은 어떻게 시작되었을까? 옛날에 남은 것을 가지고 부족한 것을 바꾸었는데, 서로 통용함을 근본으로 한 것이다. 상인은 계산을 잘해서 그날그날의 생업을 꾸려가는 사람이다. 그러므로 한 푼이라도 가볍게 보아서는 안 된다. 이것을 쌓아서 부를 이루는 것이 '상인의 도'이다."

먼저 재물의 통용을 도와주는 사람들이 상인이라고 정의하고, 상인이 부를 쌓아가는 원리를 설명하고 그것을 '상인의 도(道)'로 정리했다. 여기에서의 '도'는 도덕의 의미가 아니다. 방법, 즉 방도를 뜻한다. 상인이 부를 쌓기 위한 마음가짐이기도 하다. 그렇지만 이것만으로 훌륭한 상인이 될 수 없다. 그는 이어서 이렇게 말한다.

"부자가 되는 근본은 천하 사람들에게 있다. 사람들의 마음은 내 마음과 같기 때문에 내가 한 푼을 아까워하듯이 그들도 마찬가지다. 파는 물건에 정성을 다해 조금이라도 소홀하게 하지 않고 판다면 그것을 사는 사람도 처음에는 돈을 아깝게 생각하겠지만, 물건이 좋은 것을 보고 그 아까운 마음을 스스로 버린다. 아까워하는 마음을 버리고 좋은 쪽으로 생각하게 하는 방법이 달리 있겠는가?"

손님이 만족할 수 있는 상품을 팔자는 뜻이다. 나쁜 상품으로 사람들을 속이지 않도록 상품의 질에 대해서 충고를 하고 있다.

"천하의 재물을 통용시켜서 만민의 마음이 편안하게 된다면 그것은 바로 '천지간에 계절이 바뀌고 만물이 자라는' 일과 같은

바이간의 좌상(座像)이 안치되어 있는 스가와라(菅原) 신사. 오사카 사카이시(堺市) 소재

것이 아닌가? 그렇게 해서 부를 쌓는다면 그것을 욕심이라고 할 수는 없다. 욕심을 없애고 한 푼이라도 낭비하는 것을 아깝게 여기며, 아오토 사자에몬(靑戸佐左衞間)이 50푼을 사용하면서까지 천하를 위해서 10푼을 찾으려고 아까워했던 마음을 생각해 볼 필요가 있다. 이렇게 된다면 공적인 검약(儉約)에도 알맞아 천명에 합치되어 복을 얻을 수 있다. 복을 얻어 만민의 마음을 편안하게 할 수 있다면, 바로 천하의 백성이면서도 항상 천하태평을 기원하는 것과 같다."

아오토 사자에몬이라는 사람은 가마쿠라 시대의 관리로, 어느 날 강바닥에 돈을 떨어뜨린 적이 있었는데, 그 돈을 찾기 위하여 떨어뜨린 돈보다 더 많은 돈을 사용해 그 돈을 찾았다고 한다.[13] 바이간은 이러한 사례를 들면서 상인이 비록 많은 돈을 사용하기도 하지만 그것이 천하를 위한 사용이라면 복을 얻을 수 있다고 했다. 그리고 상인이 하는 일이 재물을 서로 유통시켜서 만인을 위하는 일이기 때문에 그것이 사계절을 바꾸어 만물을 자라게 하는 자연의 섭리와 같은 일이 아닌가 묻고 있다. 당시 일본사회에도 '사농공상(士農工商)'의 관념이 강했는데, 상인의 상업 활동을 비하하지 않고 상인의 자존심을 북돋워주는 발언이라고 할 수 있다.[14]

상인의 경제적인 활동을 이 정도로 적극적으로 긍정하는 것은 당시 유학자 중에서도 매우 드문 일이었다. 그는 계속해서 이렇게 설명했다.

"또 법을 지키고 자기 몸을 소중히 여겨야 한다. 상인이라도 성인의 도를 알지 못하면 같은 돈을 벌면서도 의롭지 못하게 돈을 벌어 자손이 끊어지는 일이 생길 것이다. 진실로 자손을 사랑한다면 도를 배워서 번창하도록 해야 한다."

성인의 도는 공자의 도를 말한다. 바이간이 말하는 상인도에는 이렇

일본 사상을 다시 만나다

게 공자의 도를 배워 의롭게 돈
을 버는 것도 포함되어 있었다.

바이간은 왜 굳이 상인의 도
를 제창했을까? 공자의 도가 있
으니 따로 상인도를 만들지 않
고 그것을 제시하면 되지 않는
가 하는 의문이 생길 수 있다. 바
이간이 상인도를 내세운 이유는
무엇일까?

상인도가 제시되어 있는 『도
비문답』을 보면, 상인도 바로 앞
에 무사도(武士道)에 대한 설명이

교토 미나미구(南区)에 있는 PHP연구소. 마쓰시타 고노스케(松下幸之助)가 바이간을 모방해 일본인의 윤리 교육을 위해 설립한 연구소다.

있다. 그 앞에는 '효(孝)의 도'에 대한 설명이 있다. 즉 모든 사람에게 필
요한 도로써 '효도'를 제시하고 무사들을 위해서는 무사도, 상인들을
위해서는 상인도를 제시한 것이다. 특히 그가 무사도를 의식하면서 상
인의 도를 구상했다는 점에 주목할 필요가 있다.

에도 시대가 되면서 무사들은 더 이상 전쟁터에 나갈 필요가 없어졌
다. 당시 한반도에서 전해진 주자학이나 양명학은 그러한 무사들을 위
해서 필요한 사상과 논리를 제공했다. 무사들은 자신들을 위하여 존재
의미나 역할을 다시 정립하고자 했다. 자기들의 역할에 합당한 철학,
사상 그리고 생활상의 요령을 종합해 만들어진 것이 바로 무사도였다.

무사도를 제창한 야마가 소코(山鹿素行, 1622-1685)는 무사에 대해서 이
렇게 주장했다. 무사는 주인을 위해서 봉사하는데 충성을 다하며 동료
와의 교제에는 신의를 가지고 대한다. 또 무사에게는 부자(父子), 형제

(兄弟), 부부(夫婦)의 교제가 있는데, 이러한 교제는 천하 사람들 누구에게도 해당되는 인류이다. 다만 농업, 공업, 상업에 종사하는 사람들은 여유가 없기 때문에 그러한 도리를 전부 이해한다는 것은 무리다. 그래서 무사들은 농업·공업·상업과 관련된 일은 그들에게 맡겨도 오직 인류에 대한 일을 열심히 배워 그들 가운데 인류를 혼란시키는 사람들이 있다면 그들을 처벌하고 천하의 천륜을 바로잡아야 한다.[16]

소코의 이러한 이해는 어디까지나 무사들의 입장에 선 것이다. 시간이 흘러 바이간이 살았던 시대가 되자 상인들의 역량이 매우 커졌다. 상인문화의 전성기라고 하는 겐로쿠(元禄)시대(1688-1703)는 바이간이 10대에서 20대로 성장하는 시기였다. 도시에 거주하고 있던 당시 상인들은 이미 상당한 문자 해독력을 지니고 다방면의 문화적 교양도 가지고 있었다. 무사와 대응할 수 있는 자의식이나 자부심도 강했다. 그들의 의식을 반영하는 많은 서적도 출판되어 도시사회에 넓게 공유되고 있었다.[17] 바이간이 무사도와 상인도를 비교하면서 언급한 이면에는 그러한 상인들의 자부심이 전제되어 있었던 것이다.

상인도의 '도(道)'

우리나라에서는 '붓글씨'를 한자어로 대개 '서예(書藝)'라고 표현한다. 하지만 일본에서는 '서도(書道)', 중국에서는 '서법(書法)'이라는 단어를 더 많이 사용한다. 물론 중국이나 우리나라에서도 일본의 영향을 받아 '서도'라는 단어를 사용하기도 하지만 그렇게 많지는 않다.[18]

붓글씨뿐만 아니라 '기술'이나 '재주'를 나타내는 한자어를 사용할

에도 시대에 오사카 거리에서 강의하는 사람의 모습. 바이간은 1742년에 오사카를 방문하여 심학 강의를 했다.

때 한중일 삼국 사람들은 미묘하지만 서로 다른 취향을 보여준다. 예를 들면 활쏘기도 그렇다.

일본에서는 '궁도(弓道)'라는 표현을 좋아한다. 우리나라에서는 전통적으로 '궁술(弓術)'이라는 표현을 더 자주 사용했다. 『조선왕조실록』에도 '궁도'라는 단어는 거의 보이지 않는다.[19] 중국에서도 최근에는 궁도라는 단어를 많이 사용하는 경향이 있으나, 그것은 일본 궁도의 영향이다. 원래 중국에서는 '궁술'이나 '궁법(弓法)'이라는 단어를 더 많이 사용했다. 궁도는 전통적인 활쏘기 기술에 '도(道)' 개념을 포함시킨 것이다. 즉, '궁술보다는 넓은 의미로 궁술 그 자체는 궁도라고 하는 대도에 입문하는 수단에 지나지 않는다. 덕을 철저하게 수련하고 일상생활에서 정진한다면 결국 궁도를 깨달을 수 있다'[20]고 하는 일본적인 관념이 포함되어 있는 것이 '궁도'다.

이러한 경향은 검도의 경우도 마찬가지다. 일본에서는 '검도(劍道)'라는 단어를 많이 쓴다. 단순한 '검술(劍術)'뿐만이 아니다. 수련과 구도의 자세를 포함하는 의미도 집어넣는다.[21] 하지만 중국에서는 '검법(劍法)'이나 '검술(劍術)'이라는 표현을 더 애용하고, 우리나라는 전통적으로 '검술'이라는 단어를 더 많이 사용했다.

생활의 기술이나 어떤 재주에 '도(道)'자를 붙이고, 깨달음의 차원으로까지 올려서 생각하는 것을 일본문화의 특징이다. 그것을 '술(術)'의 차원으로 낮게 보는 것은 한국 문화의 특징이라고 할 수 있다. 중국에 서는 '병법(兵法)'과 같이 '법(法)'을 붙여 부르는 것이 큰 특징이다.

중국이나 한국에서는 '도(道)'라는 단어를 함부로 아무 곳에나 붙여서 사용하지 않는다. 유학이나 불교와 같이 거대한 사상체계를 '유도(儒道)'나 '불도(佛道)' 등으로 표현한 경우는 있으나, 조그마한 삶의 기술에 불과한 것을 가지고 '도(道)'라는 개념을 동원하지 않는다. 그것은 어디까지나 '술(術)'이다.

그렇다면 장사하는 기술, 즉 상업에 대해서는 어떻게 표현할까?

우리나라에서는 나쁜 의미로 '상술(商術)'이라는 단어를 많이 사용한다. 일본에서는 최인호의 소설『상도(商道)』가 2008년에 번역되고 또 드라마『상도』가 한류 붐을 타고 방영되어 한국에서 '상도(商道)'라는 단어를 자주 사용하는 줄 오해하는 사람들이 많다. 우리나라에서도 그렇게 오해하는 경우가 적지 않다.

그러나『조선왕조실록』,『승정원일기』등 663종 367책 이상이 등록되어 있는 한국고전종합DB에서 '상도(商道)'를 검색해보면 40여 건이 검색되는데, 그 뜻이 중국 고대에 있었던 상(商)나라의 '도'를 말하거나 '판로(販路)'를 뜻하는 경우가 대부분이다. '상업의 도'나 '상인의 도'로 사용된 경우는 하나도 없다. 한자로 '상업지도(商業之道)', '상인지도(商人之道)'라는 단어도 없다. 결국 '상도'라는 단어는 조선시대에 거의 사용되지 않았다는 말이다. 앞서 지적했듯이 조선시대 지식인들은 '도(道)'라고 하는 한자를 아무데나 붙여서 사용하지 않았다.

소설『상도』는 아주 사실적으로 묘사되어있다. 곳곳에서 역사적인 자료도 그럴듯하게 제시되고 있다. 그래서 많은 사람이『상도』의 내용을 역사적인 사실로 이해한다. 이 때문에 일본에서는 바이간의 상인도 가 조선시대 상인들의 '상도'로부터 큰 영향을 받아 형성된 것이라는 논문도 발표되었다.[22]

하지만 소설『상도』는 어디까지나 창작소설이며 역사적인 기록이 아니다. 대부분의 내용이 소설가 최인호의 상상에서 나온 것이다.[23] 『상도』가 거의 유일하게 사용한 문헌자료는 문일평(文一平, 1888-1939) 이『조선명인전』에 실은 9쪽짜리 문장이다.[24] 거상 임상옥(林尙沃, 1779-1855)의 일생을 소개한 그 문장은 임상옥이 지었다고 하는『가포집(稼圃集)』과『적중일기(寂中日記)』를 소개했는데, 이 자료들이 현재 남아 있지 않다.[25]

바이간이 구축한 '상인도'는 '상인의 도'이며, 최인호 소설에 나오는 '상도', 즉 '상업의 도'와는 성격이 매우 다르다. 최인호가 말한 상도는 공자가 말한 인의(仁義)를 중시하고 이익의 이치를 깨달아 사회적인 책 임을 다하며 대의(大義)를 중시하는 것이다.[26]

일본에서도 바이간 이전에 상인의 도덕이나 교훈에 관한 가르침이 적지 않았다. 예를 들면, 1610년경에 하카다(博多)의 어떤 부자 상인이 쓴 기록이나 이하라 사이카쿠(井原西鶴, 1642-1693) 또는 니시카와 죠켄(西 川如見, 1648-1724) 등의 문장에 상인들에게 필요한 도덕으로 검약, 근면, 정직, 신용, 겸손 등이 제시되어 있다.[27] 그러나 그러한 덕목만으로는 바이간이 말한 상인도에 미치지 못한다. 종교적 차원의 수행과 깨달음 이 포함되어 있지 않기 때문이다.

바이간의 상인도는 폭이 더 넓다. 거기에는 나름대로 체계가 있다. 먼저 상업이 무엇인가, 상인이란 무엇인가를 정의하고, 상업이 천지의 운행에 어떻게 합치되는지 설명되어 있다. 나아가 천하에 상업이 어떠한 도움을 주는가에 대해서도 명쾌한 설명이 있다. 상업으로 성공하는 방법, 상업이 천하 사람들에게 도움이 되는 이유와 방법 그리고 상인도 성인의 도를 배워야 할 이유가 포함되어 있다.

거기에는 또 인간으로서 당연히 가져야 할 보편적인 도덕도 들어 있으며, 천하 만민을 위해 상인은 어떻게 행동해야 하는지, 나아가 그것이 천리(天理)에 어떻게 합당한 것인지 하는 내용까지 포함되어 있다. 아울러 상인들도 성인의 도를 배워서 그 경지에 도달할 수 있다고 했다. 상인의 자의식과 자부심이 충만해 있다.

상인도는 궁극적으로는 그러한 상업 활동을 통해서 어떤 깨달음의 경지까지 도달하고자 한다. 단순한 기술 수준인 '검술'과 '궁술'의 차원을 넘어서 검도와 궁도처럼 수련과 득도의 과정까지를 포함한 '도(道)'라고 할 수 있다. 그런 의미에서 이시다 바이간이 구축해 제시한 상인도의 '도'는 매우 일본적이다. 바이간이 일본 사상사에서 이룩한 공헌은 바로 일본 문화 속에서 배양된 '도(道)' 개념에 '상인'의 주체성을 결합시켜 '상인도'라고 하는 독특한 개념을 창출했다는 것이다.

동아시아에서 본 상인도

상인의 도 혹은 상업의 도를 뜻하는 '상도(商道)'라는 말을 우리나라 전통시대에 사용하지 않았다면, 최인호는 그러한 개념을 어디에서 찾아낸 것인가? 그가 독창적으로 상상해낸 단어인가?

'상도'는 '상업의 도(商業之道)'를 줄인 말이다. 소설 『상도』를 읽어보면 거기에 나오는 '상업지도(商業之道)'는 서도(書道)의 '도'와 밀접하게

에도 시대 오사카 거리의 모습. 일본 전국의 주요 물자는 이곳을 통해 거래되었다.

관련되어 있다는 것을 알 수 있다. 저자 최인호가 '상업지도'에 대해서 알아보기 위해 찾아간 사람은 서도가(書道家)였는데, 그 서도가는 서도를 '서예(書藝)'라고 부르는 것을 몹시 싫어했다. 또한 "'서(書)'는 '예(藝)'가 아니라 도(道)"라고 하면서 주인공 임상옥을 '도인(道人)'이라고 칭찬했다.[29] 서예를 '서도'로 부른 것은 일본 스타일이다.

작가는 '상업지도'라는 글자와 그 의미를 소개한 문장을 추사 김정희(金正喜)가 직접 쓴 것이라고 했다. 그리고 그 작품은 일본에서 전해지고 있었는데, 소설 마지막 부분에 서울에서 전시되는 장면이 나온다. 물론 이것은 작가적인 상상에서 나온 픽션에 불과하다. 이 점에서 한 가지 알 수 있는 것은 이 소설이 '일본'과 밀접히 관련되어 있다는 것이다.

소설 머리말에 최인호는 이렇게 말한다. "내가 처음 이 소설을 구상한 것은 많은 기업인을 만났을 때, 그들로부터 우리나라에는 모범이 될 만한 역사적인 상인이 없다고 하는 탄식을 들었기 때문이다. 역사적으로 보아도 사농공상이라고 하여, 상업을 가장 낮은 직업이라고 인식해온 우리 민족은 이윤을 추구하는 상업을 가장 천한 일로 인식해온 것이다."

조선시대에 상업에 대해서 비교적 일찍 그 가치를 인정한 인물은 『우서(迂書)』(1737)를 저술한 농암(聾庵) 유수원(柳壽垣, 1694-1755)이었다. 이용후생(利用厚生)을 강조하고 상공업의 진흥을 제창한 그는 북학사상의 선구자로 평가되는 실학자이다. 다만 그가 제안한 여러 가지 정책은 단지 제안으로 끝났을 뿐이다.

전통적으로 중국 지식인들도 상업을 탐탁지 않게 생각했다. 국가가 철저히 관리해야 한다고 보았다. 예를 들면 『논어』에는 "군자는 먼저 의로움을 생각하고 소인은 먼저 이득을 생각한다."(『里仁篇』), "공자는 이득에 대해서 별로 말을 하지 않았다."(『子罕篇』) 등의 문구가 보인다. 이런 구절들은 후대 지식인들에게 큰 영향을 미쳤다.

맹자는 양나라 혜왕을 만났을 때 왕이 '이익'보다는 '의리'를 우선시 해야 한다고 역설했다(『梁惠王章句上』). 또 사람들이 스스로 어진 곳에 거처할 수 있고 인의(仁義)를 해치지 않는 직업을 선택하도록 권했다.[30] 맹자뿐만 아니라 전국시대에는 상앙(商鞅, ?-B.C.338), 순자(荀子, ?-B.C.230경), 한비자(韓非子, ?-B.C.233) 등 많은 사상가가 농업을 중시하고 상업은 억압 해야 한다고 주장했다. 이렇게 상업을 억압하는 전통은 2000년 이상 이어져 내려와 근현대 중국의 정치, 경제에 커다란 영향을 끼쳤다.[31]

바이간이 살던 시대는 중국의 명청(明淸) 교체기였다. 당시 중국 사회의 대표적인 지식인인 왕부지(王夫之, 1619-1692)의 경우도 보면, 그는 상인들을 아주 교활한 도적들이라고 보았다. 상인들은 인성(人性)을 멸시해 사람들의 삶을 빼앗는 자들이며, 인도(人道)를 파괴하는 자들로 간주했다.[32] 동시대에 활약했던 황종희(黃宗羲, 1610-1695)는 비교적 개명적인 입장에 선 인물이다. 상업이나 공업은 모두 근본이 되는 직업이라며 당시로는 매우 획기적인 주장을 했다. 하지만 그 역시 그 이상은 내다보지 못했다. 그는 상인들을 조정에서 엄격하게 관리해야 한다고 주장했다.[33]

우리나라도 다르지 않았다. 앞서 소개한 유수원의 말을 들어보면 잘 알 수 있다. "시골 농부는 다소의 식량만이라도 확보되면 그 아이들은 농지를 떠나려고 한다. 공인이나 상인들의 아이들도 마찬가지다. 반드시 다른 길을 찾으려고 한다."(『迂書』 卷 8) 다른 길이란 양반이나 관리가 되는 길이다.

조선시대 말에 외교관으로 활동한 어떤 서양인은 당시 조선인들에 대해서 이렇게 말했다. "일단 의식주만이라도 해결된다면, 관리라고 하는 직업은 누구나 추구하는 가장 즐거운 일이다."[34] 이렇기 때문에 상업에 대해서는 좋은 인식을 가질 수 없었다. 심지어 상업에 대한 비교적 선구적인 인식을 하고 있던 유수원도 대규모 상인이 아닌 소매상이나 노점상, 행상들은 도적이나 마찬가지 존재라고 비판하고 엄한 처벌을 해야 한다고 주장했다(『迂書』 卷 8). 이런 환경에서 상업은 단지 '상술'에 불과한 것으로 인식되어 '상인도'와 같은 수준의 체계를 가진 사상으로 발전할 수가 없었다.

현대 한국사회에서도 직업으로서의 상업에 대한 인식은 좋지 않다. 이러한 인식은 상인 스스로의 자의식과 활동에도 나쁜 영향을 미친다. 무책임하고 부도덕한 상인들이 등장하는 데 일조(一助)를 한다.

최인호는 계속해서 이렇게 말한다. "나는 이렇게 생각한다. 이데올로기도 국경도 없어지는 21세기, 밀레니엄의 새로운 미래가 열려 있는 이 순간, 지금이야말로 경제의 세기이며 여기에 어울리는 경제에 관한 신철학이 생겨나야 한다고. 경제의 신철학, 이것이 내가 쓰고 있는 상도의 주제였다."

이러한 생각을 가지고 최인호는 일본의 '상업의 도' 즉 '상인도'에서 '도(道)'와 관련된 내용을 받아들여 '상도'를 창작해낸 것이라고 추측된다. 다만 최인호의 '상도'에는 상업 또는 상인에 대한 정의, 존재의의 그리고 상업이 이루어지는 현장에서 성공할 수 있는 방법 등의 내용은 포함되어 있지 않다. 『상도』에는 또 임상옥이 무위(無爲)의 생활을 하고, 상불(商佛)과 같은 사람으로 공자의 가르침을 따라 유불도 삼교를 모두 깨달은 성인(聖人)이라고 표현된다. 하지만 이런 묘사는 아무래도 한국적이며 바이간이 말한 '도'의 각성과는 다소 차이가 난다. 작가 자신이 한국 문화의 영향을 받았기 때문일 것이다.

바이간의 상인도가 동아시아 사상사에 있어서 획기적인 점은 그것이 '상인에 의한, 상인을 위한, 상인의 사상'이었다는 점이다. 전통적으로 한중일 삼국에서는 상업이나 공업보다는 농업을 중시했다. 그렇기 때문에 사상적으로도 토지제도나 농업 생산에 따른 세금 문제가 중요시되었다. 가끔 상업이 발달하기도 했지만 기본적으로 전통사회는 농업사회로, 전 인구의 압도적인 다수는 농업에 종사했다. 정치도 그것을 기반으로 행해졌다. 그동안 거의 모든 사상가가 상업을 경시한 것도 그런 이유가 크다. 대표적으로 '사농공상(士農工商)'이라는 표현에서 보이듯 농업을 중시하고 상업은 천시했다. 심지어 사회의 안정을 해칠 수 있는 직업으로 보았다. 그것이 바이간 이전의 인식이었다.

일본에서 에도 시대에 '상인도'라는 사상이 등장한 것은 당시 상업이 매우 발달해 상인층이 큰 세력을 형성했기 때문에 가능한 것이었다.

바이간 학파의 석문심학은 다시 상인들의 자부심을 높이고, 상업 행위에 대한 가치를 적극적으로 긍정해 근대 일본이 경제적으로 성공하는데 큰 기여를 했다.

이시다 바이간 연보

1세(1685년)[35] 단바(丹波)의 구와다군(桑田郡), 즉 지금의 교토 서쪽 근교에서 농가의 아들로 출생. 부친은 이시다 조신(石田淨心). 바이간(梅岩)은 호이며, 간페이(勘平)로 불렸음.

11세(1695년) 처음으로 교토로 올라가 상점에 취직함.

15세(1699년) 점원 생활을 그만두고 고향으로 돌아옴.

23세(1707년) 다시 상경해 상점에 취직함. 틈틈이 신도 공부를 하면서 전파에 힘씀.

32세(1716년) 부친 사망. 향년 71세.

40세(1724년) 나라, 오사카 지방 유람. 이 해에 오사카에 회덕당(懷德堂)이 설립됨.

43세(1727년) 오구리 료운(小栗了雲, 1670-1729)에게 참선 등 학문을 배움. 이즈음 상점생활에서 은퇴.

45세(1729년) 교토 구루마야쵸 거리(車屋町通)에 처음으로 학당을 열고 강의함. 스승 오구리 료운 사망.

52세(1736년) 모친 사망. 향년 82세.

53세(1737년) 살던 집 부근의 사카이쵸 도리(堺町通)로 이사함.

55세(1739년) 『도비문답(都鄙問答)』을 판각함.

56세(1740년) 겨울에 제자들과 함께 가난한 사람들을 도움.

58세(1742년) 오사카에서 강의를 함. 6월부터 병에 걸려 다음해까지 고생함.

60세(1744년) 제자들과 주고받은 문답을 정리해 『검약제가론(儉約·齊家論)』 편찬. 9월 24일 갑작스런 병으로 사망함.

주석

1   『都鄙問答』,『近世思想家文集』日本古典文学大系97, 1966, 391쪽.

2   박규태,「근세일본의 민중종교사상」,『일본사상』창간호, 1999, 139쪽.

3   R. N. ベら一, 地田昭譯,『川時代の宗教』, 岩波書店, 2002, 331쪽.

4   양창삼,「막스 베버의 프로테스탄트 윤리와 자본주의 정신에 관한 비판적 연구」,
    『경제연구』제7권 제1호, 1986년, 146쪽.

5   바이간의 생애에 대해서는 특별한 주석이 없는 경우 다음 자료를 참조함.
    - 박규태,「근세일본의 민중종교사상」,『일본사상』창간호, 1999.
    - 柴田實編,「石田先生事蹟」,『石田梅岩全集 下卷』, 清文堂, 1994, 621-641쪽.
    - 黃明水,「韓日商人思想の比較」,『韓日經商論集』제7권, 11-12쪽.
    - 今井淳,「石田梅岩」,『江戸の思想家たち(上)』, 研究社出版, 384-386쪽.

6   박규태,「근세일본의 민중종교사상」, 140쪽.

7   오규 소라이,『答問書』上, 마루야마 마사오, 김석근 역,『일본정치사상사연구』,
    통나무, 1995, 208쪽에서 재인용.

8   石田梅岩,「石田先生語錄」, (박규태,「근세일본의 민중종교사상」, 141쪽에서 재인용).

9   石田梅岩,「都鄙問答」, (박규태,「근세일본의 민중종교사상」, 141쪽에서 재인
    용).

10 박규태,「근세일본의 민중종교사상」, 142쪽 참고.

11 黃明水,「韓日商人思想の比較」, 11쪽.

12 「商人の道を問の段」,『都鄙問答』,『近世思想家文集』日本古典文学大系97,
    1966, 391쪽. 이하 이 이곳에서 인용한 문장은 주석을 생략함.

13 「都鄙問答」, 391쪽의 注釋38을 참조.

14 「都鄙問答」,『近世思想家文集』日本古典文学大系97, 1966, 391쪽.

15 山本眞功,「武士道論爭」, 今井淳等編, 韓國日本思想史學會譯,『論爭を通じてみ
    る日本思想』, 成大出版部, 2001 , pp. 292-293.

16 『山鹿語類』卷21의「士道」에 있는 문장임. 山本眞功의「武士道論爭」(299쪽)에서

재인용.

17 閔斗基, 『日本の歷史』, 知識産業社, 1998, pp. 168-169.

18 서영근, 「韓서예, 中서법, 日서도…3국 명명달라」, 온바오(www.onbao.com),
2009.3.24. 아울러 구글이나 중국의 baidu.com, 야후 등을 검색해보면 삼국에서
그러한 경향이 있다는 것을 확인해볼 수 있다.

19 고전종합DB(http://db.itkc.or.kr)를 검색해보면 '궁도(弓道)'는 조선왕조실록의
1468년과 1539년 기록에 3회 정도 등장한다.

20 박희수, 「궁도인의 마음가짐」, http://blog.daum.net/soo-5885/11790084, 2010
年7月10日. 참조.

21 이종원, 「劍道와 佛敎」, 『大韓劍道學會誌』19-1, 2003, 48쪽.

22 森澤久雄·朴武日, 「朝鮮後期における商道の台頭と日本への影響と商人活動」,
『岐阜女子大学地域文化研究』23, 2006, 53-55쪽 참조.

23 이일화, 「드라마『상도(商道)』, 어디까지가 사실인가」, OhmyNews(www.oh
mynews.com), 2002.2.15.

24 文一平, 「林尙沃」, 『朝鮮名人伝·下』, 朝鮮日報社, 1989, 364-373쪽.

25 이일화, 「드라마『상도(商道)』, 어디까지가 사실인가」 참조.

26 崔仁浩, 『商道』卷5, 여백, 2000, 256-257쪽.

27 石田一良, 成海俊等譯, 『日本思想槪論』, J&C, 2003, pp. 176-182.

28 호사카 유지도 일본의 도에 대해서 다음과 같이 지적했다. "도(道)자를 붙이면
도를 닦는 구도의 자세가 요구되어 궁극적인 어떤 경지를 추구하는 종교적이고
철학적인 의미를 갖게 된다"(『조선 선비와 일본 사무라이』, 김영사, 2007, 26쪽).

29 崔仁浩, 『商道』卷1, 92-102쪽.

30 朱子는 『論語』의 '子罕言利'(子罕篇)이라는 단어에 대해 「程子曰, 計利則害義」
(『朱子集注』)라고 했다.

31 劉嘉, 「論戰國時期的重農抑工商思想和政策」, 『中國經濟思想史論』, 人民出版社,
1985, 138쪽.

32 胡奇窓, 『中國經濟思想史·下』, 上海人民出版社, 1983, 502쪽.

33 黃宗羲, 金德均譯, 『明夷待訪錄』, 한길사, 2000, 200쪽. 胡奇窓, 『中國經濟思想

史·下』, 上海人民出版社, 1983, 456쪽. 金德均, 「신시대를 갈망하는 『명이대방록』의 사상적 의의」, 『명이대방록』, 한길사, 2000, 37쪽 등 참조.

34 호레이스 알렌, 윤후남 역, 『알렌의 조선체류기』, 114쪽.

35 연보 참고자료
　　- 柴田實編, 「石田先生事蹟」, 『石田梅岩全集 下卷』, 淸文堂, 1994, 621-641쪽.
　　- 柴田實編, 「石田梅岩年譜」, 『石田梅岩全集 下卷』, 淸文堂, 1994, 647-651쪽.
　　- 李甦平, 「石田梅岩年表」, 『石田梅岩』, 東大圖書公司, 1998, 251-252쪽.

시대를 앞서간 여성사상가

다다노 마쿠즈

"비록 여자이지만 어찌 큰 뜻을 품지 못하겠는가?"

다다노 마쿠즈(只野眞葛, 1763-1825)

어떤 사상가는 자기가 살아 있을 때 바로 사회로부터 인정을 받는 경우가 있다. 하지만 그렇지 못한 경우도 있다.

예를 들어 고학파의 이토 진사이나 오규 소라이는 생전에 이미 유명인이 되어 각각 수천 명의 제자를 거느렸다. 하지만 안도 쇼에키(安藤昌益, 1703-1762)와 같은 사상가는 별로 알아주는 이가 없었다. 농민이 중심이 된 평등사회를 꿈꾸고,[1] '독특한 빛으로 이채를 발한 사상가'[2]로 평가받는 쇼에키는 현대에 와서야 겨우 주목을 받고 있다.

안도 쇼에키와 유사한 사상가가 최근 일본 학계에서 주목하는 여성사상가 다다노 마쿠즈(只野真葛, 1763-1825)다. 수필가, 철학자, 시인 등으로 알려져 있는 마쿠즈는 막부 말기에 불행한 삶을 살면서도 사회문제에 대해서 과감한 비평을 시도해 '사회비판자', '고독한 도전자'[3], '여성해방의 선구자'[4] 등의 평가를 받고 있다.

칡꽃. 다다노 마쿠즈는 서 있는 자리에 연연해 하지 않고 길게 자라나는 자유스러움과 끈질긴 생명력을 상징해 자신을 칡넝쿨에 비유했다.

안도 쇼에키가 사망한 다음해에 태어난 마쿠즈는 여러 가지 점에서 쇼에키와 유사하다. 이미 지적했듯이 현대에 들어와 주목을 받았으며, 살아 있을 때는 외면당했고, 동북지방의 한적한 곳에서 조용히 자신의 사상을 구축한 점이 닮았다. 기존

사상계를 신랄하게 비판한 점도 닮았다. 활동한 곳이 당시 일본에서는 변두리에 속한 동북지방이라는 점도 같다. 쇼에키는 아키타(秋田)에서 활동하다 죽었는데, 마쿠즈는 그곳에서 약 150km 남쪽으로 떨어진 센다이(仙台)에서 활동하다 사망했다.

다만 쇼에키의 사상이 농민을 중시하며 노장사상적인 성격을 강하게 드러내는 것과는 달리,[5] 마쿠즈는 난학(蘭學)을 사상적 기반으로 삼았다. 쇼에키가 중국 고대의 이상사회를 흠모했다고 한다면, 마쿠즈는 서양 근대사회를 흠모했다.

마쿠즈는 수필, 여행기, 시집, 민속관련 이야기집 등을 많이 남겼으며, 사상적인 저작으로 『독고(獨考, 혼자 생각)』가 있다. 이 『독고』에는 '낮과 밤의 수', '천지간의 박자'라고 하는 특이한 개념을 중심으로 당시 일본 사회에 대한 비판뿐만 아니라, 인간 및 사회, 우주 자연에 대한 다양한 사상이 담겨 있다. 분량이 많은 것은 아니나 당시의 유명 소설가 교쿠테이 바킨(曲亭馬琴, 1767-1848)도 깜짝 놀랄 정도로 과감하고 독특한 사상이 펼쳐져 있다.

에도 시대 소설가 교쿠테이 바킨. 『독고론』을 지어 마쿠즈의 『독고 』를 비판했다.

마쿠즈가 『독고』를 집필할 즈음에 에도에서는 출판 통제가 엄격했다. 특히 당시 막부가 '이학의 금(異學の禁, 1790년)'을 선포한 지 얼마 되지 않았던 때라 사상 통제가 몹시 심했다. 막부가 설치한 학교(昌平坂学問所)에서 오규 소라이의 고문사학 강의는 금지되고, 정통 주자학만을 강의하도록 허락되었다. 그 영향은 의

외로 커서 사상계가 크게 동요하고, 고문사학은 바로 쇠퇴의 길을 걷기 시작했다.

이런 상황에서 마쿠즈는 당시 유명한 소설가 교쿠테이 바킨에게 자신이 집필한 『독고』가 출판될 수 있도록 이렇게 부탁했다.[6]

"이 글은 모두 수줍어하거나 얌전한 내용보다는 지나칠 정도로 솔직하고 과격한 내용이 많습니다. 그 이유는 이렇습니다. 사람들은 보통 자신을 낮추고 지나친 말은 삼갑니다. 그러나 마쿠즈처럼 서른다섯 살 때 한평생 살았다고 깨끗하게 단념하고, 이 외진 땅으로 내려오면서 저승으로 가는 길이라고 굳게 각오했다면 다릅니다."

'외진 땅'이란 자신이 시집와서 살게 된 센다이를 말한다. 또 이런 말도 덧붙였다. "이제 벌써 세상을 등진 것도 한참 되고, 또 지난 시절을 경험하지 못한 몸이라고 생각한다면(이미 세상을 등졌기 때문에), 아무리 많은 사람의 비난과 미움을 사더라도 전혀 개의치 않습니다."

여성으로서는 상당히 당돌한 문체로 마쿠즈는 이어서 이렇게 부탁했다.

"만약 이 글을 싫어하고 비난할 정도라면 그런 사람은 두려워할 가치도 없습니다. 자비스러운 생각이 가슴에 넘치고 슬픔의 눈물이 소매를 적십니다. 우리나라(일본) 사람들은 각자 혼자만의 몸만을 풍족하게 하려고 외국에 대해 두려움도 느끼지 못하고 나라의 낭비도 개의치 않습니다. (중략) 이러한 마음이 있기 때문에 마쿠즈는 사람들의 미움을 받더라도 어디가 아프거나 서운해하지 않는다는 것을 이해하시고, 삼가 이 글을 읽어주시길 바라옵니다."

이러한 글을 받아보고 바킨은 처음에 호기심과 호감을 가지고 대응했다. 그러나 곧 마음을 바꿨다. 바킨의 스승 산토 교덴(山東京傳, 1761-

1816)은 1791년에 막부의 금령을 어겨 필화에 휩싸였다. 그리고 작가로서 인기를 상실했다. 또 하야시 시헤이(林子平, 1738-1793)는 해안 방어를 주창한 『해국병담(海國兵談)』(1791년)이라는 책을 썼다가 금서 처분을 받은 적도 있었다. 시헤이는 마쿠즈

마쿠즈의 부친 구도 헤이스케가 사망하기 4년 전 1797년에 쓴 의술 서적 『구온수력(救瘟袖曆)』. 마쿠즈는 이 서적을 두 번에 걸쳐 출간했다.

의 부친 헤이스케(工藤平助, 1734-1800)의 영향을 받은 인물로, 헤이스케는 그 책에 서문을 쓴 적이 있다.

결국 이러저러한 사건을 보아온 바킨은 마쿠즈의 과격한 사상이 출판되는 것을 허락할 수 없었다. 출판은커녕 신랄하게 비판하는 『독고론(獨考論)』을 지어 마쿠즈에게 보냈다. 이 글로 마쿠즈가 받은 충격은 이루 말할 수 없이 컸다. 그로부터 5년 뒤 마쿠즈는 세상을 떠났다. 마쿠즈의 사상이 세상에 일찍이 빛을 보지 못한 이유다.

다다노 마쿠즈 생애

다다노 마쿠즈는 에도, 즉 지금의 동경에서 태어났다. 아버지는 센다이번(仙台藩)의 의사 구도 헤이스케(工藤平助, 1734-1800)로, 그는 원래 기슈(紀州)번 의사의 아들이었는데 나중에 구도 가문의 양자가 되었다.[7] 성씨가 '구도'인 것은 그 때문이다.

구도 헤이스케는 나카가와 준안(中川淳庵), 오오쓰기 겐타쿠(大槻玄沢)[8] 등 난학자(蘭學者)들과 사귀면서 서양의 사정에 깊은 관심을 가졌다.[9] 나중에 그는 러시아인들에 대한 소문을 정리해 『붉은 오랑캐에 대한 풍문 고찰(赤蝦夷風説考)』라는 책을 저술하기도 한다.

이 책은 1783년에 완성한 것으로 러시아 사정과 러시아의 남하에 따른 대응책을 정리한 것이다. 헤이스케는 이 책을 통해서, 러시아는 일본을 침략하려는 음모를 가진 것이 아니라 일본과 교역을 원하고 있다고 주장하며 홋카이도를 개발하고, 러시아의 교역을 허락해주어야 한다고 했다. 또 홋카이도의 금은 광산을 개발, 채굴할 것을 주장하기도 했다.[10] 막부는 이러한 주장을 받아들여 홋카이도 조사를 시작했지만 도중에 중지했다.[11] 홋카이도가 본격적으로 개발된 것은 명치유신 이후였다.

7남매의 장녀로 태어난 마쿠즈는 부친의 활약을 지켜보면서 성장했다. 어떤 연구자는 마쿠즈가 일종의 엘렉트라 콤플렉스를 가지고 있었다고 한다. 엘렉트라 콤플렉스는 아버지에게 지나친 존경과 애정을 품고 어머니를 경쟁자로 인식해 반감을 갖는 경향을 말한다. 마쿠즈가 훌륭한 아버지를 둔 딸로서 얼마나 자긍심이 컸는지 알 수 있다.[12]

마쿠즈 얼굴에는 커다란 점이 있어서 매우 보기 싫었다. 마쿠즈는 그 때문에 스트레스를 많이 받고 침울한 적이 많았다. 그러나 9살경

미야기현의 센다이 시가지. 일본 동북부의 태평양 연안에 위치한 도시로 동북 지역의 중심 도시다. 마쿠즈는 동경에서 이곳으로 시집을 와 살았다.

에 기아에 허덕이는 이웃사람들을 보고 자신을 괴롭히던 큰 점은 사실 매우 사소한 일이라고 생각했다. 자신은 반드시 훌륭한 사람이 되어 여성들을 위해 모범이 되어야겠다고 큰 뜻을 세웠다. 나중에 마쿠즈의 『독고』를 읽고 몹시 기분이 상했던 바킨은 "원래 이 마쿠즈라고 하는 여성은 남자의 혼을 가진 사람으로 어려서부터 간질 증상도 있었다"[13]고 했다.

마쿠즈가 상당히 남성적인 성격을 가지고 있었다는 것은 그 글씨체를 분석한 학자들도 인정하는 대목이다. 마쿠즈의 글씨를 살펴보면 남자가 쓴 것처럼 웅장하면서도 크고 힘찬 느낌을 준다.[14]

마쿠즈에게 간질 증상이 있었다는 점은 주목할 만하다. 간질은 갑작스러운 발작을 야기하는 두뇌 질환으로 동서양을 막론하고 예로부터 정신병으로 취급하거나 귀신 병으로 생각했다. 마쿠즈는 평생 동안 대략 3차례의 신비한 정신적 체험을 겪게 되는데, 그것은 바로 그의 선천적인 신체적 결함에 기인한 것으로 보인다.

마쿠즈의 외가는 선종(禪宗)을 신봉하는 집안이었다. 특히 외할머니는 손재주가 좋고 서예 솜씨도 좋았는데, 스님의 지도를 받아 깨달음을 얻었다고 한다. 마쿠즈가 13살 정도 되었을 때 어린 마쿠즈는 그것을 몹시 부러워하며 자기도 어떻게 하면 그런 깨달음을 얻을 수 있을까 고민한 적이 있었다. 부모는 그것을 듣고 웃으며 "어린 여자애가 배울 만한 일이 아니다"라고 했으나 마음속으로 "할머니가 한 일을 나라고 못할까"라고 하면서 자기도 그렇게 깨닫게 되기를 희망했다.[15]

나중에 마쿠즈는 자신의 어린 시절을 회상하면서 이렇게 말했다.

"대개 사람들은 마음을 두는 곳이 있어서 거기에 매달려 한평생을 산다. 마쿠즈처럼 이상하게 마음을 두는 곳이 없이 이 세상을 사는 사람은 또 없을 것이다. (중략) 문장을 읽는 것은 좋아하지만 중국의 문자를 모르니 읽을 수도 없다. 동생 모토스케가 사서(四書) 이야기를 한번 들려주었을 뿐이라 마음에 남아 있는 것도 없다.”[16]

마쿠즈는 본격적으로 학문을 하지 않았다. 아버지가 한문 읽는 것을 금했기 때문이다. 다만 일본어로 시를 짓고 문장을 읽는 법은 배웠다. 유학사상에 대해서는 동생으로부터 상식적인 수준의 가르침을 받았을 뿐이다. 하지만 그가 나중에 『독고(獨考)』라는 사상적인 문장을 쓸 수 있었던 것은 그나마 그러한 공부를 했었기 때문이다.

부모는 마쿠즈가 좋은 인연을 맺을 수 있도록 센다이번 번주의 저택에서 근무하도록 했다. 하지만 결혼의 인연이 좀처럼 이어지지 않다가 35세 때가 되어서 겨우 센다이번의 무사 다다노 이카(伊賀)와 결혼했다. 결혼 생활은 보통 부부의 모습과는 다소 거리가 멀었다. 신랑은 주로 에도에 출장 근무가 많았고 마쿠즈는 시댁인 센다이에서 홀로 지내는 일이 많았다.

이렇게 홀로 있는 시간을 이용해서 마쿠즈는 화초를 가꾸고 센다이 지역의 풍습이나 재미있는 이야기들을 모아 수필집을 편찬하고 여행을 다니며 여행기를 썼다. 또 깊은 사색에 빠지곤 했다. 에도에 있는 친정의 가족들과 글을 주고받는 것도 소일거리 중 하나였다.

그러던 중 38세 때 아버지가 사망하고, 7년 뒤에는 친정 집안의 가장 노릇을 해온 남동생 겐지로(모토스케)가 요절해 큰 충격에 빠졌다. 자신이 에도에서 먼 시골로 시집을 간 것은 집안을 살리기 위해서였다. 그런데 친정 집안이 몰락하면서 그녀는 자신의 삶에 깊은 회의를 가지기 시작했다. 이어서 50세 때에는 남편이 에도에서 급사하고, 그 다음해에는 막내 여동생이 사망하는 등 불행이 겹쳤다.

이러한 충격을 경험하면서 마쿠즈는 신비한 체험을 겪었다. 동생 겐지로가 죽었을 때에는 자신의 목이 하늘로 올라가는 경험을 했다. 그 경험에 대해서 마쿠즈는 이렇게 적었다.

"어느 날 갑자기 마음이 떠올라 지면을 떠났다고 느껴지는 일이 있었다. 그런 후에는 혼자 있으면 즐거웠는데 마음의 진퇴가 자유롭게 되어, 세상의 보통 사람들을 보면 그들의 무거움이 마치 바위 같이 생각되었다."[17] 이러한 경험을 마쿠즈는 로쿠로 머

로쿠로 머리(轆轤首)요괴. 葛飾北斎 그림.

리(轆轤首) 요괴의 모습에 비유하기도 했는데, 그의 사상 형성에 아주 중요한 경험이 되었다.

또 그는 막내 여동생이 사망한 뒤에는 관음보살의 계시를 듣는다든지 부동신(不動神)의 계시를 듣는 신비한 경험을 하기도 했다. 마쿠즈는 자기 경험을 이렇게 적었다.[18]

"무슨 이유 때문인지 몰라서 에도에 있던 동생에게 이러 저러한 일이 있었다고 편지에 써서 물었더니, 그것은 불교에서 말하는 깨달음일 것이라고 했다. 아, 얼마나 기쁜 일인가! 13, 14세 때부터 원했던 깨달음이라니. 조금도 배운 일이 없는데 깨달았다니. 마음 가운데 용솟음치는 기쁨을 이루 다 표현할 수 없었다."

마쿠즈는 자신의 신비한 체험을 바탕으로 독자적인 사상 체계를 세우기 시작했다.

"부처도 성인(聖人)도 모두 세상의 얽매임, 즉 마음을 써야 하는 일로부터 벗어난 사람들이라고 생각한다. 이것만을 마음의 길잡이로 삼아 최근 몇 년간 한가한 틈을 타 깊이 생각을 거듭했다."[19]

마쿠즈의 묘가 있는 미야기현 센다이의 송음사(松音寺).

마쿠즈는 이러한 생각을 한 권의 책으로 정리했다. 그것이 『독고』라는 글이었다.

"간신히 생각해낸 것을 모두 풀어내고자 했다. 가슴이 후련하지 않는 기분으로 너무도 이상한 혼자만의 생각을 기록했다. 속된 말로 표현한 곳도 있는데, 마음이 너무 빨라 따라가기 힘든 부분은 모두 구어체를 섞어 썼다."[20]

한때는 정신적인 고통으로부터 자살을 꿈꾸는 상태까지 이르렀다가 그러한 고통 끝에 우연히 어떤 깨달음을 얻고 다년간 고심하던 생각을 단숨에 써내려간 것이 바로 『독고』였다.[21]

『독고』에는 진실된 내용만 기록되어 있지는 않다. 그 가운데에는 남에게 보여주기 위하여 자신에 대한 왜곡된 사실도 서술되어 있으며, 자신의 이미지를 재구성하여 보여주기도 한다. 아울러 자기 분열적인 모습도 간간히 드러나 있다.[22]

나중에 『독고』의 내용이 못마땅하여 반박문을 써서 마쿠즈에게 보낸 교쿠테이 바킨은 아무런 연락이 없는 마쿠즈의 소식이 몹시 궁금했다. 그래서 여기저기 알아본 결과, 마쿠즈가 이미 세상을 떠난 것을 알고는 자신의 행동을 몹시 후회했다. 그런 행동에 대한 미안함으로 그는 『마쿠즈라는 여인』이라는 글을 써서 마쿠즈의 존재를 세상에 알렸다.

자기가 존경하던 바킨으로부터 악평에 가까운 『독고론』을 받고 충격에 빠졌던 마쿠즈는 말년에 기독교와 관련된 글을 한 편 남겼다. 그러나 거기에는 이미 천재 사상가의 모습은 사라지고 '광기의 그림자'[23]가 드리워져 있었다고 한다. 자기 글이 출판되지 못한 충격의 여파를 읽을 수 있다.

"유교의 가르침을 집안일에 사용해서는 안 된다"

유교는 중국에서 원래 집안(家)을 평화롭게 다스리기 위한 가르침이었다. 『논어』를 읽어보면 부모에 대한 효도와 형제간의 우애가 강조되어 있다. 이러한 덕목은 중국 고대에 대가족을 이루고 있던 정치 공동체의 질서 유지를 위해서 필요한 덕목이었다. 이것이 군주와 신하 간의 충성과 의리, 친구 사이의 신뢰, 어른에 대한 존중으로 확대되어 보다 더 큰 공동체인 국가나 천하세계를 통치하는 사상으로 발전한 것이다.

그런데 마쿠즈는 그러한 유교의 가르침을 거꾸로 뒤집어 집안일에 사용해서는 안 된다고 주장했다. 그러나 "성인의 도(道)는 옛날부터 공적인 일에만 사용된다면 사실 도(道)로써 손색이 없다"[24]라고 하여 군주와 관련된 정치적인 일에는 유학이 필요하다고 보았다.

"그것은 완전히 사람이 만들어낸 도리로 중국으로부터 빌려서 사용하는 것이다. 그것은 겉으로 보여주기 위한 장식품, 예를 들면 넓은 도로에서 수레를 이끄는 것과 같다. 공적으로 어려운 일이 생겼을 때는 그 수레에 싣지 않으면 움직이지 않는다. 그런데 당장 급할 때 이용하기 위해서 그 대강을 한차례 분명히 해두고, 문밖에 준비해두어 집안일에는 사용해서 안 된다."

유교를 사적인 일에 사용하다가 몸을 다치는 일도 있다. 이러한 사상

적인 변질은 어디에서
기인한 것인가?

우선 소라이학의 영
향을 들 수 있다. 소라
이는 유학을 정치사상
으로 규정하고 『논어』
를 수양을 위한 서적이
아니라 통치자가 백성

센다이에 있는 도호쿠(東北)대학. 이곳에 마쿠즈가 시집와 살
았던 다다노 집안의 저택이 있었다.

을 다스리기 위한 방법을 논한 서적으로 보았다. 오규 소라이가 20여
년간 학당을 운영했던 에도 니혼바시 부근은 바로 마쿠즈의 고향이었
다. 마쿠즈는 소라이가 사망한 뒤에 태어났지만 소라이학은 마쿠즈가
28세 되던 1790년경까지 매우 크게 번창했다. 직간접적으로 소라이
사상의 영향을 받을 수밖에 없었던 것이다.

마쿠즈는 자신의 개인적인 체험 때문에 유학을 부정적으로 보게 되
었다. 마쿠즈는 유학사상 때문에 자기 집안에 우환이 생기고 자신에게
고통을 생겼다고 생각했다. "우리 형제자매는 성인의 도를 지키려다
일곱 형제 모두 매우 고통스러웠다. 그래서 해를 거듭해 생각을 정리해
후대 사람들을 위해서 써두는 것이다"[25] 성인의 도는 바로 유학의 가르
침을 말한다.

남동생이 젊어서 죽은 것도 유교 도덕 때문이라고 생각했다. "구도
겐지로(工藤源四郎), 실지 이름은 모토스케(源四郎)라고 한다. 뜻이 청아하
고 건강했으며, 중국 성인(공자)의 가르침을 굳게 지켜 세상 사람들에게
는 특이한 사람이었다."[26] 의사였던 동생은 일곱 남매 중에 살아남은
유일한 남동생이었다. 장녀인 마쿠즈는 항상 그가 집안의 기둥이 되어

가문을 잘 이어갈 것으로 기대하고 있었으나 34세의 젊은 나이에 자기 몸을 돌보지 않고 환자들을 간호하다 요절했다.

마쿠즈는 개인적으로도 유교 도덕에 너무 집착한 자신을 한스럽게 생각했다. 성인의 가르침을 따르느라 자신을 단속하다가 결국에는 나쁜 놈들에게 휘둘려 손해를 입게 되었다고 한다.[27] 유교적인 도덕이 현실과 만났을 때 벌어지는 나쁜 경우로, 그는 "옛날부터 지금까지 첩 때문에 집안이 불행하게 되는 일이 드문 일은 아니다. 누구나 당연하다고 생각하는 것이지만 나로서는 매우 이상하다. 천한 여자 때문에 귀한 분이 마음을 괴로워하는 것은 왜일까? 정말로 그 이유를 분명히 알았으면 좋겠다."[28]고 했는데, 바로 이러한 상황에서 '귀한 분'은 마음을 괴로워하게 되고 천한 여자는 그러한 상황을 이용한다는 것이다.

또 금전적인 손해 사례를 이렇게 들기도 했다.

"옛날에는 나라를 다투고 서로 싸워서 토지를 빼앗으려고 하는 난세

일본에서 3대 절경 가운데 한 곳으로 꼽히는 미야기현 마쓰시마. 260여 개의 섬으로 이루어져 있으며 센다이에서 가깝다. 마쿠즈는 이곳을 여행하고 여행기를 남겼다.

일본 사상을 다시 만나다

(亂世)였다. 지금은 금은재화를 빼앗는 마음의 난세가 되었다. 사람의 마음은 눈에도 보이지 않고 소리도 나지 않는 물건이다. 그래서 누구도 그런 마음을 알 수가 없다. 그러나 가난한 하층민들은 육체적으로 고통스러워 그러한 마음을 미리 알 수 있었다. 높은 사람이나 또 덕이 있는 사람의 집안에서 태어난 사람들은 부유하기 때문에 그런 마음을 알 수 없다. 또 세상은 그런 것이라고 생각하고, 아랫사람들에게 베풀기를 인(仁)의 시작(端)이라고 여긴다. 그러면서 금이나 쌀과 같은 보물을 사람들이 좋아하는 대로 내맡겨서 마치 좁쌀을 주듯이 그것들을 나누어 줘버린다. 참으로 애처롭다."[29]

마쿠즈가 유교의 가르침을 이렇게 비판적으로 본 것은 사상사적인 흐름이 그랬기도 하지만, 역시 유교사상이 새로운 시대와 어울리지 않는 측면이 있었기 때문이다. 마쿠즈는 이러한 점을 날카롭게 보고 놓치지 않았다. 유교적 도덕보다는 시대의 흐름에 맞게 영리하게 대응해야 한다는 것이다.

유학에 대해 마쿠즈는 비판적이었지만 그의 사상을 바탕에서 지탱하고 있는 것은 유학적인 정신이었다.

『독고』에서 제시하고 있는 마쿠즈의 사상을 전체적으로 살펴보면, 마치 유학자의 문제 관심과 매우 유사하다는 것을 알 수 있다. 예를 들면 북송 유학자 주렴계의 「태극도설」을 읽어보면 먼저 태극운동, 음양, 오행 등 우주와 삼라만상의 본질에 대해서 언급한다. 그리고 남성적인 것과 여성적인 원리를 지적하고 거기에서 만물이 태어난다는 것을 말하며, 만물의 영장으로서 사람들이 만들어내는 선악과 만사를 논하고, 모범인 성인의 이야기를 하고 마친다.

마쿠즈의 관심도 달에서 시작하는데, 이것은 바꿔 말하면 우주론에 대한 관심이라고 할 수 있을 것이다. 또 여자배우나 첩이 가지고 있는 교활한 마음을 살펴보면서 인간의 본성과 인간관계에서 벌어지는 마음의 문제를 토론하기도 한다. 이외에도 그는 인간의 모범이 되는 일, 깨달음을 얻는 일, 다른 사람의 이익이 되는 일, 성인의 도, 마음이 어지러운 세상, 금전과 사회에 대한 문제 등 경세적인 문제도 다루었다. 내용은 다르지만 유학자들의 관심과 매우 유사하다고 하지 않을 수 없다.

'시간'과 '시대' 개념의 도입

일본에서 '시간(時間)'이라는 단어가 처음 사용되기 시작한 것은 근대에 들어서였다. 1874(명치 7년)에 『조야신문(朝野新聞)』에 그 용례가 보인다. 또 쓰보우치 쇼요(坪內逍遙, 1859-1935)의 문장(「當世書生氣質」, 1885-1886)에 '시간'이라는 표현이 사용되었다.

시간(時間)은 어떤 길이의 시간을 말한다.[30] 어떤 순간, 즉 시각(時刻)을 의미하는 뜻도 있는데, 그런 개념은 이미 고대에도 있었다.

『속일본기』(寶龜5年, 774년)에는 시각을 의미하는 '시극(時尅)'이 사용되었으며, 984년의 자료(「觀智院本三寶繪」)에는 '시각(時刻)'이라는 단어도 보인다.[31]

그러나 시각과 시각의 사이를 나타내는 근대적인 시간 개념이 도입되고 중시된 것은 명치유신 이후이다. 명치시대 초기에 영어의 'time'은 처음에 '시(時)'나 '시각(時刻)'으로 번역되었다. 그러나 나중에 'space'가 '공간(空間)'으로 'time'은 '시간(時間)'으로 정착되었다.[32]

1920년부터 일본에서는 '시간의 날'이 지정되고 각 교회와 사원, 공

장 등에서 종과 드럼, 피
리 등을 사용해 시간을
알리기 시작했다. 학교에
서는 시간에 대한 교육
과 강의가 실시되기도 했
다.[33] 시계가 보급되기 시
작한 것도 이즈음이다.
이러한 사정을 감안해보
면 마쿠즈가 시간 개념에

물시계로 시각을 측정한 일본 고대의 관리 모습(나라문화재
박물관 아스카자료관 전시). 근대적인 시간 개념은 유럽으로
전해졌는데, 마쿠즈는 일찍부터 그것을 주목해 일본 사회에
널리 소개하고자 했다. ⓒ필자 촬영. 2010.8.10.

주목한 것은 『독고』가 1817년에 집필되었으니 100년 이상 빠르다.

시간 개념과 용어가 정립되지 않았기 때문에 마쿠즈는 그런 개념을
나타내기 위해서 '낮과 밤의 수'라는 개념을 동원했다.

"천지 사이에 사는 사람은 '낮과 밤의 수' 안에서 평등하다. 번창하거
나 쇠약해져 가는 것은 이 수를 제외하고는 생각할 수 없다."[34]

"어려서부터 '주야의 수'를 마음에 새기고, 마음속의 박자로 삼아야
한다. 시각에 따라 변해가는 인간의 나가고 들어오는 숨과 함께, 떠나
지 않는 이 시각을 중시하지 않기 때문에 사람들은 혼란스러워 하는 것
이다. 육체가 어디에 숨더라도 숨과 시각은 서로 달라붙어 이 세상은
변해가는 것이라고 생각해야 한다. 외국인들이 시계를 손에 들고 있는
것은 시각을 잊지 않기 위해서이다. 사람은 마땅히 이래야 되는 것이
다. 외국인만 계산을 하지 못해서 그런 것은 아니다."[35]

'시간은 금이다(Time is Gold)'라고 할 때 'time'은 시각의 개념이 아니
다. 시각과 시각으로 잘라진 단위의 시간을 말하는 것이다. 그 '시간의
길이'가 금과 같이 소중한 것이지, 어떤 시각이 소중하다는 의미는 아

니다. 또 마쿠즈는 이렇게 말했다.

"무릇 사람은 태내에 있으면서 300일을 경과해 세상에 나타난다. 그리고 '낮과 밤의 수'에 따라 성장해 왕성하게 될 때는 24, 25년 길게는 30년 걸린다. 40을 초로(初老)라고 하지 않는가? 나는 새처럼 지나가는 이 세상을, 한참 왕성할 나이에 노는데 빠져 세상을 헛되이 보내는 것은 무익하다. 어려서부터 '낮과 밤의 수'를 마음에 새기고 흉중(胸中)의 박자로 삼아야 한다. 시각을 따라 변해가는, 인간으로 부터 나가고 들어오는 숨과 함께 떠나지 않는 이 시각을 무시하기 때문에 인간은 미혹에 빠진다. 몸은 어딘가에 숨더라도 숨과 시각은 따라 붙으며, 세상은 변해 간다는 것을 깨달아야 한다."[36]

서양에서 시간을 중시한다는 것을 알고 나름대로 시간의 의미를 파악해 소개한 것이다. 요즘에는 당연한 이야기이지만 당시는 그것이 쉽지 않았음을 알 수 있다.

마쿠즈는 또 '시대'라는 개념을 일본에 소개하기 위해서 분투했다.

"불교의 가르침도 성인의 도(道)도 모두 사람이 인위적으로 만든 법이다. 저절로 만들어진 것이 아니다. 움직이지 않는 분명한 사실은 순환하는 해와 달 그리고 낮과 밤의 수와 떠도는 박자다."[37]

'떠도는 박자'는 천지간에 떠도는 박자를 의미한 것으로 시간의 개념보다는 좀 더 큰 의미가 내포되어 있다. 마쿠즈는 이것을 우주의 '커다란 리듬'[38], '커다란 템포', '시대의 흐름' 혹은 '시대' 등 다양한 개념으로 사용했다. 이러한 개념을 학자들은 '맥박'이나 '진동' 혹은 '자연의 단순한 흐름', '천지간에 자연히 발생된 살아 있는 리듬' 등으로 설명하기도 한다.[39] 그런데 거기에는 또 미묘하지만 종교 신앙적인 의미도 내포되어 있다.

동경 긴자(銀座) 사거리에 서 있는 시계탑. 1894년에 처음 이곳에 시계탑 건물이 들어섰다. 정면에 보이는 와코(和光) 본사 건물은 1932년에 준공됐다. 이 부근에 살았던 마쿠즈가 '시계'와 '시간'에 대해서 관심을 가지기 시작한 것은 이곳에 시계탑이 세워지기 120여 년 전이다.

예를 들면 그는 이렇게 말했다. "성인의 가르침을 진심으로 간직하고 즐겁게 생각할 때는, 나도 모르게 내 손으로 마음을 겹겹이 옭아매 버린다. 이 때문에 우리나라(일본)는 인간적인 기분에 더 둔하게 반응하게 되고, '천지의 박자에 거스르고 벗어나게 되는 것이다."[40]

고대 사람들의 가르침에 너무 집착해버리면 현 시대에 살아 있는 감정에 둔하게 되고 시대의 흐름에 거스르게 되는 것이다. 그는 또 소위 배웠다는 학자들에 대해서 이렇게 비판했다.

"학자라고 하는 사람들은 모두 '낮과 밤의 수'를 무시하고, '천지의 박자'에 의지하지 않기 때문에 마음을 관통하는 것 없으며, 아무리 많이 배웠더라도 자기 한 평생에 모두 부서져 흩어지므로, 이익도 없고 허무하지 않은가."[41] 시간을 무시하고 시대의 흐름을 무시한 학자들에게 행한 일갈이었다.

마쿠즈는 당시 서양에서 전해진 우주론과 자신이 경험한 신비한 체험 그리고 자신이 감지한 시대적인 변화를 결부시켜 '천지간의 박자' 개념을 제시했다. 요즘의 눈으로 보면 다소 혼란스럽지만 새로운 서양 문화를 이해하고자 하면서도 자신의 현재적인 상황을 중시하는 주체성이 엿보인다.

"문자를 옆으로 쓰는 나라를 배우자"

마쿠즈는 서양 사회를 동경했다. 그녀는 "문자를 옆으로 쓰는 나라가 하는 것을 배워서, 국가 전체를 잘 되돌아보아 외국의 시선에 부끄럽지 않은 일을 도모하고자 생각하는 사람이 있다면 좋을 텐데"[42]라고 하면서 일본이 서양과 같이 발전된 사회가 되기를 바랐다.

'서양을 배우자'는 움직임은 동아시아에서는 일본에서 맨 처음 시작되었다. 지금은 한중일 삼국이 모두 서양을 배우기 위해서 혈안이 되어 있지만, 마쿠즈가 살았던 시대에 서양을 배우자는 주장은 매우 급진적인 사상이었다. 마쿠즈가 『독고』에서 이런 주장을 한 것은 '아시아를 벗어나 유럽으로 들어가자(脫亞入區)'고 주장한 후쿠자와 유키지(福澤諭吉, 1835-1901)보다 60년 이상 빠르다.

마쿠즈를 비난한 보수적인 바킨은 이렇게 말했다. "마쿠즈의 아버지 구도 헤이스케는 난학으로 유명한 사람이었다. 마쿠즈도 어려서부터 가끔 아버지의 이야기를 들어서 경솔하게 오랑캐들이 행한 바를 칭찬하고 이러한 논의를 했을 것"[43]이라고 했다. 당시만 하더라도 서양을

일본 사상을 다시 만나다

눈이 내린 니혼바시 풍경. 마쿠즈의 집은 이 부근에 있었는데, 에도의 상업 중심지로, 현재 동경 츄오구(中央區)에 속한다(渓斎英泉 그림).

배우자는 생각은 이렇게 매우 '경솔한' 행동이었다.

에도의 니혼바시 부근에 있던 마쿠즈 집에는 서양문화에 관심이 많았던 부친 덕분에 난학자들이 수시로 드나들었다. 센다이번 출신의 난학자 오쓰키 겐타구(大槻玄沢, 1757-1827)도 그 중 한 사람이었는데, 그는 마쿠즈 아버지의 도움을 받아 난학을 공부한 인물이었다.

마쿠즈가 쓴 『독고』에는 서양 문화, 특히 러시아 문화에 대한 다양한 소개가 담겨져 있다. 몇 가지 소개하면 다음과 같다.

"우리나라가 하는 일을 천박하다고 한탄하는 이유는 국가 전체를 되돌아보려고 생각하는 사람이 없다는 것이다. 대개 사람들은 책을 펴고 중국이나 일본의 옛날부터 있었던 일을 알기만 하면 스스로 지식인이라고 생각하며 마음을 놓아버린다."[44]

현재의 일본사회에 관심을 갖자는 말이다. 마쿠즈는 지식인들이 중국이나 일본의 옛일에 대해서만 관심을 갖는 것을 한탄하고 중국의 유학·성리학뿐만 아니라 일본의 국학까지 비판한 것이다.

일본에서 국학이 매우 성한 시기였음에도 불구하고 국학보다는 서구 학문과 사상을 중시한 점이 마쿠즈의 선구적인 혜안이라고 할 수 있다. 그녀는 "다른 나라들이 하고 있는 것을 배울 필요가 없다고 생각하지 마라. 많은 국가의 전체를 잘 알아야 확고한 정치가 이루어질 것이다"[45]라고 강조했다.

여성의 사회활동에 대해서도 다음과 같이 언급했다.

"삼가 언급하기에 황공스러우나 아마테라스 신은 여성신이다. 또 신 공황후(神功皇后)도 여성 신으로 외국을 복종시켰다. 시대를 내려가 무라사키 시키부(紫式部)가 멋지게 그려낸 히카루 겐지 이야기보다 훌륭한 글은 없었다. 서양에서 전해진 해부에 관한 책을 보면 여자이면서도 해부를 하는 모습이 있었다. 그렇다면 비록 여자일지라도 어찌 큰 뜻을 품을 수 없을 것인가?"[46]

신공황후는 『일본서기』에 등장하는 여성 천황인데, 실존하지 않은 가상의 천황으로 군대를 이끌고 신라를 정벌했다고 한다. 여신들과 서양 여성들의 사회활동을 들어 부러워한 것이다. 여성들의 사회활동은 요즘 당연한 이야기이지만 당시는 대단히 파격적인 주장이었다.

상업에 대해서는 이렇게 말했다.

"서양에서 상업을 관장하는 사람은 공무원이다. 그렇기 때문에 여러 사람의 이익을 탐내서 자기 한 사람만을 부유하게 하려고 하지 않는다. 나라 사람들이 편안해지는 것을 원한다."[47]

마쿠즈는 무사의 딸로 무사들이 경제적으로 어렵게 사는 것을 목격하면서 성장했다. 그래서 그녀의 글에는 상인들, 즉 초닌(町人)들에 대한 비판이 많았다.

일본에서는 다누마 시대(1767~1786)부터 재원을 확보하기 위해서 동, 철, 황동, 인삼 등의 전매권을 특정 상인에게 부여하고 세금을 받고 있었다.[48] 이러한 생산품들은 외국에서도 일본의 특산품으로 친다고 하면서 다른 나라에서는 소금이 귀하니, 일본에서 많이 나는 소금을 무시하지 말자고 이렇게 주장했다. "소금이 없는 나라에서는 주의해서 그

일본 사상을 다시 만나다

것을 계산해서 비싸게 파는데, 우리나라에서는 대충 계산해 싸게 판다. 이것은 다른 나라가 부러워하는 점이다. 소금을 국산 상품으로 개발해야 한다."[49]

일본인의 성격에 대해서도 "일본이 다른 나라보다 뛰어난 점은 사람들이 빠르고 긴박한 승부에는 반드시 이긴다. (중략) 우리나라가 다른 나라보다 떨어지는 점은 성격이 너무 급하고 마음씀씀이가 단기적이며 생각을 치열하게 해서 치밀한 것을 생각해내지 못하는 점이다."라고 비판하며, 당장 좋은 것만을 즐기는 것은 나쁘다고 주장했다.[50]

서양의 결혼제도에 대해서는 또 이렇게 소개하기도 했다. "아이를 가질 정도가 되어 결혼을 해야 할 나이가 되면, 짝을 지어주고 싶은 남녀를 사원에 같이 데리고 가서 먼저 남자를 사제의 앞으로 불러서 이렇게 묻는다. '저 여자를 그대는 일생동안 같이 함께 할 부인으로 결정했는가?' 이때에 남자의 대답을 듣고 가부를 정하고 또 여자도 불러서 앞과 같은 질문을 한다. 같은 마음이라면 부부로 정해준다."[51] 서양의 결혼식을 소개한 것이다.

과학기술과 학문의 축적에 대해서는 다음과 같이 비판했다.

"오곡이 드물고 문자를 옆으로 쓰는 나라는 고기를 음식으로 하기 때문에 수명이 짧다. 30만 되면 머리에 백발이 생기고 50까지 살게 되면 장수한 것으로 여긴다. 우리 천황폐하의 나라는 풀에서 나는 열매를 항상 먹기 때문에 수명은 길지만 사람들의 마음은 깊지 않고 멀고 오랜 기간의 일을 도모하지 않는다. 이 때문에 생각지도 않게 허망한 일이 많다. 설사 만 살이나 넘게 살더라도 사람들에게 도움 될 수 있는 것을 남기지 않는다면 이득이 없다. 고기를 음식으로 하는 나라는 30부터 40 사이를 이 세상에서 봉사 해야 하는 기간으로 정하고 있지만, 독창적으로 특출 나고 엄밀하게 생각해낸 것을 바탕으로 그 문제를 깊이 생각하기 때문에 일본인이 따라가지 못한 것도 이루어낸다. 이는 부러운 일이 아니겠는가?"[52]

지금 마쿠즈의 주장을 읽어보면 당연한 이야기들이지만 당시는 하나하나 사회 전체를 바꿔야 하는 파격적인 주장이었다. 그 때문에 보수적인 바킨은 마쿠즈의 『독고』를 용납할 수 없었던 것이다. 만약 『독고』가 출판되었더라면 어떻게 되었을까? 아마도 일본의 근대화가 훨씬 더 빨라졌을 것이다.

다다노 마쿠즈 연보

1세(1763년)   에도 니혼바시에서 센다이번 의사 구도 헤이스케의 장녀로 태어남.

9세(1771년)   여자의 모범이 되고자 뜻을 세움. 난학(蘭學)에 관심이 많은 아버지 덕분에 네덜란드 문물을 접함.

16세(1778년)   처음으로 시문을 씀. 센다이번 번주의 저택에 들어가 내실(內室)에서 근무.

21세(1783년)   결혼한 번주의 딸을 수행해 이이(井伊) 가문으로 거처를 옮김. 아버지 헤이스케가 러시아인들의 동정을 소개한 『적하이풍설고(赤蝦夷風説考)』를 완성함.

24세(1786년)   첫째 동생 죠안(長庵)이 사망함(향년 22세).

26세(1788년)   이이(井伊) 집안의 근무를 사직하고 에도로 돌아옴.

27세(1789년)   사카이(酒井) 집안으로 시집갔으나 신랑이 너무 늙어서 되돌아옴.

28세(1790년)   둘째동생 시즈코 사망함.

31세(1793년)   어머니가 병으로 사망함.

35세(1797년)   9월 센다이의 무사 다다노 이카(伊賀)와 결혼해 센다이로 감.

    일본 사상을 다시 만나다

38세(1800년)	아버지 구도 헤이스케가 67세로 사망함.
45세(1807년)	12월 그동안 집안의 가장 노릇을 해온 남동생 겐지로(源四郎)가 34세로 요절. 절망 속에서 이상한 신비 체험을 경험함. 이즈음 모토오리 노리나가의 『고사기전(古事記傳)』 읽음.
49세(1811년)	『옛날이야기(昔ばなし)』 집필을 시작함. 다음해 완성.
50세(1812년)	4월, 남편 다다노 이카가 에도에서 급사. 다음해 막내 여동생 데라코(照子)도 사망.
52세(1814년)	그동안 사망한 동생들을 그리워하면서 7남매에 관한 문장(「七種のたとへ」)을 지음.
53세(1815년)	가을, 관음보살 계시를 받고 「끊어지지 않는 넝쿨(絶えぬかづら)」을 기록. 부친의 저서 『구온수력(救瘟袖曆)』 출판.
54세(1816년)	5월, 이상한 체험을 통해서 부동신(不動神)의 계시를 받음.
55세(1817년)	12월, 『독고(獨考)』 완성. 『동북지방 이야기(奧州ばなし)』를 지음.
56세(1818년)	11월, 동생 다에코(栲子)에게 『독고』를 보내 교쿠테이 바킨에게 전달하도록 부탁.
57세(1819년)	2월, 다에코가 바킨에게 『독고』 원고를 전달하고 원고 검토와 함께 출판 지원을 부탁함. 12월, 바킨이 원고를 읽고 『독고론(獨考論)』을 써서 마쿠즈를 심하게 비난함.
63세(1825년)	6월, 센다이에서 사망함.

주석

1   김정호, 「안도 쇼에키 정치사상의 특성과 의의」, 『동양정치사상사』 3-2, 2003, 54쪽.

2   나가오 다케시, 박규태 역, 『일본사상 이야기 40』, 예문서원, 2002, 225쪽.

3   門玲子, 「只野真葛その文学と思想—孤独な挑戦者」, 『江戸期おんな考』 7, 桂文庫, 1996 참조.

4 宮沢民子, 「幕藩制解体期における一女性の社会批判―只野真葛の「独考」を中心に」, 『歷史学研究』423, 1975.8, 17쪽.

5 김정호, 「안도 쇼에키 정치사상의 특성과 의의」, 59쪽.

6 只野真葛, 『獨考』, 『只野真葛集』, 国書刊行会, 1994, 260쪽 참조. 마쿠즈의 문장은 鈴木よね子校訂의 『只野真葛集』(叢書江戸文庫30, 国書刊行会, 1994)에 거의 다 수록되어 있다. 여기에서 원문 인용은 주로 이 책을 이용한다. 참고로 비교적 잘 알려져 있는 마쿠즈의 일부 문장은 다음과 같이 단편적으로 번역되었거나 출판되어 있다. 須永朝彦訳, 「影の病 :「奥州波奈志」より」, 東雅夫編, 『書物の王国』, 国書刊行会, 1999. 中山栄子校注, 『むかしばなし : 天明前後の江戸の思い出』, 平凡社, 東洋文庫433, 1984. 上田秋成, 「磯つたひ」, 婦人文庫刊行會, 『婦人文庫 第4回 文集』, 1914년.

7 前田勉, 「赤蝦夷風説考」, 『日本思想史辞典』, ぺりかん社, 2001, 3쪽.

8 오오쓰기 겐타쿠는 1774년에 『解体新書』를 번역한 스기타 겐파쿠(杉田玄白, 1733-1817)로부터 난학을 배워 『重訂解体新書』(1798)를 간행한 바 있다.

9 只野真葛, 「獨考」卷の中, 282쪽.

10 前田勉, 「赤蝦夷風説考」, 3쪽.

11 변정민, 「18세기 후반 막부의 蝦夷地 개발 정책」, 『역사와 세계』33, 2008, 227쪽.

12 門玲子「只野真葛小傳」http://www.japanpen.or.jp/e-bungeikan/study/kadoreiko.html(검색일:2008.11.26) 20쪽에 『昔ばなし』의 내용변화에 대한 지적 참조. 이 자료(「只野真葛小傳」)는 門玲子저『わが真葛物語 江戸の女性思索者探訪』三月藤原書店, 2001, 第一章「真葛小伝」을 발췌한 것임. 아울러 鈴木よね子「反真葛論―「独考」1件をめぐって」, 『日本文学』36-1, 1987.1, 27쪽 참조.

13 滝沢馬琴「真葛のおうな」『日本隨筆大成』(第2期 第1回), 日本隨筆大成刊行會, 1928年, 246쪽.

14 門玲子 등『只野真葛あての妹萩尼からの書簡(翻刻)」(『江戸期おんな考』12, 2000)과 門玲子「只野真葛の夫伊賀あて書簡」(『江戸期おんな考』11, 2000)에 보이는 마쿠즈의 필체와 여동생 다에코(栲子, 萩尼)의 필체를 비교해보면

그러한 풍치를 느낄 수 있다. 동생 다에코의 필체는 마쿠즈에 비교하여 글씨가 섬세하고 작으며 정돈되어 있으나 마쿠즈의 글씨는 매우 활달하다.

15 只野真葛, 『獨考』, 264-265쪽.

16 只野真葛, 『獨考』, 290쪽.

17 只野真葛, 『獨考』, 265쪽.

18 只野真葛, 『獨考』, 265쪽.

19 只野真葛, 『獨考』, 261쪽.

20 只野真葛, 『獨考』, 261쪽.

21 別所興一, 「只野真葛の貨幣經濟認識と儒教批判」, 1-2쪽 참조.

22 鈴木よね子, 「反真葛論―「独考」1件をめぐって」, 22, 23, 26쪽 참조.

23 宮沢民子, 「幕藩制解体期における一女性の社会批判―只野真葛の「独考」を中心に」, 29쪽.

24 只野真葛, 『獨考』, 268쪽.

25 只野真葛, 『獨考』, 268쪽.

26 只野真葛, 『真葛がはら』, 500쪽.

27 只野真葛, 『獨考』, 268쪽.

28 只野真葛, 『獨考』, 266쪽.

29 只野真葛, 『獨考』, 270-271쪽.

30 「時間」, 『日本國語大辭典』 제2판, 小學館, 2004, 530쪽.

31 「時刻」, 『日本國語大辭典』 제2판, 617쪽.

32 「時間」, 『日本國語大辭典』 제2판, 530쪽.

33 구수경, 「근대적 시간규율의 도입과정과 그 의미」, 『교육사회학연구』, 2007, 17-3, 12쪽.

34 只野真葛, 『獨考』, 294-295쪽.

35 只野真葛, 『獨考』, 「胸算大數」.

36 只野真葛, 『獨考』, 306쪽.

37 只野真葛, 『獨考』, 269쪽.

38 Janet R. Goodwin, Bettina Gramlich-Oka, Elizabeth A. Leicester, Yuki

Terazawa, Anne Walthall(2001) "Solitary Thoughts: A Translation of Tadano Makuzu's Hitori Kangae" Monumenta Nipponica 56:1, 56:2.

39 Bettina Gramlich-Oka,(2004.6)"Kirishitan Kô by Tadano Makuzu: a late Tokugawa woman's warnings" Bulletin of Portuguese-Japanese Studies, Vol8, Universidade Nova de Lisboa, p.15.

40 只野真葛, 『獨考』, 268쪽.

41 只野真葛, 『獨考』, 295쪽.

42 只野真葛, 『独考』, 275쪽.

43 只野真葛, 『独考』, 272쪽; Janet R. Goodwin 등, "Solitary Thoughts: A Translation of Tadano Makuzu's Hitori Kangae", Monumenta Nipponica 56:1, 37쪽의 18번 주에 논자를 바킨으로 본 것에 따름.

44 只野真葛, 『独考』, 275쪽.

45 只野真葛, 『独考』, 272쪽.

46 只野真葛, 『独考』, 273쪽.

47 只野真葛, 『独考』, 276쪽.

48 연민수 편저, 『일본역사』, 보고사, 2000, 176쪽.

49 只野真葛, 『独考』, 297쪽.

50 只野真葛, 『独考』, 281쪽.

51 只野真葛, 『独考』, 276쪽.

52 只野真葛, 『独考』, 274쪽.

일본 사상을 다시 만나다

복고신도의 집대성자

히라타 아쓰타네

"일본은 세계 만국의 조국이요, 기초가 되는 나라다."

히라타 아쓰타네(平田篤胤, 1776-1843)

신비주의는 흔히 '자신을 신비스럽게 보이기'라는 뜻으로 영화배우나 가수 등 연예인에게 사용하는 경우가 많다. 그러나 학술적으로는 의미가 다소 다르다. 민족주의가 '민족'을 최고의 가치로 삼듯이, 신비주의(神秘主義, mysticism)는 '신비함'을 최고의 가치로 삼는다. '신비함'은 구체적으로 신적인 존재 또는 영적인 체험과 관련된 '신비함'을 말한다. 그런 의미에서 신비한 지식을 추구하고 신비한 체험을 지향하는 것은 모두 신비주의다. 어떤 사람이 종교 신앙을 갖고 신을 섬기는 것도 넓은 의미에서는 신비주의에 속한다.

원래 국학은 일본의 시가인 와카(和歌)나 시가 모음집인『만엽집(萬葉集)』을 연구하는 것이 주류였다. 게이츄(契沖, 1640-1701), 가타노 아즈마마로(荷田春滿, 1669-1736), 가모노 마부치(賀茂眞淵, 1697-1769) 등 초기 국학자들은 일본인이 쓴 문학작품을 통해서 일본인의 순수한 미의식을 찾고자 했다. 요즘으로 말하자면 국문학, 즉 일본 문학이었다. 그러던 것이『고사기』를 연구한 모토오리 노리나가(本居宣長)를 거쳐 히라타 아쓰타네(平田篤胤)에 이르면서 성격이 종교학에 가깝게 되었다. 특히 아쓰타네는 종교적인 정렬이 충만한 신비주의자였기 때문에 국학이 종교 신앙 그 자체가 되어버렸다.

종교 신앙으로서의 국학, 그것은 다른 이름으로 '복고(復古, 훗코)신도'라고 부른다. 국학이 일본 고대의 문헌자료를 중시했기 때문에 '복고', 즉 고대로 복귀한 신도가 된 것이다. 이 복고신도의 체계를 세우고 집대성한 인물이 아쓰타네였다.

일본 신도사는 크게 보면 불교의 영향을 받아 형성된 텐다이(天台)신도와 료부(兩部)신도, 신도 고유의 성격이 강한 이세(伊勢)신도, 요시다(吉田)신도 그리고 유교의 영향을 받아 형성된 요시카와(吉川)신도, 스이카(垂加)신도 등이 차례로 등장, 발전했다. 복고신도는 이 신도 가운데 가장 나중에 등장하였는데, 불교나 유교의 영향을 배제하고 순수한 일본 고유의 신도를 구축하고자 한 사상이다.

복고신도의 기초를 닦은 인물은 모토오리 노리나가였다. 학문을 하는 방법에 대해서 그는 이렇게 말했다. "여러 가지 학문은 그 어느 것이나 모두 중요한 것으로 그것들은 모두 연구할 가치가 있는 것이므로 하나도 빠짐없이 연구해야 되겠지만, 한 사람의 생애로는 도저히 그 깊은 데까지 연구할 수가 없다. 그러므로 그 가운데 특히 중점적으로 연구해야 할 것을 정해서 이것만은 기필코 끝까지 연구해야 되겠다는 마음으로 뜻을 굳건히 세워서 노력해야 할 것이다. 그렇게 한 후에 그 밖의 학문도 힘이 미치는 한도까지 연구하도록 힘써야 할 것이다. 그러면 그 중심으로 삼아야 할 학문은 무엇인가? 그것은 도(道)의 학문이다."[1]

노리나가가 역설한 도의 학문은 바로 고대 일본의 신과 관련된 도를 말한다. 노리나가의 존재를 노리나가 사후에 처음 알았던 아쓰타네는 노리나가의 이 말에 깊은 감명을 받았다. 노리나가는 앞서 말한 '도'에 대해서 다시 이렇게 말했다.

"무릇 그 도는 천조대신(天照大御神, 아마테라스 오미카미)의 도로써, 천황이 천하를 다스리는 도이며, 사해만국까지 널리 미치는 진실한 도인데, 이것은 오직 이 황국(皇國, 일본)에만 전해진 것이다. 그 도가 어떠한 것이냐고 한다면, 이 도는 『고사기』와 『일본서기』의 두 가지 서적에 기재된 신대(神代) 상대(上代)의 여러 가지 사적에 모두 갖추어져 있는 것이다. 두 책의 상대에 기재된 내용을 되풀이해서 잘 읽어야 할 것이

일본 사상을 다시 만나다

다. (중략) 그리고 이들 책을 일찍 읽게 되면 대일본정신(大倭魂)도 견고해져서 '한의(漢意, 중국의 정신)'에 쉽게 빠지지 않는 방어책으로도 좋을 것이다. 이 도를 배우겠다고 하는 사람들은 무엇보다도 첫째로 한의(漢意)나 유의(儒意, 유교의 정신)를 깨끗이 씻어내고 대일본정신을 굳건히 가져야 할 것이다."

천조대신은 태양신을 말한다. 이 태양신은 일본 신화에서는 바로 천황의 조상신이기도 하다. 태양신의 도가 일본 고대의 도이며, 일본에만 전해진 천황의 도이고, 또 그것은 이 세상을 다스리는 도라는 것이다. 아쓰타네는 이러한 노리나가의 가르침을 좀 더 본격적으로 연구하고 다듬었다. 노리나가의 당부를 따라 아쓰타네는 곧바로 일본 고대 신들의 문제, 즉 신도를 파고들었다. 그러한 성과가 복고신도의 구축이었다.

"일본은 세계 만국의 조국이요, 기초가 되는 나라." 이는 아쓰타네 사상의 정점이라고 할 수 있는 대명제다. 그는 "천황이 다스리는 이 일본국은 만국 가운데서 근본적인 지주(支柱)와 같은 나라로 만물 만사가 만국보다 더 탁월한 원인을 알아야 한다."[2]고 말하고, 일본이 왜 모든 나라의 기초가 되는지에 대해 이렇게 설명했다.

"천황이 다스리는 일본은 특별히 이자나기와 이자나미라고 하는 두 분의 큰 신이 탄생시킨 나라이며, 천조대신(아마테라스 오미카미, 즉 태양신)이 여기에서 탄생한 나라이며, 그 황손들이 천지와 더불어 영원토록 다스리는 나라"이기 때문이다. 이러한 사실은 오랜 옛날부터 『고사기』 등을 통해서 전해져 내려오기 때문에 분명한 역사라고 주장했다.[3] 이러한 주장은 혼란스럽던 에도시대 말엽 일본 사회에 큰 반향을 불러 일으켰다. 특히 천황을 옹립하고자 했던 존왕파에게는 큰 힘이 되었다.

일본 국토를 낳은 이자나기 신과 이자나미 신. 천황의 조상신
인 태양신은 이들의 자손이다. 아쓰타네의 학문은 이러한 신
화를 역사적 사실로 전제했다.

일본 사상을 다시 만나다

일본에서도 의식이 있는 지식인들은 아쓰타네의 국학사상을 아주 부끄러운 사상으로 간주한다. '광신적인 열정에 근거한 아주 기괴한 주장'이 어떻게 실증적이고 문헌적인 연구 방법을 중시한 국학에서 나올 수 있는가? 일부 학자들은 이러한 관점에서 국학 중에서 아쓰타네 사상을 배제해버리기도 한다.[4]

그러나 시간을 거슬러 올라가 당시의 복잡했던 일본 내부의 사정을 잘 살펴보고, 또 공간적으로 멀리 떨어진 한반도에서 아쓰타네의 사상을 곰곰이 읽어보면 참으로 많은 것을 생각하게 한다.

아쓰타네의 생애

아쓰타네는 1776년에 데와 지방(出羽國)의 구보타번(久保田藩, 현재의 아키타현秋田縣 아키타시)에서 태어났다. 지도를 보면 알 수 있듯이 아키타현은 일본의 문화적, 정치적 중심지인 동경(도쿄)이나 교토로부터 동북쪽으로 멀리 떨어져 있다. 이곳이 개발되어 일본 영토에 속하게 된 것은 나라 시대 후기로 그 전에는 '하이(蝦夷)'라고 쓰고 '에미시'라 불렀던 이민족 거주지였다. '에미시'는 나중에 '에조'로 부르게 되었는데, '에조'는 홋카이도(北海道)의 원주민 아이누 족을 뜻하기도 했다. 홋카이도를 일본이 식민지로 경영하기 시작한 때가 명치유신 이후였으므로 아쓰타네가 태어난 곳은 당시 일본에서 가장 변두리

지역이었다고 할 수 있다.

아쓰타네는 하급 무사의 아들로 태어났다. 모친도 무사 집안의 딸이었다. 8남매의 넷째아들로 태어난 그는 불행한 유년기를 보냈다. 어떤 기록에 따르면 부모 슬하에서 성장하지 못했다고 한다.[5]

8살 때부터는 기몬(崎門)학파 출신의 유학자로부터 한학을 배웠다. 기몬학파란 야마자키 안사이(山崎闇齋) 학파를 말한다. 안사이는 철저한 주자학 신봉자로 스이카 신도를 창시한 인물이다. 그가 배운 학문이 주자학과 일본 신도가 주된 것이었음을 짐작할 수 있다. 또 아쓰타네는 11살 때 숙부로부터 의학을 배웠으며 나중에 무술을 배우기도 했다.[6]

20세가 되었을 때 아쓰타네는 유서를 쓰고 탈번(脫藩), 즉 번을 탈출해 에도로 갔다. 당시 탈번은 바로 죽음을 의미했다. 소속된 번이 없는 사람은 생명 보장이 되지 않았기 때문이다. 아주 적은 돈을 갖고 에도로 간 그는 주위의 도움 없이 어려운 생활을 해나가면서도 틈틈이 학문을 계속했다. 잡일을 하며 4, 5년간 고생을 하다 다행히 히라타(平田) 가문 사람의 눈에 띄어 양자로 들어갔다. 그의 성씨가 '히라타'인 것은 이 때문이다. 그 후 26세 때 결혼을 하고 생활의 안정을 찾아 자신이 바라던 학업을 계속할 수 있게 되었다.[7]

28세가 되는 1803년에 그는 처음으로 노리나가의 저서를 읽고 꿈속에서 대면할 정도로 노리나가의 사상에 푹 빠졌다. 이때 노리나가는 이미 사망한 지 3년이 지났으나 1년여의 공부 끝에 노리나가의 제자로 자청하고 학당을 차려 국학 강의를 시작했다. 그는 이후 줄곧 에도에 살면서 많은 저서를 집필, 발간했다. 다자이 슌다이(太宰春台)의 신도론을 비판한 『가망서(呵妄書)』(1803년), 아라이 하쿠세키의 귀신론을 비판한 『신귀신론』(1805년) 그리고 『고도대의(高道大意)』(1811년), 『한학대의(漢學大

意)』(1811년), 『고사성문(古史成文)』(1811년), 『고사징(古史徵)』(1811년), 『영의진주(靈能眞住)』(1812년), 『선경이문(仙境異聞)』(1822년) 등이 대표적이다. 이런 책을 집필할 때 그는 며칠이고 잠을 자지 않고 지쳐 떨어질

아쓰타네가 태어난 곳에서 동쪽으로 약 40km 떨어져 있는 다자와 호수. KBS 드라마 〈아이리스〉를 통해서 국내에도 널리 알려진 이 호수는 일본에서 가장 깊은 호수로, 화산의 분화구에 물이 고여 형성된 곳이다.

때까지 미친 듯이 써대는 것으로 유명하다.[8] 그렇게 해서 그는 약 70종, 400여 권에 이르는 방대한 분량의 저서를 남겼다.

그는 강의와 독서 그리고 집필을 하는 틈틈이 에도에서 가까운 동일본의 각지를 여행했다. 42세 때에는 히타치(常陸), 시모후사(下總) 등 태평양 연안 지역을 여행했다. 48세 때에는 마쓰야마번에서 은퇴하고 간사이 지방을 방문했다. 우선 가는 길에 나고야의 아쓰타(熱田) 신궁에 들러 참배했는데, 그곳에는 천황가의 3대 보물 중 하나인 검이 보관되어 있다. 일본 신화에 등장하는 검이다. 이후 교토로 가서 사람을 통해 천황에게 자신의 저서들을 헌상했다.

그런 후에 오사카와 와카야마(和歌山)를 거쳐 여행하면서 노리나가의 제자들과 면담했다. 노리나가 제자들은 원래 아쓰타네에 대해서 반감을 가지고 있었다. 하지만 아쓰타네는 그들과 화해를 하고 특별한 대접을 받아 노리나가를 잇는 수제자의 지위를 확보했다.

소기의 성과를 올린 그는 와카야마를 출발해 일본의 역사가 시작된

나라 지방으로 갔다. 그곳에서 법륭사, 동대사, 야마토(大和) 신사 등을 방문하고, 고대 일본의 성지라고 할 수 있는 미와산(三輪山)을 방문한 뒤 오미와(大神) 신사에 참배했다. 참배 후 나라 지방을 떠난 그는 미와산을 끼고돌아 산악지대를 가로질러 미에현의 이세 신궁으로 가서 참배했다. 그리고 모토오리 노리나가의 묘지를 방문해 참배한 뒤 에도로 돌아 갔다.[9] 약 4개월간의 짧은 여행이었지만, 그는 이 여행을 통해서 자신의 위상을 국학계, 나아가 신도계에서 확고한 것으로 만들었다.

아쓰타네는 간사이 지방 여행 당시 교토의 요시다 가문과 화해하고 요시다 신사로부터 교수 자리를 위촉받기도 했다. 그로부터 약 17년이 지난 1840년에는 신도계의 또 다른 중심 세력인 시라가와(白川) 가문으로부터 신도 관련 연구 책임을 위촉받아 일본 신도계의 최고 지도자와도 같은 위상을 확보했다.

하지만 이렇게 정력적인 그의 활동은 교토 조정의 움직임과 반막부 운동의 추세를 유심히 지켜보던 에도 도쿠가와 막부의 신경을 건드렸다. 막부는 유학을 부정하고 나아가 고신도의 연구를 통해 천황을 지나치게 신비화한 아쓰타네의 저술들이 위험하다고 판단했다. 그래서 아쓰타네가 66세 되던 1841년에 그의 저술 활동을 금하고 고향으로 퇴거할 것을 명했다. 인생 최고의 순간을 맞이하고 있던 아쓰타네는 갑작스러운 통보를 받고 귀향했다. 그는 귀향해서도 포

아키타시에 있는 아쓰타네의 묘지. 아키타 대학의 뒤편 산기슭에 있다.

일본 사상을 다시 만나다

기하지 않고 사면을 위해서 노력했지만, 모두 수포로 돌아가고 2년 후 병으로 쓸쓸한 최후를 맞이했다.

사망 당시 그를 따르던 제자들은 550명 정도 되었는데, 유명한 제자로는 1807년에 입문한 오쿠니 다카마사(大国隆正), 1824년에 입문한 이쿠다 요로즈(生田萬) 등이 있다. 이쿠다는 1837년에 양명학자 오시오 츄사이가 부패한 정치에 분노해 막부에 반란을 일으켜 궐기하자 자신도 폭동을 일으켰다가 사망했다. 한편 아쓰타네의 양자로 집안의 대를 이은 사위 가네타네(鐵胤)가 1868년에 명치천황의 시강(侍講)이 됨으로써, 아쓰타네의 사상은 화려하게 복귀하여 국가적인 권위를 갖게 되었다.

우주론 : 우리 영혼이 가는 곳은?

우리가 사는 이 세상은 어떻게 생겼을까? 지구나 우주의 모습은 쉽게 설명할 수 있지만, 종교 신앙적인 관점에서 그것을 생각해보면 문제는 꽤 복잡해진다. 천당은 어디에 있을까? 지옥은 어디에 있을까? 사람이 죽어서 영혼은 어디로 가는 것일까? 아쓰타네는 이런 문제에 관심이 많았다.

전통시대 동아시아 사람들의 우주관은 한마디로 '천원지방(天圓地方)'으로 설명할 수 있다. 하늘은 둥글고 땅은 네모나다는 것이다. 그리고 사람이 죽으면 영혼은 황천(黃泉)으로 간다. 황천은 저승 또는 구천(九泉)이라고 하기도 하고 명국(冥國), 유계(幽界), 음부(陰府), 현택(玄宅)이라고 하기도 한다. 황천은 땅 밑에 있다.[10] 황천이라는 말 자체가 '누런 샘'이라는 뜻으로 누런 물이 새어나오는 지하 세계를 지칭한 것이다. 이것이 전통적인 동양인의 상식이었다.

아쓰타네가 사후 세계에 대해서 관심을 갖게 된 것은 그를 둘러싼 가족들의 죽음과도 밀접히 관련되어 있다. 28세 때는 2살 된 아들이 죽고, 37세 때는 11년 동안 같이 산 부인이 사망했다. 아쓰타네의 우주론이 집약적으로 언급된 『영(靈)의 진주(眞柱)』라는 책은 바로 1812년 부인을 잃은 해에 완성한 것이다.

'영의 진주'라는 제목은 '영혼의 진실한 기둥'이라는 뜻으로, 죽어서 여기저기 떠돌아 다니는 영혼이 어디로 가는지 그 행방을 규명해 사람들이 죽음을 앞두고 안심하도록 한다는 의미를 가지고 있다. 일본인들이 일본 고대의 세계관을 좀 더 잘 알아서 외국의 세계관에 흔들리지 않도록 진실한 기둥을 튼튼하게 세운다는 뜻도 있었다.[11] 노리나가가 힘주어 말한 '대일본 정신'을 견고하게 가지기 위해서 기초적인 상식, 즉 이 세상의 하늘(天), 땅(地), 황천(泉)이라는 물질들이 어떻게 시작되었고 그 모습이 어떤 것인지를 알아야 한다는 뜻에서 그것들을 정리한 것이다.

아쓰타네는 모두 10개의 그림을 동원해 그것을 단계별로 설명했다. 여기에서는 몇 개의 중요한 그림만을 소개하기로 한다. 원래 아쓰타네가 제시한 그림들은 노리나가의 제자 핫토리 츄요(服

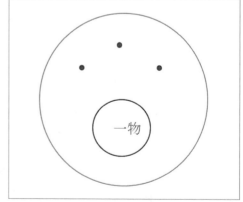

그림1) 물질이 처음 우주에 나타난 모습. 아쓰타네가 상상한 최초의 우주.

일본 사상을 다시 만나다

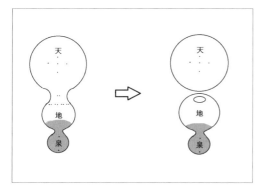

그림2) 하늘·땅·황천이 생겨나 먼저 하늘이 분리되는 과정.

部中庸)가 저서 『삼대고(三大考)』에서 『고사기』와 『일본서기』를 근거로 이 세상의 생성 과정을 정리, 제시한 것이었다.[12] 그림1)의 둥그런 큰 원은 우주 전체를 나타내며 그 안에 있는 세 점은 기기(記紀)신화의 맨 처음에 등장하는 신들을 점으로 형상화한 것이다. 이들은 잠시 나타났다가 사라진다. 그리고 허공에는 하나의 물질이 나타나는데 그림에서는 그것을 '일물(一物)'이라고 표현했다. 이 일물은 장차 하늘, 땅, 황천으로 진화한다.

다음 그림 2)는 아쓰타네가 제시한 네 번째와 다섯 번째 그림을 하나의 그림으로 모은 것이다. '일물'이 진화해 이렇게 커진 것이다. 중간 화살표는 왼쪽 단계에서 오른 쪽의 단계로 진화한 것을 의미한다.

먼저 왼쪽 그림을 보면, 점들은 역시 『고사기』에 나오는 신들을 나타낸다. 하늘에 다섯 신이 나타났다가 사라지고, 그 아래로 모두 6쌍의 신들이 교대로 나타났다가 사라지는데, 이들이 '신세칠대(神世七代, 7대에 이르는 신들의 시대)'의 신들이다.

이중 맨 마지막에 나타난 신들이 지상으로 내려오는 이자나기와 이자나미 신이다. 그림의 오른쪽은 두 신이 내려옴으로써 하늘과 땅이 분리되었다는 것을 표현하고 있다. 땅의 윗부분에 나타난 둥그런 원은 두 신이 내려온 섬을 나타낸다. 땅 밑의 황천(泉)은 아직 땅과 이어져 있다. 검은 색은 지하를 뜻한다.

그림 3)은 아쓰타네가 아홉 번째(왼쪽)와 열 번째 그림(오른쪽)으로 제시한 우주의 모습을 한 장의 그림으로 모은 것이다. 왼쪽 그림을 보면 땅과 황천이 아직 분리되지 않은 상태에서 중앙

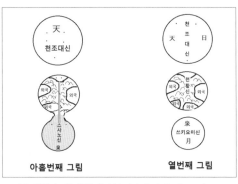

그림3) 황천이 땅(일본)에서 분리되어 달이 되는 모습

에 땅에서 황천으로 가는 긴 통로가 그려져 있다. 이 통로는 『고사기』에서 이자나기 신이 죽은 부인 이자나미를 만나러 황천으로 갔다가 일이 틀어져 부인과 싸우면서 도망 나온 길이다. 아쓰타네는 여기에서 신화 해석을 달리해 그 길은 현세에 존재하는 길로써, 아자나미 신은 살아 있는 상태로 이동했다고 주장했다.[13] 그림 가운데에 있는 땅은 섬으로 된 일본과 외국을 형상화한 것으로 일본 신화에서 일본의 섬들은 모두 이자나기 신과 이자나미 신이 결혼하여 낳은 것으로 되어 있다. 일본이 이 세상의 한 중간에 있으며 황천으로 가는 길도 일본에 있다.

오른쪽 그림은 우주가 형성된 마지막 단계로 그동안 하늘(天)이었던 것이 결국 태양(日)이 되었으며, 땅은 황천과 분리되어 지구가 되었고, 황천은 달(月)이 되었다. 아울러 태양은 천조대신이 지배하며, 지구는 천황신이 지배하고, 달은 쓰키요미 신이 지배한다는 것이 표시되어 있다.

이렇게 설명한 우주관은 결국 일본 신화를 바탕으로 에도시대 중기 이후 일반에 전래되었던 서양의 우주관을 결합한 것이다.[14] 천원지방의 평면적인 우주관과 태양·지구·달을 중심으로 한 입체적인 우주관의 결합인 것이다.

아쓰타네를 신으로 모시는 이야타카 신사. 아키타 시에
세워져 있다.

그런데 이러한 우주에서 사람의 영혼은 죽어서 어디로 가는가? 아쓰타네는 영혼이 황천으로 간다는 말은 왜곡된 속설이라면서, 사람이 죽으면 영혼은 이 땅에 그대로 남는다고 했다. 이자나기 신이 부인과 싸우고 황천을 벗어나오면서 그곳을 미워해 인간이 그곳으로 가지 말도록 금지했기 때문이다. '명부'라고 불리는 곳은 바로 현세에 있다. 신사나 사당 혹은 묘소가 영혼의 안식처다. 옛날부터 묘지를 만든 것은 바로 이 때문이며, 지옥에 간다거나 황천으로 간다고 하는 것은 모두 외국인들의 잘못된 관념이라고 주장했다.[15] 여기에는 인도나 중국의 종교뿐만 아니라, 서양인들의 종교인 기독교에 대한 비판도 포함되어 있다.

귀신론 : 천지조화는 귀신의 흔적

아쓰타네는 자신이 죽고 나면 가고 싶은 곳이 있다면서 이렇게 말했다. "이 몸이 죽고 난 뒤 나의 혼이 갈 곳은 이미 정해두었다. 죽은 몸은 어디로 가든지 영혼만은 스승(노리나가) 곁으로 갈 것이다. 금년에 앞서 간 처도 데리고. 이렇게 말하는 것을 이상하게 생각하는 사람도 있겠지만, 가련한 이 여자는 나의 학문의 길을 도와준 공이 컸으나 그 때문에 병을 얻어서 죽었기 때문에 이렇게 말하는 것이다. 스승 앞에 엎드려

이 세상에 있을 때 게을리했던 시가를 배우고, 봄에는 스승이 심은 꽃을 보면서 함께 즐기며, 여름에는 푸른 산, 가을에는 단풍과 달을 보면서 즐기고, 겨울에는 눈을 보면서 화평하게 그리고 영원토록 스승을 모시겠다."[16]

부인이 사망한 다음 해에 『영의 진주』를 완성하면서 마지막 부분에 써넣은 글이다. 스승에 대한 존경심과 부인에 대한 애틋한 정이 나타나 있다. 그는 평소에 국학 연구에 너무 몰두한 나머지 집안 살림은 거들떠보지도 않았다. 생계는 부인이 도맡아 했으며 항상 궁핍했다.[17]

아쓰타네는 사람의 육체가 죽어도 영혼은 살아 있어 이 지상 위에 영원히 존재한다고 생각했다. 유학자들이 말하듯이 사람의 영혼은 허공에 흩어져 없어지는 것이 아니다.[18] 그래서 자신이 죽으면 불쌍하게 고생하다 죽은 부인의 영혼과 함께 스승의 영혼을 찾아가 서로 어울려 지낼 수 있다고 믿었다.

아쓰타네가 사람은 죽어도 영혼이 산다고 생각한 것은 그가 자란 환경에서 전혀 이상한 것이 아니었다.[19] 일본은 지금도 곳곳에 많은 신사가 있고 신들을 모시는 사당이 많다. 에도 시대는 사찰과 신사들 그리고 거리마다 신을 모시는 사당들이 지금보다 훨씬 더 많았다.

그래서 그런지 비교적 합리적이었던 오규 소라이도 귀신이나 영혼의 존재에 대해서 긍정적인 입장을 취했다. 소라이는

멀리 보이는 산은 미와산(三輪山). 나라 분지 동쪽에 위치한 이 산을 고대부터 신으로 모셔 왔다. 이러한 환경에서 아쓰타네는 유교의 귀신론을 긍정할 수 없었다. ⓒ 2010.8.12. 촬영.

일본 사상을 다시 만나다

고대 성인은 귀신, 즉 죽은 사람의 영혼을 위해 제사를 지냈으며, 그것을 가지고 사람들을 통합하고 다스렸다고 한다. 전체적으로 유학자들의 귀신론을 크게 벗어나지 않았다.[20] 그러나 고의학파인 이토 진사이는 귀신에 대해서는 소극적이었다. 진사이는 공자가 『논어』에서 괴력난신(怪力亂神)을 말하지 않았다는 것을 근거로 『중용』16장에 공자가 귀신의 덕에 대해서 언급한 말을 공자의 말이 아니라고 판단하고 "천지 사이에는 음양 이외에 이른바 귀신이라는 것은 있을 수 없다."고 했다.[21] 이것은 원래 주자학의 입장과 유사한 것으로, 주자학자들은 귀신은 기(氣)에 지나지 않다고 생각한다. 보통 사람들이 생각하듯이 별도로 어떤 귀신이라는 존재가 있는 것은 아니라고 본다. 형체가 있든 없든 이 세상 모든 것은 '기'이며, 귀신은 음양이 소멸하고 성장하는 움직임에 불과한 것이라고 판단하였다. 이렇게 귀신의 개념을 기나 음양의 활동에 포함시켜버리는 것이 주자학자들의 귀신론이었다.[22]

하지만 아쓰타네는 주자학의 귀신론을 반박해 그 명제를 거꾸로 뒤집었다. 우리 눈에 보이는 천지조화 현상은 바로 귀신이 만들어낸 흔적이라고 주장했다. 눈에는 보이지 않으나 귀신은 분명히 존재하며 그 흔적이 천하 만물에 나타나 있다고 보았다. 그는 중국도 옛날 하은주 시대로 올라가면 당시에는 귀신을 존경했으며 귀신에게 제사를 지냈다고 했다.[23] 아쓰타네는 기독교의 심판론을 도입하여 대국주신(大国主神, 오쿠니누시노 미고토)을 유명(幽冥) 세계를 통치하는 신으로 상정하고, 그 신이 죽은 사람들의 영혼을 심판한다고 했다. 사람들이 현세에서 쌓은 공적에 따라 보상을 해주고 죄를 지었으면 벌을 주는 것이다.[24]

『고사기』에는 대국주신과 관련해 이런 일화가 기록되어 있다. "하루는 대국주신이 수심에 잠겨 혼자 말하기를 '나 혼자 어찌 이 나라를 만들 수 있겠는가? 어느 신이 나와 함께 이 나라를 만들 수 있을까?'라고 했다. 이때 바다를 비추면서 다가오는 신이 있었다. 태양신이었다. 그 신이 말하기를 '나의 혼을 잘 모셔주면 당신과 함께 이 나라를 만들 것입니다. 만약 그렇게 하지 않는다면 나라를 만들 수 없을 것입니다'라고 했다. 이 말을 듣고 대국주신은 '그렇다면 그 혼을 어디에 모시면 되겠습니까?'하고 물었다. 태양신은 '나를 야마토의 푸른 담장이 쳐져 있는 동쪽 산 위에 모셔 달라'라고 대답했다."[25]

이렇게 해서 태양신이 자리 잡은 곳이 태양같이 둥근 미와산(앞의 사진)이다. 나라현은 커다란 분지로 사방이 높고 낮은 산들로 둘러싸여 있다. 그런 분지의 동쪽에 미와산이 솟아 있는데 그곳은 고대부터 신성시하던 산이었으며, 특히 태양신을 믿는 천황가와 관련이 깊은 산이었다. 참고로 대국주신을 둘러싼 신화를 음미해보면 고대 일본의 건국은 바다를 건너서 들어간 세력들이 주도했다는 것을 짐작할 수 있다.

대국주신은 나중에 하늘에서 태양신이 직접 파견한 신들에게 자신이 장악하고 있던 영토를 양보하여 천황신의 자손이 '일본'이라는 나라를 세우도록 하는 데 기여했다. 자신의 영토를 양보한 대국주신은 "나는 물러나 유명(幽冥)의 일이나 다스리겠다"고 했는데, 아쓰타네는 이 말을 근거로 대국주신이 유명계의 통치자가 되었다고 주장했다.[26]

귀신은 정말 존재하는가? 그러한 질문에 대한 대답은 이미 학문의 영역을 떠난다. 아쓰타네는 이 세상의 모든 것은 귀신이 존재한 흔적이라고 하였으나, 역시 실증적으로는 증명이 되지 않는 것이 귀신의 존재다.

유학자들은 그런 신비스러운 존재에 대해서는 가능하면 관심을 줄이고 합리적으로 인간의 사고에 의해서 판단 가능한 사실에만 관심을 두고자 했다. 그러한 정신은 귀신에 대해서는 발언을 삼가고자 했던 공

미와산을 모시는 오미와 신사(大神神社). 아쓰타네는 만년에 이곳을 방문하여 참배했다.

자 때부터 있었다. 유학자들이 가지고 있는 합리적인 전통이다.

이러한 입장에서 에도 사상사를 정리해본다면, 합리적 이성에 충실하고자 했던 주자학이 양명학, 고의학, 국학을 거치면서 종교적 신앙심에 더욱 비중을 두는 방향으로 발전했다는 것을 알 수 있다. 국학파 내부의 동향을 보더라도 아쓰타네의 사상은 노리나가보다 더욱 적극적으로 귀신의 존재를 긍정했다.

이러한 경향은 결국에 일본 고대의 신화를 더욱 현실적인 사실로 인식하게 하는 데 공헌했다. 나아가 천황의 존재를 신적인 존재로 우상화하고, 당시 교토에서 쇼군의 위세에 눌려 있던 천황이 신적인 권위를 가지고 현실 정치의 세계로 등장하는 데 큰 기여를 했다고 할 수 있다.[27]

'왜곡'과 '억지' 속에 담긴 정신

일부 일본의 극우파 지식인들은 아직도 아쓰타네의 사상을 추종하면서 몰이성적이고 국수주의적인 주장을 서슴지 않는다. 그러나 아쓰타네 사상에 대해서 일본 지식인들의 대체적인 평가는 '망상에 가깝다'고 하는 등 곱지 않다. 예를 들면 다음과 같다.

"그 내용은 역시 아전인수격인 억지에 불과하다. 그의 사상은 국학이 가장 관념적으로 응결된 하나의 사례이며, 위험한 사상이라고 불러도 변명의 여지가 없는 그런 내용을 내포하고 있다."[28]

눈을 돌려보면 아쓰타네뿐만 아니라 일본 신도와 관련된 사상가들은 기본적으로 왜곡이 많다. 예를 들면 무로마치 시대 후기에 활약한 요시다 가네토모(1435-1511)도 위서를 제작하거나 진실성이 결여된 행동을 태연히 행해 지탄을 받았다.[29]

아쓰타네와 관련하여 터무니없는 '억지' 가운데 하나는 한글이 일본 고대 문자라는 주장이다. 그는 고대의 일본 문자를 '야마토 고토바(和字)'라고 불렀는데, 그것이 한글과 매우 흡사해 일본인들이 만든 고대 문자를 보고 조선이 그것을 본떠서 한글을 만들었다고 주장했다. 이러한 주장은 원래 국학자들 사이에 있었는데, 아쓰타네는 거기에 적극적으로 동조해 발전시켰다.[30]

그는 또 일본이 만국의 종주국이며, 일본인은 가장 우수하며 창조적이라고 했다. 그것을 전제하여 중국이나 인도 등 외국의 문화나 사상, 전설이 원래 모두 일본인이 고대에 만든 것이 전래된 것으로 보았다. 심지어 서양의 아담과 이브 신화도 일본의 이자나기와 이자나미 신화의 변종으로 보았다.[31]

교토대학 정문 앞에서 바라본 요시다 신사. 아쓰타네는
1823년에 이곳의 신직(神職) 교수가 되었다.

이렇게 눈앞의 사실이
나 역사적 사실을 왜곡하
는 경향은 현대 극우파 지
식인들이나 정치가들에
게서도 쉽지 않게 찾아볼
수 있다. 왜 그럴까? 그것
은 그들의 사상을 지탱하
고 있는 신도가 바로 '종
교 신앙'이기 때문이다.[32] 『고사기』라는 서적은 적어도 신화부분, 즉 천
황가의 태양신(天照大神)과 관련된 부분은 종교적 신앙을 바탕으로 서술
된 것이다. 그 부분을 역사적 사실로 읽고 그것을 바탕으로 자신의 사
상을 전개하게 되면, 아무리 합리적인 학자라도 자연스럽게 왜곡된 논
리에 빠져들 수밖에 없고 억지 주장을 하게 되는 것이다. 이러한 경향
은 단지 일본뿐만 아니라 종교인이라면 누구나 가질 수 있다. 다만 일
본 극우파의 경우는 스스로 종교인이라는 사실을 자각하지 못하거나
드러내지 않을 뿐이다.

아쓰타네의 사상은 매우 방대해 의학, 천문학, 역학, 군사학 등 다양
하고 폭이 넓었다. 그러한 사상들을 일본 고대의 신화를 바탕으로 통합
하고자 했기 때문에 자연스럽게 왜곡과 억지 그리고 사상적인 비약을
적지 않게 드러낸다. 그렇다면 그의 사상은 합리적인 이성으로 판단하
자면 전혀 가치가 없는 것일까?

시각을 달리 해서 살펴본다면, 그의 국수적인 사상의 본질은 매우 현
실적이다. 국가로서의 일본과 공동체로서의 일본 사회를 지상의 어떤
가치보다 앞에 둔다. 서구의 민족주의 정신이 일본에 전래되기 이전부

터 일본사회는 이러한 정신을 중요시 해왔다. 일본 기기신화에서도 태양과 달, 초목이 나타나기 전부터 일본이라는 국토는 생성되어 있는 것으로 묘사한다. 일본 영토를 이루는 섬들이 먼저 태어나고 나중에 삼라만상이 탄생한다. 이러한 신화를 사실로 믿는 아쓰타네나 보수주의자들은 자연스럽게 일본 민족과 일본 사회를 세상의 어떤 것과도 견줄 수 없는 최고의 존재로 생각할 수밖에 없다.

우리나라 사상가 가운데 아쓰타네와 같은 인물이 있을까? 거의 보이지 않지만 군이 찾아보자면, 1909년에 단군교를 창시한 뒤 나중에 대종교로 개명한 나철(羅喆, 1863-1916)을 들 수 있다.[33] 아쓰타네와 나철은 서양의 문물이 몰려오고 자기 나라의 정치적인 상황이 여의치 않은 시대를 살았다는 점에서 닮았다. 그리고 민족적인 위기를 극복할 지혜를 자기 나라의 신화에서 찾는 방식도 유사하다. 물론 그 신화에 나타난 주요 신을 신비주의적 입장에서 자기 종교의 최고신으로 신앙한 점도 같다. 다만 크게 다른 점은 아쓰타네의 경우는 일본이 아직 서구에 대항할 수 있는 시간이 주어져 있었으나, 나철의 경우 조선 사회는 이미 멸망 직전까지 가 있었다는 점이다. 나철이 단군교를 창시한 바로 1년 뒤에 한일합방이 되었다.

또한 아쓰타네의 경우 『고사기』의 현실적인 주인공이라고 할 만한 천황이 건재했던 반면에, 나철의 경우는 단군신화에 연계하여 신비화할 왕이 부재했다고 하는 점도 단군교 사상이 현실적으로 한계를 가지는 요인이 되었다. 이 같은 사태는 조선의 식민지화를 꾀해 온 일본이 사전에 미리 준비한 것이다. 천황이 일본 사회의 통합에서 차지하는 위상을 통감하고 있었기 때문에 일제의 식민 정책 당국자들이 조선 사회의 구심점이 될 만한 임금을 없애버린 것이다.

하지만 아쓰타네와 나철의 차이점은 좀 더 근본적인 곳에 있다. 즉, 아쓰타네가 일본 신화를 중시한 배경에는 『고사기』 등에 기록된 일본 신화를 존중해온 일본 지식 사회의 오랜 전통에 근거한 것이다. 에도 시대의 국학파 외에도 나라 시대에 신화가 기록된 이후, 일본의 지식인 들은 끊임없이 자신들의 신화를 정리하고 보존, 발전시켜 왔다. 이러한 것은 『고사기』, 『일본서기』 등 서적의 보존과 수정 그리고 각종 문학작 품이나 풍토지·지방지의 출판과 생산으로 이어졌다. 신도에 관심 있 는 학자들은 불교를 일본 신화와 연계시켜 설명하기도 하고, 유교이론 을 신화에 연계하여 신도이론을 발전시켜 왔다. 이러한 것은 면면히 이 어져 내려온 일본 신도의 역사에서 확인해 볼 수 있다.

우리나라는 그러한 역사가 거의 없었다. 단군 신화는 고려시대 말경 에 겨우 기재되었으며, 정식 사서에는 기록도 되지 않은 채로 무시되어 왔다. 나철의 등장은 우리나라 종교사, 사상사에서는 아주 특이한 경우

에도 시대에 천황이 살았던 교토 고쇼(御所) 정문. 아쓰타네는 1823년 에도에서 이곳으로 상경해 천황(仁孝天皇)에게 자신의 저서들을 상납했다. ⓒ 2010년 7월 29일 필자 촬영.

다. 그가 단군교를 세우기 직전에 일본에서 활동했고 1905년에 일본에서 들어올 때 주요 경전을 서대문역에서 어떤 노인에게서 받았다든지, 또 1908년에 동경의 어떤 여관에 있을 때 받았다고 하는 사실을 상기하거나[34] 단군을 국조신으로 모시는 사상이 우리나라 사상사에서 아주 특이하다 점을 생각해보면 나철이 일본 국학의 영향을 받아 단군교를 구상하지 않았나 하는 생각도 든다.

어쨌든 우리에게는 생소한 사상이 아쓰타네 사상이다. 그의 사상 가운데 국수적이고 왜곡되고 억지스러운 부분은 배울 필요가 없지만, 일본 민족을 하나로 모으는 데 최고의 가치를 두고자 했던 그의 정신은 남북한이 통합된 새로운 국가 건설을 앞에 두고 있는 우리가 눈여겨볼 만한 대목이다.

히라타 아쓰타네 연보

1세(1776년)[35]　데와(出羽)지방(지금의 아키타현)에서 출생. 부친은 오와다 도시타네(大和田祚胤).

20세(1795년)　그동안 한학, 의학, 무술 등을 공부했으나 뜻한 바 있어 번을 탈출해 에도로 감.

25세(1800년)　마쓰야마번(松山藩)의 무사 히라타 아쓰야스(平田篤穏)의 양자로 들어감.

26세(1801년)　결혼. 국학자 모토오리 노리나가(本居宣長) 사망.

28세(1803년)　처음으로 노리나가 저서를 읽음.『가망서(呵妄書)』지음. 장남(2살) 사망.

29세(1804년)　학당을 차리고 강의를 시작함. 1806년부터 시작했다는 설이 있음.

30세(1805년)　노리나가의 장남 하루니와(本居春庭)에 입문.『신귀신론』집필.

32세(1807년)	오쿠니 다카마사(大国隆正) 입문. 이후 약 2년간 의업(醫業)도 겸함.
36세(1811년)	크게 발분해 『古史成文』, 『古史徵』, 『古道大意』, 『漢學大意』 등 다수의 저서 집필.
37세(1812년)	부인 사망(향년 31세). 『영의 진주(靈の眞住)』 완성.
38세(1813년)	『영의 진주』를 판각해 노리나가 영전에 바침.
40세(1815년)	사토 신엔(佐藤信淵) 입문. 입문자가 79명으로 늘어났으나 생활은 여전히 궁핍했음.
41세(1816년)	지바현 초시(銚子) 등지를 순례. 이때 영험한 돌(天之石笛)을 얻고, 호를 이부키노야(伊吹乃屋)라 함. 차남(9살)이 사망해 가족은 딸(12살) 혼자 남음.
42세(1817년)	태평양 연안의 히타치(常陸), 시모후사(下總) 등 지방을 여행함.
43세(1818년)	4월에 재혼했으나 3개월 지난 후에 이혼하고 다시 재혼.
45세(1820년)	영계를 방문해 수행하는 소년(寅吉)을 입문시킴. 이후 9년간 돌보면서 신선의 세계, 유명계(幽冥界), 이계(異界) 등을 연구.[36]
47세(1822년)	『고금요매고(古今妖魅考)』, 『선경이문(仙境異聞)』 집필.
48세(1823년)	마쓰야마 번에서 은퇴함. 7월 교토, 오사카, 나라 등 칸사이(關西) 지방을 여행함. 이때 모토오리 제자들과 대면해 화해하고, 노리나가 묘소 및 이세 신궁 등지를 참배.
49세(1824년)	이쿠다 요로즈(生田萬)가 입문. 이후 수년간 중국과 인도의 고대를 연구함. 도교의 신선과 신관에도 관심을 가지고 도교 경전을 읽음. 가네타네(鐵胤)를 양자로 들여 사위 삼음.
50세(1825년)	『고사전(古史傳)』 완성. 이때까지 입문자가 290여 명에 달함.
53세(1828년)	히타치 등 여러 지방을 여행. 노리나가의 아들 하루니와 사망.
62세(1837년)	오시오 헤이하치로 난 발생. 제자 이쿠다 요로즈도 폭동을 일으켰다가 사망.
63세(1838년)	아키타 번의 하급관리(藩士)로 다시 복귀.
65세(1840년)	시라가와(白川) 가문으로부터 신도 관련 연구 책임을 위촉받음.
66세(1841년)	정월에 막부가 저술 활동을 금하고 고향으로 퇴거할 것을 명함. 에도

를 떠남.

68세(1843년)   사면을 받기 위해 노력했으나 실패. 9월에 병으로 사망.

주석

1   本居宣長, 「初山踏」, 손대준 역, 『영의 진주·초산답』, 1989, 광일문화사, 10쪽.
     다음 인용문도 같은 책, 10-11쪽.

2   平田篤胤, 「靈의 眞柱」, 손대준 역, 『영의 진주·초산답』, 48쪽.

3   平田篤胤, 「靈의 眞柱」, 손대준 역, 『영의 진주·초산답』, 49-50쪽.

4   山泰幸, 「『篤胤問題』という視覺」, 『季刊日本思想史』 69, 2006, 70-72쪽 참조.

5   田原嗣郎, 『平田篤胤』, 吉川弘文館, 1996, 84쪽.

6   田原嗣郎 등, 「平田篤胤年譜」, 『日本思想大系50-平田篤胤 伴信友 大國隆正』,
     岩波書店, 1984 참조.

7   藤田德太郎, 「本居宣長と平田篤胤」, 丸岡出版社, 1943년, 10쪽.

8   田原嗣郎, 『平田篤胤』, 114쪽.

9   山田孝雄, 『平田篤胤』, 寶文館, 1941, 67-68쪽 참조.

10   정병순, 「황천국방문신화에 보이는 타계의식」, 『일어일문학』 6, 1996.11, 198쪽.

11   平田篤胤, 「靈能眞柱」, 『日本の名著24』, 中央公論社, 1972, 160쪽. 平田篤胤,
     「靈의 眞柱」, 47쪽.

12   遠藤潤, 「신도에 있어서 전통과 근대-국학에 있어서의 우주·타계론의 성립」,
     『한국종교연구회회보』, 1995, 76쪽. 服部中庸, 「三大考」, 손대준 역, 『영의 진
     주·초산답』, 186-208쪽. 이하 우주론에 관한 설명은 별도의 주가 없는 경우
     平田篤胤, 「靈의 眞柱」에 근거함.

13   平田篤胤, 「靈의 眞柱」, 81쪽.

14   遠藤潤, 「신도에 있어서 전통과 근대」, 78쪽. 遠藤潤, 「平田篤胤の他界論再考」,
     『宗教研究』, 1995.9, 113쪽.

15   平田篤胤, 「靈의 眞柱」, 150-151, 156, 161쪽. 山泰幸, 「亡靈論とは何か」, 『일본

사상』14, 2008. 6, 107쪽.

16 平田篤胤, 「靈의 眞柱」, 171쪽.

17 藤田德太郎, 「本居宣長と平田篤胤」, 167쪽.

18 平田篤胤, 「靈의 眞柱」, 175쪽.

19 星山京子, 「新たな知性の誕生-平田篤胤考察」, 『일본사상사학』26, 1994, 118쪽.

20 고야스 노부쿠니 저, 이승연 역, 『귀신론』, 역사비평사, 2006, 60쪽. 三木正太郎, 「平田篤胤の新鬼神論と徂徠·白石」, 『日本思想史の諸問題』, 皇學館大學出版部, 1989년, 164쪽 참조.

21 고야스 노부쿠니 저, 이승연 역, 『귀신론』, 118-119, 136쪽

22 고야스 노부쿠니 저, 이승연 역, 『귀신론』, 130쪽.

23 平田篤胤, 「新鬼神論」, 『日本思想大系50-平田篤胤 伴信友 大國隆正』, 岩波書店, 1984,

24 山作良之, 「平田篤胤の本性論とその展開」, 『神道宗教』198, 2005.4, 139쪽.

25 노성환 역, 『고사기』상권, 예전사, 1999, 112-113쪽.

26 楠山春樹, 「平田篤胤と道教」, 『日本人の宗教意識の本質』, 教文館, 1973, 204-205쪽.

27 星山京子, 「新たな知性の誕生-平田篤胤考察」, 12쪽 참조.

28 나가오 다케시, 박규태 역, 『일본사상 이야기 40』, 예문서원, 2002, 190쪽.

29 임태홍, 『일본사상을 만나다』, 성대 출판부, 2010년, 121쪽.

30 김문길, 「신대문자에 관한 한일 양국간의 논쟁과 그 실태」, 『일본학보』창간호, 1994, 60, 67쪽. 리득춘, 「훈민정음 창제설과 비창제설」, 『중국조선어문』100, 1999.3, 15쪽. 민병찬, 「『神國神字弁論』과 신대문자」, 「일본학보」80, 2009.8, 10쪽 참조.

31 村岡典嗣, 박규태역, 『일본신도사』, 예문서원, 1998, 212쪽. 山泰幸, 「『篤胤問題』という視覺」, 99쪽. 藤田德太郎, 「本居宣長と平田篤胤」, 218쪽.

32 김양희, 「일본 우익의 천황주의에 관한 사상적 기저 고찰」, 『동아시아일본학회 춘계국제학술대회 자료집』, 2006. 5, 192쪽.

33 조흥윤, 『한국종교문화론』, 동문선, 2002, 232쪽.

34 조준희, 「백봉선사의 도통 전수에 관한 연구」, 『선도문화』 1, 2010, 279쪽 참조.

35 연보 참고자료

    -「平田篤胤年譜」, 『日本思想大系50-平田篤胤 伴信友 大國隆正』, 岩波書店,
    1984, 661-671.

    - 吉田眞樹, 「平田篤胤年譜」, 『平田篤胤-靈魂のゆくえ』, 講談社, 2009, 268-272.

    - 田原嗣郎, 「略年譜」, 『平田篤胤』, 吉川弘文館, 1996, 318-326.

36 中川和明, 「平田篤胤の『仙境異聞』と国学運動」, 『東洋文化』, 2008. 10, 12-15쪽.

미토학의 집대성자

아이자와 야스시

"일본은 신(神)과 성인들이 충효(忠孝)의 정신을 가지고 세운 나라다."

아이자와 야스시(會澤安, 1782-1863)

미토학(水戶學)은 에도 시대 후기에 미토번(水戶藩)에서 일어난 학문을 말한다. 미토번은 도쿄에서 동북쪽으로 약 100km 떨어진 곳으로 현재 이바라키현(茨城縣)의 중부, 북부지역에 해당한다. 이바라키현의 중심 도시는 미토시(水戶市)로 인구 약 27만 명의 소도시이다.

이렇게 지방의 작은 번이 미토학이라는 학문을 만들어내고 일본 사상사에서 큰 위상을 차지하고 있다는 사실에 독자들은 언뜻 놀랄지도 모른다. 하지만 미토번이 막부에서 차지하는 정치적 위상을 생각한다면 그리 놀라운 일이 아니다. 그리고 일본 지도를 펼쳐놓고 미토시 주변을 살펴본다면, 왜 그곳에서 에도 시대 후기에 외부 세력을 극도로 경계하는 국수주의적 사상이 일어나게 되었는지를 이해할 수 있다. 미토번은 당시 동북지역 방어의 중요 거점으로 태평양 연안에 위치하고 있어 북쪽, 남쪽, 동쪽에서 러시아, 영국, 미국 함선들이 자주 나타났다. 당시는 정체를 알 수 없는 외국 선박들이 자꾸 접근해오니 방어적인 양이(攘夷)사상이 형성된 것이다.[1]

에도 시대를 연 도쿠가와 이에야스는 미토번이 에도성 동북쪽에 위치하여 군사적으로 중요하기 때문에 자기 아들들을 이곳에 파견하여 통치하도록 했다. 미토번 영주는 막부의 영주 가운데에서도 특별한 위상을 가지고 있었다. 고산케(御三家)라 불리는 영주의 한 명으로 존경을 받고, 에도성에 상시 근무하면서 쇼군을 보좌하는 역할을 맡았다. 고산케는 쇼군의 후사가 없을 경우 후계자를 낼 수 있을 정도로 권한이 있었는데 그만큼 미토번의 위상은 중요했다.

에도 시대의 마지막 쇼군(제15대) 도쿠가와 요시노부(德川慶喜, 1837-

1913)는 미토번 번주 가문 출신으로 대가 끊긴 도쿠가와 종가(宗家)를 대신하여 쇼군이 되었다. 요시노부 쇼군은 즉위하자마자 1867년에 막부의 정권을 천황에게 반환한다고 선포했다. '대정봉환(大政奉還)'이라 불리는 막부정권 이양이 바로 이 쇼군에 의해서 이루어진 것이다. 1603년 이래 교토의 천황을 무시하고 에도에서 전권을 휘둘러온 도쿠가와 막부의 입장에서 보면 충격적인 사건이었으나, 미토번에서 어렸을 때부터 미토학의 영향을 받아 존황사상(尊皇思想)에 공감하고 있었던 요시노부로서는 당연한 일이었다.[2]

천황을 받들고 외세를 배격하자는 '존왕양이'의 미토학은 유학 사상을 그 배경으로 깔고 있었다. 존왕이란 존황(尊皇)과 같은 말로 천황을 국가의 중심으로 삼자는 것이며, 양이(攘夷)란 외국의 침략을 막아 국가로서 독립성을 확보하자는 말이다.[3] 국수주의적 성격이 강한 미토학은 에도 시대 말엽에 요시다 쇼인(吉田松陰)이나 사이고 다카모리(西鄕隆盛) 등 많은 지사에게 큰 영향을 미쳤으며, 막부를 넘어뜨리고 천황이 정치의 전면으로 나서게 된 명치유신의 사상적 기반이 되었다.

미토번은 또 1860년에 일어난 사쿠라다 문밖(櫻田門外)의 변(變)으로도 유명하다. 이 사건을 일으킨 무사들은 주로 미토번 출신의 무사들이었는데, 에도 성의 사쿠라다 문 바깥에서 당시 미국과 통상조약(1858년)을 주도한 막부의 대로(大老) 이이 나오스케(井伊直弼)를 살해한 것이다. 막부는 1854년에 미국과 화친조약을 맺고 교토의 조정에 그 비준을 요구했었다. 교토의 천황은 양이론을 주장한 미토번의 압력도 있고 막부에 대한 여론도 나빠서 칙허를 내리지 않고 주저했는데, 이이 나오스케가 취임하여 독단적으로 미국과 통상조약을 맺고, 존왕양이파를 탄압했다(이 사건을 안세이安政의 대옥大獄이라 부르는데, 요시다 쇼인이 이때 처형당했다). 이

일본 사상을 다시 만나다

1860년에 일어난 사쿠라다(桜田) 문밖의 변(變). 미토번 무사들이 막부의 개국 정책을 반대해 일으킨 이 사건은 천황을 받들고 외세를 거부하고자 한 '존왕양이'의 미토학 성격을 상징적으로 보여준다.

에 대응해 미토번 무사들은 존왕양이를 주장한 미토번 영주 도쿠가와 나리아키(德川斎昭)의 뜻을 받들어, 외세에 굴복해 개국하려고 한 막부 정책을 정면으로 거부하고 나오스케를 살해한 것이다.[4]

1863년에 존왕양이파는 정변을 일으킨 공무합체파(公武合體派)에 의해서 추방당했다. 공무합체파는 교토의 천황 측과 에도의 쇼군 측이 서로 힘을 합쳐서 정국의 안정을 꾀하자는 입장이었다. 나중에 존왕양이파 지사들은 가고시마(鹿兒島)와 시모노세키(下關)에서 일어난 외국 함대와의 교전을 통해서 서양의 우월한 군사력에 대항하는 것이 무모하다는 것을 깨닫고 양이운동을 포기했다. 하지만 존왕의 입장은 변치 않았는데, 그것이 결국 막부 타도 운동으로 발전해 명치유신이 일어나게 된 것이다.

미토학은 보통 전기 미토학, 후기 미토학으로 나눈다. 전기 미토학은 미토번의 제2대 번주 도쿠가와 미쓰쿠니(德川光圀, 1628-1701) 시기에 형성된 학문으로, 역사서 『대일본사(大日本史)』 편찬사업을 그 시작으로 본다. 후기 미토학은 제9대 번주 도쿠가와 나리아키(德川斉昭, 1800-1860) 시기에 형성된 것으로, 번의 교육기관인 홍도관(弘道館)을 무대로 발전했다.

전기 미토학은 1665년에 번주 미쓰쿠니가 초빙한 중국인 유학자 주순수(朱舜水, 1600-1682)가 중요한 역할을 했다. 주순수는 명(明)이 청나라 만주족에 의해서 멸망하자 일본으로 망명한 인물로, 양명학에 바탕을 둔 실학자였다. 그는 미토번의 에도 저택이나 사적 편찬소인 창고관(彰考館)을 중심으로 학문 활동을 했다. 한편 후기 미토학은 『고사기』나 『일본서기』 등에 등장하는 신화에 큰 관심을 가졌다. 이러한 미토학을 집대성한 인물이 여기에서 소개하고자 하는 아이자와 야스시(會澤安, 호는 세이시사이正志齊)로 그는 미토번의 홍도관을 중심으로 자신의 사상을 구축했다.

야스시의 스승 후지타 유코쿠(藤田幽谷)와 그의 아들 후지타 토고(藤田東湖, 1806-1855)도 후기 미토학파에 속한다. 토고는 미토학 사상을 간결하게 정리한 「홍도관기(弘道館記)」 및 『홍도관기술의(弘道館記述義)』로 유명한데, 존황양이(尊皇攘夷) 개념을 처음으로 제시하고,[5] 신도와 유교의 일치, 문무(文武, 천황과 쇼군)의 합병사상을 전개했다.

사상 내용에서도 전기 미토학과 후기 미토학은 다소 차이가 있다. 전기 미토학은 천황과 쇼군을 하나의 정치 조직으로 보려고 하는 입장에서 심리일원론(心理一元論)을 내세웠다. '심(心)'을 중시한 양명학적인 입장이 강조된 것이다. 반면에 아이자와 야스시가 집대성한 후기 미토학은 천황과 쇼군을 별개의 정치 주체로 보는 입장에서 이기이원론(理氣二元論)을 강하게 주장했다. 정통 주자학적인 입장이 반영된 사상이라고 할 수 있다. 결국 역사는 전기 미토학의 손을 들어주었다. 쇼군이 천황에게 스스로 정권을 넘겨주었을 뿐만 아니라, 서쪽 지역에서 일어난 막부토벌군에 의해서 막부가 토벌을 당하게 되어 정권의 완전한 단일화가 이루어졌기 때문이다.

아이자와 야스시는 1782년 미토번의 미토성 인근 마을에서 태어났다. 집안은 대대로 매의 먹이를 조달하는 하급 관리였는데, 부친 아이자와 쿄케이(会沢恭敬)가 출세하여 무사 신분이 되었다.[6]

야스시는 어려서부터 아버지의 지도를 받아 한문을 공부하고 9살까지 사서오경을 완독했다. 10살 때(1791년) 당시 미토번의 유학자 후지타 유코쿠가 운영하는 학당(青藍舎)에 입학해 공부를 계속했다. 이후 18세 때에는 에도에 있는 미토번 역사편찬소 창고관(彰考館)에 들어가 『대일본사(大日本史)』 편찬에 종사했다. 창고관은 미토번의 제2대 번주 도쿠가와 미쓰쿠니(德川光圀, 1628-1700)가 1657년경에 설립한 역사편찬소였다. 미쓰쿠니는 일본에서 명군(名君)으로 추앙받는 인물이다. 젊어서부터 역사에 깊은 관심을 가지고, 자기 집에 우수한 학자들을 초빙해 연구하도록 했다.

1807년 26세 때부터 야스시는 창고관에 근무하면서 당시 미토번 번주 도쿠가와 하루토시(德川治紀)의 아이들을 가르쳤다. 번주 집안의 가정교사 활동은 그 뒤 10여 년간 지속되었는데, 당시 야스시의 교육을 받은 학생 가운데에는 제9대 번주가 된 도쿠가와 나리아키(德川斉昭, 당시 8세)도 포함되어 있었다. 39세 때에 야스시는 발

©2010.2.14일 필자 촬영.

에도의 미토번 저택이 있었던 곳. 현재는 동경대학교 농학부가 들어서 있다.

령을 받고 미토번으로 돌아가 미토번 소재의 창고관에서 근무했다. 그때도 자택에서 학당을 열고 학생들을 가르쳤다.

1824년 그가 43세 되던 해, 영국의 포경선 2척이 미토번 해안에 표류되어 정박한 사건이 발생했다. 선원들이 배에서 내려 땔감과 물을 구하러 다녔는데, 주민의 신고를 받은 미토번 번주는 야스시 등을 파견해 그들을 조사하게 했다. 야스시는 영국인들을 만나 필담으로 면담을 했다. 야스시의 대표작이라고 할 수 있는 『신론(新論)』(1825)은 이 필담을 바탕으로 집필된 것이다. 1825년은 마침 막부에서 이국선(異國船) 격퇴령을 내린 해이다. 해안에 접근하는 외국 선박은 그 이유를 묻지 말고 모두 격퇴시키라는 명령이었다. 야스시는 영국 선원들이 겉으로는 고래를 잡는 척하지만 실제로는 침략을 노리고 외국에서 파견된 자들이라고 판단했다.[7] 이러한 인식을 바탕으로 정리한 『신론』은 미토번 번주에게 제시되었으나, 그 내용이 너무 과격하다고 평가되어 공개적인 발간은 금지되었다.[8]

1829년 야스시가 가르치던 도쿠가와 나리아키가 번주로 임명되었다. 야스시는 나리아키가 번주로 옹립되는 과정에 적극 개입해 많은 공헌을 했는데, 이후 후지타 토고 등과 함께 번주를 도와 미토번의 개혁을 추진했다. 2년 뒤인 1831년에는 창고관의 총재로 임명되었다. 창고관의 모든 업무를 관장하는 자리였다. 스승 후지타 유코쿠도 1807년부터 그가 사망한 1826년까지 약 20년간 재직한 적이 있었다. 야스시는 1839년까지 10여 년간 책임자로 근무를 하면서 『대일본사』 편찬을 지휘했다. 『대일본사』는 최종적으로 1906년에 완성되었는데, 명치유신이 일어나고 약 40년 뒤이다.

창고관 총재직을 마친 1840년, 야스시는 자신이 설립을 추진한 홍도

관(弘道館)의 책임자로 임
명되었다. 홍도관은 번
에서 운영하는 교육, 연
구기관으로 오늘날의 종
합대학과 같다. 문무를
함께 가르치는 것을 교
육방침으로 삼았는데,
검술이나 기마술 등 무

미토시에서 문화재로 관리하고 있는 홍도관

술과 함께 다양한 학문과 과학 지식을 가르쳤다. 홍도관은 제2대 번주 도쿠가와 미쓰쿠니 때부터 편찬을 시작한『대일본사』의 영향을 깊게 받아 미토학의 중심 무대가 되었다.

야스시의 학문은 바로 이 홍도관을 기반으로 이루어진 것으로, 전통적인 전기 미토학과 고대신화에 바탕을 둔 신도사상을 융합한 대의명분론(大義名分論)이 주가 되었다. 이런 그의 사상은 막말의 지사들에게 깊은 영향을 미쳤다. 1851년 그가 70세 되던 때, 젊은 요시다 쇼인(吉田松蔭)이 그를 찾아 미토를 방문했다. 이것은 유명한 일화로 전해지는데, 당시 쇼인은 야스시를 만나고 나서 이렇게 인상을 전했다. "그를 여러 번 방문했는데, 대개 술을 대접했다. ……만날 때마다 이야기를 하다 중요한 내용이 나오면 꼭 붓을 들어 그것을 기록했다. 이것이 천하의 사정에 정통하고 천하의 힘을 얻은 이유일까?"(『東北遊日記』)

1844년경에 야스시는 번주에게 불교계를 제압하도록 건의했다. 번주 나리아키는 그 건의를 받아들여 불교를 탄압했다. 이에 불만을 가진 에도 막부는 미토번 번주에게 정치 일선에서 물러나 은거하도록 명했다. 야스시도 같이 칩거 처분을 받았는데, 5년 정도 지난 뒤에 번주와 함께 복권되었다. 요시다 쇼인이 미토번으로 야스시를 찾아온 때가 바로 야스시가 복권된 직후였다.

1853년 야스시가 72세 때 미국의 페리가 함대를 일본 해안에 접근해 개항을 요구했다. 이에 대해 야스시는 양이(攘夷)의 입장에서 번주에게 그 대응책을 건의했으며, 번주는 그것을 근거로 막부에 해안 방어 전략을 제안했다. 이러한 사태의 진전에 따라, 그동안 발간이 엄금되어 있던 『신론』의 발간이 1855년에 이루어졌다.

막부는 미국의 요구에 굴복해 여론이 좋지 않음에도 불구하고 개항을 결심하고 미국과 통상조약을 맺었다. 하지만 1858년 교토의 조정에서는 막부의 조약 체결에 반대하여 미토번에게 그것을 반대하도록 칙명을 내렸다. 미토번 내부는 조정 측에 서서 막부의 조약체결을 반대하는 파와 막부 측에 서서 조정의 개입을 반대하는 파로 나뉘어 분열되었는데, 야스시는 조정의 칙명을 거부하는 입장이었다.

막부는 개국을 저해하는 지사들을 탄압했다(안세이安政의 대옥大獄). 번주 나리아키도 영구 칩거 처분을 받게 되었다. 야스시는 번의 분열을 막고 번주를 보호하기 위해서 동분서주했으나, 번주 나리아키는 1860년 가택연금 중 심근경색으로 사망했다.

양이를 주장하는 미토번 과격파 지사들은 번에 피해가 가지 않도록 탈번을 하고 미국의 개항 요구에 굴복한 이이 나오스케(井伊直弼)를 암살해버렸다. 이 사건으로 막부의 권위는 급격히 실추되어 공무합체(公武合體) 정책으로 반전을 꾀했으나,[9] 사태는 그 반대로 막부 타도 운동이 전국으로 확산되었다.

1862년 상황이 급변해 나리아키와 같이 은거 처분을 받았던 나리아키의 아들(7남) 요시노부(慶喜)가 막부 쇼군의 후견인으로 지명되었다.

요시노부는 1866년 12월에 제15대 정의대장군(征夷大將軍)에 취임해 에도 시대의 마지막을 장식한 쇼군이 되었다. 야스시는 1862년 쇼군 후견인이 된 요시노부에게 그동안 자신의 '양이' 주장을 굽히고 개국론을 전개한『시무책(時務策)』을 제출했다. 이렇게 에도 시대 말엽의 격변하는 정치 상황 속에서도 일본의 장래를 위해서 적극적으로 자신의 사상을 어필했던 그는 1863년 미토번 자택에서 82세의 나이로 유명을 달리했다.

『신론(新論)』의 구성과 내용

아이자와 야스시의 대표작『신론』은 미토학파의 대표작이라고도 할 수 있다. 이 책은 모토오리 노리나가(本居宣長)의『직비령(直毘靈)』, 가모노 마부치(賀茂眞淵)의『국의고(國意考)』, 아라이 하쿠세키(新井白石)의『독사여론(讀史餘論)』등과 함께 일본 사상사의 대표적 명저에 꼽히기도 한다.[10]

『신론』은 미토학 관련 서적 중에서 명치유신 전후의 일본 사상계에 가장 큰 영향을 끼친 서적이다. 미토학, 특히 후기 미토학의 사상적인 입장을 이론적으로 체계화한[11] 이 책은 막말 존왕양이 운동의 지도이념을 담은 서적으로, 명치유신 이후에는 천황제 국가의 지배원리를 집약한 국체사상의 원류가 되는 서적이기도 하다.

『신론』에는 야스시 사상의 정수가 담겨져 있다. 야스시는 많은 저술을 남겼으나 그의 작품들은 대개 이 책의 사상을 보충하거나 부연 설명하는 것에 지나지 않는다고 평가된다.[12]

『신론』은 전체 구성이 매우 체계적인데, 모두 7편으로 구성되어 있다.「국체편(國體篇)」3편(상편, 중편, 하편),「형세편(形勢篇)」,「노정편(虜情篇)」,「수어편(守禦篇)」그리고「장계편(長計篇)」이 있다.「국체편」3편은 도입 부분으로 서론에 해당되며『형세편』,『노정편』,『수어편』은 본론, 마지막의『장계편』은 결론에 해당된다.

「국체편」3편에서 야스시는 국가로서 '일본'의 근본이 되는 천황제에 대해서 논했다. 영국, 미국, 러시아 등 외국 함선들이 일본 근해에 나타나 호시탐탐 침략을 노리고 있는 상황에서 일본이라고 하는 국가를 어떻게 하면 안전하게 보존할 수 있을까 하는 문제의식을 가지고 그 방안을 제시한 것이다. 특히, 그는 일본이 신(神)의 나라이며 고대에 천황의 조상신인 태양신 아마테라스 오미카미(天照大神)가 충효(忠孝) 도덕을 기반으로 일본을 건국했다고 주장한다. 아울러 한 가문의 천황들이 대가 끊어지지 않고 오랫동안 일본을 지배해온 전통은 다른 나라에서는 보기 힘든 훌륭한 전통이라고 지적하고, 그러한 정치체제가 시간이 흐름에 따라서 불교와 같은 나쁜 사상의 유입으로 흔들리고 있다고 보았다.

「형세편(形勢篇)」은 당시 세계 정세가 어떠한지를 분석 소개한 글이다. 예를 들면 "옛날에는 한 지역 안에서 나라들이 나뉘어 서로 다투는 전국시대를 이루었으나, 지금은 각 지역이 병립하여 전국시대를 형성하고 있다. 중국과 만청(滿淸) 외에도 스스로 가장 존귀하다고 자처하는 나라로 무갈제국, 페르시아, 터키, 독일, 러시아가 있다. 이들 국가는 전 세계에서 7웅(七雄)에 손꼽히는 나라로 한 지역에서 대장노릇을 하는 국가들에 비할 바가 아니다"[13]라고 소개한 뒤, 일본을 둘러싼 세계 각국의 동향, 특히 구미 열강의 움직임에 대해서 논했다.

「노정편(虜情篇)」은 여러 나라가 침략 의도를 감추고 일본에 접근하고 있는 사실에 대해서 소개했다. 그는 구미 각국의 세력을 강대하게 한

일본 사상을 다시 만나다

것을 기독교라고 보았다.

"서양 오랑캐가 해상에서 발호하기 시작한 지 거의 300년이 되었는데, 그들의 영토는 날로 넓어지고 의욕은 날로 충만해지고 있다. 이것은 그들의 지혜와 용기가 남들보다 뛰어나기 때문인가? 아니면 그들의 인자함과 은혜가 사람들에게 널리 받아들여졌기 때문일까? 혹은 그들의 예악(禮樂)과 형정(刑政)의 제도가 완벽하게 갖추어졌기 때문일까? 아니면 그들의 성공은 원래 귀신의 조화로 인간의 힘으로 이룩한 것은 아니었던가? 모두가 그렇지 않다. 그들이 믿고 의지하며 그들의 기량을 충분히 발휘할 수 있게 한 것은 오직 하나 기독교 때문이다."[14]

이렇게 유럽 국가들이 기독교 전파를 통해서 세계 각지의 민심을 장악하고 있다고 보고 기독교에 대한 경계심을 드높이고, 나아가 서양 세력의 침략 야욕을 지적했다.

「수어편(守禦篇)」은 위기 극복을 위해서 일본 당국자들이 펼쳐야 할 정책이 무엇인지 논했다. 「수어편」 첫머리에서 야스시는 이렇게 제안했다.

"국가를 지키고 군대를 정비하려면 먼저 화해를 택할지, 전쟁을 택할지 그 방침을 미리 정하지 않으면 안 된다. 그것이 정해지지 않으면 천하 사람들은 이리 흔들리고 저리 흔들려서 어디로 가야 할지 모르게 되고, 기강은 해이해지며 상하가 서로 다투어 편안함을 취하고자 한다. 지혜로운 자는 계략을 내놓을 수 없고, 용감한 자는 분노를 드러낼 길이 없다. 하루하루 지내면서 단지 앉아서 오랑캐들이 계략을 꾸미도록 지켜보며 결국 빈손으로 패배를 기다릴 뿐이다."[15]

야스시는 막부가 신속히 방침을 정하고 거기에 따라 서양 세력의 움직임에 대응해야 한다고 했다. 그는 나아가 부국강병을 위해서 긴요한 정책은 무엇이고 외적을 막기 위한 구체적인 방안, 나아가 필요한 군사적인 방안은 무엇인지를 서술했다. 그가 특별히 주목한 것은 내정 개혁이었다. 그는 무사들의 기풍을 진작시키고 사치를 금지하며 백성들을 평안하게 하고 현명하고 재능 있는 인물을 등용하도록 건의했다. 또 병사들을 증원하고 훈련을 강화함으로써 군령(軍令)을 정비하고, 각 번 관료들의 책임의식을 함양하고 제도를 정비해 경비를 절감하게 함으로써 각 지방이 재정적으로 여유가 있어야 한다고 주장했다. 그는 또 에도에 병사를 집중하는 정책을 폐지하고 각지의 중요한 거점에 대한 수비를 강화하고, 특히 해안과 섬들에 대한 경계를 강화해야 한다고 건의했다.[16]

마지막으로 「장계편(長計篇)」에서 야스시는 긴 안목을 가지고 백성을

이바라키현(茨城県) 오즈항(大津港). 1824년 이 부근에서 야스시는 포경선에 탔던 영국 선원들과 면담했다.

　　　　　　　　　　　　　　일본 사상을 다시 만나다

가르쳐 바람직한 풍속을 형성하는 원대한 계획에 대해서 논했다. 그는 일본을 평화롭게 잘 다스릴 수 있는 만세불변의 방책으로 건국의 근본 정신, 즉 제정(祭政)일치의 확립이 필요함을 지적했다. 그는 외세를 막는 양이(攘夷) 자체는 결코 최종적인 목표가 될 수 없다고 보았다. 단순하게 외적을 격퇴하고 쇄국을 하자는 보수적인 입장으로는 양이나 쇄국 정책 그 자체도 달성하기 힘들다고 생각했다. 소극적인 쇄국정책을 펼치는 것보다는 오히려 적극적으로 국력을 키워서 해외에 진출해야 한다고 주장했다. 즉, 방어에만 전력을 쏟는 것이 아니라 국력을 충실히 하여 공세적으로 나가서 외세를 완전히 제압하는 지위를 획득함으로써 궁극적으로 국위를 해외에서 선양해야 한다고 주장했다.[17] 이렇게 외국에 대한 적극적인 공략을 주장한 것은 에도 시대 말엽의 많은 지사들과 지식인들의 공통적인 태도였다.

이러한 『신론』은 어디까지나 통치자, 지배자의 입장에 선 것이다. 위로부터의 정치개혁을 주장하는 것도 지배체제를 강화하기 위해서이지 체제에 반역하거나 체제를 부정하기 위해서 집필한 것은 아니었다. 내우외환의 시대에 지배계급인 무사들이 어떻게 대처해야 하는지를 고민한 것이다.[18] 막부의 권위를 훼손하거나 막부 체재를 부정하려는 의도는 없었다. 결국 막부의 입장에서 지배체제를 더욱 공고히 하고자 꾀한 것이 야스시의 『신론』 집필 의도였지만, 정작 막부의 관료들이 필요한 때에 이 책은 발간되지 못했다. 내용이 너무 과격하다고 판단되었기 때문이다.[19]

미토학의 국체론(國體論)

'국체(國體)'란 무엇일까? 사전을 뒤져보면 1) 국가의 형태 2) 국가의 체면이라고 정의한다. 국가의 형태란 '공화제', '군주제' 등을 말한다. 사실 국체라는 단어는 우리나라에서는 잘 쓰지 않는 단어이다. 한자어로서 국체라는 단어는 우리말로 완전히 정착하지 못하고, 어설프게 수용되어 '국(國, 나라)'의 '체(體)'로 이해되고 있다. '체(體)'라는 한자에는 몸, 신체, 모양, 용모, 체제, 근본, 본성, 본체, 도리, 체면 등의 뜻이 포함되어 있다.

'국체'는 중국 고전에 등장하기도 하지만, 일본에서는 전통적으로 사용했던 말이다. 일본어사전을 살펴보면 '국체(国体, 고쿠타이)'는 1) 국가의 상태 2) 국가의 형태 3) 국가의 근본체제라고 정의된다.[21] 하지만 이런 뜻은 서구에서 들어온 정치학의 영향을 받은 것으로, 원래 일본에서 사용된 '국체'라는 단어와는 다소 거리가 있다.

『일본 사상사 사전』을 보면 '국체사상'을 설명하면서 위와 같은 일반적인 개념과는 달리 '일본의 자국인식에 관한 사상으로, 만세일계(萬世一系)의 천황 통치를 근거로 일본의 전통적인 특수성과 우월성을 주장하는 사상'[22]이라고 정의한다.

이렇게 '국체'사상이 천황 통치와 관련되어 강력한 민족주의적 입장에서 정립되어 사용되기 시작한 것은 18세기 이후이다. 외국 선박들이 일본 해안 주변에 자주 출몰하면서 대외적인 위기의식이 발생하고 거기에 대응하여 '일본'이라고 하는 국가나 일본 민족의 우월성을 천황제와 결부시켜 전면에 내세우는 사상이 발생했는데, 그것이 '국체'사상이다[23]. 이러한 국체사상은 구체적으로 후기 미토학자들에 의해서 이론화, 체계화되었는데, 특히 아이자와 야스시가 집필한 『신론』에 잘 드러나 있다. 야스시는 『신론』에서 「국체」라는 항목을 두고 국체론을 전개했다. 첫머리에서 그는 이렇게 말했다.

"천황들은 무엇에 의지하여 국토를 보존했을까? 어떻게 오랜 세월 동안 평화롭게 통치를 하고 천하가 동요하지 않았을까? 만민에게 두려움을 주어 한때의 복종에 의존한 것이 아니다. 수많은 백성이 한마음으로 윗사람을 친하게 여기고 차마 그를 떠나지 않는 성실함에 의존한 때문이다. 하늘과 땅이 나누어지고 사람들이 처음으로 생겨나고, 하늘의 자손들이 천하에 군림한 이래, 줄곧 한 가문이 대를 이어 끊어지지 않았다. 그럼에도 지금까지 어느 한 사람도 감히 천황의 자리를 넘보지 않고 오늘에 이른 것이 어찌 우연이겠는가?"[24]

야스시는 일본의 고대신화에 근거해 충효 도덕이 일본이라고 하는 국가의 건국이념이었다고 주장하고, 오랜 시간 동안에도 대가 끊어지지 않고 면면히 이어져 내려온 천황가의 혈통과 그러한 전통이 얼마나 우월한 것인지를 논증하고자 했다. 나아가 천황이 통치하는 일본의 '국체'의 위대성과 그러한 국체에 의해서 일본이 하나로 통일되어야 하는 논리를 전개했다.

그렇다면 야스시는 왜 '국체'를 주목하고 고대신화와 천황제의 위대성을 언급했을까? 그는 이렇게 주장한다. "논자들은 부국·강병이 변방을 지키는 수단이라고 말할 뿐이다. 하지만 지금 오랑캐들은 민심이 동요하고 있는 것을 틈타 몰래 변방 사람들을 유혹하고 암암리에 민심의 이반을 꾀하고 있다. 만약에 민심이 한번 변해버리면, 전쟁을 해보지도 못하고 천하는 이미 오랑캐들의 것이 되어버린다."[25]

그는 부국강병책보다 우선 서양 세력에 대항해 민심의 단속이 중요

하다고 파악했다. 서양 세력이 기
독교를 앞세우고 세계 각지를 공
략하고 있는 사실을 주목해 거기
에 대응하는 정신적, 사상적 결속
을 촉구한 것이다. 국내의 민심을
통합해 통치자의 의도와 일치되
도록 하는 것이 중요하다. 그렇기
때문에 양이(攘夷)정책과 함께 백
성의 마음을 교화시켜 자발적으
로 통치자에게 복종하도록 만들
어야 한다. 그러기 위해서, 야스시
는 구체적으로 천황이 주최하는
종교적 의례를 통해서 충효 도덕

일본 신화에 등장하는 신무천황(神武天皇). 최초
의 천황으로 전해지고 있으나 허구의 인물이다.
국체(國體)라는 말은 천황을 뜻하기도 한다.

을 백성들에게 침투시켜야 한다고 주장했다. 국가통합의 구심점으로
천황이 있고, 그 천황을 중심으로 민심이 통합된 이상적인 상태가 바로
일본 고대의 제정(祭政)일치 정치체제였다. 야스시는 그것을 '국체'라는
단어로 나타내고자 했는데, 국가 조직의 기본 또는 국가의 본질적인 모
습을 상징한다.[26]

　이러한 국체사상은 명치유신 이후에 더욱 널리 받아들여져 명치정
부가 지향한 천황제 국가의 핵심 이념으로 기능하기도 했다. 그것은 바
로 명치헌법을 관통하는 이념이었으며, 천황 통치체제 그 자체를 의미
하기도 했다. 1890년에 발포된 교육칙어에서는 천황의 통치 체제를 국
체의 '정화(精華)'라고 정의하기도 했으며, 제2차 세계대전 당시에는 국
체의 수호가 일본 천황가의 유지를 뜻하기도 했다. 하지만 패전 이후

국체라는 용어는 폐기되고, 천황제라는 단어로 대체되었다.[27]

이러한 설명을 들어도 우리나라 사람들에게는 국체 개념은 여전히 생소하다. 국가의 '체(體)'가 어떻게 천황제를 뜻하게 되었는지, 왜 굳이 국체라는 단어를 사용하는지 그 이유가 명쾌하지 않다. 야스시는 '국체' 개념을 다음과 같이 풀이했다. "나라(國)에 체(體)가 있다는 말은 무엇인가? 사람에게 사체(四體)가 없다면 사람이 될 수 없다. 나라에 '체'가 없다면 무엇을 가지고 나라라고 할 수 있겠는가?"[28] 국체라는 말은 국가라고 하는 추상적인 개념을 구체적인 모습으로 보여주는 어떤 것을 말한다. 사람이라는 개념을 구체적인 모습으로 보여주는 것이 인체인 것과 같다.

국체와 같이 우리나라 사람들이 쉽게 이해하기 힘든 개념으로 '신체(神體)'라는 개념이 있다. 일본 사람들은 '신(神)'과 '신체(신의 몸體)'를 나누어서 생각한다. 신체가 없으면 무엇을 신(神)이라고 하겠는가 하고 생각한다.

예를 들면 우리나라 사람들은 '달걀귀신' 하면 달걀 모양을 한 귀신을 상상하고 단순하게 그것을 달걀귀신이라고 생각하고 만다. 하지만 일본 사람들은 달걀귀신을 좀 더 분석적으로 나눈다. 달걀귀신이라고 하는 영적인 존재와 달걀귀신의 '몸'에 해당하는 달걀이 있다고 생각한다. 달걀귀신은 '신(神)'이고 그 신의 몸체, 즉 '신체'는 달걀이다. 달걀귀신은 언제든지 그 '신체'인 달걀을 떠날 수 있다. 정신과 육체가 함께 합해질 때 살아 있는 인간이 되듯이, 신(神)과 신체가 합해질 때 영험한 귀신이 되는 것이다.

이렇게 혼령과 그 혼령이 담긴 구체적인 사물을 나누어 생각하는 경향은 불교의 영향 때문인 것 같다. 불교에서 윤회사상은 영혼과 육체를 나누어 생각한다. 영혼이 육체를 만나는 것은 생명의 탄생이며, 영혼이 육체를 떠나는 것은 죽음이다. 육체를 떠난 영혼은 다시 다른 육체를 만나 새로운 삶을 이룬다. 사람이 죽으면 육체는 불에 태워지지만 영혼은 깨달음을 얻어 이 세상을 떠날 때까지, 영원히 이 세상에 존재하면서 새로운 육체를 만나 새로운 삶을 꾸려간다. 그것이 윤회사상이다.

이런 의미에서 '국체'는 국가를 구현하는 몸체로, 극단적인 경우에는 천황 자체를 의미하기도 한다. 물론 국가를 나타내주는 실체로 토지, 국민도 있지만 그것은 무시된다. 일본에서 가장 중요한 실체는 천황이다. 천황이라고 하는 구체적인 몸체에 '국가'라고 하는 '정신'이 깃들어 있다고 보는 것이다.

미토학에 끼친 유교의 영향

일본사상 연구자 가쓰라지마(桂島宣弘) 교수는 미토학을 조선시대 말의 유학사상과 비교하면서, 미토학에서 유학적 사유의 해체가 이루어지고 있다고 보았다.[29] 조선시대 유학자 허유(1833-1904)의 이기론(理氣論)과 야스시의 이기론에 주목한 그는 야스시가 "천리(天理)라고 하는 것은 주자학 이후 후대의 유학자가 주장한 것에 지나지 않는다"(『讀級長戶風』), "일본은 태양이 솟아오르는 동방에 위치해 정기(正氣)가 발하는 곳"(『讀直毘靈』)이라고 한 말에 근거해, 야스시가 주자학적 형이상학을 거부하고 세상에 보편적으로 존재하는 리(理)를 부정했다고 보며, 거기에 유학적 사유의 해체를 볼 수 있다고 주장했다.[30]

그리고 가쓰라지마는 다음과 같은 결론을 내렸다. "일본의 유학·주자학은 서양 제국주의 사유를 앞서서 스스로의 것으로 만듦으로써, 확실히 그 해체의 대가로 재빨리 근대화의 길을 열었다. 그러나 그것은 사상사적으로는 리의 보편성 해체를 전제로 하고 있었다."[31]

이러한 설명은 헤겔의 중국론을 수용해 주자학의 사상을 전근대적인 사상으로 본 마루야마 마사오의 『일본정치사상사 연구』의 설명 도식과 비슷하다. 마루야마는 소라이학에서 전근대적인 유학사상이 해체되고 일본사상이 근대성을 갖추게 되었다고 지적한 바 있다.[32]

가쓰라지마는 야스시가 『신론』에서 밝힌 다음과 같은 말도 주목했다. "서양제국이 타국을 침략하는 방법은 먼저 통상에 의해 상대의 동정을 엿봐 간극이 있으면 군사적으로 침략하고, 그것이 불가능할 경우에는 기독교를 포교해 민심을 동요시키려고 한다. ……그 방법은 정말로 감탄할 만한 것이다"(『新論』). 그리고 가쓰라지마는 겉으로는 유학사상에 경도되어 양이(攘夷) 사상을 내세웠지만, 사실은 서양으로부터 배워 그들의 '술수', 즉 기독교를 앞세운 정교(政敎)일치나 국민교화를 거꾸로 이용해 주변 이민족을 교화하고자 했다고 지적했다.[33]

가쓰라지마는 국학사상이 미토학에 미친 영향도 지적했는데, 그의 설명을 듣고 있으면 유학사상이 미토학에 미친 영향이 매우 적게 느껴진다. 하지만 어디까지나 미토학은 유학사상의 바탕 위에서 성립·전개된 사상이라는 점을 잊어서는 안 된다.

미토학의 기반이 형성된 전기 미토학 시기, 미토번의 제2대 번주 도쿠가와 미쓰쿠니는 이미 『주자가례』를 근거로 하는 상제례를 도입하는 데 힘썼다. 그는 자신의 부친이 사망하자 유교식으로 장례를 치르고 매장했다.[34] 후기 미토학파의 학자들, 예를 들면 야스시나 유코쿠도 부모의 장례를 유교식으로 모시고 3년 상을 치렀다.[35] 원래 불교의 압도적인 영향 아래에 놓여 있던 일본에서는 화장이 널리 행해진 장례풍습이었다. 미토번 사람들은 번 자체가 없어질 때까지 『주자가례』를 모범으로 읽었으며, 『주자가례』를 근거로 독자적인 상제례를 정리한 서적을 출판하기도 했다.[36]

미토번이 유교적인 상제례를 수용하고 유교를 적극 수용한 것은 중국에서 망명해온 주순수의 영향이 컸다. 미쓰쿠니는 유학자 주순수를 초빙해 스승으로 삼고 지도를 받았다. 주순수는 미토번의 역사 편찬사업과 미토학 형성에 큰 영향을 미쳤다.

미토번의 역사서 편찬사업도 유학의 영향이었다. 전통적으로 일본에서 역사 서적의 편찬 작업은 그다지 크게 주목받지 못했다. 역사 서적으로 『고사기』, 『일본서기』, 『속일본기』, 『일본후기(後記)』, 『속 일본후기』, 『문덕(文德)실록』, 『삼대(三代)실록』 정도가 있을 뿐이었다. 하지만 에도 시대 초기에 막부에서 자문 역할을 하던 유학자 하야시 라잔(林羅山)이 역사서 편찬사업에 주목했으며, 번주 미쓰쿠니가 그로부터 영향을 받았다. 미쓰쿠니는 정통 주자학의 보급에 힘쓰는 과정에서 유학의 중요 영역인 역사에 관심을 갖게 되고, 사마천의 『사기』를 모방해 『대일본사』 편찬에 착수했다. 주순수가 감수자로 이에 적극 참여했다. 미쓰쿠니는 『춘추좌씨전』의 서문에 있는 '과거를 밝혀 미래를 생각한다(彰往考來)'는 문장에서 두 글자를 따서 자신의 저택에 세운 역사편찬소를 창고관으로 명명했다.[38] 일본 상고사를 정리하는 과정에서 전기 미토학파가 형성되고 황도사관(皇道史觀)이 구축된 것이다.[39]

미토학의 사상적인 특징인 '존왕양이' 사상도 유학의 영향을 크게 받은 것이다. 에도 시대 후기 접어들면서 유교가 더욱 일반화되면서 천황과 쇼군의 관계가 더욱 분명해졌다. 천황이 군주이며 쇼군은 신하라

일본 사상을 다시 만나다

는 의식이 강해진 것이다. 유학이 천자를 세계의 중심, 즉 태극(太極)으로 설정해 천자 중심의 유교적 사회를 구축해 나가기 위한 학문이었다고 한다면, 미토학은 기기신화의 내용을 역사적 사실로 인정하고 천황을 세계의 중심으로

동경대학 농학부 교문 안쪽에 세워진 주순수 기념비. 주순수는 이곳에서 거주하면서 미토번 번주 도쿠가와 미쓰쿠니의 『대일본사』 편찬사업을 도왔다.

설정해 천황 중심의 유교적 사회체제를 구축해 나가기 위한 학문이었다.[40]

야스시의 국체론도 결국 그러한 유학적 세계관을 바탕으로 형성된 것이다. 그는 위험에 처한 일본의 정치를 이상적인 상태로 발전시키기 위해서, 중국 주나라 시대의 제도를 참조하고 『논어』, 『맹자』, 『대학』, 『중용』 등에 포함되어 있는 정치철학의 원리를 활용해야 한다고 보았다. 그가 명분을 중시하고 존왕양이의 사상을 내건 것은 바로 그런 인식이 있었기 때문이었다.[41] 그는 특히 『춘추』를 중시하고 주나라 시대 정치에 대해서 연구했으며, 정명론(正命論)에 입각한 존왕사상, 화이사상 그리고 춘추필법의 사상을 주목했다.[42] 명분을 중시하는 입장은 야스시에게 유학을 가르쳤던 스승 후지타 유코쿠도 마찬가지였다. 유코쿠는 『춘추』의 대의는 '정명(正名)'에 있으며 군주와 신하 간의 명분을 바르게 하는 데 있다고 주장했다. 이러한 인식이 미토학의 국체론으로 발전한 것이다.[43]

야스시는 『신론』의 머리말에서 "일본은 신(神)과 성인들이 충효(忠孝)

의 정신을 가지고 세운 나라"[44]라고 했다. 충과 효의 사상을 가지고 일본을 세웠다는 것은 유학자로서 야스시의 판단이다. 사실 기기신화 도입 부분에서 일본을 건설하는 이야기에 충효 사상이 그렇게 분명히 드러나 있지는 않다. 하지만 그는 유학의 충효사상을 기기신화에 접목하려고 하였다.

그는 또 『신론』의 「장계편(長計篇)」에서 백성을 가르쳐서 풍속을 형성하는 계획에 대해서 논했다. 백성을 가르친다는 말 역시 유학적인 사상이다. 도덕과 예의를 가르쳐 '수신제가(修身齊家) 치국평천하(治國平天下)'의 경지에 이르도록 하는 것이 유학의 핵심 사상이기 때문이다. 야스시는 또 「장계편」에서 일본을 영원히 다스릴 수 있는 만세불변의 방책으로 제정(祭政)일치의 확립을 강조했다. 이는 서양 기독교의 영향도 무시할 수 없지만,[45] 역시 제사의 의례를 중시하는 중국의 유교적 정치 문화를 염두에 두고 언급한 것이라고 할 수 있다. 미토학은 결국 유학을 바탕으로 형성된 학문이었다고 하지 않을 수 없다.

아이자와 야스시 연보

1세(1782년)[46]　미토번(水戸藩)에서 하급 무사의 장남으로 출생.

10세(1791년)　미토번 유학자 후지타 유코쿠(藤田幽谷)가 운영하는 학당에 입학.

18세(1799년)　미토번의 역사편찬소 창고관(彰考館)에 입학. 『대일본사(大日本史)』 편찬에 종사.

20세(1801년)　대외문제에 관심을 가지고 국방문제를 다룬 「천도이문(千島異聞)」을 집필.

23세(1804년)　제7대 번주 도쿠가와 하루토시(徳川治紀)에게 발탁되어 가정교사가 됨.

　　일본 사상을 다시 만나다

26세(1807년)	번주의 3남 도쿠가와 나리아키(德川齊昭, 당시 8세)를 교육함.
35세(1816년)	번주의 장남 도쿠가와 나리노부(德川齊脩)가 미토번 제8대 번주에 임명됨.
39세(1820년)	자택에 학당을 열고 아이들을 가르침.
43세(1824년)	영국 포경선이 미토번 해안(大津浜)에 표류해 와 야스시 등이 파견되어 필담.
44세(1825년)	2월, 막부가 외국선이 나타나면 무조건 격퇴하라는 명령 내림. 3월, 『신론(新論)』 집필.
46세(1827년)	스승 후지타 유코쿠 사망(향년 53세).
48세(1829년)	나리아키가 제9대 번주로 임명됨. 후지타 토고(藤田東湖) 등과 함께 개혁을 보좌함.
50세(1831년)	창고관의 책임을 맡음. 번에서 운영하는 사관(史館)의 총재에 임명됨.
55세(1836년)	전국에 기근이 일어나고 각지에서 민란이 발생.
56세(1337년)	2월, 오시오(大塩)난 발생. 후지타 토고, 「홍도관기(弘道館記)」 초고 완성.
59세(1840년)	야스시, 홍도관(弘道館)의 초대 학장(敎授頭取)에 임명됨.
63세(1844년)	번주 나리아키가 실각되고 막부로부터 근신 처분을 받음. 11월에 근신 해제됨.
64세(1845년)	번주를 위해서 구명운동을 하다가 막부로부터 금고(禁錮) 처벌을 받음.
68세(1849년)	번주 나리아키가 사면을 받고 복귀. 야스시도 홍도관 교수직에 복귀함.
70세(1851년)	요시다 쇼인(吉田松蔭)이 미토번에 와서 야스시를 방문.
72세(1853년)	6월, 페리가 함대를 몰고 와 개항을 요구하자 야스시는 번주를 통해 막부에게 해안 방어 전략에 대해 의견을 제시함.
74세(1855년)	10월, 에도에 대지진이 발생하여 후지타 토고 사망. 다음해 『신론』을 공개 간행.
77세(1858년)	교토 조정에서 미토번에 막부의 대미 조약에 반대하도록 비밀 칙령을 내림. 번주는 막부 측을 비판하다 칩거명령을 받음.
78세(1859년)	야스시는 조정의 칙령을 거부하도록 건의하다 존황양이파(尊皇攘夷

派)와 대립.

79세(1860년)   3월, 번의 지사들이 고위관료(井伊直弼)를 암살(桜田門外の変).

81세(1862년)   쇼군 후견인 요시노부(德川慶喜)에게 『시무책(時務策)』 제출.

82세(1863년)   미토번 자택에서 사망.

주석

1   가루베 다다시 등 편, 고희탁 등 역, 『교양으로 읽는 일본사상사』, 논형, 2010, 19쪽 참조.

2   나가오 다카시, 박규태 역, 『일본사상 이야기 40』, 예문서원, 2002, 218쪽.

3   비토 마사히데, 엄석인 역, 『사상으로 보는 일본문화사』, 예문서원, 2003, 217쪽 참조.

4   나가오 다카시, 『일본사상 이야기 40』, 217쪽 참조.

5   비토 마사히데, 『사상으로 보는 일본문화사』, 221쪽.

6   야스시의 생애에 대해서는 笠原一男, 「会沢正志斎-生涯と著作」, 『日本思想の名著12選』, 學陽書房, 1973, 226-228쪽 및 일본어 위키피디아(http://ja.wikipedia.org/)의 「会沢正志斎」, 「彰考館」, 「弘道館」 소개 등을 참조.

7   가루베 다다시 등 편, 고희탁 등 역, 『교양으로 읽는 일본사상사』, 192쪽.

8   笠原一男, 「会沢正志斎-生涯と著作」, 『日本思想の名著12選』, 學陽書房, 1973, 231쪽.

9   비토 마사히데, 『사상으로 보는 일본문화사』, 224쪽.

10   芳賀登, 「日本思想史」, 『日本思想の名著12選』, 學陽書房, 1973, 24-30쪽.

11   笠原一男, 『日本思想の名著12選』, 229-230쪽.

12   瀬谷義彦, 「解題」, 『新論·迪彝篇』, 岩派書店, 1970, 481쪽. 笠原一男, 『日本思想の名著12選』, 231쪽.

13   會澤安, 『新論·迪彝篇』, 岩派書店, 1970, 96쪽.

14   會澤安, 『新論·迪彝篇』, 106쪽.

15 會澤安,『新論·迪彝篇』, 136쪽.

16 笠原一男,『日本思想の名著12選』, 235-236쪽.

17 尾藤正英,「解說」,『新論·迪彝篇』, 302쪽. 笠原一男,「会沢正志斎-生涯と著作」, 233-234쪽 참조.

18 가루베 다다시 외, 고희탁 등 역,『교양으로 읽는 일본사상사』, 192쪽 참조.

19 笠原一男,『日本思想の名著12選』, 232쪽. 尾藤正英,「解說」, 295쪽 참조.

20 야후 국어사전 http://kr.dic.yahoo.com/, 2012. 1. 9

21 일본 야후 사전(大辞泉) http://dic.yahoo.co.jp/, 2012. 1. 9

22 子安宣邦 등,「國體思想」,『日本思想史辭典』, ぺりかん社, 2001, 184쪽.

23 子安宣邦 등,「國體思想」,『日本思想史辭典』, 184-185쪽 참조.

24 會澤安,『新論 迪彝篇』, 岩派書店, 1970, 12쪽.

25 會澤安,『新論·迪彝篇』, 52쪽.

26 尾藤正英,「解說」,『新論·迪彝篇』, 304-305쪽 참조.

27 子安宣邦 등,「國體思想」,『日本思想史辭典』, 185쪽 참조.

28 會澤安,『新論·迪彝篇』, 52쪽.

29 桂島宣弘,「19세기에 있어서 한일 사상사의 일고찰-후기 水戸學과 許愈 사상과의 비교를 중심으로」,『남명학연구』19, 2005, 103쪽.

30 桂島宣弘,「19세기에 있어서 한일 사상사의 일고찰」, 110-113쪽.

31 桂島宣弘,「19세기에 있어서 한일 사상사의 일고찰」, 115쪽.

32 마루야마 마사오, 김석근 역,『일본정치사상사연구』, 통나무, 1998, 105-108, 179, 233, 308쪽 참조.

33 桂島宣弘,「19세기에 있어서 한일 사상사의 일고찰」, 108쪽.

34 田世民,「水戸藩の儒礼受容-『喪祭儀略』を中心に」,『京都大学大学院教育学研究科紀要』53, 2007.3, 137쪽.

35 田世民,「水戸藩の儒礼受容」, 144쪽.

36 사와이 게이치,「후기 미토학의 상제례」,『국학연구』16, 2010.6, 391-394쪽.

37 田世民,「水戸藩の儒礼受容」, 146쪽.

38 司馬遼太郎,『街道をゆく 37』, 朝日新聞社, 1992, 265쪽.

39 김채수,「근세 일본에서의 국체사상의 성립과 유교의 역할」,『일본문화연구』25,
    2008.1, 362-363쪽.

40 김채수,「근세 일본에서의 국체사상의 성립과 유교의 역할」, 356, 370쪽.

41 高須芳次郎,『会沢正志齋』, 水戸学大系刊行会, 1943, 13쪽 참조.

42 今井宇三郎,「水戸学における儒教の受容」,『水戸学』, 岩波書店, 1973, 528쪽.

43 今井宇三郎,「水戸学における儒教の受容」, 525-526쪽.

44 會澤安,『新論·迪彝篇』, 10쪽.

45 桂島宣弘,「19세기에 있어서 한일 사상사의 일고찰」, 107-108쪽 참조.

46 연보 참고자료
    -「会沢正志斎」,「京都大学附属図書館維新資料画像データベース」, http://edb.
    kulib.kyoto-u.ac.jp/, 2012.1.9
    - 今井宇三郎 등,「水戸学年表」,『日本思想大系 水戸学』, 岩派書店, 1973, 583-
    590쪽 참조.

일본 사상을 다시 만나다

난학의 완결자

와타나베 카잔

"공허한 학문은 필요가 없다."

와타나베 카잔(渡邊華山, 1793-1841)

일본은 우리나라에 크게 두 번의 침략을 감행했다. 왜구나 해적에 의한 조그마한 침략은 무수히 많았지만, 일본 전체의 이름을 걸고 침략한 것은 16세기 말엽에 한번 그리고 20세기 초엽에 한번, 합해서 두 번이다. 16세기의 침략은 1592년부터 1598년 사이에 일어난 임진왜란이고, 20세기의 침략은 1910년부터 1945년 사이에 일어난 식민지 침략이다.

그런데 16세기 임진왜란 때에는 양측 군인들 사이에 전쟁다운 전쟁이 있었다. 비록 초반에는 파죽지세로 밀어붙이는 왜군들에게 조선 측은 평양까지 밀리기는 했으나, 바다에서는 이순신(李舜臣, 1545-1598) 장군이 지휘한 수군이, 육지에서는 많은 의병과 관군이 그리고 마지막에는 명나라 군사들까지 합세하여 치열한 전투가 곳곳에서 벌어졌다. 하지만 20세기 초엽에 침략을 받을 때에는 전쟁다운 전쟁이 없었다.

어느 틈엔가 정신을 차리고 보니 일본군이 조선의 궁중을 장악한 상태였다. 잠을 자고 일어나 보니 왕비가 살해되어 있고, 모두가 어리둥절해 있는 사이에 조선의 왕이 없어져 버렸다. 관군이 없어지고 거리에는 일본 순사들만 가득 차서 어느 틈에 나라는 식민지 상태가 되어버렸다. '식민지'라는 말은 사람이 없는 황무지에 '사람을 심는다'는 뜻이다. 백성들도 어느 날 갑자기 모두 유령이 되어버렸다.

어떻게 해서 이런 일이 일어났을까? 일본사람들이 첫 번째 침략에 실패한 후 두 번째 침략을 미리부터 치밀하게 준비를 했기 때문일까? 일본은 16세기 때 명나라가 개입하여 실패한 전철을 밟지 않기 위해서 사전에 청일전쟁(1894년)과 러일전쟁(1904년)을 일으켜 청나라와 러시아를 미리 제압해 버린 것일까? 그리고 미국과 영국의 개입을 차단하기 위해서 그들과 몰래 협약을 맺어 한반도 지배권을 미리 보장받은 것일까? 그렇게 치밀하게 준비를 했을 가능성도 없지는 않다.

그러나 좀 더 깊이 사태를 살펴보면, 20세기 일본의 침략은 단순히 전쟁의 문제가 아니라는 것을 알 수 있다. 겉으로 보이는 '침략'은 표면적인 현상에 불과한 것이고, 사실 그 심층은 인류 역사의 대전환과 맞물려 있었다. 16세기에 조선 사람들이 대결한 일본은 조선과 별로 다를 바 없는 왕조국가 일본이었다. 그러나 20세기에 대결한 일본은 '근대국가' 일본이었다. 조선은 여전히 전근대적인 국가였다.

근대국가란 16세기에서 18세기 사이에 유럽에서 발달된 새로운 형태의 국가체제로, '민족국가' 혹은 '국민국가'로 번역되는 'nation state'를 말한다. 이러한 국가는 여러 가지 특징을 들 수 있는데, 그 중 하나는 국가와 민족을 최고의 가치로 여기며 모든 국민을 상대로 국민 교육을 시키고, 유사시 모든 국민은 자발적으로 전쟁에 나선다. 현대를 사는 우리에게 이러한 국가는 이미 생활의 일부분이 되어 버렸기 때문에 이러한 국가들이 역사의 전면에 처음 나타났을 때 보여준 강력함을 실감하지 못한다. 20세기 초 조선 사람은 미국, 영국, 프랑스, 독일, 일본 등 근대국가의 출현이 가져온 세계사적인 대변혁을 전혀 이해하지 못했다.

일본은 이미 유럽에서 벌어지고 있는 패러다임의 전환과 그러한 전환의 의미를 파악하고 국가체제를 완전히 새롭게 바꾸었다. 1868년의 명치유신이 그것이다. 그리고 그것이 얼마나 잘 운영되고 효과가 있었는지는 청일전쟁과 러일전쟁을 통해서 충분히 확인할 수 있었다.

하지만 일본도 처음부터 세계사적인 전환을 쉽게 이해할 수 있었던

일본 사상을 다시 만나다

것은 아니다. 난학자 와타나베 카잔
(渡邊崋山)이 서술한 다음 문장은 그
러한 작업이 얼마나 어려웠는지를
잘 대변해준다.

어린 아이들이 공부하는 모습. 카잔 그림
(「一掃百態」寺子屋, 1818년)의 일부다.

"우리나라(네덜란드)뿐만 아니라 서
양 여러 나라는 신학(神學), 인문학,
공학을 모두 학교에서 배운다. 그것
들을 날마다 새롭게 배우는 것이다.
신학에 뛰어난 사람은 제왕을 돕고,
공훈이 있는 사람은 보좌의 직책에 오르고, 학문이 뛰어난 사람은 학교
의 교수로 나가며, 기술이 뛰어난 자는 급여를 받게 된다."[1]

카잔이 1838년 통역을 대동하여 네덜란드 사람과 대담한 후 이해한
서양의 교육제도이다. 대학에서 공부를 잘하면 취직을 하고, 학문 연구
에 뜻이 있고 뛰어난 사람은 교수가 된다고 하는 네덜란드 사람의 설명
을 정리한 문장이다. 인용문은 근대적인 교육제도가 아직 갖추어지지
않는 사회의 지식인이 그런 제도를 이해하는 일이 얼마나 어려운 일인
가를 잘 보여준다. 카잔은 또 국가가 과학기술을 지원하는 제도에 대해
서도 이렇게 설명했다.

"사람이 태어나면 5, 6세에 초등학교에 들어가고 거기에서부터 그
사람의 기초 소양을 배우고, 그 뜻을 정해 다방면으로 쓸모 있도록 한
다. 매년 과정을 따라서 배우고 발명하는 일이 있으면 그 학설을 기록
하고 학원에 제출하여 여러 학사의 심사를 거쳐 관청에 제출하고, 관청
은 또 중의를 모아 제왕의 허가를 받는다. 그렇게 해서 지원금이 모두
관청에서 나오고 그 물건이 되는데 이르러서는 2, 3세대의 시간이 흐

르더라도 속도가 늦다고 책망하는 일은 없다."²

일본에도 에도시대 이전부터 서당 수준의 교육기관이 있었지만, 서양사회처럼 국가가 나서서 유기적으로 운영하지는 않았다. 카잔은 서양의 제도를 흠모하면서 일본의 사정을 이렇게 비판했다.

"이 때문에 다른 나라(일본)처럼 혼자 잘나고 남들은 무시하면서 스스로의 눈과 귀를 덮고 우물 안의 개구리처럼 행동하는 폐단은 없게 된다. 학자들 수는 많아지고 학자들은 남의 의견을 잘 수용하면서 자신의 의견을 잘 표현하여 그것을 알지 못하는 사람은 없게 된다."³

카잔은 40대가 되었을 때부터 서양사회를 이해하고자 정열을 바쳤다. 결국 맹인이 코끼리를 만지듯 얻어낸 서양 지식은 놀랄 만한 것이었다. "러시아는 동쪽으로 진출해 그 세력은 동북 시베리아로부터 북아메리카의 서쪽 해안까지 미친다. 면적이 3천리이며 지구의 1/4을 차지하고 있다. 영국은 서쪽으로 진출해 북아메리카 동쪽 해안에서 내지 캐나다에 도달했다. 또 남으로는 아시아의 여러 섬과 오세아니아주의 일부를 공략했다. 면적을 합산해 보면 사방 2천리에 달한다. 영국은 지모(智謀)가 있어서 해상 전투를 잘 하며 러시아는 인정(仁政)을 잘 펴서 육상 전투를 잘 한다. 각자가 자국의 장점을 발휘하여 서로 자국의 이익을 다툰다. 그래서 영국이 우리나라에서 사건을 일으키면 갑자기 러시아가 급해지고, 네덜란드가 그 사이에 개입하며, 거짓이 만발하여 우리 정치에 피해가 생길 것이다."⁴

우리가 지금 읽어보면 너무 상식적인 지식이지만 중국을 중심으로 세계를 파악했던 당시 동양의 지식인으로서는 파천황(破天荒)의 세계관이었다. 이러한 문장 때문에 그가 무기한 칩거 판결을 받고 결국에는 자살에까지 이르게 되었다는 사실을 생각해보면, 16세기와 20세기 사

일본 사상을 다시 만나다

이에 일어난 세계사적인 변화가 얼마나 대단한 것이었는지를 상상할 수 있을 것이다.

경세학자 카잔의 생애

카잔은 에도시대 후기, 1793년에 미카와(三河国)지방 다하라번(田原藩)의 상급무사 와타나베 사다미치(渡邊定通)의 장남으로 태어났다. 어려서 이름은 노보리(登), 본명은 사다야스(さだやす), 호(號)는 카잔(華山), 자(字)는 고야스(子安)이다.[5]

카잔이 출생한 곳은 에도(江戸) 고지마치(麹町, 현재의 치요다구千代田区)에 있던 다하라번의 관저였다. 부친이 번의 고급관료였지만 주로 에도에 체류하면서 번주를 보좌했기 때문에 카잔도 생애 대부분을 에도에서 보냈다. 다하라 번은 중부지방의 나고야(名古屋) 동남쪽에 있는데, 도요하시(豊橋)에서 태평양으로 뻗은 아츠미(渥美)반도의 작은 번이었다.

카잔 집안은 번의 핵심 관료층에 속하였지만 생활은 항상 빈곤했다. 번이 크지 않아 생산물이 적었고 당시 번의 재정난이 매우 심해서 정해진 급료를 다 받지 못했다. 거기에다 가족이 많고 부친 건강이 나빴기 때문에 카잔이 어렸을 때 가족은 몹시 궁핍한 생활을 하였다. 그가 화가가 되고자 한 것도 가족의 생계를 돕기 위한 마음이 컸기 때문이다.[6]

그는 8세(1800년) 때부터 집안을 위해 번주의 아들을 돌보고 보좌하는 일을 맡았다. 나중에 번주가 된 야스테루(康明)도 어려서 그가 모시던 인물이었다. 그의 충성심이 각별했던 것은 이러한 인연이 있었기 때문이다. 그는 15살까지 거의 매일 출근하면서 번주 가족을 가까운 거리

에서 모셨다.[7]

이렇게 바쁜 가운데서도 그는 12세 때(1804) 같은 번의 유학자 다카미 세이코(鷹見星皐, 1751-1811)에게 주자학을 배우고, 19세 때(1811)는 스승 다카미가 사망하자 막부에서 세운 학교(昌

아이치현(愛知県) 다하라시(田原市)에 있는 다하라 성의 모습.(중앙의 숲과 공터 부분) ©Mocchy촬영, 2011.1.22.

平坂學問所)에 통학하면서 사토 잇사이(佐藤一齋)에게 유학을 배웠다. 33세(1825) 즈음에는 유학자 마쓰자키 코도(松崎慊堂, 1771-1844)에게 배우기도 하였다. 마쓰자키는 1811년 제12대 조선통신사가 쓰시마(對馬島)를 방문했을 때 일본 측 대표로 영접을 나온 학자 중 한 사람이었는데, 당시 사토 잇사이와 함께 일본 최고의 유학자로 손꼽혔다.

카잔은 또 남은 시간을 쪼개 그림을 잘 그리는 여러 스승을 모시고 전문적인 화가 수업을 받기도 하였다. 20대 초반의 일기를 보면 그는 독서와 그림 공부 그리고 번의 공식적인 업무와 그림 그리는 부업에 쫓겨 잘 수 있는 시간이 하루에 4~5시간밖에 없었다고 한다.[8] 이렇게 노력한 덕분에 20대 중반에는 화가로도 유명해지고 집안의 생활도 다소 윤택해졌다.

32세 때(1824) 그는 부친이 병으로 사망하여 집안을 상속받았다. 이때부터 본격적인 관료로 활약하게 되었는데, 35세 때(1827)에는 번주(三宅康明, 미야케 야스테루)가 사망하여 후계자 문제가 일어났다. 카잔은 번주의 이복동생(三宅友信, 미야케 토모노부)을 번주로 모시려고 적극 개입하였으나 뜻대로 되지 않고 다른 번에서 양자가 번주로 들어왔다. 이 일로 한때 술에 빠져 자포자기 생활을 했으나 나중에 토모노부(友信)의 아들이 다음 번주가 되기로 약정됨에 따라 기력을 회복하였다. 토모노부는 나중에 카잔의 후원자가 되어 카잔이 난학 연구를 하는 데 많은 지원을 해주었다.[9]

40세 때(1832) 카잔은 번의 고위 관직(家老)에 임명되어 재정 정리와 함께 해안 방어 관련 업무를 담당하게 되었다. 이 일을 계기로 그는 난학에 더 큰 관심을 가지고 해외 사정에 대해서 적극적으로 연구하기 시작하였다. 그때 당시 난학의 최고 대가로 평가되는 다카노 쵸에이(高野長英, 1804-1850)를 알게 되어 난학연구회를 개최하고 상치회에 가입하는 등 활발한 활동을 벌였다.

그는 세계의 변화를 체득함에 따라 심각한 대외적 위기감을 가지게 되고, 민족주의적인 각성을 하게 되었다.[10] 또 해외사정에 대한 연구를 통해서 번의 인재 등용 제도인 '격고제(格高制)'나 흉년을 대비한 보민창(保民倉)을 제안하기도 하였다. 이 때문에 그는 '양학(洋學)계통의 경세가'[11]라고도 불린다.

그가 제안한 격고제는 관리의 직무를 고려하여 봉록을 정하자는 제도였다. 그동안 일본에서는 가문의 위상에 따라 인재를 등용하고 급여를 책정했는데 그것이 불합리하다는 점을 지적한 것이다. 이러한 제안은 근대적인 관료제로 연결되는 의미 있는 주장이었다. 하지만 연이은 흉작과 대기근 그리고 결정적으로는 번내 수구파들의 반대로 그 제도는 실시되지 못했다.

보민창 사업은 대기근 대비책으로 제안한 것으로 식료를 비축하는 창고를 짓는 것이었다. 이와 더불어 기근에 대비한 매뉴얼을 작성해 농민들에게 배포하였다. 이 덕분 에 다하라 번은 가난한 번이었지 만 아사자가 발생하지 않았으며, 전국에서 유일하게 막부의 표창을 받기도 하였다. 그는 또 농학자를 초청하여 산업을 부흥시키도록 하 였는데, 구체적으로 벼농사 기술 을 개량하고 병충해 구제법을 개 발하였으며 상품이 될 만한 작물 을 개량하고 지방 특산물을 개발 하였다.

스승 사토 잇사이의 초상화. 카잔이 1821년에 그린 작품.

카잔은 교육활동에도 힘썼다. 1833년에 그는 "자식을 생각하지 않 는 부모는 없고 군주를 생각하지 않는 신하는 없다. 교화하기에 따라 사람의 마음은 그 본(本)으로 돌아간다."[12]고 주장하며 교육기관(藩校成 章館)의 재건을 꾀했다. 특히 "공허한 학문은 원원(阮元, 1764-1849)같은 학 자라도 필요가 없다"[13]며 실용적인 교육을 추진하였다.

46세(1838)때에는 네덜란드인과 대담하여 『격설소기(鴃舌小記)』, 『격 설혹문(鴃舌或問)』 등의 기록을 남겼다. 이 글의 맨 앞에 소개한 네덜란드 사람의 이야기는 『격설혹문』의 기록이다. 카잔은 그 해에 모리슨호가 일본에 왔다는 소문을 듣고 지나친 막부의 쇄국정책을 질타하는 『신기 론(愼機論)』을 집필하였다.

47세(1839)에는 『서양사정서(西洋事情書)』, 『외국사정서(外國事情書)』 등 을 집필하였으나 갑자기 봉행소(奉行所)에 체포되어 감옥에 들어갔다. 『신기론』 등의 문장에서 막부를 비판하였다는 죄였다. 다행히 제자들

일본 사상을 다시 만나다

과 스승 마쓰자키 코도가 적극적으로 변호해주어 칩거 판결을 받았다. 마쓰자키는 당시 병으로 불편한 몸이었으나 상서문을 작성하여 『신기론』이 정치를 비방한 죄가 있다고 하지만 원래 정치 비방이라는 죄목은 성현의 시대에 있을 수 없는 것이라고 지적하며 막부 당국의 처사를 엄하게 비판하였다.

카잔은 1840년에 다하라 번으로 호송되어 칩거생활을 시작하였다. 그러나 그가 받은 급여는 너무 적어 생활이 몹시 궁핍하였다. 그 때문에 제자들이 에도에서 카잔 그림을 이용한 서화전을 열어 수익금으로 생활비를 지원하려고 하였는데, 그것이 화근이 되어 반대파의 모함을 당했다. 칩거 생활을 시작한 그 다음해, 카잔은 자신 때문에 번과 번주에게 화가 미치게 될까 봐 조용히 할복자살을 해버렸다.[14] 향년 49세였다. 그의 명예는 명치유신이 일어난 해(1868) 막부가 멸망하기 직전에 회복되었다.

화가로서의 카잔

와타나베 카잔은 '에도 후기 화단을 대표하는 화가'[15]로도 평가된다. 사상가이면서도 번의 정치가 그리고 난학자로 활약한 그는 문인화 분야에서도 일가견을 보여주었다. 지인에게 보낸 편지에서 그는 "저는 목숨을 걸고 그림에 뜻을 두었습니다. 다른 일은 바라지 않습니다."[16] 라고 하여, 그림에 대한 열정이 대단하였음을 알 수 있다.

그림에 대한 이러한 열정은 어디에서 나왔을까?

카잔은 어려서부터 그림에 관심을 가지고 훌륭한 선생에게 그림을 배웠다. 16세 때(1808) 시라카와 시잔(白川芝山, 1759-1850)에게 입문하여 그림을 배우고자 하였으나 사례금이 적다고 2년 만에 파문을 당했다. 그 후 가네코 킨료(金子金陵, ?-1817)의 문하로 들어가 그림을 배웠다. 킨료는 카잔을 자신의 스승인 다니 분쵸에게 소개하여 직접 회화지도를 받도록 하였다.[17]

다니 분쵸(谷文晁, 1763-1840)는 조선통신사의 기록에도 나오는 화가로 후지산 그림이 조선에까지 알려진 유명 화가였기 때문에 통신사가 그의 그림을 모사해 오기도 하였다. 그는 당시 '관동지방의 문인화를 대표하는 화가'로서 「도원도(桃源圖)」는 난학의 영향을 받아 서양의 원근법이 채용되어 있다.[18]

카잔은 어려서부터 가정의 어려움을 돕기 위해서 연이나 등불에 사용되는 그림을 그려 팔았다.[20] 당시 일본은 문인화를 그리는 화가들도 청탁을 받아 돈을 받고 그림을 그려주는 경우가 많았다. 예를 들면 요사 부손(與謝蕪村, 1716-1784)이나 다노무라 치쿠덴(田能村竹田, 1777-1835) 등은 생계 유지를 위해 그림을 그려 팔았다.[20] 카잔도 그들처럼 유명한 화가가 되어 생계를 돕고자 열심히 그림을 배웠다.

반드시 경제적인 이유뿐만 아니라 그림 자체에 대한 열정도 남달리 컸다. 그는 26세 때 번의 개혁운동에 실패한 직후 탈번(脫藩)을 하여 모든 것을 버리고 천하 제일의 화가가 되기 위해서 나가사키(長崎) 유학을 결심하기도 하였다.[21] 부모가 적극적으로 말리는 바람에 그 꿈을 이루지 못했으나 그림에 대한 그의 열정을 알 수 있다.

그 후 번의 업무를 담당하면서도 그림에 대한 열의는 가시지 않았다. 그는 "내 손은 천하 사람들을 위한 손인데, 내 몸은 일이 많은 작은 번의 관리로구나"[22]라고 업무에 시달리면서 그림에 전념할 수 없는 자신을 한탄하기도 하였다. 그러나 시간이 허락하는 한 열심히 그림을 그려 자신의 실력에 대해 상당한 자부심을 가지게 되었다. "지금 천하에 그림의 진면목을 얻을 수 있는 자는 대가 끊어졌다. 우리 조정에는 예로부터 그림의 도(道)를 제대로 이해하는 사람이 없다. 내가 지금 죽으면 이 도는 희미해질 것이다."[23]라고 한 발언에서 그러한 것을 알 수 있다.

1836년작. 다키자와 긴레이(滝沢琴嶺)의 초상화. 사실적인 표현을 중시하여 카잔이 망자의 관을 열고 관찰해 그린 초상화다.

23세(1815) 때부터는 나가사키를 통해서 들어온 서양화의 기법을 배우기 시작했다.[24] 서양화의 영향은 이미 난학자이자 화가인 시바 코칸(司馬江漢, 1747-1818)의 그림에 잘 드러나 있다. 일본에서 서양식 회화의 선구적인 존재인 코칸은 나가사키를 통해서 전해진 서양의 유화나 동판화(銅版画)를 모방해 원근법(遠近法)과 음영법(陰影法)을 배웠다.

카잔은 이러한 영향을 받아 음영의 표현이나 원근법을 살리고 사실성에 바탕을 둔 그림을 잘 그렸다. 20세 중반에 그는 에도에서 이미 화가로 이름이 널리 알려져 그의 그림은 매우 인기가 있었다. 그는 1819년(27세)에 에도에서 전람회를 열었는데 많은 그림이 팔리고 주문도 많

왔다.[25]

카잔이 사실적인 표현을 얼마나 중시했는지는 다음과 같은 에피소드를 보면 알 수 있다. 에도시대 유명한 소설가 다키자와 바킨(瀧澤馬琴, 1767-1848)의 아들(琴嶺, 긴레이)가 1835년에 갑자기 요절했다. 바킨은 장례식장에 나타난 카잔에게 아들의 초상화를 부탁했다.[26] 당시에 망자의 초상화는 대개 상상으로 그리는 것이 보통이었다. 카잔은 긴레이와 그림을 같이 배운 동문이었고 바킨의 삽화 작업을 같이 한 동료였다. 그의 얼굴 모습을 잘 알고 있었다. 하지만 카잔은 관을 열고 다시 얼굴을 살펴보고 직접 만져보기도 하면서 스케치를 하여 초상화를 완성하였다.[27]

카잔은 주로 화조화(花鳥畵)와 인물화를 많이 그렸다. 산수화는 많이 그리지 않았는데, 특히 관념 산수화에 대해서는 "산수화를 그리는 사람은 그저 놀기를 좋아 사람으로 함께 사귀어서는 안 된다."[28]고 비판할 정도로 강하게 거부하였다.

그는 그 이유를 고염무(顧炎武)의 『일지록(日知錄)』을 인용하여 이렇게 말했다. "인물, 화조, 곤충, 물고기 그림은 그 사실적인 모습을 그린다. 산수화도 옛날에는 그랬다. 인물이 누구인지, 꽃은 어떤 꽃인지, 새는 어떤 새인지 말할 수 있었다. 그런데 지금의 산수화는 단지 구름과 안개와 연기를 그리고 사계절의 기운을 그릴 뿐이다. 이것은 진실한 산수화가 아니다."[29]

그가 그린 산수화는 대개 진경(眞景) 산수화였다. 실지 경치를 그린 것이다. 그는 유학자이고 현실주의자였다. 그가 생각한 산수화는 어느 곳인가 장소가 분명히 드러나야 했다. 또 노장사상을 비판하는 입장에서 은둔과 은일(隱逸) 그리고 현실도피의 노장적 분위기가 물씬 나는 관념

일본 사상을 다시 만나다

천산만수도(千山萬水圖)의 일부분.

적 산수화를 꺼렸다.[30]

그런 의미에서 그가 사망하던 해에 그린 천산만수도(千山萬水圖)는 단순한 산수화가 아니라 실지 경치를 그린 것으로 평가된다. 자신이 칩거 생활을 하고 있던 다하라 번의 아쓰미반도(渥美半島) 앞바다에서 자기가 태어나 생활했던 동경의 앞바다까지 표현되어 있다. 왼쪽 그림 상단 부분에 보이는 배들은 미우라반도(三浦半島)와 우라가에 접근하려는 이국선(異國船)을 나타낸다.[31]

카잔은 그림 그린 날짜를 '천보(天保) 8년(1837년) 6월 15일'로 표기하였으나, 실지로 그린 날은 '천보 12년(1841년) 6월 15일'이었다. 1837년 6월 28일에 미국 선박 모리슨호가 우라가에 접근하다 공격을 받은 사건이 있었다. 카잔이 그림에서 보여주는 상황은 모리슨호가 일본으로 접근하고 있는 상황으로 해안 방어의 중요성을 경고한 것이다.[32]

카잔이 남긴 그림은 유명한 작품으로 「일소백태(一掃百態)」(1818), 「사토 잇사이 초상화」(1821), 「사주진경도(四州眞景圖)」(1825), 「다카미 센세키 초상화(鷹見泉石像)」(1837), 「천산만수도(千山萬水圖)」(1841) 등이 있다. 기행문 『전락당일록(全樂堂日錄)』, 『닛코(日光)기행』에도 많은 삽화가 있는데, 당시 문화와 풍속의 중요한 자료로 평가된다.

난학과 카잔

난학은 네덜란드 학문이라는 뜻으로, 주로 네덜란드 서적에 의해 도입된 서양의 의학, 약학, 천문학, 지리학, 화학, 어학, 측량학 등 실용지식을 지칭한다. 이러한 난학은 시마바라(島原)의 난이 일어난 직후 포르투갈 선박의 내항이 금지된 1640년부터 일본이 개항을 하게 된 1850년까지 약 200년간 흥성하였다.

난학의 토대가 구축된 것은 제8대 쇼군 도쿠가와 요시무네(德川吉宗, 재위 1716-1745)때부터였다. 요시무네는 막부의 재정 문제 해결을 위해 산업을 진흥시키고 해외의 산물에 관심을 가졌다. 그 때문에 1720년에 기독교와 관련이 없는 서양 서적을 해금했으며, 1745년에는 네덜란드어를 직접 배울 수 있도록 허가를 내렸다.[33]

난학 이전에 약 80년간 남만학(南蠻學)의 시절이 있었다. 남만학은 포르투갈과 스페인에서 전해진 실용적인 학문으로, 두 나라의 선교사와 상인들이 일본에 들어와 교류하게 됨으로써 형성된 학문이다. 그 시작은 1543년에 포르투갈 상선이 다네가시마(種子島)에 표류하여 대포를 전해 주고, 1549년 사비에르(Francisco Xavier), 토레스, 페르난데스 등 스페인 예수회 소속 가톨릭 선교사들이 가고시마(鹿児島)에 도착하여 천주교를 전파하기 시작함으로써 형성되었다. 이후 에도시대에 들어서 막부는 1612년에 기독교 금교령을 발령하고 선교사들을 추방하였으며, 시마바라의 난(1638)이 일어나자 포르투갈 선박의 내항을 금지함으로써(1640) 남만학은 동력을 상실하였다.[34]

막부에서는 종교 포교를 수반하지 않는 무역과 서양문물을 배울 수 있는 새로운 대상을 찾았는데 그것이 네덜란드 상선들이었다. 네덜란

드는 1609년에 히라다에 상
관을 설치하였다가, 막부의
명령으로 1641년에 나가사
키로 이전하였다. 이 때문에
나가사키가 외국무역의 거
점이 되고 난학의 중심이 되
었다.[35] 난학은 1854년에 미
일 화친조약을 체결하고 개

나가사키의 데지마(出島) 모습.(오른쪽) 현재는 매립되
어 섬의 모습이 사라졌으나 19세기 초에는 작은 섬이었
다.

항함으로써 자연히 양학(洋學)으로 대체되었다. 일본이 개국함에 따라
네덜란드 외에도 미국, 영국, 독일, 프랑스 등 국가들이 활발한 교류를
하게 되었기 때문이다.

난학의 주요 성과물로는 해외사정에 대해서 조사하여 쓴 아라이 하
쿠세키(新井白石, 1657-1725)의 『서양기문(西洋紀聞)』(1715), 스기타 겐파쿠(杉
田玄白, 1733-1817) 등이 해부학 서적을 번역한 『해체신서(解体新書)』(1774),
오쓰키 겐타쿠(大槻玄沢, 1757-1827)의 네덜란드어 입문서 『난학계제(蘭學
階梯)』(1783), 하야시 시헤이(林子平, 1738-1793)의 『해국병담(海國兵談)』(1791),
이나무라 산파쿠(稲村三伯, 1758-1811) 등이 편찬한 네덜란드어 사전 『하
루마화해(ハルマ和解)』(1796), 구도 헤이스케(工藤平助, 1734-1801)가 러시아
와 홋카이도 문제를 다룬 『적하이풍설고(赤蝦夷風説考)』(1783년), 스기타
겐파쿠의 『난학사시(蘭學事始)』(1815) 등이 있다. 그리고 다카노 쵸에이(高
野長英, 1804-1850)의 『몽물어(夢物語)』와 와타나베 카잔의 『신기론』(1838)
도 중요 성과로 들 수 있다.

카잔은 23세가 되던 1815년에 난학자(蘭學者)이자 의사였던 요시다
쵸슈쿠(吉田長叔, 1782-1827)와 만나 교류함으로써 난학에 관심을 가지

기 시작하였다. 그 해는 마침 난학의 역사를 정리한 스기타 겐파쿠(杉田玄白)의 『난학사시(蘭學事始)』가 완성된 해였다. 또 카잔은 34세 되던 해 (1826)에는 에도의 나가사키 관저에서 네덜란드 외교사절 뷰르겔과 대담하여 그것을 기록으로 남기기도 하였다.

40세 때(1832) 그는 번의 고위 관직(家老)에 임명되어 해안 관련 업무를 담당하게 되었는데, 이때부터 본격적으로 난학을 연구하기 시작했다. 그는 다카노 쵸에이, 오제키 산에이(小関三英, 1787-1839) 등을 이때부터 알게 되었으며, 난학연구회와 상치회(尚齒會)에 참가하여 많은 난학자와 어울리면서 그들을 지원하고 이끌었다.

상치회는 당시 발생한 기근(텐포天保 대기근, 1832-1836)의 대책회의로 유학자 엔도 가쓰스케(遠藤勝助)가 설립한 단체였다. '상치(尚齒)'는 '연령 [齒]을 존중한다'는 뜻으로, 표면적으로 경로회라는 이미지를 가지고 있었다. 그러나 그것은 외면적인 이름뿐이었고 사실 그들은 기근뿐만 아니라 외교, 정치 문제까지 광범위하게 토론하고 연구하였다.

감자와 메밀국수를 구황(救荒) 식품으로 제안한 다카노 쵸에이의 『구황이물고(救荒二物考)』가 이 때 만들어진 성과였다. 쵸에이의 책에 카잔은 삽화를 그려 넣었다. 쵸에이는 어려서부터 난학 서적에 둘러싸여 자란 과학자인데 부친은 스기타 겐파쿠의 제자로 서양 의술을 배운 난학자였다. 쵸에이는 1820년에 에도로 가서 카잔이 젊어서 교류한 요시다 쵸슈쿠의 제자가 되었다. 이후 나가사키로 유학을 가 독일의사 지볼트 (Siebold, 1796-1866)가 개설한 학당(鳴滝塾, 나루다키주크)에서 의학과 난학을 배우고 그곳에서 학장[塾頭]의 지위까지 올랐다. 이 때문에 그는 지볼트의 사건과도 관련이 있었다.

일본에 들어와 서양의학을 가르치던 지볼트는 1828년에 귀국하려

일본 사상을 다시 만나다

고 배를 탔다. 그런데 그 선박이 난파되어 일본측 관계자가 선박을 검사하다 지볼트의 화물에서 일본지도를 발견하였다. 당시 지도는 외국으로 가지고 나갈 수 없는 금지품이었다. 이 사건으로 난학자들이 대거체포되었는데 쵸에이는 다행히 피신하여 살아날 수 있었다. 1830년에에도로 돌아온 쵸에이는 스스로 난학 학당을 개설하였다. 카잔을 만난것은 그로부터 2년 뒤였다.

카잔은 이러한 쵸에이 등의 도움을 받아 『신기론』 외에도 서양 사정에 관한 기록을 여러 편 남겼다. 1838년에 네덜란드인과 대담하여 그것을 바탕으로 편찬한 『격설소기(鴃舌小記)』와 『격설혹문(鴃舌或問)』이 있으며, 그 다음해 집필한 『초고 서양사정서(初稿 西洋事情書)』, 『재고 서양사정서(再稿西洋事情書)』, 『외국사정서(外国事情書)』, 『제국건지초도(諸国建地草図)』 등이 있다.

카잔은 생전에 난학의 '최대 후원자'라는 평가를 받았다. 그가 난학연구회와 상치회에 적극 참여하고 난학자들을 자기 번으로 초빙하였으며, 쵸에이 등에게 난학 서적 번역을 의뢰하는 등 지원을 아끼지 않았기 때문이다.

사실상 카잔은 거기에서 한 발 더 나아가 난학의 완결자라고 할 수있다. 그는 일본이 개항하기 직전에 난학자 그룹의 리더로 활약하였으며, 나가사키를 통해서 들어온 서양화의 원근법과 음영법을 적극적으로 수용하여 일가를 이루었다. 또 난학의 지혜를 빌려 번정(藩政) 개혁을시도하고 각종 제도를 구상하였으며, 해안방어 업무를 담당한 뒤에는서양 사정을 깊게 연구하여 종국에는 막부의 쇄국정책을 비판하다 목숨까지 잃게 되었기 때문이다.

선구적인 서양 인식

1800년대 들어서 동아시아 각국 해상에는 서양 선박이 자주 나타났다. 한반도 주변도 마찬가지였다. 영국 군함들이 충청도에 나타나 지형을 조사하는가 하면,(1816) 영국 상선이 황해도 앞바다에서 통상을 요구했다.(1832) 또 영국선 2척이 제주도에 와서 가축을 약탈하고,(1840) 영국 군함이 제주도에서 측량을 하였으며,(1845) 프랑스 군함은 기해사옥(己亥邪獄)때 프랑스 신부 3명을 살해한 일에 대해 항의하는 서한을 가지고 왔다.(1846)

1850, 60년대에도 프랑스·미국·러시아의 군함이나 선박들이 한반도 주변에 자주 나타났다. 이러한 선박들은 통상이나 포교활동을 보장받기 위해서 접근했는데 조선 조정은 쇄국정책으로 일관했다. 1863년에 고종을 대신하여 섭정을 시작한 대원군은 전국 각지에 척화비를 세워 척화(斥和)사상을 고취하였다. 척화비에는 "서양 오랑캐가 침범하는데 전쟁이 아니면 화친이다. 화친을 주장하는 것은 나라를 파는 일이다(洋夷侵犯非戰則和主和賣國)"라고 써 있었다. 이러한 정책은 상대방을 전혀 모른 상태에서 내린 무모한 것이었다. 결과적으로 그 뒤의 역사를 보면 조선이 망하고 나라를 식민지 상태로까지 이끌어간 발단이 이 쇄국정책에 있었다고 할 수 있다.[38]

일본은 우리보다 더 일찍부터 서양인들의 목표가 되었다. 러시아 함선들은 주로 북해도 근방에서, 영국함선은 서일본 지역에서 그리고 미국 선박은 동일본 지역에 출몰하여 식수와 땔감 등을 요구하고 위세를 부리며 통상과 개항을 요구하였다. 이 때문에 막부도 쇄국정책을 펴 1825년에 이국선 타불령(異国船 打払令)을 내렸다. 기존에 허가된 청나

일본 사상을 다시 만나다

라와 네덜란드 이외의 외국 선박이 일본 연안에 접근하면 곧바로 포격하여 내쫓으라는 명령이었다.

1837년 여름 중국 광동(廣東)의 미국인 회사 소속 상선(商船) 모리슨호가 일본인 7명을 싣고 우라가항(浦賀港)으로 들어가려고 하였다. 배에 타고 있던 일본인들은 표류민으로 모리슨호 측은 이들의 귀향을 도와 일본과 통상을 하고 선교사들의 자유스러운 포교활동을 보장받고자 하였다. 하지만 항구 책임자는 곧바로 모리슨호를 향해 포탄을 발사하였다. 막부의 방침에 따른 것이다.

갑작스런 포탄 공격으로 모리슨호에 타고 있던 사람들은 충격을 받았다.

"정오쯤에 모리슨호는 처음으로 멀리서 포성을 들었다. 주변에는 안개가 잔뜩 깔려 있고 배 위에는 작업하는 소리로 시끄러워 잠시 그 소리를 확인할 수 없었다. 그러나 포성이 계속해서 들려 그것이 대포 소

우라가항구 모습. 모리슨호는 이곳으로 접근하다 대포 공격을 받았다.

리라는 것을 분명히 알 수 있었다. 배 위에서는 예기치 않은 포성에 여러 의견이 많았다. (중략) 축포라고 생각한 사람도 있었다. 그러나 안개가 걷히자 사태는 의심의 여지가 없었다. 모리슨호는 포격당하고 있었던 것이다. 전방 800미터 정도 지점에 포탄 떨어지는 것이 보였다."[39]

모리슨호는 급히 항로를 돌려 퇴각하였다. 그리고 사쓰마번으로 가서 협상을 벌이고자 하였으나 그곳에서도 마찬가지로 대포 공격을 받고 마카오로 회항하게 되었다. 이러한 사건이 있고 1년 뒤 사건의 전모가 알려졌다. 막부 측에서는 모리슨호가 영국 군함이라고 오해하고 있었으며 비무장이었다는 사실도 알지 못했다. 일본인 표류민을 인도적인 견지에서 송환해주려 왔는데 무리하게 대포 공격을 한 것으로 드러났다. 이 때문에 막부의 지나친 쇄국정책에 대해서 비판이 일어났다.

이 사건에 대해 나중에(1838) 카잔은 『신기론(慎機論)』을 써서 그런 야만적인 행동이 매우 위험한 일이라는 주장을 하였다. 그는 일본이 외국인들을 취급하는 방식이 너무 엄격하며, 그 때문에 러시아와 분쟁이 일어났는데 그것을 고치려고 하지 않는다고 하였다. 또 서양 각국은 중국 이상으로 발달하였으며 신흥국인 미국은 유럽의 어떤 나라보다 강대한 나라가 되었는데, 일본이 지금처럼 표류민을 송환하려는 배를 포격하는 일을 계속한다면 결국 서양 여러 나라의 비난을 받고 나라가 멸망하는 화를 입을지도 모른다고 하였다.[40] 또 "서양 사람들은 사방을 잘 알아 만국을 공략하고 대대로 난을 일으켜온 교만한 무리들이다. 함선과 포격기술이 뛰어나 우리의 약점을 공격하고, 바다의 운송을 방해하며 허술한 곳을 위협하면 아무리 방어해도 소용없다. 모든 일이 뜻대로 되지 않고 손 쓸 곳이 없을 것"[41]이라고 경고하였다. 그리고 다음과 같이 격양된 말투로 지도층의 무능함을 한탄하였다.

일본 사상을 다시 만나다

표류민을 송환하려고 갔다가 포격을 받은 미국 상선 모리슨호. 카잔은『신기론』을 써서 막부의 지나친 쇄국정책을 비판하였다.

"지금 지위 높은 대신들에게 호소하려고 해도 귀족의 자제들뿐이고, 실권을 장악한 사람들에게 호소를 하려고 해도 부패한 관료들뿐이구나. 오직 정신이 박혀 있는 사람들은 유학자들이지만, 이들은 뜻이 작아 큰 것은 놔두고 작은 것만 집착을 하니 누구 하나 움직이려고 하지 않는다. 사정이 이와 같으니 단지 손을 놓고 오랑캐들을 기다려야 하는가."[42]

카잔의『신기론』은 너무 과격하여 완성을 보지 못한 채로 공개되지 않았다. 그러나 나중에 가택수사 때 발견되어 죄를 묻는 결정적인 증거가 되었다. 당시 상치회의 리더격인 그는 구속되었다가 고향마을에서 칩거생활을 하라는 처벌을 받았다. 막부가 카잔에 대해서 이렇게까지 민감하게 대응한 것은 하야시가문(林家) 출신의 보수파 유학자들 때문이기도 하였다. 그들은 카잔도 유학을 배웠는데 유학자들을 비난하고, 자신들을 배신하였다고 생각했기 때문이다.[43]

카잔과 같이 상치회에 속해 있던 다카노 쵸에이(高野長英)도『몽물어(夢物語)』를 지어 막부의 무모한 행위를 비판하였는데, 그는 카잔과 달리 무기징역에 처해졌다. 당시(1839) 카잔과 쵸에이 외에도 30명 가까운 상치회 난학자가 체포되었는데, 이 사건을 '만사의 옥(蛮社の獄)'이라 부른다.

감옥에 갇힌 쵸에이는 1844년에 사람을 시켜 감옥에 방화를 한 뒤 탈옥하였다. 그 후 얼굴을 초산(硝酸)으로 태우고 목을 변형시켜 목소리를 바꾸고, 이름까지 바꾸어 에도에서 막부의 쇄국정책을 계속 비판하며 자신의 주장을 펼쳤다. 하지만 1850년 체포하려고 들이닥친 사람들에게 반항하다 자살하였다.[44]

1840년 중국에서 아편 판매를 둘러싸고 영국과 중국 사이에 분쟁이 일어났다. 결국 영국군대가 중국을 공격하는 일이 벌어져, 중국은 열강의 식민지가 되는 운명에 처했다. 이러한 일은 바로 카잔과 쵸에이가 걱정했던 일이다. 중국의 상황은 일본에도 곧장 전해졌는데, 막부는 외국선박에 대해 무조건적인 공격 행위는 문제가 있다고 판단하고, 1842년에 신수급여령(薪水給与令)을 내렸다. 조난에 처한 외국 선박에 한해서 음료수나 연료를 제공할 수 있도록 한 것이다.

이후 일본에서는 대외 위기감이 점점 더 커지게 되었는데, 카잔의 『신기론』이 많은 사람에 의해서 필사되어 막말의 지사나 위정자, 지식인 가운데에서 널리 읽히게 되었다.[45] 그의 사상은 일본에서 '개혁·개방의 선구적인 역할'[46]을 하였는데, 이후 후쿠자와 유키지(福沢諭吉)가 등장할 때까지 서양 사회와 문명에 대한 깊이 있는 이해는 그를 뛰어넘는 자가 없었다고 평가된다.[47]

와타나베 카잔 연보

1세(1793)[48]	에도(江戸) 다하라번(田原藩)의 관저에서 상급무사의 장남으로 출생.
8세(1800)	번주 아들 보좌역을 맡음. 이 일로 번주 가족과 친근하게 되어 충성심

일본 사상을 다시 만나다

이 깊어짐.

13세(1805) 같은 번의 유학자 다카미 세이코(鷹見星皐, 1751-1811)에게 주자학을 배움.

16세(1808) 화가 시라카와 시잔(白川芝山, 1759-1850)에게 입문. 번주를 따라 다 하라 영지 방문.

17세(1809) 시라카와에게 파문을 당하여 화가 가네코 킨료(金子金陵, ?-1817) 에게 입문. 스승 킨료의 소개로 다니 분쵸(谷文晁, 1763-1840)에게 회화 지도를 받음.

19세(1811) 스승 다카미 사망. 이즈음에 사토 잇사이(佐藤一齋)의 문하에 들어가 유학을 배움.

23세(1815) 난학 의사 요시다 쵸슈쿠(吉田長叔, 1782-1827)와 교류. 에도 문인화가 로 알려짐.

26세(1818) 이즈음에 번정(藩政) 개혁 운동을 일으킴. 개혁안을 제출했으나 받아 들여지지 않음. 나가사키 유학을 희망했으나 부친이 반대함. 「일소 백태(一掃百態)」을 그림.

31세(1823) 같은 번의 번사(藩士) 딸과 결혼.

32세(1824) 부친이 병으로 사망(향년 60세)하여 집안을 상속받음.

33세(1825) 이즈음 유학자 마쓰자키 코도(松崎慊堂, 1771-1844)에게 배움.

34세(1826) 에도의 나가사키 관저에서 네덜란드 외교사절 뷰르겔과 대담.

35세(1827) 번주(藩主) 사망으로 후계자 문제가 일어나 적극 개입하였으나 뜻대로 되지 않음. 새로운 번주가 다른 번에서 양자로 들어옴. 이 일로 한때 술에 빠져 자포자기 생활을 함.

40세(1832) 번의 고위 관직(家老)에 임명되어 재정 정리와 해안 방어 업무를 담당. 다카노 쵸에이(高野長英, 1804-1850), 오제키 산에이(小関三英, 1787-1839) 등을 알게 되고, 난학연구회와 상치회(尚齒會)에 참가.

41세(1833) 다하라번으로 내려가 영지를 돌아보고 에도로 돌아옴. 번의 인재 등용 제도를 제안함.

43세(1835) 흉년에 대비하여 보민창(保民倉)을 세움. 다음 해 다하라 지역에 대기근이 발생.

44세(1836)   번주를 대신해 에도에서 번의 업무를 처리하고, 기근 대책을 서두르다 병에 걸림.

46세(1838)   네덜란드인과 대담하여 『격설소기(鴃舌小記)』 등 기록을 남김. 번에 사직서를 제출했으나 기각됨. 모리슨호에 관한 소문을 듣고 『신기론(愼機論)』을 집필.

47세(1839)   『서양사정서(西洋事情書)』, 『외국사정서(外國事情書)』 등 집필. 봉행소(奉行所)에 체포되어 감옥에 들어감. 『신기론』 등 문장에서 막부를 비판하였다는 죄로 칩거 판결을 받음.

48세(1840)   다하라번으로 호송되어 칩거함. 『역경』과 『논어』를 읽고 많은 그림을 그림.

49세(1841)   「천산만수도(千山萬水圖)」를 그림. 자신의 일로 번주에 화가 미칠 것을 두려워해 자살함.

주석

1   渡辺崋山, 「鴃舌或問」, 『渡邊崋山・高野長英・佐久間象山・横井小楠・橋本左内』 日本思想大系55, 岩波書店, 1971, 83쪽.

2   渡辺崋山, 「鴃舌或問」, 83쪽.

3   渡辺崋山, 「鴃舌或問」, 83쪽.

4   渡辺崋山, 「愼機論」, 『渡邊崋山・高野長英・佐久間象山・横井小楠・橋本左内』 日本思想大系55, 岩波書店, 1971, 70쪽.

5   別所興一, 『渡邊崋山-郷国と世界へのまなざし』, あるむ, 2004. 9쪽. 佐藤昌介, 『渡邊崋山』, 吉川弘文館, 1986, 15쪽.

6   佐藤昌介, 「渡邊崋山と高野長英」, 『渡邊崋山・高野長英・佐久間象山・横井小楠・橋本左内』日本思想大系55, 岩波書店, 1971, 609-610쪽.

7   佐藤昌介, 「渡邊崋山と高野長英」, 610쪽.

8 佐藤昌介,「渡邊崋山と高野長英」, 610쪽.

9 佐藤昌介,『渡邊崋山』, 38-45쪽 참조.

10 佐藤昌介,「渡邊崋山と高野長英」, 614쪽.

11 芳賀徹,『渡邊崋山』, 淡文社, 1974, 82쪽.

12 渡邊崋山,「眞木定前의 편지」, 佐藤昌介,「渡邊崋山と高野長英」, 612-613쪽에서 재인용.

13 佐藤昌介,「渡邊崋山と高野長英」, 613쪽에서 재인용.

14 佐藤昌介,「渡邊崋山と高野長英」, 616-617쪽 참조.

15 佐藤昌介,「渡邊崋山と高野長英」, 607쪽.

16 渡邊崋山,「鈴木春山에게 보낸 편지」(『全樂堂日錄』), 佐藤昌介,「渡邊崋山と高野長英」607쪽에서 재인용.

17 別所興一,『渡邊崋山-郷国と世界へのまなざし』, 9-10쪽.

18 선승혜,「일본 문인화에 있어서 도원도의 수용양상」,『미술사학』16, 2002, 28·35·45쪽.

19 別所興一,『渡邊崋山-郷国と世界へのまなざし』, 10쪽. 佐藤昌介,「渡邊崋山と高野長英」, 610쪽.

20 佐藤昌介,『渡邊崋山』, 36쪽.

21 佐藤昌介,『渡邊崋山』, 32-34쪽. 佐藤昌介,「渡邊崋山と高野長英」, 611쪽.

22 渡邊崋山,「鈴木春山에게 보낸 편지」(『全樂堂日錄』), 佐藤昌介,「渡邊崋山と高野長英」, 612쪽에서 재인용.

23 佐藤昌介,『渡邊崋山』, 53쪽. 佐藤昌介,「渡邊崋山と高野長英」, 612쪽.

24 別所興一,『渡邊崋山-郷国と世界へのまなざし』, 12-13쪽.

25 別所興一,『渡邊崋山-郷国と世界へのまなざし』, 12쪽.

26 加藤文三,『渡邊崋山』, 大月書店, 1996, 20쪽.

27 滝沢馬琴,「後の為の記」(「渡辺崋山」, http://ja.wikipedia.org/wiki/, 2011.10.24. 참고.)

28 渡邊崋山,「繪事御返事」, 日比野秀男,『渡邊崋山-秘められ海防思想』, ぺりかん社, 1994, 218쪽에서 재인용.

29 渡邊崋山,「繪事御返事」, 日比野秀男,『渡邊崋山-秘められ海防思想』, 218쪽에서

재인용.

30 日比野秀男,『渡邊崋山-秘められ海防思想』, ぺりかん社, 1994, 219쪽.

31 日比野秀男,『渡邊崋山-秘められ海防思想』, 229-230쪽 참조.

32 日比野秀男,『渡邊崋山-秘められ海防思想』, 235쪽.

33 이원순,「조선'서학'과 일본'난학'」,『일본학보』10, 1982, 17-18쪽. 나가오 다케시, 박규태 역,『일본사상 이야기 40』, 예문서원, 2002, 200쪽.

34 김정호,「17-18세기 일본의 서구지식 수용과 나가사키 오란다통사의 역할」,『동양정치사상사』7-1, 2008, 308-312쪽. 이원순,「조선'서학'과 일본'난학'」, 7-8쪽.

35 이원순,「조선'서학'과 일본'난학'」, 17쪽.

36 佐藤昌介,「渡邊崋山と高野長英」, 615쪽.

37 이만열,『한국사연표』, 역민사, 1993년 참조.

38 김혜승,「대원군의 국가경영과 이념적 재검토: 19세기 중반 국교확대 논쟁과 쇄국정책」,『정치사상연구』12, 2006, 7-8쪽 참조.

39 春名徹,『にっぽん音吉漂流記』, 晶文社, 1980, 110-111쪽.

40 渡辺崋山,「愼機論」, 68-71쪽 참조.

41 渡辺崋山,「愼機論」, 72쪽.

42 渡辺崋山,「愼機論」, 72쪽.

43 佐藤昌介,「渡邊崋山と高野長英」, 640-646쪽.

44 佐藤昌介,『渡邊崋山』, 87쪽.

45 「愼機論」, http://ja.wikipedia.org, 2011.10.19 참조.

46 김정호,「19세기 전반기 일본 양학파의 개혁·개방론-와타나베 카잔과 타카노 쵸에이의 사상을 중심으로」,『한국정치학회보』38-5, 2004.12, 51쪽.

47 赵德宇,「渡边华山兰学探析」,『世界歷史』, 2006년 제2기, 84쪽.

48 연보 작성은 다음 자료를 참고하였다.
　　- 別所興一,「渡邊崋山略年表」,『渡邊崋山-郷国と世界へのまなざし』, あるむ, 2004.
　　- 佐藤昌介,「略年譜」,『渡邊崋山』, 吉川弘文館, 1986.

- 佐藤昌介 등,「年表」,『渡邊崋山 · 高野長英 · 佐久間象山 · 橫井小楠 · 橋本左內』日本思想大系55, 岩波書店, 1971.
- 加藤文三,「崋山關係略年譜」,『渡邊崋山』, 大月書店, 1996.
- 崋山年表, 다하라시(田原市) 박물관, http://www.taharamuseum.gr.jp/kazan/, 2011.10.15

명치유신의 정신적 지주

요시다 쇼인

"나 같은 시정잡배가 일어나야지, 어찌 다른 사람의 힘을 빌리겠는가?"

요시다 쇼인(吉田松陰, 1830-1859)

명나라의 지방관 왕양명(王陽明, 1472-1528)이 창시한 양명학은 어떠한 매력이 있을까? 조선에서는 그다지 큰 힘을 발휘하지 못했지만 양명학은 중국에서 주자학의 뒤를 잇는 주류 학파로 성공했으며, 일본에서는 에도 시대 말엽의 행동파 지식인들을 사로잡았다.

에도 시대 말엽의 교육자 요시다 쇼인(吉田松陰)도 양명학의 매력에 푹 빠진 사람 중 한 사람이었다. 쇼인은 '근대 일본의 설계도를 그린 선각자', '명치유신의 정신적인 기원', '일본정신을 가장 잘 구현한 인물'[1]등으로 평가받는 인물이다. 막부 말엽에 천황을 복권시키고자 하는 존왕파(尊王派) 지사들의 중심 인물이었으며 교육자였다. 그가 키운 제자들은 명치 정부의 중심 인물이 되어 근대 일본을 이끌었다. 하지만 그 자신은 명치유신이 성공하기 전에 막부에 의해서 처형당한 비운의 인물이었다.

그는 1851년 22세 때 에도에서 사쿠마 쇼잔(佐久間象山)을 만나 크게 영향을 받았는데, 쇼잔은 와타나베 카잔(渡辺崋山), 요코이 쇼난(橫井小楠) 등과 함께 양명학자 사토 잇사이(佐藤一斎, 1772-1859)로부터 배운 사람이다. 사토 잇사이는 70세 때부터 막부 학문소(昌平坂学問所)의 유관(儒官)으로서 책임을 맡고 있었다. 지금으로 본다면 동경대학의 총장 또는 문교부장관과 같은 위치에 있던 인물이다.

사토 잇사이는 막부의 정책상 겉으로는 주자학을 가르치고 선양하는 태도를 취했지만, 실질적으로는 양명학을 숭상하는 양명학자였다. 그래서 '양주음양(陽朱陰陽, 낮에는 주자학자, 밤에는 양명학자)' 또는 '공주사왕(公朱私王, 공적으로는 주자학, 사적으로는 양명학)'의 학자라는 평가를 받았다.

일본 양명학은 에도 시대 초기에 활약한 나카에 토쥬(中江藤樹, 1608-1648)와 구마자와 반잔(熊澤蕃山, 1619-1691)에 이어 중기에 활약한 미와 싯사이(三輪執齋, 1669-1744)로 계승되었다. 이후 에도 시대 말엽에 동쪽 에도에서는 사토 잇사이가 등장해 활약하고, 서쪽 오사카에서는 오시오 츄사이(大鹽中齋, 1793-1837, 본명은 헤이하치로平八郞)가 나와서 활약했다.

잇사이의 제자 사쿠마 쇼잔에게는 쇼인 외에도 가쓰 카이슈(勝海舟), 사카모토 료마(坂本龍馬) 등 유명한 제자들이 많았다. 잇사이의 손자뻘 제자라고 할 수 있는 쇼인 역시 다카스기 신사쿠(高杉晋作), 구사카 겐즈이(久坂玄端), 기도 다카요시(木戶孝允), 이토 히로부미(伊藤博文) 등 제자들을 많이 키웠다. 이들 모두가 양명학만 전문적으로 연구한 학자는 아니었지만, 이들 사상에는 잇사이 이래로 전해진 양명학 사상이 적지 않게 영향을 미쳤다.

일본에서 양명학은 지식체계라기보다는 실천을 강조하는 윤리학 또는 정치철학으로 이해되었다.[2] 주자학과 비교하면 원래 양명학 자체에 그런 성격이 매우 강하게 들어 있다. 주자학은 인간의 본성이 본래 착하지만 현실적으로는 그것이 잘 발휘될 수 없는 상태라고 본다. 그래서 사람들은 끊임없는 노력을 통해서 그 착한 본성을 회복하도록 노력하고, 마침내는 성인의 경지에 올라야 한다고 가르쳤다.[3] 결국 성인의 경지는 요원하기 때문에 보통사람들은 노력하는 데 만족하는 수밖에 없다.

하지만 양명학은 사람들은 누구나 현재 그 상태에서 착한 본성을 완벽하게 구현할 수 있으므로, 자기가 생각하는 바를 실천에 옮기기만 하면 된다고 본다. 양명학의 주요 사상 중 하나인 '심즉리(心卽理)', 즉 '마음이 바로 리(理)이다.'라는 말과 주자학의 사상 '성즉리(性卽理)', 즉 '본성이 바로 리이다.'라는 말을 비교해보면 양명학의 행동주의적 '과감

일본 사상을 다시 만나다

시모다(下田)에 세워져 있는 쇼인의 동상 © Geomr.
2007.2.24

성'과 주자학의 노력 지상주의적인 '소심함'을 잘 이해할 수 있다.

양명학은 우리 '마음' 자체는 모두 '리', 즉 천지의 원리원칙에 딱 들어맞기 때문에 생각하는 바, 알고 있는 바를 바로 실천하라고 외친다. '지행합일(知行合一)'의 사상이 바로 그러한 배경에서 나온 것이다. 하지만 주자학은 '마음'을 '성(性)'과 '정(情)'의 두 종류로 나누어, '성(性)' 부분만 '리'로 본다. 본성만 착하고, 천지의 원리원칙 즉 도리(道理)에 합당하다. '정(情)'은 도리에 합당하게 나타날 경우도 있고 그렇지 않을 경우도 있다. 그러니 우리 인간은 희(喜)·노(怒)·애(哀)·락(樂)·애(愛)·오(惡)·욕(欲) 등 7가지 정(情)이 착한 본성의 지배를 받도록 노력을 해야 한다.

사상적인 내용 외에도 왕양명과 그를 따른 학자들이 실천을 중시한 인물이었다는 점도 양명학의 실천성에 영향을 미쳤다. 왕양명은 관료이면서 군인으로 활약했는데, 말년에 중국 남부에서 반란을 진압하는 공을 세웠으며, 1528년 사망하기 직전에는 광서성(廣西省)에 출정해 소수민족 반란을 진압하기도 했다. 그 제자들 역시 사회적인 실천자가 많았다.[4]

일본에서는 에도 시대에 주로 무사(武士)들이 유학을 수용했기 때문에 함께 전해진 양명학에 대해서 매력을 느낀 사람들이 많았다. 무사이면서 관료였던 사람들에게는 행동을 우선시하고 실천을 중시하는 양명학이 주자학보다 더 매력적이었던 것이다. 왕양명이 주자학의 '정좌(靜坐)'를 비판하면서, 현장에 나아가 일상생활에서 정신과 의지를 연마해야 한다고 주장한 '사상마련(事上磨鍊)' 사상도 무사들에게 어필했다.

하지만 일본 주자학이 조선의 퇴계학에서 영향을 많이 받았듯이 일본 양명학도 조선의 영향을 받았다. 퇴계가 양명학에 대해 비판을 행하고 조선의 학계가 양명학을 배척한 분위기가 그대로 일본 유학계에 전해져 양명학자들이 크게 득세하지는 못했다. 하지만 조선에 비하면 양명학에 심취한 학자들이 많았고 그들의 영향력도 압도적으로 컸다.

쇼인은 1850년경에 츄사이의 『세심동차기(洗心洞箚記)』를 읽고 큰 감명을 받았다. 츄사이는 1837년 쇼인이 8살 때 오사카에서 반란을 일으킨 양명학자였다. 그가 반란을 일으킨 이유는 그 전 해에 발생한 대기근 때 오사카 관료들이 상인들과 결탁해 쌀값을 폭등시키고 사익을 취한 것에 대한 분노 때문이었다. 츄사이는 가지고 있던 5만여 권의 책을 모두 팔아서 대포를 구입하고 가르치던 학생들을 모두 무장시켜 관청으로 공격해 들어갔다. 막무가내로 시작된 반란은 반나절 만에 진압되어 버리고 츄사이는 아들과 함께 쫓겨다니다 자폭해 일생을 마쳤다. 츄사이의 반란은 너무도 무모한 것이었으나 그런 무모함이 바로 순수한 '지행합일'의 실천이었으며, 양명학자로서의 자부심이었다. 그의 죽음은 에도 시대 말엽 많은 지사들의 공분을 불러일으켜 막부가 무너지는 데 결정적인 타격을 가했다.

쇼인도 츄사이처럼, 중국에서 양명학자들이 그랬듯이 강학(講學) 활동을 중시했는데,[5] 학당을 운영하고 병학(兵學)과 유학을 가르치면서 시사적인 문제에 대해서 토론했다. 그러다 1858년에 막부 관료들이 미국의 요구에 따라 미국과 통상조약을 체결하자 격렬하게 반대하고 막부 타도에 나섰다. 그는 학당의 학생들까지 동원해 고위 관료를 암살하고자 했고, 천황을 끌어들이고 감옥을 파괴하는 계획을 세웠다. 그는 그런 계획들을 모두 공개적이고도 대담하게 추진해 나갔는데, 결국 모두 실패했다. 그는 일의 성공보다는 실천 자체를 중시했고, 사태가 악화되면 더욱더 급진적인 태도를 취했다. 정치적인 상황이나 주변 사정은 돌아보지 않았다. 그를 따르던 학생들조차 그의 지나친 행동주의 노선에 위험을 느끼고 그를 떠날 정도였다.[6] 그는 솔선해서 죽음으로 자신의 의지를 보여주고자 했는데, 결국 30세의 나이에 형장의 이슬로 사라졌다. 개인으로서는 참으로 무모한 죽음이었으나, 바로 그러한 무모한 죽음이 일본의 명치유신을 낳은 것이다.

요시다 쇼인의 생애

요시다 쇼인은 1830년 8월 나가토 지방(長門國)에서 농사일도 겸하던 하급무사 스기 유리노스케(杉百合之助)의 차남으로 태어났다. 어려서 이름은 노리카타(矩方) 혹은 토라노스케(虎之助), 토라지로(寅次郎) 등으로 불렸으며, 쇼인은 호다.[7]

나가토 지방은 지금의 야마구치현(山口縣)으로 부산의 건너편, 규슈 동쪽에 위치한 곳인데, 하기번(萩藩), 조슈번(長州藩) 등으로 불리던 지역이다.

하기시(萩市)성 아래 마을의 거리. 하기번은 조슈번이라 불린 곳으로 쇼인은 이곳의 병학사범이었다.

쇼인은 5살 때 숙부 요시다 다이스케(吉田大助)의 양자가 되었는데, 그 다음해 숙부가 사망하자 그 대를 이어 요시다 가문을 계승하고 하기번의 병학사범이 되었다. 나이가 너무 어린 탓에 그의 역할을 다른 사람들이 대행했는데, 19세(1848) 때 자신의 직책을 대신한 후견인들을 해임하고 처음으로 독립된 병학사범이 되었다.

어려서부터 쇼인은 부친과 숙부(玉木文之進)로부터 맹렬한 스파르타식 영재교육을 받았다.[8] 그 결과 10세 때부터 사람들에게 병학을 가르치고 15세 때에는 번주 모리씨(毛利氏)에게 『손자』를 강의하고, 21세 때는 『중용』을 강의할 정도가 되었다.[9]

그 해(1850) 쇼인은 번의 허가를 받아 규슈로 여행을 가서 나가사키에서 서양의 문물을 접해 보고 그곳에서 통역을 하고 있는 중국인을 만나 간단한 중국어도 배웠다. 또 병학과 관련된 사람들을 만나고 관련 책자를 빌려 읽으며 필사를 했다. 이때 그는 아이자와 세이시사이(會澤正志齋)가 지은 『신론(新論)』을 처음 접하고 목차를 메모했다. 그 외에도 이 기간 중에 왕양명의 『전습록』, 위원(魏源)의 『성무기(聖武記)』, 야마가 소코의 『무교전서(武教全書)』, 오시오 헤이하치로(大塩平八郎)의 『세심동차기(洗心洞箚記)』, 다카노 초에이(高野長英)의 『몽물어(夢物語)』 등을 읽

일본 사상을 다시 만나다

고 시야를 넓혔으며, 중국에서 아편전쟁이 일어났다는 사실도 알게 되었다.

22세(1851) 때에 쇼인은 번주의 참근(參勤) 교대에 동행해 에도로 올라가 유학(遊學) 생활을 했다. 거기에서 여기저기 연구회에 참석해 유학과 병학을 배우고 검술, 마술(馬術) 등 무예를 닦는 한편, 사쿠마 쇼잔(佐久間象山)을 만나 단기간이었지만 그로부터 양학, 즉 서양학을 배웠다.[10]

그 해 12월에는 주위 사람들 몰래 에도 숙소를 빠져나가 증명서도 지참하지 않고 동북지방으로 견학 여행을 떠났다. 그것은 자신의 전공 분야인 병학과 관련해 뛰어난 인물을 찾아서 배우고, 러시아 등 서양 열강 진출에 대항해 동북지방의 방비 상태를 둘러보기 위한 것이었다.[11] 미토(水戸)에서 우선 아이자와 야스시와 미토학파의 다른 학자들을 만나 인사를 나눈 뒤, 동해 쪽으로 나가 해안을 따라 북상한 뒤 태평양 쪽으로 남하해 그 다음해에 돌아왔다. 원래 그 여행은 번의 허가를 얻은 것이었다. 그러나 증명서 발급이 늦어져 할 수 없이 미리 출발했는데, 결국 탈번(脫藩)한 것으로 되어 그는 고향으로 돌아가 근신형을 받고 녹봉과 사적(士籍)을 박탈당했다.

하지만 그 다음해(1853) 부친의 도움과 그의 재능을 아낀 번주의 특별한 배려로 다시 유학(遊學) 허락을 받았다. 이에 그는 오사카, 이세, 에도 등지를 유람했는데, 그 해는 마침 미국의 페리 함대가 일본 우라가(浦賀)에 접근해 개항을 요구하던 해였다. 쇼인은 6월에 페리 함대가 우라가에 들어왔다는 소식을 듣고 스승 사쿠마 쇼잔과 함께 그곳을 방문해 해안의 상황을 살펴보았다. 쇼인은 4척의 미국 함선에 대항하는 일본 측의 방비가 너무 허술한 것을 보고 서양 포술과 난학의 필요성을 절감했다.

9월에는 나가사키로 가서 러시아 군함에 승선해 해외 밀항을 시도하려고 계획했다. 그러나 40여 일 걸려 나가사키에 도착한 그는 목표로 했던 배가 먼저 출발하는 바람에 계획을 실천하지 못했다. 다음해(1854) 3월에는 이즈(伊豆) 반도 남단에 있는 시모다(下田)에 가서 미국에서 온 페리 함대에 동승해 미국으로 가 그곳의 상황을 탐색하고자 했다.

당시 페리 함대는 미일화친조약을 체결하기 위해서 그곳에 정박하고 있었다. 쇼인은 같이 동행한 가네코 쥬노스케(金子重之助)와 함께 험한 풍랑을 헤치고 지휘 함선에 겨우 도착해 "미국에 데려가 공부를 할 수 있게 해달라"[12]고 간절히 요구했으나, 페리 측이 승선을 거절하는 바람에 계획이 어긋났다. 그 다음날 그는 해안 경비대에 자수하여 체포되어 감옥에 갇혔다가 결국 고향으로 돌아가 번의 감옥(野山獄)에 갇히게 되었다.[13] 쇼인은 그 후 사망할 때까지 신변의 자유를 박탈당했다. 그가 이렇게 자꾸 해외로 나가려고 한 것은 함선을 끌고 온 적을 더 잘 알아야 적을 이길 수 있다고 생각했기 때문이다. 『손자병법』을 끼고 사는 병학 사범다운 발상이었다.

쇼인은 감옥에 있으면서 주위 사람들과 일본의 외교, 국방, 정치에 대해서 의견을 나누고 강의를 하기도 했다. 감옥은 마치 학당의 강의실로 변했다. 죄인을 감시하는

© 水重久(http://yamatouta.asablo.jp/) 2011.1.16 출력

시모다 항구에 세워진 요시다 쇼인과 가네코 쥬노스케 동상. 두 사람은 페리 함대에 동승해 미국에 가려고 했으나 실패했다.

일본 사상을 다시 만나다

간수까지 그의 제자가 되었다.[14] 1855년 12월에 가택연금으로 형이 경감된 뒤에는 집에서 가족들을 대상으로 강의를 계속했다. 원래 배움을 좋아하는 집안 전통에 따라 주위 가족, 친지들이 쇼인을 위해 배려한 것이다. 그러한 기회를 이용해서 그는 『맹자』를 강의했는데, 『강맹차기(講孟箚記)』는 그때의 강의를 정리한 것이다. 그러한 강의가 주변 아이들에게까지 개방되어 나중에 쇼카학당(松下村塾)으로 발전했다.[15]

1856년(27세) 8월경부터 쇼인은 일본의 고전서적을 집중적으로 읽기 시작했다. 국학자들의 작품, 예를 들면 노리나가의 『고사기전(古事記傳)』이나 아쓰타네(平田篤胤)의 『신자일문전(神字日文傳)』 등을 읽고 『일본서기』도 열심히 읽었다.[16] 아이자와 야스시(會澤正志齋)나 후지타 토고(藤田東湖) 등의 미토학 관련 서적도 이 시기에 자신을 찾아온 사람들과 정성껏 읽었다. 그러나 그가 미토학의 배외주의적인 쇄국론에 동조한 것은 아니었다. 그는 외세를 배격하자고 주장하면서도 개국론자였다.[17] 그리고 차츰 막부를 토벌해야 한다는 사상으로 기울고 있었다.

28세(1857)경에는 강의가 활발하게 이루어져 다카스기 신사쿠(高杉晉作) 등 많은 젊은이가 찾아와 제자가 되었다. 학당은 번창해 한때는 2백 명 가까운 학생으로 붐비기도 했다. 그 때문에 좁아진 교실을 증축했으며, 유폐 장소에서 벗어나 학생들과 공동생활을 하기도 했다.[18]

1858년 6월에 막부는 천황의 칙허도 없이 미국과 통상조약을 체결했다. 일본 전역에서 막부를 비난하는 목소리가 높아지는 가운데, 열렬한 존왕론자로 변해 있던 쇼인은 조약에 반대하고 "막부는 천하의 도적이니 당장 토벌하자"고 번주에게 건의했다.[19] 또 막부 측 고위 관료(老中)를 암살하고자 했다. 쇼카학당은 정치결사체로 변모하고 학생들은 행동 조직이 되어 막부에 대항했다. 하지만 그의 모든 시도는 실패했다. 제자들도 너무도 급진적인 쇼인의 곁을 하나 둘 떠났다. 그는 유언장을 남기고 죽음도 불사했는데, 과격한 행동을 우려한 번의 명령으로 그 해 12월에 감옥에 투옥되었다.

30세(1859) 5월에 쇼인은 에도로 압송된 뒤 감옥에 감금되었다. 그 후 심문 중에 막부의 고위관료 암살계획이 드러나 10월에 사형 판결을 받았다. 죽음이 가까이 왔다고 느낀 그는 『유혼록(留魂錄)』을 작성해 마음의 준비를 했는데, 집필을 완성한 그 다음날 처형되었다. 9년 뒤에 그의 제자들이 막부를 타도하고 세운 명치정부는 야스쿠니신사에 신위(神位) 제1호로 그를 모셨다.

"초망(草莽)이여! 일어나라"

'초망(草莽)'이란 『맹자』(만장편萬章篇)에 나오는 단어로, "성(城)안에 있으면 시정(市井)의 신하라 하고, 들판에 있으면 초망(草莽)의 신하라고 하는데, 이들은 모두 서민이다(在國曰市井之臣, 在野曰草莽之臣, 皆謂庶人)."라는 문장에 보인다. 좁게는 들판, 혹은 우거진 풀밭을 뜻한다. 그러므로 '초망의 신하'나 '초망'이라는 말은 바깥 들판에 사는 사람들을 지칭하며, 오늘날 말로 '재야의 민간인', '보통사람들', '백성' 혹은 '민중'과 같은 말이다.

쇼인은 감옥에서 처형당하기 몇 개월 전에 지인에게 이러한 글을 써 보냈다.

"나 같은 시정잡배가 일어나야지, 어찌 다른 사람의 힘을 빌리겠는가? 죄송하지만 천황이 있는 황궁도 쇼군이 있는 막부도, 또 번주가 있

하기시(萩市)에 보존되어 있는 쇼카학당. 쇼인이 제자들을 키워낸 곳. 근대일본의 싹이 이곳에서 자랐다.

는 우리 번도 필요 없다. 단지 6척의 보잘 것 없는 내 몸이 필요할 뿐."[20]

자신처럼 힘없는 보통사람이 몸을 던져야 세상을 바로잡을 수 있다고 생각한 것이다. 그는 또 이런 말을 하기도 했다.

"내가 죽으려는 것은 살아서 일을 성공시킬 수 있는 가능성이 없기 때문이다.[21] 내가 죽으면 사람들이 느끼는 바가 있을 것이다. 또 이번 큰일에 한 사람도 죽은 자가 없다면 일본사람들이 모두 겁쟁이라고 손가락질을 받을까봐 두렵다. 그것이 참을 수 없다. 한 사람이라도 죽음을 보여주면 살아남은 자들이 조금이라도 힘을 내주지 않을까 하는 생각 때문이다."[22]

죽음을 앞에 두고 쇼인의 비원(悲願)은 '초망굴기(草莽堀起)', 즉 민중의 궐기였다. 그는 매우 겸손한 사람이었다. 많은 책을 읽고 지식을 쌓았음에도 불구하고 그리고 그 자신이 무사라는 높은 신분을 가지고 있었으며 병학 사범이고 쇼카학당의 선생으로 보통 사람들을 가르치는 입장에 있었음에도 스스로를 '초망'이라고 부른 것은 그 자신이 그만큼 겸손했기 때문이다.

그는 학당을 운영하면서도 자신이 학생들과 함께 배우는 자세로 임하고 자유스럽게 토론하는 분위기를 만들었다. 신분에 상관없이 학생들을 받아들이고 일본 사회가 당장 필요한 것은 무엇인지 학생들 스스로 생각하고, 적극적이고 진취적으로 행동하도록 호연지기(浩然之氣)와 도전의 정신을 가르쳤다.

그는 강의할 때 머리를 꼿꼿하게 세우고 단정히 앉아 작은 칼을 무릎 위에 올려놓고 두 손으로 칼집의 양쪽을 꽉 누르고 있었다. 목소리는 부드러웠으나 품어져 나오는 열정을 누르고 있어 우물거리는 느낌이었다. 충절에 대해서 말할 때에는 언제나 목소리가 떨리고 눈물로 목이 메었다. 그럴 때에는 학생들도 모두 감동해서 눈물을 흘렸다. 스승에 대한 경애(敬愛)의 감정을 가지고 있었던 것이다. 스승이 온후하고 자비의 마음이 깊었기 때문이다. 엄하게 욕설을 퍼붓거나 기분 나쁘게 힐책하는 일은 전혀 없었다. 그는 이렇게 학생들에게 감동을 주는 스승이었다.[23]

1858년 막부가 미일통상조약을 체결하자 쇼인은 몹시 분개하며 적극적인 반막부 행동을 전개했다. 그의 주장이 너무 급진적이고 잘못하면 생명의 위협을 받을 정도로 위험한 내용이었기 때문에 많은 학생이 그의 곁을 떠났다. 일부는 그를 배신하기도 했다. 그가 시도한 모든 계획은 실패했다. 그는 결국 번의 감옥에 감금되어 에도로 압송당하는 처지가 되었다. 앞서 소개한 '나 같은 시정잡배가 일어나야지'라는 그의 말은 에도의 감옥에서 지인에게 보낸 편지에 들어 있던 말이다.

일본 사상을 다시 만나다

그는 자신의 죽음이 기폭제가 되어 학생들이 다시 마음을 움직여 주길 바랐다. 자기 한 사람이라도 죽음을 보여준다면 자기를 떠난 제자들뿐만 아니라 살아남은 사람들 중에 자기와 같은 사람들이 또 나오게 될 것이다. 이렇게 자신의 희생을 통해서 일본을 위기에서 구하고자 했다.[24]

쇼카학당은 쇼인이 어렸을 때 숙부(玉木文之進)로부터 교육을 받았던 곳으로 숙부가 1842년에 세운 곳이다. 1858년부터는 유폐생활을 하고 있던 쇼인 자신이 번의 허가를 얻어서 정식적으로 운영을 했다. 이 학당은 '명치유신의 사상적인 모태(母胎)'가 된 곳으로 평가된다.[25] 그것은 바로 쇼인이 소망한 대로 그 자신의 죽음이 기폭제가 되어 제자들의 행동을 불러일으켰기 때문이다.

쇼인이 처형된 뒤 구사카 겐즈이(久坂玄瑞), 다카스기 신사쿠(高杉晋作) 등 제자들은 쇼인의 유지를 받들고 적극적인 실천에 나섰다. 막부에 대항한 존왕양이 운동은 1860년부터 1863년 사이에 정점에 달했다. 존왕양이파 지사들은 막부의 고위관리들을 암살하고 외국인을 공격했다. 그들은 또 쇼인의 '초망굴기론'을 더욱 발전시켜 각 번을 초월한 연합을 만들었다.[26]

명치정부에서 근대 일본의 개혁을 이끈 정치가들의 거의 절반 이상이 쇼카학당 출신이었다. 명치정부의 관리는 초기에 혁명의 중심 세력인 조슈번과 사츠마번에서 주로 임명되었는데, 조슈번 출신 인사들은 대부분 그의 제자들이었다.[27] 예를 들면, 이토 히로부미(伊藤博文, 1841-1909), 소네 아라스케(曾禰荒助, 1849-1910), 데라우치 마사타케(寺內正毅, 1852-1919), 하세가와 요시미치(長谷川好道, 1850-1924) 그리고 기도 다카요시(木戶孝允), 마에바라 잇세이(前原一誠), 야마가타 아리토모(山県有朋) 등

이 대표적인 인물이다.[28] 야마
카타는 징병제를 채용해 일본
의 군대제도를 만들고 육성한
인물이다. 명치 국가 건설의
공신들, 근대 초기 일본 육군
의 실세들이 바로 그의 제자들
이었다. 이들이 쇼인이 처형된
뒤 분발하여 조슈번의 핵심 인
물로 성장했고, 막부를 전복시
켜 명치유신을 성공시켰다.

쇼인은 1857년에 「서양보병
론(西洋步兵論)」이라는 글을 썼
는데, 거기에서 그는 서양의

쇼인의 제자 다카스기 신사쿠. '초망굴기'의 정신을
이어 받아 근대식 군대를 창설했다.

보병제를 모방해 신분제에 구애받지 않는 군대를 만들어야 한다고 주
장했다. 또 막부나 영주들은 믿을 수 없으니 신분을 초월해 인재를 모
아 양이(攘夷)를 실행해야 한다고 주장했다. 신분이 낮은 사람이라도 천
황의 조정을 위해 양이를 실행한다면 일본을 위해 큰 공을 세우는 것이
라고 주장했다.[29] 당시는 무사들만 무기를 들 수 있었기 때문에, 이러한
주장은 매우 획기적인 것이었다. 다카스기 신사쿠가 창설한 기병대(奇
兵隊)는 그러한 정신을 이어받아 농민이든 상인이든 누구나 신분에 상
관없이 대원이 될 수 있었다.[30]

쇼인의 '초망굴기론'은 일종의 혁명론이었다. 기존의 권력관계를 뿌
리부터 뒤엎고자 한 혁명론이었다고 할 수 있다. 그러나 그는 막부를
부정했지만 천황의 존재는 부정하지 않았다. 번주의 존재를 완전히 거

일본 사상을 다시 만나다

부할 수는 없었다. 엄밀하게 말한다면 한계를 가진 민중 혁명론이었다. 또 한 가지 그가 가진 한계는 모든 것을 '무사'의 입장에서 판단했다는 점이다.

"사람으로 태어나 사람의 도(道)를 알지 못하고, 신하로 태어나 신하의 도리를 알지 못하고, 자식으로 태어나 자식의 도리를 알지 못하고, 무사[士]로 태어나 무사의 도리를 알지 못하면 가장 부끄러운 일이 아닐까?"[31] 충성을 강조하고 무사의 본분을 강조하는 그의 정신은 결국 정한론(征韓論)으로 귀결되었다. 그 정신을 계승한 제자들이 한반도에 대한 식민지 침략을 주도했는데, 이토 히로부미는 초대 조선통감이 되었고, 소네는 제2대 조선통감, 데라우치는 초대 조선총독, 하세가와는 제2대 조선총독이 되었다. 이들이 결국 타국에서 '침략의 원흉'으로 지탄받게 된 것은 쇼인의 사상이 가지고 있던 근본적인 한계였다고 할 수 있을 것이다.

태평천국 운동에서 배운 쇼인

쇼인이 활동하던 시기 중국에서는 태평천국 운동이 일어났다. 중국 남부 광동성(廣東省)에 사는 홍수전(洪秀全, 1814-1864)이 서양 기독교를 받아들여 포교 활동을 벌였는데, 나중에 그 집단이 성장해 만주족의 청나라 정권에 반기를 들었다. 홍수전이 일으킨 태평천국 운동은 요즘에는 반란으로 폄하되는 경향이 있지만, 모택동이 정권을 잡고 있던 시기에는 '농민혁명운동'의 모범으로 높은 평가를 받았다. 홍수전은 1851년 스스로 천왕(天王)의 자리에 올라 태평천국을 세웠으나, 1864년에 청나라 고위 관료였던 증국번(曾國藩), 이홍장(李鴻章) 등에 의해서 진압되었다.

태평천국의 반란으로 청나라 만주족 조정은 크게 타격을 받았다. 이 덕분에 진압에 큰 공을 세운 증국번과 이홍장 등 한족 세력은 청나라 정권까지 위협하는 큰 힘을 갖게 되었다. 그들은 반란 진압과정에서 서양 무기와 문물의 위력을 절감해 양무운동(洋務運動)을 일으켰다. 이 운동은 서양의 발달된 군사기술이나 산업을 배워 강력한 중국을 만들자는 운동이었다. 이 운동은 나중에 일본과 벌인 청일전쟁(1894)에서 참패함으로써 그 한계를 보여주었다. 정치개혁과 같은 근본적인 개혁을 회피한 한계였다.

태평천국은 1853년에 남경(南京)을 점령하고 그곳에 수도를 세운 뒤 북경으로 군대를 파견해 청나라를 전복하려고 시도했는데, 당시 태평천국 세력은 파죽지세로 점령지를 확대하고 있었기 때문에 북경은 풍

태평천국 군대의 전투 모습. 광동성 화현 홍수전기념관에 1850년대 당시에 사용된 대포와 함께 전시되어 있다.ⓒ 2008.10.15. 필자 촬영.

일본 사상을 다시 만나다

전등화의 위기에 처해 있었다. 청나라의 멸망은 조선과 일본에도 커다란 변화를 불러올 수 있기 때문에 조선과 일본의 조정이나 지식인들도 이러한 상황을 예의주시했다.

태평천국 소식은 1860년 이전에는 조선에 작은 반란 정도로 전해졌다. 그러나 그 해 북경이 영국과 프랑스 연합군에 의해 함락되면서 태평천국 군대가 조선에 침입해 들어올 가능성에 대해서 소문이 돌았다.[32] 조정에서도 지속적으로 중국 내부의 동향에 대해서 주의를 기울이며 사신들을 통해서 정보를 수집했다. 1861년에 열하(熱河)에 사신으로 간 박규수(朴珪壽, 1807-1876)는 처음으로 '태평천국'이라는 이름의 국가에 대해서 조정에 보고했다.[33] 당시 열하에는 영불 연합군을 피해서 천자가 피신하고 있었는데, 중원지방은 태평천국 반란으로 혼란 상태였다. 조선 정부는 사신들로부터 정보를 수집해 정세를 파악하면서 청나라 정권이 반란을 제압할 것이라는 판단을 하고 있었다.[34]

태평천국에 관한 사정은 일본에도 신속하게 전해졌다. 초기에 나가사키 항구를 통해 민간에 전해진 소문은 사실관계가 정확하지 않고 다소 혼란스러운 것이었으나, 1853년경부터는 중국의 반란 사태에 관한 상세한 정보가 전해졌다. 특히 1854년에 『만청기사(滿清紀事)』라는 책이 간행되어 시중에 유포되어 태평천국의 상세한 정보가 알려졌다. 이 책은 페리 함대를 따라 일본에 들어온 중국인 통역관 뤄선(羅森)이 지은 『남경기사(南京紀事)』를 그대로 필사한 것이었다.[35] 막부 측 관료는 통역관 뤄선과 다음과 같은 필담을 주고받기도 했다.[36]

일본 관리: 태평왕(太平王), 소도회(小刀會)의 성명(姓名)은 무엇인가?
통역관: 홍수전은 태평왕인데 소도회는 아니다.

일본 관리: 그들의 형세(形勢)는 어떤가? 남경은 이미 점령했는가?

통역관: 지금 이미 남경을 잃었다.

일본 관리: 미국이 태평왕을 돕고 있는가?

통역관: 돕지도 않지만 미워하지도 않는다.

일본 관리: 영국 사람들은 청 조정을 돕는가?

통역관: 양쪽 다 돕지 않는다. 양쪽 오랑캐들(미국인들과 영국인들)은 자기 방어만 하고 있다.

일본 관리: 청나라 황제가 조선으로 숨었다는데 정말인가?

통역관: 나는 아직 듣지 못했다. 당신은 어디서 들었는가?

일본 관리: 그냥 소문일 뿐이다. 나가사키(長崎) 사람들이 그렇게 말들을 한다.

남경이 태평천국에 넘어갔다는 사실과 미국과 영국의 움직임 그리고 나가사키에서 청나라 황제가 태평천국 군대에 밀려 조선까지 도망갔다는 소문이 돌고 있었다는 것을 알 수 있다.

1855년에 페리 함대의 함선에 올라가 담판을 벌이다 실패해 감옥에 있던 쇼인은 지인을 통해 이러한 『만청기사』를 빌려 읽었다. 쇼인은 일찍부터 태평천국 관련 소문에 관심을 가지고 있었다. 그는 심각하게 돌아가고 있는 중국의 상황을 사람들에게 알리기 위해서 그 책을 일본어로 번역하고 『청국함풍란기(淸國咸豐亂記)』(1855)라는 제목을 달아 주위에 전했다.

쇼인은 그 기록에 근거해 조선에서 들려오는 소문이 상당히 정확하다고 판단했다. 한편 청나라 상인들을 통해서 들은 소문은 터무니없는 거짓말이 많다고 비판했다.[37] 이를 보면 조선에서도 일찍부터 태평천

일본 사상을 다시 만나다

국에 관한 정확한 정보가 민간에 알려졌음을 알 수 있다.

중국 상황에 대한 쇼인의 관심은 그 이전에 발생한 아편전쟁 때부터 시작되었다. 병학자의 입장에서 그는 아편전쟁에 대한 소식을 접하고, 일본을 둘러싼 세계 정세에 관심을 갖기 시작했다.

처음에 쇼인은 바다를 지키자는 '해방(海防)' 사상을 강조했다.[38] 그러나 태평천국의 소식을 접하고, 또 그 상황을 전한 책자를 번역하면서 자신의 생각을 바꾸었다. 외국을 방어하는 일보다 급무는 국가 내부의 치안이라고 생각한 것이다. 내부의 안전을 유지하고 민란을 방지하는 것이 외부의 적을 막는 일보다 더 중요하다고 판단했다.

쇼인은 당시 감옥에서 위원(魏源)의 『해국도지(海國圖志)』도 읽었다. 1841년에 편찬을 시작해 1852년에 100권으로 간행된 이 책은 서양 오랑캐를 방어하기 위해서 서양의 기술을 채용해야 한다고 주장하고 있다. 하지만 자국 내부에서 일어나고 있는 반란의 징조에 대해서는 전혀 눈치 채지 못하고 주목도 하지 않았다. 무기를 구입해 바다를 지켜야 한다는 해방론(海防論)을 주장했지만, 내부에서 일어난 반란으로 국가가 무너지고 있는 마당에 그런 주장은 무슨 쓸모가 있을까? 쇼인은 그렇게 생각했다.[39]

태평천국의 소식을 조선 조정에 전한 박규수는 1862년에 진주로 파견되어 당시 경상도 지방에 들불처럼 번지고 있던 농민봉기 상황을 조사해 조정에 보고했다. 중국에서 일어난 반란과 같은 사건이 국내에서 일어날까 걱정하고 있던 조정은 농민들을 강경하게 진압했다.[40] 박규수는 강경 진압을 반대했지만 그 역시 통치자 편이었다.

한편 태평천국 사태를 면밀히 분석한 쇼인의 대응은 다소 달랐다. 국내의 치안을 중시해야 한다는 생각이 다시 변해 스스로 홍수전과 같은 입장을 취하게 되었다. 그는 역성혁명과 민본주의 사상이 제시된 『맹자』를 중시하고 그 주석서 『강맹차기(講孟箚記)』를 집필했는가 하면, 홍수전 군대가 신분에 상관없이 인재를 등용하고자 한 사실을 주목해 스스로 '초망굴기'를 제창했다. 결국 막부가 미국과 통상조약을 체결하자 막부를 타도하자는 주장까지 하게 되었는데, 그러한 사상의 변화 이면에는 태평천국 혁명의 영향이 컸다고 할 수 있다.[41]

"조선을 정벌하자"

죽음을 앞두고 쇼인이 남긴 말 중에는 이러한 말이 있다. "농사일은 반드시 사계절을 거치면서 이루어진다. 인간의 수명은 정해진 사계절이 없다. 하지만 인간에게도 거기에 어울리는 봄·여름·가을·겨울이 있다고 할 수 있을 것이다. 10살에 죽은 아이에게도 10년 동안에 그 나름의 사계절이 있었을 것이다. (중략) 나는 이제 30세. 사계절은 이미 다 갖추어졌다. 꽃을 피웠고 열매를 맺고 있을 것이다. 그것이 단지 벼 껍질에 불과할지 탐스러운 밤이 될지 나는 알 수 없다. 만약 동지 여러분 중에 나의 이 작은 진심을 불쌍히 여겨 그것을 계승하려는 사람이 있다면 그것은 뿌려진 씨앗이 죽지 않고 결실을 맺는 것과 마찬가지로, 수확이 이루어진 해에 부끄럽지 않을 것이다."[42]

그는 앞에서도 소개했듯이 타인의 마음을 움직이는 힘을 가진 사람이었다. 다른 사람을 감동시키는 그의 말은 다름 아닌 인간적인 성숙함과 학문적인 깊이에서 나온 것이라고 할 수 있다. 아울러 자기 나라 일본의 앞날을 걱정하는 진심 어린 행동이 그의 제자들과 동료들을 움직

일본 사상을 다시 만나다

조선 정벌을 논하고 있는 명치정부 지도자들.

였다.[43]

　그렇게 존경할 만한 인물이었으나, 그는 일본의 조선 침략에 가장 큰 영향을 미친 인물이기도 했다.[44] 그는 타국에 대해서 가차 없는 '정벌론', 즉 침략론을 주장했다. "홋카이도를 개간하여 영주를 봉하고, 틈을 봐서 캄차카와 오츠크 지역을 탈취한 뒤, 류큐도 타일러 내지의 제후들처럼 참근(参勤) 근무를 시키고 회동하도록 하지 않으면 안 된다. 또 조선을 옛날과 마찬가지로 공납하도록 촉구하고, 북으로는 만주의 땅을 분할하여 빼앗고, 남으로는 대만과 필리핀의 여러 섬을 우리 손에 넣어 점차 진취의 기세를 보여야만 할 것이다."[45]

　'옛날과 마찬가지로' 조선에 대해서 공납을 촉구한다는 것은 왜곡된 일본의 고대사에 근거한 것이었다. 그의 조선 침략론, 나아가 아시아 침략론은 당시까지의 '정한론'을 집대성한 수준으로, 군사학적인 관점에서 병학전문가로서 매우 구체적인 것이었으며 체계적이었다.[46] 세계 통일까지 꾀했던 그의 구상은 바로 명치정부에 계승되어 결국 한반도 침략, 나아가 아시아 침략으로 이어졌다.[47]

왜 이렇게 쇼인은 타국에 대해서, 특히 조선에 대해서 '정벌론'을 전개했을까? 그의 입장에서 그가 그런 논리를 전개할 수밖에 없었던 상황을 살펴보기로 하자.

그는 무사 집안 출신이었다. 직업이 전투를 가르치는 병학 교사였고, 요즘 상황에 비추어보면 평생을 전쟁과 군사(軍事)에 대해서 연구하는 육군사관학교 교관과 같은 직업인이었다. 그는 이미 5살 때 하기번의 병학 사범이었던 숙부 요시다 다이스케가 사망하자, 그의 대를 이어 병학 교사로 임명을 받은 신분이었다. 숙부는 야마가 소코가 창안한 야마가(山鹿) 병학을 전공했는데, 주로『손자병법』이 중심이 된 병학이었다. 쇼인은 나이가 너무 어려서 19세 때(1848)까지는 대리교사를 고용하고, 자신은 병학과 관련한 영재교육을 일찍부터 받았다.[48] 9세 때부터 병학 교육을 견습하기 위해 번교(藩校) 명륜관(明倫館)에 출근했으며, 그 다음 해부터 사람들에게 병학을 가르치기 시작했다. 11세 때에는 영주 앞에서『무교전서(武教全書)』를 강의해 그 자격을 인정받았다.

명치 11년(1878)에 발행된 지폐로, 오른쪽에 그려진 인물이 신공황후. 신라를 정벌했다고『일본서기』에 기록되어 있지만 사실은 가공의 인물이다.

일본 사상을 다시 만나다

12세 때에는 마술, 검술, 창술을 배웠으며, 15세 때에는 영주 명을 받아 『손자(孫子)』를 강의하기도 했다. 또 17세 때(1846)에는 나가누(長沼) 병학을 배워 면허증을 받았으며, 규슈의 나가사키에 가서 서양의 군사력을 시찰하고, 서양식 전투 진법과 포술 등을 배웠다.

하기번의 병학 교사로서 완전한 자격을 인정받은 그는 20세(1849) 때 번의 명령으로 조슈(長州), 즉 하기번 해안 일대에 대한 방비 상황을 답사하고, 육상과 수상 전투를 위한 전략을 작성해 번에 건의서를 제출하기도 했다. 2년 뒤인 1851년에는 에도에 유학해 병학과 양학 그리고 유학을 배웠다.[49] 병학은 특히 전문 분야였던 야마가 병학의 대가 야마가 소스이(山鹿素水)에게 배웠다. 양학은 사쿠마 쇼잔(佐久間象山)에게 배웠다. 27세 때(1857)에는 『손자평주(孫子評註)』라는 손자병법 주석서를 쓸 정도로 손자병법을 완벽하게 섭렵했다.

이러한 그가 매사를 병학의 입장에서, 즉 전쟁을 하는 군인의 입장에서 생각한다는 것은 당연한 일이었다고 할 수 있다. 서양 세력의 동양 진출을 보면서 서양을 적으로 생각하고 어떻게 하면 그들을 막아내고 나아가 이길 수 있을까 하고 생각하는 것은 그로서는 당연한 일이었다. 서양은 전쟁이 일어나면 반드시 이겨야 하는 적군일 뿐이었다.[50]

그렇다면 주변국이었던 조선에 대해서는 어떻게 생각했을까? 쇼인은 홋카이도를 손에 넣고 서쪽으로 조선을 정복해 진취적인 기세를 보여주면 서양 열강들이 일본 침략을 포기할 것으로 판단했다.[51] 주변 약소국을 침략함으로써 서양 제국의 침략 위협으로부터 벗어나고자 한 것이다.[52] 손자병법에 나오는 기세싸움을 염두에 둔 병법가의 판단이었다.

쇼인은 주변국을 침략하는 데 어떤 죄의식을 느끼지는 않았을까?

자신의 생각을 주변에 설파할 때 동원한 논리는 무엇이었을까? 그는 『일본서기』에 등장하는 신공황후(神功皇后) 신화를 진실한 기록으로 믿었다.[53] 그 내용은 신공황후가 일본에서 정벌군을 이끌고 신라에 진공하니, 신라왕이 백기를 들고 항복하고, 매년 두 차례의 조공을 바치겠다고 맹세했으며, 백제와 고구려도 신라가 일본에 항복했다는 말을 듣고 스스로 조공을 바치기로 했다는 것이다. 완전히 허구로 꾸며낸 신화인데 에도 시대에는 많은 사람이 이런 내용을 진실이라고 믿었다. 쇼인도 예외가 아니었다.

쇼인은 먼 옛날 고대에 조공을 바치던 조선이 그동안 조공을 바치지 않은 것은 무슨 이유인가, 지금이라도 그 죄를 묻고 조공을 바치도록 해야 한다고 생각했다.[54] 허구적인 사실에 근거한 황당한 논리이지만, 그는 그렇게 믿었고 제자들에게도 그렇게 가르쳤다.

쇼인이 조선 침략을 주장한 것은 또 한 가지, 당시 그가 존경하는 지식인들과 사상가들이 그러한 주장을 이미 하고 있었기 때문이다. 선배 학자들의 주장에 동조한 것이다. 그는 서양의 군사적인 위협에 주목해 양학을 연구한 사쿠마 쇼잔으로부터 배웠고,[55] 세계통일론을 제창한 사토 노부히로(佐藤信淵, 1769-1850)와 국수적인 미토학자 아이자와 야스시(1782-1863)의 영향을 받았다. 사토 노부히로는 『혼동비책(混同秘策)』(1823)에서 일본은 이 세계에서 최초로 생긴 나라이고, 세계 만국의 근본이며, 전 세계를 모두 군현(郡縣)으로 삼고 만국의 우두머리를 모두 신하로 삼을 수 있다고 주장하며, 우선 만주를 치고 조선과 중국을 도모해야 한다고 주장했다.[56] 야스시는 『신론』에서 일본은 태양이 나오는 곳으로 원기가 시작하는 곳이며, 태양의 자손이 대대로 황위를 계승하는 곳이라고 단언하고, 천황의 가르침이 세계의 모든 곳에 미치는데 서양 오랑캐들이 천한 몸으로 사해(四海)를 돌아다니고 자기 분수를 돌아보지 않고 감히 상국(上國) 일본을 능멸하고 있다고 질책했다.[57] 쇼인도 천황에 대한 신앙심과 무한한 충성심을 가지고 있었다.[58]

결국 쇼인의 '정한론'은 천황에 대한 잘못된 믿음과 당시 일본의 특수한 사상적 풍토가 낳은 결과였다고 할 수 있다. 그 자신이 훌륭한 교육자로 존경을 받고 있지만, 침략사상을 옹호하고 제시한 점은 그의 커다란 사상적인 잘못이었다. 군사전문가였던 그로서는 넘을 수 없는 한계였던 것이다.

요시다 쇼인 연보

1세(1830년)[59]	나가토 지방(長門國)에서 조슈(長州) 하급무사의 차남으로 출생.
5세(1834년)	야마가(山鹿) 병학(兵學) 사범이었던 숙부 요시다 다이스케(吉田大助)의 양자가 됨. 이듬해 숙부가 사망해 그 직책을 상속받음. 나이가 어려 직책은 다른 사람들이 대행.
9세(1838년)	병학 교육의 견습을 위해서 번교(藩校) 명륜관(明倫館)에 출근.
10세(1839년)	명륜관에 출근해 처음으로 병학을 가르침. 번의 명령으로 대리교육을 폐지.
11세(1840년)	번주 앞에서 병법(『武敎全書』)을 강의함.
12세(1841년)	마술, 검술, 창술을 배움.
15세(1844년)	번주의 명령으로 『병번전서(武敎全書)』, 『손자(孫子)』 허실편을 강의함.
17세(1846년)	나가누(長沼) 병학을 배워 면허증을 받음. 서양식 전투 진법, 포술 등을 배움.
19세(1848년)	그동안 자신의 직책을 대신한 후견인들을 해임하고 처음으로 독립된 병학 사범이 됨.

20세(1849년) 육상과 수상 전투를 위한 전략 건의서 제출. 번의 지시로 조슈 지방 해안 일대에 대한 방비 실상을 답사함. 명륜관에서 『손자』 강의.

21세(1850년) 번주 앞에서 『중용』을 강의. 규슈 여행을 하고 나가사키에서 중국어를 배움.

22세(1851년) 번주에게 『손자』를 강의함. 번주를 따라 에도에 감. 에도에서 사쿠마 쇼잔(佐久間象山) 등을 만나 배우고, 다른 번의 지사들과 시국을 논함. 7월에 동북 유람의 허가를 얻었으나 12월 14일에 몰래 번의 숙소를 빠져나가 동북지역 여행에 나섬.

23세(1852년) 미토번을 경유해 동해 쪽으로 올라가 북상한 뒤 태평양 쪽으로 남하함. 4월에 번으로 돌아와 근신. 녹봉과 사적(士籍)을 박탈당함.

24세(1853년) 부친의 도움으로 다른 번으로 유학(遊學)을 허락받음. 오사카, 이세, 에도 등지를 유람함. 6월 페리 함대가 우라가에 들어왔다는 소식을 듣고 우라가를 방문해 살펴봄. 9월 나가사키에서 러시아 함선에 승선해 해외시찰을 가려고 했으나 실패함.

25세(1854년) 시모다(下田)에 가서 몰래 미국 함선을 타고 미국에 가려고 했으나 발각되어 거절당함. 이 사건으로 에도 감옥에 갇혔다가 다음 해 자택에 유폐됨. 이후 신변의 자유를 상실.

27세(1856년) 자택에서 주변 사람들에게 『맹자』 강의. 『강맹차기(講孟箚記)』 집필. 이즈음 막부 토벌 사상에 눈을 뜸. 주변 아이들과 여성들을 위해서 쇼카 학당(松下学塾)에서 『무교전서(武教全書)』, 『일본외사(日本外史)』, 『춘추좌씨전』, 『자치통감』 등을 강의.

28세(1857년) 자택 강의가 활발하게 이루어져 다카스기 신사쿠(高杉晋作) 등 많은 사람이 와서 제자가 됨. 유폐 장소에서 벗어나 학생들과 공동생활을 시작함.

29세(1858년) 막부가 미국의 요구에 밀려 통상조약을 맺자 막부 토벌을 영주에게 건의함. 쇼카학당이 정치 결사체로 변모하고 학생들은 그 실천 조직이 됨. 막부의 고위 관료 암살 등 각종 활동 계획을 세우고 실천에 옮겼으나 모두 실패함. 12월, 투옥 명령을 받음.

일본 사상을 다시 만나다

30세(1859년)　1월 시국에 분개해 단식을 시도함. 학생들이 자중론을 제기했으나 죽음을 선택하기로 함. 5월 에도로 압송되어 감옥에 감금됨. 유언으로 『유혼록(留魂錄)』을 작성. 10월 사형판결을 받고 감옥에서 처형됨.

주석

1　ハインリッヒ・デュモリン, 東中野修譯,「吉田松陰-明治維新の精神的起源を理解するための一考察」,『アジア研究所紀要』13, 1986, 115쪽.

2　요시다 코헤이, 정지욱 역,『일본 양명학』, 청계, 2004, 28쪽.

3　요시다 코헤이,『일본 양명학』, 29쪽 참조.

4　종청한, 임태홍 역,『50인으로 읽는 중국사상』, 무우수, 2007, 374-375쪽. 요시다 코헤이,『일본 양명학』, 34쪽.

5　시마다 겐지, 김석근 역,『주자학과 양명학』, 까치, 1977, 175-176쪽 참조.

6　海原徹,『吉田松陰と松下村塾』, ミネルヴァ書房, 1990, 194-195쪽.

7　ハインリッヒ・デュモリン,「吉田松陰-明治維新の精神的起源を理解するための一考察」, 117쪽. 海原徹,『吉田松陰と松下村塾』, 1쪽.

8　海原徹,『吉田松陰と松下村塾』, 10-12쪽.

9　海原徹,『吉田松陰と松下村塾』, 17-23쪽.『신론』에 대해서는 50-51쪽 참조.

10　海原徹,『吉田松陰と松下村塾』, 24-25쪽. ハインリッヒ・デュモリン,「吉田松陰」, 120쪽 참조.

11　海原徹,『江戸の旅人 吉田松蔭』, ミネルヴァ書房, 2003, 112-113쪽.

12　ハインリッヒ・デュモリン,「吉田松陰」, 150쪽. 빌리온의 '요시다 쇼인 추억'에 대한 번역문 참조.

13　陶德民,「「投夷書」原本でみる松蔭の西洋学習の姿勢」,『日本思想史學』36, 2004, 50-51쪽. 海原徹,『吉田松陰と松下村塾』, 38-39쪽 참조.

14　古川薫,「史傳・吉田松陰」,『留魂錄』, 講談社, 2002, 173-174쪽.

15　古川薫,「史傳・吉田松陰」,『留魂錄』, 178쪽.

16　海原徹,『吉田松陰と松下村塾』, 46-47쪽.

17　海原徹,『吉田松陰と松下村塾』, 52-54쪽.

18　ハインリッヒ・デュモリン,「吉田松陰」, 140쪽.

19　海原徹,『吉田松陰と松下村塾』, 184쪽.

20　吉田松陰,「書簡」(野村和作宛, 1859년 安政 6年 4月頃)『吉田松陰』日本思想大系 54, 岩波書店, 1978, 349쪽.

21　吉田松陰,「書簡」(野村和作宛, 1859년 安政 6年 4月4日)『吉田松陰』日本思想大系 54, 335쪽.

22　ハインリッヒ・デュモリン,「吉田松陰」, 141쪽. 古川薫,「史傳・吉田松陰」, 193-196쪽 참조.

23　ハインリッヒ・デュモリン,「吉田松陰」, 140쪽.

24　海原徹,『吉田松陰と松下村塾』, 197쪽.

25　ハインリッヒ・デュモリン,『吉田松陰』, 139-140쪽

26　호사카 유지,「吉田松陰 사상의 근대적 전개서설」,『한일군사문화연구』5, 2007, 134쪽.

27　호사카 유지,「吉田松陰 사상의 근대적 전개서설」, 130쪽 참조.

28　ハインリッヒ・デュモリン,「吉田松陰」, 116-117쪽. 호사카 유지,「吉田松陰 사상의 근대적 전개서설」, 137쪽.

29　호사카 유지,「吉田松陰 사상의 근대적 전개서설」, 133-134쪽

30　호사카 유지,「吉田松陰 사상의 근대적 전개서설」, 135쪽.

31　吉田松陰,「講孟余話」,『講孟余話ほか』, 中央公論新社, 2002, 9쪽.

32　하정식,「태평천국에 대한 조선정부의 인식」,『역사학보』107, 1985. 9, 190쪽.

33　하정식,「태평천국과 1820-60년대초 조선왕조의 위기의식」,『동방학지』, 4쪽.

34　하정식,「연행정보와 조선왕조의 태평천국 인식의 정치적 배경」,『역사학보』 145, 1995, 193쪽. 하정식,「태평천국과 1820-60년대 초 조선왕조의 위기의 식」, 24, 26쪽. 하정식,「구미열강의 중국침략과 조선의 반응」,『동양학』28, 1998, 12-15쪽.

35　하정식,「태평천국과 근대일본」,『이론역사연구』20, 2004, 68-88쪽 참조.

36 『金川遊記』(增田涉, 『西學東漸と中國事情』, 岩波書店, 1979, 310-311쪽) 하정식, 「태평천국과 근대일본」, 90-91쪽에서 재인용함.

37 하정식, 「태평천국과 근대일본」, 88쪽 참조.

38 郭連友, 「吉田松陰と近代中國-松陰の太平天國認識と思想轉換」, 『日語日文學』 48, 2010.11, 5쪽.

39 郭連友, 「吉田松陰と近代中國-松陰の太平天國認識と思想轉換」, 7-10쪽.

40 하정식, 「태평천국에 대한 조선정부의 인식」, 196-197쪽.

41 郭連友, 「吉田松陰と近代中國-松陰の太平天國認識と思想轉換」, 7, 15, 18쪽 참고.

42 吉田松陰, 古川薰譯注, 「留魂錄」, 講談社, 2002, 98-101쪽.

43 그의 인간적인 면모에 대해서는 ハインリッヒ・デュモリン, 「吉田松陰」, 139-143쪽 참조.

44 琴秉洞, 『日本人の朝鮮觀』, 明石書店, 2006년, 41쪽.

45 吉田松陰, 「幽囚錄」, 『講孟余話ほか』, 199쪽.

46 호사카 유지, 「吉田松陰의 조선침략론에서 본 명치신정부의 초기 대한정책」, 『일본학보』 41, 1998.11, 443, 452쪽.

47 琴秉洞, 『日本人の朝鮮觀』, 明石書店, 2006년, 45-46쪽. 세계통일에 대한 지적은 박훈, 「吉田松陰의 대외관」, 『동북아역사논총』 30, 2010.12, 311쪽 참조.

48 海原徹, 『吉田松陰と松下村塾』, 10-13, 44쪽.

49 호사카 유지, 「吉田松陰의 조선침략론에서 본 명치신정부의 초기 대한정책」, 446쪽.

50 호사카유지, 「吉田松陰의 조선침략론에서 본 명치신정부의 초기 대한정책」, 448쪽. 호사카 유지, 「吉田松陰 사상의 근대적 전개 서설」, 2007년, 131쪽.

51 호사카 유지, 「吉田松陰의 조선침략론에서 본 명치신정부의 초기 대한정책」, 450쪽.

52 琴秉洞, 『日本人の朝鮮觀』, 43쪽.

53 吉野誠, 『明治維新と征韓論』, 明石書店, 2002년, 56, 63쪽 참조. 신공황후 신화 내용에 대해서는 전용신 역, 「仲哀天皇 9년 9월, 10월조」, 『완역 일본서기』, 일지사, 2002년, 153-154쪽 참조.

54 호사카 유지, 「吉田松陰의 조선침략론에서 본 명치신정부의 초기 대한정책」, 453-454쪽.

55 호사카 유지, 「吉田松陰의 조선침략론에서 본 명치신정부의 초기 대한정책」, 447쪽.

56 吉野誠, 『明治維新と征韓論』, 69-70쪽. 박훈, 「18세기말-19세기초 일본에서의 전국적 세계관과 해외 팽창론」, 『동양사학연구』104, 2008. 9, 285쪽 참조.

57 박훈, 「18세기 말-19세기 초 일본에서의 전국적 세계관과 해외 팽창론」, 『동양사학연구』104, 2008.9, 282쪽.

58 ハインリッヒ·デュモリン, 「吉田松陰」, 124-126쪽 참조.

59 연보 참고자료
    - 吉田常吉 등, 「吉田松陰年譜」, 『吉田松陰』日本思想大系54, 岩波書店, 1978.
    - 海原徹, 「吉田松陰年譜」, 『吉田松陰と松下村塾』, ミネルヴァ書房, 1990.
    - 海原徹, 「吉田松陰年譜」, 『江戸の旅人 吉田松蔭』, ミネルヴァ書房, 2003.

통합을 중시한 정치가

사카모토 료마

"황운(皇運)을 만회하여 국세를 확장하고 세계 만국과 나란히 서자."

사카모토 료마(坂本龍馬, 1836-1867)

2000년에 일본『아사히 신문』은 밀레니엄 특집으로 '지난 천년간 최고의 정치지도자' 설문조사를 실시했다. 결과는 사카모토 료마(坂本龍馬)가 1위였다.

1000년 이전으로 거슬러 올라가 아스카(538-710), 나라 시대(710-794), 헤이안 시대를 포함시켜도 1위가 될 확률이 많다. 왜냐하면 최근에 아스카 시대의 정치가 쇼토쿠 태자(聖德太子, ?-622)가 지나치게 과대평가되었다는 지적이 나오고 있기 때문이다.[1] 쇼토쿠 태자는 1983년까지 1만 엔권 지폐에 그 모습이 그려져 있었다.

료마가 많은 일본인의 기억에 남아 존경받는 인물이 된 것은 소설가 시바 료타로(司馬遼太郎, 1923-1996) 덕분이다. 시바 료타로가『료마가 간다』(1963-1966)라는 역사소설의 주인공으로 그를 멋지게 그려냈기 때문이다. 그때까지 잘 알려져 있지 않았던 료마는 시바 료타로의 붓을 통해 일약 최고의 정치가로 떠올랐다.

소설「료마가 간다」가운데에서 저자가 가장 극적인 클라이맥스로 심혈을 기울여 그려낸 장면을 하나 소개하면 다음과 같다.[2]

"료마는 방안으로 들어갔다. 사이고는 손을 내밀어 료마에게 방석을 권하면서 이렇게 물었다.

'이런 밤중에 웬일이시오?'"

사이고(西郷)는 사이고 다카모리(西郷隆盛, 1828-1877)로 나중에 명치유신의 주역이 된 사람이다. 사이고는 그때 교토에서 사쓰마번(薩摩藩) 대표로서 조슈번(長州藩)과 협상을 벌이고 있었다. 요시다 쇼인이 처형당한 뒤 막부 타도를 외치며 궐기한 조슈번은 막부 측의 집요한 공격을 받아 위기에 몰려 있었다. 료마가 주선한 조슈번과 사쓰마번의 연합 협상의 모습을 시바 료타로는 이렇게 묘사하고 있다.

"료마는 한참을 말없이 있다가 화로 가장자리에 손을 얹으며 다그치듯 말했다. '가쓰라에게 다 들었소.'"

가쓰라(桂)는 가쓰라 고고로(桂小伍郎, 1833-1877)라는 인물로 사이고 다카모리, 오쿠보 도시미치(大久保利通)와 함께 명치유신의 삼걸(三傑)로 꼽힌다. 당시 조슈번의 대표였다.

"료마는 '허어'하고 탄식하면서 이렇게 말했다.

'사이고 씨. 이제 체면 경쟁은 그만두시오. 가쓰라의 이야기를 들으면서 나는 눈물이 나서 참을 수가 없었소.'"

가쓰라의 이야기는 "사쓰마번이 남아서 황실을 위해 힘을 다한다면 우리 조슈가 막부군의 포화에 망하더라도 결코 후회하지 않는다"는 내용이었다. 조슈번은 막부를 타도하고 천황을 옹립해야 한다는 입장이었다. 그래서 막부는 두 차례나 군대를 보내 조슈 정벌을 꾀했다. 당시 형세로 보면 일본은 세 개의 비슷한 세력이 서로 자웅을 겨루고 있었다. 조슈번과 사쓰마번 그리고 막부였다. 조슈번은 사쓰마번의 도움이 절실했으나 입장 차이가 있었고 지도자들의 자존심 때문에 머리를 숙이고 싶지 않은 상황이었다. 협상이 결렬로 치닫는 상황에서 료마는 사이고에게 이렇게 말했다.

"지금 조슈의 가쓰라가 숙소에서 기다리고 있소. 당장 이리 불러 사쓰마와 조슈의 연합을 체결하시오." 그리고 또 한마디 던졌다.

"조슈가 불쌍하지도 않소?"

시바 료타로는 바로 이 장면을 쓰기 위해서 수년 동안을 생각했다고 한다. 료마에 대해서 소설을 쓰려고 생각한 것도 바로 이 장면과 관련

일본 사상을 다시 만나다

료마의 묘지로 가는 길. 교토 레이잔(靈山) 기념관과 막말 유신지사들의 묘도 이곳에 있다. ⓒ 필자 촬영, 2010.7.31.

된다고 했다.[3] 그 당시 조슈와 사쓰마가 연합해야 한다는 것은 누구나 잘 알고 있었다. 하지만 그 연합을 성공시켜 줄 중개자가 없었다. 그런데 바로 료마가 그 특유의 행동력으로 협상을 성공으로 이끈 것이다.

또 한 가지, 시바 료타로는 소설에서 사카모토 료마 식의 협상 기술을 상세히 소개했다. 그것은 "조슈가 불쌍하지도 않소?"라는 한마디에 함축되어 있다. 그런 말을 정말로 료마가 했는지는 확인할 수 없으나, 시바 료타로는 그 말을 협상 성공의 핵심으로 보았다.

료마는 양쪽 번의 연합을 성공시킨 뒤, 그 해(1866) 11월에 양측의 상사(商社) 설립을 주선했다. 또 서로 물자 거래를 하도록 주선하기도 했다. 사쓰마와 조슈의 연합에는 그 배경으로 양측과 료마측의 경제적인 거래가 전제되어 있을 가능성도 있다. 어찌 되었든 시바 료타로는 "조슈가 불쌍하지도 않소?"라는 말을 통해서, 대립하는 두 정치 세력을 통합시키는 좋은 방법을 보여주었다. 수많은 이론이나 논리보다 이렇게 상대방의 심금을 울리는 한마디가 결정적일 수 있다는 것이다.

료마에 대해서는 긍정적인 평가 못지않게 부정적인 평가도 많다. 단순한 장사꾼에 지나지 않는다거나 매독에 걸린 방탕한 무기거래상이었다는 지적도 있다.

그러나 분명한 것은 그가 대립하는 두 세력을 서로 연합하도록 했다는 것이다. 그리고 그의 협상력과 행동력이 남달라 명치유신 직전의 혼란스러운 국면을 타개하는 데 큰 공헌을 했다는 것에는 이의가 있을 수 없다. 나아가 그가 서로 반목하던 각 번들을 하나로 묶고, 막부와 반막부 세력을 하나로 통합하려고 노력한 점은 평가할 만하다.

또 한 가지 "료마의 위대함은 막부파, 천황파, 개국파, 쇄국파 등의 국론 분열의 와중에서 혁명에 이르는 전략 구상과 혁명 이후의 정치체제에 대한 프로그램을 가지고 있었다는 점이다. 아무런 계획 없이 그저 싸워서 쓰러뜨리기만 하면 된다는 식의 감정적 막부 타도가 아니었다."[4] 그는 사전에 긴 안목을 가지고 전략적으로 막부 타도 이후의 상황까지 예측하고 준비했다. 덕분에 일본의 근대화가 좀 더 순조롭게 이루어질 수 있었다.

일본에서는 경제적, 정치적으로 어려운 상황에 처하면 사카모토 료마의 일생이 드라마로 제작되거나 영화로 제작된다. 그리고 그 작품은 국민적인 관심을 받게 된다. 2010년에 NHK는 대하드라마 「료마전(龍馬傳)」을 방영했다. 신정 연휴 때 한꺼번에 모두 방영하던 방식을 탈피해 수개월 동안 매주 방영한 이 드라마는 커다란 호응을 받았다. 한반도에서 남북한이 하나가 되어 진정한 의미의 근대 민족국가를 세우고자 할 때, 통합을 향한 료마의 행동과 사상은 우리의 본보기가 될 수 있을 것이다.

사카모토 료마의 생애

료마는 1835년 겨울에 도사번(현재의 고치시高知市)에서 태어났다. 부친은 하급무사[鄕土]로 료마는 2남 3녀 중에서 막내였다.

료마의 조상은 원래 성씨가 없는 농민으로,[5] 전국 시대 말엽에 오미(近江)에서 이주해 왔다. 그들은 나중에 양조업과 의류매매 등으로 큰 재산을 모았는데 이 덕분에 하급무사의 자격을 갖게 되었다.[7] 사카모토(坂本)라는 성씨도 이때부터 사용하기 시작했다. 료마는 성장해서 무사로 행동했지만, 때때로 상인의 수완을 발휘한 것은 그러한 배경이 있었기 때문이었다.

료마는 가끔 무사들에게 금해져 있는 샤미센(三味線)을 즐겨 타기도 했는데,[8] 그것은 그가 상인의 집안에서 성장했기 때문이다.

14세 때에는 도장에 들어가 검도와 병법을 배웠다. 당시 일본의 젊은이들은 조선시대 젊은이들이 서당에서 글을 배우듯 도장에서 검도를 배웠다. 19세가 된 1853년에 료마는 에도에 가서 검도를 배우고, 사쿠마 쇼잔(佐久間象山)을 만나 포술을 배웠다. 마침 그 해에 페리 함대가

시코쿠(四國) 고치시의 모습. 앞에 보이는 강이 가가미강(鏡川). 료마는 이 강 부근에서 살았는데, 19세 되던 1853년에 이곳을 떠나 에도로 검술을 배우러 갔다.

도쿄만 가까운 우라가(浦賀) 항구까지 입항해 일본 전역이 혼란에 빠지는 일이 일어났다.

당시 료마의 고향 도사에는 서양에 관한 지식을 많이 알고 있는 가와다 쇼료(河田小龍, 1824-1898)가 있었다. 용을 잘 그리는 화가였는데, 서양 사람들이 몰려와 무역을 하고 있던 나가사키에도 일시 체재한 적이 있었다. 가와다는 또 미국에서 막 돌아온 나카하마 만지로(中浜万次郎, 1827-1898)[9]로부터 해외 사정을 전해 듣고, 그 내용을 책(『漂巽記畧』)으로 정리한 적도 있었다.

료마는 가와다로부터 근대 문명에 관한 지식을 전해 들었다. 아울러 서양식의 기선을 사 모아 여객이나 화물을 동서로 운반하는 일 그리고 동시에 항해술의 연습을 하는 일이 아주 중요하며 급무(急務)라는 것을 익히 들었다.[10]

1856년(22세)에 료마는 다시 번의 허락을 받아 에도로 유학을 떠나 2년간 그곳에 머물면서 검술을 배우고 귀향했다. 그 해에 막부는 미국과 수호통상조약을 체결했다. 고향에서 그는 계속해서 서양식 포술을 배우면서 다른 한편으로는 막부의 개국정책에 반대해 교토의 천황을 옹립하려는 도사번 근왕당(勤王黨)에 가입해 활동했다.

28세가 되던 해 료마는 목숨을 걸고 탈번(脫藩)을 감행했다. 도사번 탈출을 시도한 것은 널리 재야에 있는 여러 번의 지사들을 규합하고자 한 것이었다. 당시 번을 탈출한 사람은 붙잡히면 사형에 처해졌다. 그러나 료마의 탈번은 결과적으로 전화위복이 되었다. 그가 속한 근왕당이 나중에 탄압을 받아 와해되고 많은 당원이 살해되었기 때문이다.[11]

료마는 오사카를 거쳐 에도로 가서 당시 막부에서 중요한 직책을 맡아 개국정책을 추진하던 가쓰 가이슈(勝海舟, 1823-1899)와 만났다. 원래

　일본 사상을 다시 만나다

가쓰와 만난 목적은 그를 살해하기 위한 것이었으나, 가쓰에게 오히려 설득당해 제자가 되었다. 이후 가쓰가 1864년에 막부로부터 파면당할 때까지 료마는 주위의 지사들을 끌어들

교토의 가와라마치(河原町) 거리. 오른쪽 편의점 앞 자판기 옆에 료마를 추모한 비석이 서 있다. 1867년에 료마는 이곳에 세워져 있던 건물의 2층에서 살해되었다. ⓒ 필자 촬영. 2010. 8. 23.

이고 연락을 담당하는 등 가쓰를 위해 활약했다.

1865년(31세)에 료마는 가쓰를 수행한 경험을 바탕으로 해운무역의 필요를 느끼고 가메야마 샤츄(龜山社中)를 설립했다. 이는 사쓰마나 조슈번의 기선을 빌려서 '항해술을 습득하는 군사조직이면서, 해외 정세나 만국공법을 연구하는 정치학교이기도 하고, 여러 번과 외국 상인의 중개무역을 행하는 일종의 상사'이기도 했다.[12] 무사이면서도 상인의 피가 흐르고 있는 료마의 성격이 잘 드러나는 조직이었다.

1866년 료마의 노력으로 사쓰마번과 조슈번이 연합에 성공했다. 막부는 끊임없이 조슈번의 세력을 제압하려고 노리고 있었다. 그러나 사쓰마와 조슈 연합의 성공으로 막부가 오히려 위험에 처했다. 이 연합 덕분에 료마는 격동하는 새로운 정치질서의 중심으로 떠올랐다.

두 번의 연합을 성공시키고 교토로 돌아온 그는 숙소(寺田屋)에서 자객의 기습을 받았다. 당시 교토에는 우국지사들을 불순한 세력으로 몰아 살해하는 자객들이 적지 않았다. 료마는 다행히 그 집 양녀인 오료(お龍)라는 여성의 도움을 받아 위기에서 벗어났다. 오료는 목욕을 하고

있다가 외부에 수상한 사람들이 포위하고 있는 것을 눈치 채고 알몸 급히 료마가 있는 2층까지 뛰어 올라가 알렸다. 료마는 덕분에 간발의 차로 도망갈 수 있었다. 나중에 료마는 위기에서 자신을 구해준 이 여성과 인연을 맺고 온천여행을 함께 가기도 했다. 이들의 여행은 일본 최초의 신혼여행이라고 한다.[13]

그는 또 다시 다음해인 1867년 11월 15일 오후 9시경 교토 번화가 가와라마치(河原町)에 위치한 비밀 숙소 오미야(近江屋)에서 자객의 습격을 받았다. 당시 그는 동료와 함께 신정부가 들어서게 되면 누구를 천거할지 그 후보를 상의하고 있었다. 워낙 급작스럽게 공격을 받아 칼로 막기는 했으나 역부족으로 머리에 중상을 입고 살해당했다. 향년 33세였다.

그는 사망하기 직전 1년간 여러 가지 역사에 남을 만한 많은 일을 해냈다. 해원대(海遠隊)의 대장에 임명되었는가 하면, 자신이 지휘하던 함선이 다른 번의 함선과 부딪히는 사건이 일어나자 일본에서 처음으로 국제법(萬國公法)을 동원해 해결했고, 사쓰마와 도사의 맹약을 주선해 개혁세력에게 큰 힘을 실어주었으며, 새로 생기게 될 정부를 위해서 관직이나 정부 강령을 기초하기도 했다. 또 사망하기 6일 전에는 교토 니조성(二条城)에서 쇼군이 자신의 통치권을 천황에게 넘기는 대정봉환(大政奉還)이 거행되었는데, 그것은 바로 그가 1년 전에 제안한 일이었다.

료마가 사망한 다음해 1868년 3월에 동경에서 사이고 다카모리와 가쓰 가이슈가 담판을 벌여 신정부군이 에도를 접수함으로써 막부가 몰락하고 명치정부가 들어섰다. 새로 들어선 정부에는 그와 함께 활동했던 많은 동료와 지인들이 입각해 중책을 맡고 활약했다. 일본을 하나의 통일된 국가이면서 강력한 힘을 가진 국가로 만들고자 한 그의 꿈이 그들의 손에 의해서 이루어지게 되었다.

세력 통합의 사상가

경쟁관계에 있는 두 정치세력이 하나의 큰 세력으로 통합하기는 결코 쉬운 일이 아니다. 우리나라가 일제 36년을 거친 후에 남북으로 갈라져 두 국가를 이룬 것이나, 중국이 국민당과 공산당이 나누어 싸우다 결국 두 개의 나라로 나누어진 것이 모두 그러한 사실을 증명해준다. 한중일 삼국 가운데 유일하게 분열을 겪지 않고 하나의 나라로 근대국가 건설에 성공한 나라는 일본뿐이다.

일본이 이렇게 하나의 나라를 이룰 수 있었던 것은 천황이라고 하는 상징적인 존재가 있었다는 점, 에도 시대에 사상계의 흐름이 그러한 방향으로 발전해왔다는 점, 대륙과 멀리 떨어진 섬나라였다는 점 그리고 각 번 사이에 경제적 문화적인 교류가 활발했다는 점 등 여러 가지 이유를 들 수 있다. 거기에 통합의 정치가 사마모토 료

료마의 제안으로 이루어진 대정봉환의 모습. 1867년 11월 9일 교토 니조성에서 행해졌다. 료마는 이로부터 6일 뒤에 암살당했다(邨田丹陵 그림).

마가 존재했다는 점도 한 이유로 들 수 있을 것이다.

료마는 왜 통합과 협상을 중시하게 되었을까? 그가 무사이면서도 상인의 피를 물려받았다는 점에 주목할 필요가 있다. 그는 무사계급과 상인계급의 경계선상에 있었던 인물로, 두 계층이 가지고 있는 각각의 장단점을 누구보다 더 잘 알고 있었다. 또한 상인 출신 가문이기 때문에 상업 거래에서 꼭 필요한 협상의 중요성을 잘 알고 있었다. 만약 무사라면 타인과 이익이 충돌할 경우 당장 칼을 뽑아 해결하겠지만, 상인의 정신이 있었기 때문에 타협을 할 줄 알았다.

아울러 그의 행동을 살펴보면 금전적인 이득을 중시했다는 점을 알 수 있다. 상인 정신이 몸에 배어 있었던 것이다. 이익이 되는 일이라면 금전적인 이득을 취하는 데 부끄러워하지 않았다. 그런 점에서 막부 말기의 다른 지사들보다 좀 더 현실적인 행동을 취할 수 있었다. 그는 단지 명분만을 좇아서 하나의 노선만 고집한 것이 아니었다. 자신이 속한 번이나 일본 사회에 이득이 된다면 자신의 입장은 깃털처럼 가볍게 여길 수 있었다.

그가 어느 한쪽으로 고집스럽게 빠지지 않고 적당히 균형 잡힌 입장을 중시할 수 있었던 것은 그가 태어났던 도사번의 풍토에서 기인한 점도 있다. 소설가 시바 료타로는 도사인들의 자유스러운 성격을 이렇게 지적한 적이 있다.[14]

"당시 에도나 교토에서는 오래된 문화가 침전해서 그것이 하나의 일상 규범이 되어, 삶을 아름답게 하거나 인간을 아름답게 보이게 했다. 이 삶의 문화라고 하는 것은 매우 중요한 것인데, 도사 지방은 벽지였기 때문에 그러한 전통이 별로 전해지지 않았다. 또 도사의 통치자로 부임한 야마우치 가문은 응당 가지고 와야 할 문화를 가지고 오지 않았

일본 사상을 다시 만나다

왼쪽에 보이는 2층 건물이 테라다야(寺田屋). 1866년 그는 사쓰마 조슈 연합을 성공시키고 이곳에 와서 쉬다가 자객의 급습을 받았다.
© 필자 촬영. 2010.8.5.

다. 그러므로 도사인들은 일상의 규범에 대해서 비교적 자유스러웠을 것이다."

이외에도 당시 도사번의 입장이 다소 애매모호했다는 점도 료마의 행동에 도움을 준 측면이 있다. 물론 내부적으로는 막부 편과 천황 편으로 나뉘어 많은 갈등이 있었지만, 전체적으로는 어느 한쪽에 치우치지 않았기 때문에 료마가 자신의 정치적 능력을 발휘할 기회가 많았다.[15] 그가 1866년에 사쓰마번과 조슈번의 연합을 성공시킨 것은 그러한 도사번의 입장이 크게 기여했다.

당시 사쓰마와 조슈를 연합시키려는 시도는 많았다. 사쓰마와 조슈가 서로 협력한다면 막부를 넘어뜨릴 수 있다는 것을 많은 사람이 생각하고 있었다.[16] 그러나 실질적인 행동으로 협상력과 중재력을 발휘하면서 연합을 관철한 사람은 사카모토 료마뿐이었다.

앞서 사쓰마번과 조슈번이 담판을 짓는 마지막 장면을 소개했는데, 그러한 협상 테이블을 마련하는 것도 사실은 쉽지 않았다. 서로 화합하게 하는 료마의 융화력이 없었으면 불가능한 일이었다. 료마가 1865년 5월경 사쓰마에 있었을 때, 그는 서로 대립하고 있던 양측의 분위기가 변하고 있는 것을 감지하고 양측에 서로 연합할 것을 권했다. 그랬더니

양측의 반응이 다음과 같았다.[17]

"우리가 먼저 그 이야기를 꺼낼 수는 없는 일 아니겠습니까? 우리도 체면이 있는데…. 지금까지 경위로 볼 때 연합에 관한 이야기는 당연히 저쪽이 먼저 꺼내야지요."

양측의 반응이 똑같아서 료마는 양측에 다음과 같은 말을 똑같이 전했다.

"무슨 말씀이십니까? 일본을 위해 저쪽과 손을 잡으라는 건데, 당신들은 자신의 체면에만 얽매여 있을 생각입니까? 지금 시국이 체면 싸움을 할 정도로 한가하지 않습니다. 즉시 먼저 제의를 하십시오."

이런 중재력이 있었기 때문에 사쓰마와 조슈가 서로 손을 잡은 것이다. 그 후 료마 자신이 직접 나선 것은 아니지만 도사번까지 연합에 가담함으로써 천황을 옹립하고자 하는 세력이 큰 힘을 갖게 되었다. 세력 균형의 추가 연합군 측으로 기울자 막부는 고립되어 위기에 처했다.

그런데 료마는 다시 자기들과 반대편에 서 있던 막부를 돕기 시작했다. 그의 통합 정신이 진정으로 빛을 발휘한 것은 여기에 있었다. 만약 막부 세력을 적대세력으로 몰아간다면 일본은 큰 혼란에 빠질 것이다. 이렇게 생각한 그는 막부 세력까지 끌어안는 방안을 모색했다. 그가 제시한 '선중팔책'의 맨 첫 번째 항목에는 이렇게 적혀 있었다.[18]

"천하의 정권을 조정에 봉환시켜 정령(政令)이 조정으로부터 잘 나오도록 할 것."

천황에게 막부의 통치권을 이양하도록 한 것이다. 막부가 나서서 통치권을 이양하면 막부와 천황이 대립할 필요가 없으며, 막부를 적대시하는 번들도 천황의 뜻을 받들어 막부를 적대시하지 않을 것으로 생각한 것이다. 결국 그가 암살당하기 6일 전에 대정봉환이 실현됨으로써

일본 사상을 다시 만나다

그 구상이 실현되었다.

천황파와 막부파를 통합시킨 후, 료마는 일본인 모두를 하나의 국민으로 통합하고자 했다. 그것은 '선중팔책' 두 번째 항목에 제시되어 있다. "상하의정국을 설치해 의원을 두고 천하의 정치에 참여하게 하여 천하의 정치가 공의에 의해서 절절하게 결정되도록 할 것."

근대적인 의회제도를 염두에 둔 것이다. 료마의 이러한 활약이 없었다면, 죠수번과 막부가 대립하고, 사쓰마와 막부가 대립하는 등 일본 내부의 각 세력이 서로 얽히고설켜 전쟁을 벌였을 것이다. 영국, 프랑스 등 외국 세력들도 덩달아 각 번과 손잡고 세력을 다투다 큰 내란에 빠졌을 것이다.[19] 일본인들이 료마에게 감탄하고 감사하는 것은 바로 그의 통합 정신이 일본을 분열에서 구해냈기 때문이다.

선중팔책 : 일본 건국을 위한 방안

사카모토 료마는 막부 토벌과 명치유신의 화신이라고 할 수 있다. 아울러 그는 일본의 근대화를 설계한 '명치유신의 설계자'라는 평가를 받는다.[20] 선중팔책(船中八策)은 바로 그러한 설계자가 그려낸 국가 건설의 설계도면이었다. '배 안에서 제안한 8가지 방책'이란 뜻의 이 도면은 1867년 6월에 설계되었다.[21]

당시 일본은 대외적으로 영국과 프랑스, 미국의 위협에 놓여 있었고, 내부적으로는 반 독립적인 번들의 대립으로 분열의 위기에 처해 있었다. 천황은 교토에서 유명무실한 존재로 명맥만 잇는 허수아비였으며, 군사·행정·외교 등 국가적인 모든 실권은 동경에 있는 무사층 우두머리 쇼군(將軍)에게 있었다. 그 때문에 쇼군을 따르는 집단과 천황을 따르는 집단 사이의 대립도 심각한 상태였다.

료마는 자신이 운영하는 해원대 소속의 기선을 타고 나가사키를 출발해 고베항으로 향하고 있었는데, 당시 도사번에서 중책을 맡고 있던 고토 쇼지로(後藤象二郞)와 함께 다음과 같은 내용을 협의, 결정했다. 이 것이 선중팔책이다.[22]

1. 정권을 막부에서 천황으로 이양한다.

2. 의정국을 설치한다.

3. 인재를 등용하고 관직을 조정한다.

4. 외국과 적절한 교섭과 규약을 제정한다.

5. 법률 및 헌법을 제정한다.

6. 해군을 확장한다.

7. 수비군을 설치한다.

8. 물가에 관한 법률을 제정한다.

근대국가 일본을 건설하기 위한 기본 방향과 전략이 여기에 모두 포함되어 있다. 이는 막부가 장악하고 있던 정권을 천황의 조정으로 옮겨서 '(일본)민족의 힘을 하나로 결집해 열강과 나란히 설 수 있는 새로운 통일 국가를 위한 실천 강령'[23]이었다.

료마가 정리한 이들 방안은 사실 그의 독창적인 제안은 아니었다. 이미 그 이전부터 여러 사람이 여러 가지 방안을 제시했다. 예를 들면 요코이 쇼난[24]은 '국시칠책(國是七策)'이라 하여 1862년에 이미 막부에 이렇게 제안했다.[25]

일본 사상을 다시 만나다

나가사키항 부근의 시가지 모습. 1867년 료마는 이곳을 떠나 고베로 가는 길에 선중팔책을 구상했다.

① 쇼군이 조정에 사죄할 것 ② 참근교대를 폐지할 것 ③ 제후의 부인들을 고향으로 귀환시킬 것 ④ 가문 등을 따지지 말고 현명한 사람을 등용시킬 것 ⑤ 언로(言路)를 열어 공공의 정치를 행할 것 ⑥ 해군을 설치할 것 ⑦ 관청이 나서서 교역을 행할 것.

료마는 쇼난을 찾아가 당시의 시국에 대한 의견을 교환한 적이 있었다. 그래서인지 ①⑤⑥항목에 유사성이 발견된다. 다만 쇼난의 경우는 막부의 권한을 인정하고 쇼군이 천황 측에게 사죄하는 선에서 그치고 있다. 이렇게 되면 통치권은 여전히 쇼군이 갖게 되는 것이다. 일본 근대화의 주도권은 여전히 막부가 갖게 되어 권력구조의 측면에서 보면 허수아비 천황이 존재하던 에도 시대와 별 차이가 없게 된다. 료마는 거기에서 좀 더 나아가 모든 권한을 천황에게 이양하도록 구상했다.

한편 료마와 쇼난이 공통으로 해군에 대해 방책을 제시한 것은 주목할 만하다. 료마는 나중에 '신정부 강령팔책'에 육군까지 포함해서 해육군국(海陸軍局)의 설치를 주장하기도 했다.

해군에 대한 료마의 관심은 지대한 것이었다. 그가 조직해 나가사키를 중심으로 활동한 해원대도 사설 해군과 마찬가지였는데, 그러한 경험의 연장선에서 해군의 창설과 강화를 제안한 것이다. 선중팔책을 구상할 때 타고 있던 함선도 해원대 소속이었으니, 그의 건국 구상이 구체적이고 현실적일 수밖에 없었을 것이다.

요코이 쇼난과 비교해서 료마가 독자적으로 제시한 방책 중 눈에 띄는 것은 관직 조정, 외국과 교섭, 물가 관련 법률의 제정이다. 관직 조정과 관련해서 그가 나중에 좀 더 구체적으로 제시한 신정부 강령을 보면, 천하의 유명 인재를 초빙해 고문으로 삼고, 재능이 있는 제후를 선발해 등용하여 조정의 관직을 주고, 현재의 유명무실한 관직을 없앤다고 했다.[27] '제후'는 각 번의 영주들을 말한다.

또 외국과의 교섭에 대해서는 널리 의견을 취해 타당한 규약을 새롭게 세울 것을 제안하고, 법률의 정비에 대해서는 "율령을 제정하고 새롭게 무궁한 대전(大典)을 정한다. 율령이 정해지면 제후들은 모두 이것을 받들어 부하들에게 따르게 한다."[28]고 했다. 당시의 정치 상황이 각 번의 영주들을 무시할 수 없었기 때문에 그들의 독자성을 전제로 한 제안이었다.[29]

그는 물가 조정에 대해서 "금은의 물가는 외국과 적절히 평균이 되도록 하는 법을 설치하도록 할 것"이라고 했다. 금은의 물가는 통화 또는 외환의 가치라고 할 수 있으나 일반적인 상품의 물가로 해석할 수 있다. 이러한 물가를 외국과 절절히 유지되도록 하는 법을 만들자는 것은 그 자신이 가지고 있던 상인의 감각이라고 할 수 있다. 또 외국과 평

일본 사상을 다시 만나다

균이 되도록 한다는 것은 외환의 문제나 대외무역의 문제까지 염두에 둔 것을 보여주는 것으로 당시로서는 상당히 탁견이라고 할 수 있다.

료마는 마지막으로 '선중팔책' 밑에 다음과 같은 메모를 남겼다.

"이상의 8가지 방책은 현재의 천하 형세를 보아 일본의 모든 번에 묻는 것이다. 이러한 일들 외에 해결해야 할 다른 시급한 일이 있겠는가? 만일 이러한 몇 가지 방책을 단행한다면 황운(皇運)을 만회해 국세를 확장하고 세계 만국과 나란히 서는 것도 감히 어렵지 않을 것이다. 엎드려 원하옵건대, 공명정대한 도리에 근거해 일대 영단을 내려 천하와 함께 다시 새롭게 시작해 보지 않겠는가?"[30]

료마가 이렇게 대담한 뜻을 펼쳐 보인 것은 그의 주선으로 이루어진 사쓰마 조슈 동맹이 힘을 발휘하고, 아울러 자신이 속한 도사번까지 가담하면 아무리 강력한 막부 군대라도 사쓰마, 조슈, 도사 연맹을 이길 수 없다고 생각한 때문이다. 일본의 장래는 결국 료마의 손바닥에 놓여 있었던 것이다.

료마는 새 일본의 건국 방안을 '단지 이론이나 주장이 아니라 당장 실현해야 할 변혁의 강령으로 제시'했다.[31] 발전된 서구문명을 따라가기 위해서 근대적인 국가 건설에 무엇이 필요한지를 일목요연하게 제시한 것이 바로 그의 '선중팔책' 이었다.

© 2010. 7. 31.

막부 말엽 지사들의 유물을 전시하고 있는 료젠(靈山)기념관. 이곳에는 료마 관련 유물이 많이 전시되어 있다.

사카모토 료마가 정력적으로 활동했던 1860년대는 아편전쟁이 일어나고 약 20년이 지난 때였다. 당시 동아시아 지역 일대는 서양 세력의 진출로 커다란 충격과 혼란에 휩싸여 있었다.

중국 남부에서는 청나라에 반기를 든 배상제회가 궐기해 태평천국을 건국했다가 1864년 관군의 반격으로 멸망했다. 이 당시 중국인들은 자신의 나라에 대해 어떤 구상을 했을까? 중국 역사상 최초로 미국으로 유학 가서 예일대학을 졸업한 용굉(容閎)을 예로 살펴본다. 그가 태평천국 지도자에게 건의한 내용이다.[32]

① 강한 군대 편성 ② 군관학교, 해군학교 설립 ③ 훌륭한 인재를 발탁해 유능한 정부 조직 ④ 은행제도 실시 ⑤ 도량형 표준화 ⑥ 국민 교육제도시행 ⑦ 각종 실업학교 설립.

료마의 선중팔책과 비교해보면, 근대국가 건설에 있어서 핵심적인 요소가 되는 헌법, 의회, 외교, 정체(政體) 등에 대한 언급이 없다. 아울러 교육과 경제에 치우쳐 있으며 지엽적이다.

태평천국의 반란을 진압한 증국번(曾國藩)과 이홍장(李鴻章) 등은 서양 무기와 서양인들의 전투력을 익히 보았던 경험이 있어, 이른바 양무(洋務), 즉 서양을 배워서 강력

© 2010. 8. 23.

교토 기야마치 거리(木屋町). 오른쪽 음식점 자리가 1864년 이케다야(池田屋) 사건이 일어난 곳. 이곳에서 막부를 타도하고 천황을 옹립하고자 한 많은 지사가 신센구미(新選組)에게 살해당했다.

한 힘을 기르자는 운동을 주도했다. 다만 이들이 힘쓴 것은 무기나 군함 등 서양의 과학기술에 한정된 것으로 중국 사회 전체의 체질을 바꾸는 것은 아니었다. 결국 그것은 청일전쟁의 패배로 나타났다.

이후 강유위(康有爲)와 양계초(梁啓超) 등이 제창한 변법운동이 양무운동의 실패를 극복하기 위해서 좀 더 본질적인 개혁을 꾀했다. 법과 제도를 바꿈으로써 중국 사회를 바꿔보자고 한 것이다. 그러나 이 역시 실패했다. 청나라 만주족을 이민족 집단으로 보고 태평천국 노선을 따라간 민족주의적 혁명파가 1911년에 신해혁명을 성공시켰기 때문이다.

한편 한반도 지식인들의 경우는 어떠했을까? 1860년대 한반도에도 아편전쟁의 소식이 전해졌다. 1860년에 동학을 창시한 최제우는 서양인들은 싸우면 항상 이기니, 그들이 중국을 멸망시켜버리면 조선은 장차 어찌 될 것인가 하고 걱정했다.[33] 국내적으로도 1862년에는 각지에서 민란이 속출했다. 한편 지식인들은 서양의 과학과 지식을 받아들이는 데 주저한 반면에 일반 민중 사이에서는 서양 기독교를 믿는 사람들이 급속히 늘어났다. 동학이 등장한 것은 신앙적으로 그런 유행이 있었기 때문이었다.

1863년에 고종이 즉위함으로써 집권을 하게 된 흥선대원군은 안으로는 동학 교조 최제우를 체포해 사형시키고 교도들을 탄압하며, 밖으로는 쇄국정책을 펴면서 서양의 침략에 강력이 대응했다. 또한 개혁의 싹을 자르고 외부에서 들어오는 서양문물을 철저히 막았다.

1866년 평양에서 통상을 요구하던 미국 상선 제너럴셔먼호를 불태워 없애고, 프랑스의 병인양요(1866), 다시 미국의 신미양요(1871)에 강력하게 대응했다. 천주교 교인들에 대해서도 탄압을 강화해 철저한 쇄국정책으로 일관했다.

그러한 쇄국정책은 일시적으로 성공했다. 그러나 그러한 성공이 오히려 독이 되었다. 결과적으로 국권을 상실하고 일본의 식민지가 되었기 때문이다.

1884년 김옥균, 박영효, 서재필 등 개화파가 주도한 갑신정변은 그러한 운명에서 벗어날 수 있는 마지막 기회였다. 그때 개화파가 제시한 개혁방안은 주로 청나라에 대한 조공 폐지, 문벌을 폐지해 인민평등권 제정, 조세제도 개혁, 필요한 관청조직 폐지, 병영제도 개혁 및 근위대 설치, 순사 설치, 징벌제도 개선 등이었다.[34]

이러한 내용을 잘 음미해보면 헌법 및 법률의 제정, 국내 경제에 관한 법률 제정, 외국과 관련된 교섭, 규약 제정 등 국가의 조직과 운영을 서구식으로, 즉 근대적으로 변화시키려는 계획이 보이지 않는다.

결론적으로 중국이나 조선에서 동시대에 제시된 방안과 비교해보면 료마의 '선중팔책'은 국가의 정체(政體), 사법, 행정, 의회, 외교, 헌법, 군대, 경제 등 관심의 범위가 매우 광범위하며 어느 한쪽으로 편중되어 있지 않았다는 점을 알 수 있다. 료마는 이미 서양에서 진행되고 있었던 근대국가 건설의 핵심적인 내용을 정확히 이해하고 있었다. 그리고 주목되는 점은 료마는 자국 문제를 국제적인 시각에서 파악하고 있었다는 것이다. 중국이나 조선의 지식인들은 그러한 안목이 미약했다. 료마의 대외적인 안목은 역시 당시 시대의 분위기를 정확히 읽은 결과라고 할 수 있다.

한편 료마와 관련해 주목할 만한 것은 료마가 세운 해원대가 나중에는 조선의 울릉도와 독도 개척을 꾀했다는 사실이다. 해원대의 임무는 운송, 이익 추구, 도사변 보호 외에 개척이 포함되어 있었다. 처음에 료마는 일본 북쪽에 있던 홋카이도를 목표로 했지만, 어느 틈엔가 그의

교토 히가시야마구(東山區)에 있는 사카모토 료마 묘소. 안쪽에 묘비 두 개가 세워져 있는데 왼쪽 묘비가 료마의 묘비다.

©2010. 7. 31.

생각이 그렇게 변해 울릉도와 독도로 바뀌어 있었다.[35]

그는 해원대원 모집 때 "산에서는 나무 이름을 제대로 알고, 땅을 보면 벼, 보리, 뽕나무 등이 잘 자랄지 판단이 가능한 사람을 몇 명 데리고 가고 싶다. 그곳의 특성을 확실히 파악하고 나면 각 번의 유랑인들을 이주시켜 새로운 영역을 개척하겠다."[36]며 자신의 포부를 밝힌 적이 있다. 료마가 살아 있었다면 명치유신 직후에 동해안은 그의 활동 공간이 되었을 것이다.

일본학전공자 박유하는 "그가 혹 살아 있었다면 그와 의기투합했던 사이고 다카모리(1827-1877)와 함께 '정한론'을 펼치는 인물이 되었을 가능성이 있었다."[37]고 지적한다. 또 일본이 국가주의를 강화하고, 개인보다는 천황을 중시하는 국민의식의 배경에는 료마의 영향을 간과할 수 없다고 보았다.

료마는 일본 내부의 조그마한 번(藩)의 문제를 넘어서 더 큰 일본 공동체에 주목했다. 이는 일본 사회에 커다란 공헌이었다. 그러나 그보다 더 상위에 있는 아시아나 동아시아 공동체에 대해서는 별다른 관심이 없었다. 상업수완이 있는 사무라이로서 그는 이웃나라를 점령과 개척의 대상으로 보았을 뿐이었다. 그 시대가 가져온 한계이기도 했지만, 결과적으로 이러한 관점은 나중에 동아시아에 큰 불행을 가져오는 씨

앗이 되었다.

사카모토 료마 연보

1세(1835년)[38]　시코쿠(四国) 고치현(高知県)에서 하급무사의 둘째아들로 태어남.

12세(1846년)　어머니가 병으로 사망(향년 49세). 학당에 입학했으나 바로 퇴학함.

14세(1848년)　도장에 들어가 검도와 병법을 배움.

19세(1853년)　에도로 가서 검술 도장에 입문. 이 해 페리가 함대를 이끌고 와 개항
　　　　　　을 요구함.

20세(1854년)　귀향. 페리 함대가 다시 옴. 막부가 미국, 영국, 러시아와 화친조약.

21세(1855년)　부친, 병으로 사망(향년 59세).

22세(1856년)　에도로 다시 유학을 떠남. 검술 도장에서 수행.

23세(1857년)　유학기간을 1년 더 연장할 수 있도록 번에 신청해 허락받음.

24세(1858년)　고향으로 돌아옴. 이 해에 미일 수호통상조약 조인.

25세(1859년)　서양 포술 전문가에게 포술을 배움.

26세(1860년)　가쓰 가이슈(勝海舟) 등 막부사절단이 간린마루(咸臨丸)호를 타고
　　　　　　미국을 방문함.

27세(1861년)　도사번(土佐藩)에서 도사근왕당(土佐勤王黨)이 결성되자 가입함.

28세(1862년)　3월 탈번(脱藩)하여 오사카와 에도 등지에 체류. 누나가 료마에게
　　　　　　칼을 전해주고 자살. 에도에서 가쓰 가이슈를 암살하러 갔다가
　　　　　　그 문하생이 됨.

29세(1863년)　주위 사람들을 가쓰 가이슈의 문하생으로 끌어들임. 2월 번으로부
　　　　　　터 탈번에 대해 사면을 받고, 항해술 습득을 명 받음. 막부 군함을
　　　　　　타고 가쓰를 수행. 조슈번과 외국 함선들이 시모노세키에서 전투.
　　　　　　사쓰마번은 영국 군함과 전투. 10월 고베 해군 조련소 창설 책임을
　　　　　　맡아 자금을 빌림. 12월 번으로부터 소환명령이 있었으나 거부하고
　　　　　　다시 탈번함.

30세(1864년) 2월 가쓰를 수행해 군함을 타고 나가사키, 오사카, 에도 등지 방문. 6월 홋카이도 개발구상을 가쓰에게 제시. 7월 이케다야(池田屋)사건 발생. 8월 사쓰마번의 사이고 다카모리 만남. 11월 가쓰가 파면됨.

31세(1865년) 나가사키에서 해운무역의 필요를 느끼고 회사(龜山社中, 가메야마사 츄)를 세움. 해군 기능도 겸한 이 회사는 다음해 해원대(海援隊)로 발전.

32세(1866년) 1월 사쓰마·조슈 연합을 성공시킴. 교토 후시미(伏見)의 데라다야 (寺田屋)에서 자객의 기습을 받았으나 무사히 도망. 3월 인연을 맺은 오료(お龍)와 함께 가고시마로 온천 여행. 반막부 군대와 함께 막부 군 공격에 동참. 8월 천황에게 막부 권한 이양(大政奉還)을 주장. 11월 사쓰마·조슈 합병상사 설립 주선.

33세(1867년) 4월 탈번 사면을 받고 해원대를 창립하고 대장이 됨. 료마가 지휘 하던 함선이 기슈 번의 함선과 충돌해 침몰. 6월 교토로 가던 중 '선 중팔책'을 구상. 사쓰마·도사 맹약을 주선. 9월 나가사키에서 총기를 구입해 도사번에 넘김. 교토에서 신관제안(新官制案), 신정부 강령 등 을 기초. 10월 도사번이 대정봉환을 건의해 쇼군 요시노부가 받아들 임. 11월 15일 교토 오미야(近江屋) 하숙집에서 살해됨.

주석

1   예를 들면 遠山美都男,「聖徳太子虛構說への疑問」(『東アジアの古代文化』102, 2000.01), 足立倫行,「虛構說はその後どうなったのか-聖徳太子」,『歷史讀本』 56(8), 通号866, 2011. 8. 등 참조.

2   시바 료타로, 이길진 역,『료마가 간다 7』, 창해, 2003, 328-329쪽. 작가의 글 가운 데 서술적인 내용 일부를 생략하여 필자의 말로 바꾸고 대화 일부를 재배치함.

3   시바 료타로, 이길진 역,『료마가 간다 7』, 328쪽.

4   도몬 후유지, 안의탁 역,『사카모토 료마』, 지식여행, 2001, 218쪽.

5   飛鳥井雅道,『坂本龍馬』, 講談社, 2002년, 66쪽.

6   飛鳥井雅道, 『坂本龍馬』, 66-67쪽.

7   池田敬正, 『坂本龍馬』, 中央公論社, 1965년, 14쪽.

8   司馬療太郎, 「坂本竜馬と怒濤の時代」, 『坂本龍馬』, 文藝別冊, 河出書房新社, 2003. 6, 54쪽.

9   막말 명치시대의 어학자로 알려져 있다. 그는 1841년에 고기를 잡으러 바다에 나갔다가 표류해 미국 선박의 도움으로 구출되었다. 그 후 미국에서 교육을 받고 1851년에 일본으로 귀국해 번역, 항해, 영어 교육 등에 종사했다.

10   池田敬正, 『坂本龍馬』, 31-34쪽. 宇高隨生, 「河田小龍」, 『坂本龍馬』, 歷史群像シリ一ズ, 學習研究社, 2002, 90-95쪽 참조.

11   村上恒夫, 「龍馬の脱藩ル一トをめぐって」, 『坂本龍馬』, 文藝別冊, 河出書房新社, 2003.6, 72쪽.

12   井上淸, 「坂本龍馬-變革期の先驅者」, 『坂本龍馬』, 文藝別冊, 河出書房新社, 2003. 6, 12쪽.

13   도몬 후유지, 안의탁 역, 『사카모토 료마』, 지식여행, 2001, 186쪽 참조.

14   司馬療太郎, 「坂本竜馬と怒濤の時代」, 57쪽.

15   船津功, 「大政奉還をめぐる政権構想の再檢討」, 35쪽. 司馬療太郎, 「坂本竜馬と怒濤の時代」, 54쪽.

16   司馬療太郎, 「坂本竜馬と怒濤の時代」, 58쪽.

17   도몬 후유지, 『사카모토 료마』, 208쪽. 대화 일부를 분위기에 맞추어 수정했음.

18   선중팔책에 관한 원문 자료는 岩崎英重編, 『坂本龍馬關係文書』第一(日本史籍協會, 1912) 참조.

19   宮地佐一郎, 「現實を見,未來に生きた革命の士」, 坂本龍馬, 學習研究社, 2002, 31쪽.

20   신봉승, 「걸물 사카모토 료마」, 『한글+한자문화』 115, 2009, 32쪽.

21   「坂本龍馬日譜」, 『坂本龍馬の33年』, 歷史讀本 Chronicle3, 1999. 7. 新人物往來社. 선중팔책의 상세한 내용에 대해서는 필자가 2004년에 발표한 「사카모토 료마의 국가 건설사상」(『한국정치사상사학회』10-2)을 참조.

22   선중팔책을 간략히 정리한 것으로, 상세한 내용은 池田敬正, 『坂本龍馬』, 159-160쪽의 선중팔책 참조.

23 井上清,「坂本龍馬-變革期の先驅者」, 13쪽.

24 横井小楠(1809-1869). 막말의 사상가로 개국론자였다. 구마모토(熊本)의
    번사(藩士)로 개국과 통상을 주장했다. 메이지 유신 이후에는 참여(參與)의
    직책을 맡았으나 암살됨. 사카모토는 요코이가 천황 폐지를 주장했기 때문에
    그를 살해하려고 면회했으나 오히려 그의 사상에 매료되었다(堤克彦,「横井小
    楠と坂本龍馬」,『坂本龍馬』, 文藝別冊, 河出書房新社, 2003.6, 126쪽).

25 堤克彦,「横井小楠と坂本龍馬」, 126-127쪽. 菊地明,「國是七策」,『坂本龍馬大事
    典』, 1995, 新人物往來社, 113쪽.

26 堤克彦,「横井小楠と坂本龍馬」, 126쪽.

27 岩崎英重編,『坂本龍馬關係文書』第一, 427쪽.

28 岩崎英重編,『坂本龍馬關係文書』第一, 427쪽.

29 船津功,「大政奉還をめぐる政權構想の再檢討」, 30쪽.

30 岩崎英重編,『坂本龍馬關係文書』第一, 日本史籍協會, 大正15, 298쪽.

31 井上清,「坂本龍馬-變革期の先驅者」, 14쪽.

32 룽훙저, 권희철 역,『서학동점기』, 을유문화사, 1974, 113-114쪽.

33 최제우,「포덕문」,『동경대전』: 西洋戰勝功取 無事不成而 天下盡滅 亦不無脣亡
    之歎 輔國安民 計將安出.

34 김옥균,『甲申日錄』, 12월 5일조. 강재언저, 정창열 역,『한국의 개화사상』, 비봉
    출판사, 1989, 223-224쪽을 참조하고 재인용.

35 織田毅의「坂本龍馬と海遠隊」(『坂本龍馬』, 文藝別冊, 河出書房新社, 76쪽)에는
    '다케시마(竹島)'라고 하며, 마쓰우라 레이의『사카모토 료마 평전』, (황선종
    역, 더숲, 2009, 216쪽)에는 '울릉도'라고 함.

36 마쓰우라 레이,『사카모토 료마 평전』, 216쪽.

37 박유하,「서평-영웅만들기의 함정」,『창작과 비평』115, 2002.3, 428쪽 참조.

38 연보 참고자료
    - 마쓰우라 레이, 황선종 역,「연보」,『사카모토 료마 평전』, 더숲, 2009,
    316-319쪽.
    - 宮地佐一郎編,「坂本龍馬年譜」,『坂本龍馬』, 河出書房新社, 2003. 6, 240-247쪽.

- 飛鳥井雅道, 「坂本龍馬年譜」, 『坂本龍馬』, 講談社, 2002.5, 318-329쪽.

- 池田敬正, 「坂本龍馬關係年表」, 『坂本龍馬』, 中公新書, 1979, 190-197쪽.

- 河野逸人編, 「龍馬&彌太郎對照年表」, 『龍馬傳』, NHK 출판, 2010, 150-155쪽.

일본 사상을 다시 만나다

오모토교의 창시자

데구치 나오

"동북쪽의 금신이 이 세상에 나타나 삼천세계를 다시 세운다."

데구치 나오(出口なお, 1837-1918)

일본에서 신종교는 몇 차례의 붐을 일으키면서 발전해 왔다. 맨 첫 번째 붐, 즉 제1차 신종교 붐은 에도 시대 말엽, 명치유신 초기에 일어 났다. 대표적으로 천리교(天理敎, 텐리쿄, 1838년 창시)와 금광교(金光敎, 곤코쿄, 1859년 창시)가 명치유신 전후의 사회적인 혼란을 배경으로 발전했다.

두 번째 붐은 1910년에서 1940년대 사이에 일본 제국주의시대의 대 내외적인 혼돈상황을 배경으로 일어났다. 특히 제1차 세계대전(1914-1918) 전후에 여러 신종교 교단이 비약적인 성장을 했는데, 오모토교(大本敎, 1892), 히토노미치(人の道, 1924), 생장의 집(生長の家, 1930) 등이 대표적 이다. 혼미치(ほんみち, 1913), 국주회(國柱會, 1914), 원응교(圓應敎, 1919), 대일 본관음회(大日本觀音會, 1935), 효도교단(孝道敎團, 1935), 영조회(靈照會, 1936) 등의 교단도 이 시기에 등장, 발전했다.[1] 당시 일본 사회는 급격한 도시 화, 공업화를 겪었으며, 대외적으로 러일전쟁(1904-1905), 제1차 세계대 전(1914-1918), 중일전쟁(1937-1945), 미국과의 태평양전쟁(1941-1945) 등 에 참여하면서 일본사회 전체에 파시즘이 득세하는 시기였다. 1923년 의 관동대지진, 1927년의 금융공황, 1930년대의 국가주의 고양, 해외 침략과 군국주의 노선도 신종교들의 번창에 일조를 했다.

세 번째 붐은 일본이 패전한 1945년 직후에 일어났다. 영우회(靈友會, 1924), 창가학회(創價學會, 1946), 입정교성회(立正佼成會, 1938), PL교단(1946) 등의 단체가 이 시기에 크게 발전했다. PL교단은 히토노미치 교단을 계승해 재출발한 단체로 'Perfect Liberty(완전한 자유)'의 약자를 교단 명 칭으로 삼았는데, 이러한 명칭에서부터 패전 이후 일본 사회의 새로운 분위기를 느낄 수 있다. 이 시기 신종교 붐은 일본의 패전과 그에 따른 충격 그리고 패전의 상처를 치유하고 다시 한 번 국가적인 번영을 이룩하고자 하는 열망을 배경으로 일어났다.[2]

마지막 붐, 즉 제4차 신종교 붐은 1970~80년대에 일어났다. 이 시기는 일본의 경제가 최고조에 도달한 시기였는데, 급격한 경제·사회적인 발전과 변화를 배경으로 발생했다. 이 시기에는 그동안 번창했던 기성 신종교 교단이 정체를 보이는 가운데 '신신종교(新新宗敎)'라고 불리는 새로운 교단이 급속히 성장했다. 예를 들면, 70년대 이전에 교세가 성장한 창가학회가 점차 정체되기 시작했고, 그 대신 진여원(眞如苑, 1948), 숭교진광(崇敎眞光, 1978), 아함종(阿含宗, 1954), 오움진리교(オウム眞理敎, 1984) 등 새로운 종교 세력이 크게 번창했다.[3]

이 교단들은 물질적 풍요 속에 소외된 대중의 불만과 불안 그리고 정신적인 갈망을 어루만지면서 대중의 관심을 끌었다. 신신종교는 대개 집단생활의 실제적인 문제보다는 개인의 고독을 위로하는 교리를 설파하고, 경쟁 사회에서 쌓이는 스트레스를 극복하는 데 도움을 주고자 했다. 또 이전의 신종교가 가족이나 지역 공동체 또는 직장에서 좋은 인간관계를 가지는 데 필요한 윤리를 중시했다면, 신신종교는 개인의 행복이나 심신 상태를 고양시키는 데 관심을 가져 새로운 면모를 보여줬다.[4]

여기서 소개하고자 하는 오모토교는 제2차 신종교 붐을 일으킨 대표적인 교단이다. 오모토교는 그 이전에 등장해 발전한 천리교와 금광교의 종교적 전통을 잇고 그 뒤에 일어난 생장의 집(生長の家), 세계 구세교(世界救世敎), 숭교진광, 백광진굉회(白光真宏会), 호노하나(法の華三法行), 구세신교(救世神敎), 월드메이드(ワールドメイト) 등의 단체에 커다란 영향을 끼친 교단으로,[5] 일본 신종교 역사의 한 페이지를 화려하게 장식했다.

오모토교의 정식 명칭은 '교'를 붙이지 않은 '오모토(大本)'이다. 하지만 많은 경우 편의상 오모토교라고 부른다. '오모토'는 '커다란 근본'이라는 뜻으로, 이 세계, 나아가서는 이 우주의 중심을 뜻하며 '모든 사물과 생명의 근원이 되는 사상'이라는 의미를 가지고 있다.

오모토교 교단의 창시자 데구치 나오(出口直, なお, 1837-1918)는 일본 천리교 교조 나카야마 미키(中山みき, 1798-1887)와 유사

데구치 나오를 도와 오모토 교단을 세운 데구치 오니사부로. 그는 머리를 자르지 않고 계속 길렀기 때문에 두건을 쓴 머리 부분이 두툼하다.

한 종교적 경험을 거쳐서 종교 단체를 세웠다. 교조 자신이 직접 신의 계시를 받아 그 계시를 중심으로 교리를 만들어 교단을 창립한 과정이 천리교와 흡사하다.

또 천리교 교단의 경우 창립 과정에서 목수 출신의 이부리 이조(飯降伊藏)가 커다란 공헌을 하고 나중에 제2대 교조로 추앙받았는데, 오모토교는 교조 나오의 부친이나 나오의 남편이 목수 일을 하는 사람이었다는 점이 천리교와 유사하다. 그래서 오모토교도 천리교처럼 교리에 목수 일과 관련된 내용이 적지 않다. 예를 들면, 오모토 교단의 최고신이 방위와 밀접히 관련되는 금신(金神)인 점이 그렇고, 교리 가운데 등장하는, 세상을 '개축하다(立替え)', '다시 세우다(立直し)'라는 표현도 그렇다.

천리교 교조 미키가 이부리 이조라고 하는 유능한 남성의 지원을 받은 것처럼, 오모토 교단도 여성 교조를 측근에서 보좌하는 유능한 남성 후원자의 지원을 받아 성장했다. 데구치 오니사부로(出口王仁三郎)가 바로 그러한 인물이었다. 오니사부로는 데구치 나오의 사위가 되어 교토

의 작은 단체에 불과했던 오모토 교단을 전국 규모로 발전시켜 신도 수백만을 거느리는 대교단으로 성장하는 데 큰 공을 세웠다. 교단에서는 이 때문에 나오를 개조(開祖), 오니사부로를 교조(敎祖)라고 부르기도 한다.[6]

오니사부로는 젊어서 산에 들어가 수행을 하면서 타계(他界)로 여행하는 신비체험을 경험하고, 신사를 돌아다니며 귀신을 다스리는 각종 행법(行法)을 몸에 익힌 인물이었다.[7] 나오는 자신을 찾아온 오니사부로를 받아들여 자기에게 내려온 신(金神)의 계시나 자기가 무의식중에 써내려간 문장(『お筆先』)을 해석하도록 부탁했다. 두 사람은 신학단체(金明靈學會)를 만들어 종교 활동을 하고, 장모와 사위의 관계를 맺으면서 포교 활동을 활발히 전개했으나, 러일전쟁을 계기로 나오가 일본의 패전과 세상의 종말을 예언하고, 오니사부로는 신도(神道) 스타일의 신령학을 중시하면서 현실과의 타협을 주장하는 바람에 마음이 서로 어긋나 결별을 했다. 많은 교인이 나오의 예언과 달리 일본이 러시아에 승리하자 교단을 떠났다. 하지만 1908년경 오니사부로가 교단으로 돌아와 다양한 활동을 벌이면서 교단은 이전에 볼 수 없는 급속한 성장을 거듭했다.[8]

데구치 나오의 생애

데구치 나오는 1837년 교토의 북서부에 위치한 후쿠치야마(福知山)시 가미코야(上紺屋) 마을에서 기리무라 고로사부로(桐村伍郎三郎)와 부인 소요(そよ) 사이에서 장녀로 출생했다. 2남 2녀 중 셋째였다. 집안은 대대로 목수 일을 했는데, 할아버지 때에는 비교적 부유했으나 부친이 술을

교토부 북부에 위치한 후쿠치야마성. 효심이 많았던 데구치 나오는 13살 때 이곳 성주에게 효녀상을 받았다.

좋아하고 모친은 병에 걸려 나오가 태어나기 직전에 거의 몰락한 상태였다.[9]

나오가 태어난 해는 대기근(天保大飢饉, 1833-1839)이 극성에 달한 때였다. 그 해는 인근 오사카에서 관리들의 부패에 항의하는 오시오 헤이하치로(大鹽平八郎)의 난이 발생하여 사회적으로도 뒤숭숭한 해였다. 오시오의 난으로 막부의 권위도 추락해 이후 1868년 명치유신으로 막부가 몰락하기까지 일본 사회는 커다란 변혁의 시기를 맞이하고 있었다.

나오가 10살이 되었을 때 부친은 갑작스럽게 콜레라에 걸려 사망했다. 모친도 병들어 있었고 집안이 극도로 가난했기 때문에 그녀는 이곳저곳의 상점에 하녀로 들어가 고용살이를 했다. 그러한 가운데에서도 그녀는 어른을 잘 섬겨 12살 때에는 후쿠치야마 번주에게 효녀상을 받기도 했다.[10]

1853년 17살 때 나오는 이모 데구치 유리(出口ゆり)의 양녀가 되었다. 양어머니 유리는 나오의 고향에서 가까운 아야베(綾部) 마을의 데구치(出口) 집안에 시집을 간 뒤 남편과 사별하고 혼자 몸이 되어 있었다. 그런데 양어머니는 외간 남자와 정을 통하면서 주위 사람들과도 사이가 좋지 않았기 때문에 실망을 느낀 나오는 반년 만에 고향을 돌아와버렸다. 혼자 살던 양어머니는 생활의 고통을 이기지 못하고 우물에 빠져

자살했다. 그 뒤 나오의 꿈 속에서 양어머니가 자주 나타나 아야베로 다시 돌아와 데구치 집안의 대를 이어줄 것을 부탁했다. 결국 그녀는 알 수 없는 어떤 힘에 이끌려 아야베로 돌아가 그 집안의 대를 이었다.[11]

1855년 19세 때 나오는 시가타 토요스케(四方豊助)를 맞이해 결혼했다. 그 후 11명의 아이를 낳았는데, 3남 5녀가 남고 3명의 아이들은 1년을 넘기지 못하고 죽었다. 나오의 남편은 기술이 좋은 목수였으나 낭비벽이 심하고 노는 것을 좋아하는 사람이었다. 농담을 좋아하고 뒤를 생각하지 않은 낙천적인 성격에 다소 무책임했는데, 지나치리만큼 성실하고 내성적인 나오와 성격이 달라 부부 간에 갈등이 심했다.[12] 처음 결혼할 때는 다소 여유가 있었던 집안이 차츰 궁핍해지고, 나오가 47세 되던 1883년 경에는 경제적으로 완전히 파탄 상태에 이르렀다. 거기에다 1885년에 남편이 일을 하다 높은 데서 떨어져 부상을 당했다. 남편은 그 전 해에 걸린 중풍까지 심하게 되어 반신불수의 몸이 되었다. 50세(1886)경부터 나오는 폐지 등을 주워 생계를 유지했다.

1887년에 남편이 병으로 사망했다. 엎친 데 덮친 격으로 장남이 자살을 꾀했으나 미수에 그치자 가출하는 비극이 잇달았다. 첫째 딸과 셋째 딸은 정신착란을 일으키거나 신의 환상을 보는 일을 겪기도 했다.[13] 그러던 중 나오는 1892년 56살이 되던 해, 1월 5일경에 이상한 신내림 체험을 하게 되었다.[14]

당시 장녀 요네는 그전 해 12월 28일에 이미 발광 상태에 빠져 있었다. 그 때문에 요네는 남편에 의해서 자기 집 기둥에 묶여 있는 상태였다. 나오는 정신이상이 된 딸의 간호와 나머지 다른 아이들의 생계를 보살피는 일로 심신이 몹시 허약해 있었다. 평소 같으면 하루 종일 폐지를 주워 판 돈으로 먹을 것을 사와 아이들의 저녁을 준비할 때였으

　　　　　　　일본 사상을 다시 만나다

나, 그날은 귀가하자마자 아이들에게 무서운 목소리를 내며 이렇게 말했다.

"언니 집에 가서 36개의 등을 올리고 기도를 하게 해라." 발광 상태에 있는 큰 딸을 위해서 그렇게 하도록 말을 전한 것이다. 그리고 자신은 우물 한 쪽에 앉아 온 몸에 찬물을 끼얹었다. 그때 갑자기 나오는 몸이 무거워지면서 뱃속에서 무엇인가 살아 있는 어떤 것이 들어 있는 느낌을 받았다. 바깥에서 무엇인가가 자기 몸 속으로 들어왔다고 생각한 그녀는 자신의 몸 안에서 꿈틀거리고 있는 그 존재와 대화를 나누었다. 그 이상한 존재는 스스로 '우시토라(艮, 동북쪽)의 금신(金神)'이라고 했다. '우시토라'는 북동쪽의 방위를 지칭하는 말이다. 북동쪽은 '귀문(鬼門)'으로도 불리는데 '귀신이 드나드는 문'이라는 의미다.[15] 나오는 신들린 상태로 이후 13일간이나 음식을 입에 대지 못하고 금신과의 대화를 계속했다. 그녀는 그 다음해(1893년)에도 2월 이후에 오랫동안 신들린 상태가 계속되었는데, 3월에는 방화 혐의로 경찰에서 구류를 살았다.

신에 들린 나오는 쇳소리 비슷한 목소리를 내며 소리를 지르고 이상한 행동을 했다. 가족들은 나오가 미친 것으로 생각하고 좁은 골방에 가두어버렸다. 거기에서 그녀는 대못으로 기둥에 이상한 글을 쓰기 시작했는데, 그것이 나중에 『오후데사키(お筆先)』라 불리는 경전이다. 자신에게 들리는 금신의 말을 적었다고 한다. 일설에는 나오가 방화범으로 몰려 구류를 살 때 감옥의 기둥에 썼다고도 한다. 『오후데사키』는 나중에 교단을 이끌게 된 오니사부로(王仁三郎)가 재정리해 『오모토 신유(大本神諭)』라는 명칭으로 발간되었다. 이것이 현재 오모토교단이 공인하는 경전 중 하나이다.

나오는 처음에 금광교(金光教)에 속하면서 자신의 경험을 주위에 알

아야베시(綾部市)에 있는 **오모토교** 성지 해송원(梅松苑)의 미륵전. 아야베시는 **교토의** 북서쪽 산악지대에 위치해 있는 도시다.

렸다. 하지만 나중에 독립해 독자적으로 포교 활동을 했다. 나오가 자기 사람들을 거느리고 하나의 종교단체로 독립한 데는 우에다 키사부로(上田喜三郎, 1871-1948)라는 인물이 매우 중요한 역할을 했다. 앞에 소개한 오니사부로가 바로 이 우에다 키사부로다.

키사부로는 나오가 쓴 『오후데사키』를 우연히 읽고, 1898년에 나오를 찾아갔다. 나오는 마침 자기의 깨달음을 세상에 전해 줄 사람을 찾고 있었는데, 키사부로를 보고 자기가 찾던 사람이라는 것을 알게 되어 그를 협력자로 받아들였다.[16] 1900년에 나오는 자기 막내딸과 키사부로를 결혼시켰다. 키사부로는 이름을 데구치 오니사부로(出口王仁三郎)라고치고 교단의 발전에 큰 역할을 했다.

1918년 나오가 사망한 후 오니사부로는 교단의 핵심 지도자로 부상해 '성사(聖師)'라고 불리며 현세에 출현한 미륵으로[17] 그리고 '2대 교조(二大教祖)'의 한 사람으로 추앙되었다. 제2대 교주는 오니사부로의 부인

일본 사상을 다시 만나다

이자 나오의 막내딸인 데구치 스미코(出口すみ子, 1883-1952)이다. 현재는 신도가 50만 명 정도로 그 세력이 많이 줄었으나,[18] 이 교단이 일본 종교사에서 가지고 있는 위상은 결코 작지 않다.

오모토교의 최고신

오모토교의 최고신 '금신(金神, 곤진)'은 방위를 상징하는 신이다. 특히 이 금신은 '동북쪽(우시토라)의 금신'이라 불린다. 일본의 민간에 널리 알려진 이 금신은 악신(惡神)이며 흉신(凶神)이다. 무서운 징벌을 즐기는 신이고 공포의 신이기 때문에, 사람들은 이 신과 관련되는 것을 싫어하고 꺼린다.

이 신이 있는 방위는 때에 따라 변하게 되는데, 사람들은 그 방위와 관련된 모든 것을 피해야 한다. 자칫하면 재수없는 일, 흉한 일이 벌어지기 때문이다. 예를 들면, 그 신이 있는 방위로는 흙을 옮긴다든지 여행을 한다든지, 혹은 어떤 건물을 수리하거나 이사하는 것도 피해야 한다. 그렇지 않으면 가족이 죽거나 재앙을 당하게 된다고 사람들은 믿었다.

예를 들면, 간토리 금광교(香取金光敎)의 교주 간토리 시게몬(香取繁右衛門, 1823-1889)은 19살 때 결혼한 뒤 눈병에 걸리고 아이가 죽고 부인이 병에 걸리는 등 불행한 일이 계속 발생했는데, 그 이유가 금신의 저주라고 생각하여 여기저기 금신의 재앙이 없는 곳으로 이사를 다녔다. 그래도 불행이 계속되자 생각을 바꿔 금신에 대한 신앙심을 돈독히 하고 금신을 열심히 섬기기 시작했다. 당시에는 이런 식으로 악신인 금신을 신앙함으로써 불행한 일에서 벗어나고자 하는 사람들이 적지 않았다.

그림으로 표현된 금신.

간토리 시게몬의 형 가와테 분지로(川手文治郎, 1814-1883)도 금신의 저주를 받아 가족을 잃고 자기 자신도 거의 죽게 될 병에 걸린 적이 있었다. 그런데 생각을 바꿔 금신을 최고신으로서 숭배하고 금신을 신앙함으로써 신의 가호를 받아 저주를 물리칠 수 있다고 믿은 후 금광교를 창시했다. 그가 나중에 금광대신(金光大神, 곤코다이진) 또는 아카자와 분지(赤沢文治)로 불리는 인물이다. 금광교의 금신은 '천지의 금신(天地金乃神)'이라 불린다.

오모토교는 이러한 금신 신앙의 전통을 이어받았다. 특히 금광교의 신관이 데구치 나오에게 깊은 영향을 끼쳤다. 나오가 신에 들렸을 때

일본 사상을 다시 만나다

그녀의 뱃속에서 소리를 지르면서 나타난 신을 그 금신이라고 생각했다. 그녀는 무의식중에 다음과 같이 금신과 대화를 나누었다.[19]

금신 : 나는 동북쪽(艮)의 금신(金神)이다.

나오 : 그런 말 하지 마시오. 당신은 부인인 저를 속이고 있는 것 아니오?

금신 : 나는 신이기 때문에 거짓말은 하지 않는다. 내가 하는 말에 털끝만큼이라도 틀린 게 있다면 신은 이 세상에 없을 것이다.

나오 : 정말 그렇게 멋진 신인가요? 여우나 늑대가 둔갑해서 속이는 거 아닙니까?

금신은 자신을 '동북쪽의 금신'이라고 소개했는데, 동북쪽의 금신은 금신 중에서도 가장 무서운 신으로 알려져 있었다. 나오는 처음에 금신의 목소리를 자기 남편의 목소리로 잘못 알아들었다. 남편이 사망한 뒤의 일이었기 때문에 심리적으로 금신의 이미지에 자기 남편의 이미지를 투영시킨 것이다. 금신은 나오에게 이러한 계시를 남겼다.

"나는 여우나 늑대가 아니다. 이 신은 삼천 세계를 다시 세우려는 신이다. 삼천 세계에 한꺼번에 피는 매화, 동북쪽 금신의 세상이 되었다. 이 신이 아니라면 세상을 바꿀 수 없다. 천리교(天理敎), 금광교(金光敎), 흑주교(黑住敎, 구로즈미교), 묘령교(妙靈敎, 묘레이교)가 먼저 나왔고, 마지막으로 동북쪽의 금신이 나타나 삼천 세계를 새로 다시 세탁한다. 지금부터 커다란 꿈은 삼천 세계를 하나로 모아서 영원히 계속될 신의 나라 세상을 만들 것이다."

금신 스스로 "나는 여우나 늑대가 아니다"라고 한 말은 일본의 민간 신앙에서 '여우에 홀리다', '늑대의 혼에 씌우다'는 등의 미신이 있었기 때문에 그러한 잡신이 아니라는 뜻이다.

오모토교는 여러 가지 점에서 천리교나 금광교 등 이전의 신종교 전통을 이어받은 종교이다. 예를 들면, 여성 교조가 직접 종교적 체험을 겪고 종교단체를 창시한 점은 천리교와 유사하고, 금신을 섬긴다는 점에서는 금광교와 유사하다. 사회나 정부 권력에 대해서 교조가 반항적으로 대응한 점도 천리교와 유사하다. 그렇기 때문에 그러한 전통을 이어받아 새로운 종교단체가 등장하는 의의를 금신의 말을 통해 표현한 것이다.

이후에도 금신의 말은 직접적인 계시나 자동필기 등을 통해서 나오에게 전해졌다. 나오의 금신은 스스로 세상의 근본적인 신이며, 자신을 믿으면 커다란 은혜를 받을 수 있다고 호언했다. 나오는 악신인 금신을 완전히 새롭게 해석해 금신이야말로 이 세상을 만든 조상신이며, 일본의 국조(國祖)라고 정의했다. 또 일본 신화에 등장하는 '구니노도코다치노 미고토(國常立命)'라고 하는 신이라고 이해하고, 그 신이 그동안은 나쁜 신들에게 밀려서 동북쪽에서 잊혀져 있었는데, 이 세상을 재건하기 위해서 나오 자신의 몸을 빌려 이 세상에 나타났다고 주장했다.[20]

오모토교 경전에는 금신의 계시로 다음과 같은 말도 실려 있다.[21]

"삼천 세계에 일제히 피는 매화나무 꽃, 동북쪽 금신(金神)의 세상이 되었다네. 매화로 열려서 소나무로 다스리는 신의 나라 세상이 되었다네. 일본은 신도(神道)의 나라. 신이 보살피지 않으면 안 되는 나라라네. 외국은 짐승의 세상, 강한 자가 승리하는 악마들의 나라. 일본도 짐승의 세상이 되었다네. 외국인에게 바보 취급을 당하고 엉덩이의 털까지 뽑혔어도 아직 눈을 뜨지 못한 어두운 세상이 되었다네. 이것으로는 나라가 제대로 설 수가 없기 때문에 신이 이 세상에 나타나 삼천 세계를 다시 세운다. 준비를 해두어라. 이 세상은 완전히 새로운 세상으로 바

꿰어버린다. 삼천 세계의 대세탁, 대청소를 실시해서 천하태평으로 세상이 다스려지고 만고의 마지막 시대까지 계속되는 신의 나라 세상이 올 것이다. 신이 말한 일은 조금도 틀리지 않다. 털끝의 두께보다도 틀림이 없다. 이것이 틀린다면 신은 이 세상에 있지 않지."

명치유신이 이루어지고 20여 년이 지난 뒤, 나오 자신이 살던 시대의 어려운 상황이 반영된 계시라고 할 수 있다. 세상을 다시 세운다는 것은 일종의 변형된 종말론이기도 하지만, 동학교단의 개벽사상과도 같은 것이었다. 외국인들이 몰고 온 '짐승의 세상'을 금신이 천하태평의 '삼천 세계', 즉 평화로운 새 세상으로 만들어줄 것이라고 하는 민중의 희망이 여기에 담겨 있다.

금신은 금광교에서 이미 선신(善神)으로 해석되었다. 이러한 전통을 오모토교도 뒤를 따라 금신 중에서도 가장 무서운 악신(惡神)인 동북쪽 금신을 선신으로, 심지어 일본을 만든 조상신으로 해석했다. 악신을 선신으로 해석한 경우는 세계 종교사에서도 매우 드물다고 한다. 악신에 대한 세계 종교의 일반적인 대응 방식은 악신과 대립되는 선신을 설정하고, 그 선신에게 도덕적인 정당성과 승리의 필연성을 부여하는 것이다.[22] 이와 달리, 악한 신의 힘에 밀려서 어쩔 수 없이 그것을 인정하고 오히려 그 힘을 자신의 힘으로 수용함으로써 강한 자신이 되고자 하는 것은 매우 '일본적'이다. 선악에 대한 기준 설정이나 도덕에 대해 그다지 심각하게 고민하지 않는 점도 다른 나라에서는 보기 드문 특징이다.[23]

오모토교 탄압사건

어떤 신종교 단체가 갑자기 성장하게 되면 기존의 종교단체나 정치권력은 당연히 긴장한다. 그러다 그 단체가 만약 자신들의 이익과 크게 어긋나면 견제를 하고 탄압한다.

중국에서 청나라 말엽에 서양의 기독교를 모방해 일어난 '배상제회'(拜上帝會)가 기성세력의 탄압을 받아 결국 혁명운동으로 폭발한 사건이나 조선시대 말엽 동학 교단을 세운 최제우가 유학자들의 비판을 받거나 관군의 기습을 받아 체포되어 처형된 사건이 그러한 사정을 잘 보여준다.

일본에서는 천리교 교조 나카야마 미키가 마찬가지 이유로 탄압을 받았다. 탄압의 명분은 다양하지만 본질적으로는 기존 세력의 이익을 위협했기 때문에 야기된 것이다. 천리교는 교조 미키가 사망한 뒤에는 바로 명치정부와 타협하고 협조적인 태도를 취했다. 1913년경부터 오모토교는 교세를 확장해나가기 시작했는데, 천리교와 마찬가지로 탄압을 받았다.

제1차 **오모토** 탄압사건의 현장(1921년 10월20일자 신문보도 사진). **오모토** 교단의 신전을 파괴하는 경찰.

1920년대의 일본 사회는 외부적으로는 제국주의를 바탕으로 한 식민지 개발에 적극 나서고, 안으로는 그것을 지탱하기 위한 사회 조직의 재구축을 꾀하고 있었다. 천황

일본 사상을 다시 만나다

숭배를 축으로 하는 국가신도 시스템의 구축이 그것이다. 이러한 시스템은 명치유신 직후부터 구체화되었는데 1920대에는 거의 완성 단계에 접어들고 있었다. 그런데 오모토교의 성장이 다른 교단에 비해서 두드러지자, 일본 정부는 국가 체제 유지에 위협을 느끼고 탄압하기 시작했다.[24]

당시 아마테라스신(天照大神), 즉 이세신궁(伊勢神宮)에서 모시는 신은 천황가의 조상신으로 간주되었다. 따라서 일본 전국의 신사들은 그러한 신앙체계에 소속되어 일반대중을 지도, 관리, 교육해야 했다. 하지만 금신을 중심으로 한 오모토 교의 신관은 당시 일본정부의 생각과 달랐다. 이는 국가신도와 천황제를 중심으로 한 공식적인 신앙체계를 정면으로 위협하는 것이었다.[25]

오모토교에 대한 일본 정부의 탄압은 교조 나오가 생존해 있었을 때보다는 주로 사망한 뒤에 일어났다. 나오를 도와 교단을 부흥시킨 오니사부로는 교단 명칭을 금명령학회(金明靈学会)에서 대일본수재회(大日本修斎会), 황도대본(皇道大本) 등으로 빈번하게 개칭하면서도 일관되게 나오가 예언한 '삼천 세계의 재건'을 주장했다.[26] 이러한 교리가 빌미를 제공해 탄압을 받게 된 것이다. 그 외에도 경찰은 종말론, 진혼귀신법(鎮魂歸神法), 포교 활동, 황실 모독, 국교 문란, 인심 혼란 등을 이유로 탄압했다.[27]

오모토교에 대한 탄압은 1920년대 이후 2차례에 걸쳐 이루어졌다. 제1차 오모토 사건(大本事件, 1921년)과 제2차 오모토 사건(1935년)이 그것이다. 참고로 제3차 오모토 사건이라고 부르는 사건도 있는데, 그것은 오니사부로가 사망한 뒤에 일어난 교단 내분 사태를 말한다.

앞에 소개한 사진은 제1차 탄압 사건의 모습인데. 1921년 10월 20일자 신문에 실린 사진이다. 당시 오니사부로는 불경죄(不敬罪)와 신문지법(新聞紙法)위반으로 체포되고, 매스컴의 총공격을 받고 있었다. 아직 공판이 진행 중이었는데, 경찰들은 아야베(綾部) 신전(本宮山神殿)의 파괴를 결정하고 대대적으로 각종 기물을 파괴했다. 이 사건은 다이쇼 천황(大正天皇)의 사망으로 사면이 내려짐으로써 흐지부지 막을 내렸다. 이 탄압의 후유증은 매우 커서 교단의 권위가 실추되고 주요 간부들이 이탈하여 독자노선을 걸었다. 생장의 집(生長の家)이나 일본심령과학협회(日本心靈科学協会)는 이때 이탈한 사람들이 세운 교단이다.

오모토 교단은 이후에 종말론을 뒤로 숨기고, 부정적인 이미지를 일신하기 위해서 개혁을 진행했다. 또 당시 세계 공통어로 주목받기 시작한 에스페란토를 받아들이고 세계의 모든 종교는 하나의 뿌리를 가지고 있다고 주장하며, 세계 각지의 종교단체들과 제휴를 시도하기도 했다.[28] 예를 들면, 우리나라의 보천교(普天敎)나 중국의 도원·세계홍만자회(道院 · 世界紅卍字會), 독일의 백색기단(白色旗團) 등과 제휴하고 국제적인 포교를 시도했다.[29]

오모토 교단은 모든 종교의 최고신이 원래 하나라고 주장했다. '대본(大本)', 즉 '커다란 근본'이라고 하는 뜻을 가진 '오모토'라는 이름은 바로 그러한 근본적인 신을 지칭한 것이다. 말하자면, 모든 종교가 이름을 달리하여 내세우고 있는 최고신이 사실은 오모토교에서 섬기는 우주 창조의 신인 '동북쪽의 금신'이라는 것이다. 이러한 주장은 자신들의 종교가 모든 종교를 초월한 참다운 종교이며, 참다운 신의 도, 즉 진짜 신도(神道)라는 의미이기도 했다. '만종동근(萬宗同根, 모든 종교는 뿌리가 같다)' 혹은 '만교귀일(万敎帰一, 모든 종교는 하나로 모인다)'이라고 그들은 표현했다.

오모토교의 만교귀일 사상은 천황을 살아 있는 신이라고 섬기는 국가신도와 정면으로 배치되는 사상이었다. 또 오니사부로는 자신이 인류의 구세주인 미륵이라고 주장하기도 했는데, 아마테라스 신을 천황의 조상으로 믿는 국가신도를 이용해 사상통제를 하고 있던 일본 정부로서는 용납할 수 없는 일이었다. 뿐만 아니라 오니사부로는 1831년 만주사변을 전후로 정치운동을 시도하고 급속도로 교세를 확대시켜 나갔다.[30] 이를 위험시한 일본 정부는 오모토 교단을 국가전복을 기도하는 음모단체로 규정하고,[31] 교단 자체를 말살하기 위해서 본격적인 탄압을 개시했다.

1935년에 일어난 제2차 탄압사건은 근대 일본사에서 가장 큰 종교 탄압 사건으로 기록될 정도로 규모가 컸다.[32] 국가권력에 의한 본격적인 탄압이 진행되었는데, 사실상 해체를 노린 탄압이었다. 이러한 탄압 사건 뒤, 1938년에 일본 정부는 국가총동원법을 공포하고, 그 다음해 종교단체법을 제정해 모든 종교를 전쟁에 동원하는 체제를 구축했다.[33] 제2차 탄압사건으로 오모토교의 거의 모든 간부와 관련자, 주요 신도들이 치안유지법 위반과 불경죄로 체포되었으며, 재판도 시작하기 전에 모든 건물과 시설에 대해서 다이너마이트를 이용한 폭파가 진행되었다.[34] 교단이 소유했던 모든 토지는 강제로 매각되었으며, 교단이 발행하던 모든 인쇄물은 발간이 금지되었다. 당시 정부는 오모토 교단이 천황의 종교적 권위에 도전하고, 국체 변혁(천황제 변혁)과 정권 탈취를 기도했다고 단정했다. 이러한 탄압으로 오모토 교단은 괴멸 상태에 빠졌다. 1942년에 이르러 오니사부로는 보석으로 석방되었고, 1945년 일본이 패전함으로써 교단은 비로소 탄압으로부터 자유롭게 되었다.

오니사부로는 그 후 교단 이름을 '아이젠엔(愛善苑)'으로 바꾸고 새로운 출발을 꾀했으나, 1948년 그가 사망함으로써 그러한 시도도 무위로 끝났다. 그가 사망한 뒤 교단은 다시 오모토교로 복귀했으나 교권을 둘러싸고 데구치 집안의 내분이 일어나 교단이 오모토교, 오모토교 신도 연합회 그리고 아이젠엔 등 3개로 분열되어 버렸다. 이것이 소위 제3차 오모토 사건이다. 오코토교 교단은 한때 자칭 700만 명이 넘는 교인을 자랑하는 대교단이었으나, 요즘은 거의 존재감이 없는 교단으로 전락했다.

모계사회적인 문화 전통

데구치 나오는 이모 데구치 유리(出口ゆり)의 양녀로 들어갔다. 이모 집안, 즉 나오의 외가인 데구치 가문은 2대에 걸쳐 아들을 보지 못했다. 그래서 외할아버지가 데릴사위로 들어와 '데구치'라는 성씨를 사용했고, 이모의 신랑, 즉 이모부도 데릴사위로 들어와 '데구치'라는 성씨를 사용했다. 나오의 신랑도 기존의 성씨를 버리고, 데릴사위가 되어 '데구치'를 사용했다. 나오는 모두 8명의 자식을 낳았는데, 나오의 재산과 권위를 물려받은 것은 막내딸 스미코(澄子)였다. 스미코의 신랑 오니사부로도 데구치라는 성씨를 사용했으며, 스미코를 이어 제3대 교주는 스미코의 딸 아사노(浅野)였다. 우연의 일치일 수도 있지만 모계(母系)사회의 전통이라고도 볼 수 있다. 사위들이 외부에서 들어와 집안의 성씨를 사용하고, 딸에서 딸로 재산이 상속된 것이다.

데구치 나오는 자신을 '변성남자(變性男子)'라고 불렀다. 신체는 여성이지만, 영혼은 남자라는 뜻이었다. 한편 자신을 도와 교단을 이끈 오니사부로는 '변성여자(變性女子)'라고 했는데, 이는 신체는 남성이지만 영혼이 여성이라는 뜻이었다. 이 두 사람은 '엄령(嚴靈, 이즈노 미타마)'과 '서령(瑞靈, 미즈노 미타마)'이라고도 불렸다. 마치 『고사기』에 등장하는 두 남매신이자 부부신인 이자나기와 이자나미를 연상케 한다. 나오와 오니사부로는 장모와 사위 관계였지만, 교단에서는 마치 부부의 조합처럼 의미를 부여했다. 엄령, 즉 이즈노 미타마는 우주의 근본신이 '아버지신'으로서 나오에게 내ㅌ린 신이며 서령, 즉 미즈노 미타마는 우주의 근본신이 '어머니신'으로서 오니사부로에게 내린 신이라고 정의했다. 또 동북쪽의 금신은 남성신으로 나오가 담당했으며, 그 반대방향인 남서쪽의 금신은 여성신으로 오니사부로가 담당했다.[35]

나오와 오니사부로 두 사람의 관계는 종교적으로는 신비적인 여성과 조직적인 남성이 콤비를 이루어 교단을 리드하는 아시아적 샤머니즘의 형태라는 지적이 있다.[36] 하지만 이러한 관계는 아무래도 아시아적이라기보다는 일본 사회에 오랫동안 전해져 내려온 모계사회적인 전통에 기인한 것 같다. 여성이 주(主)가 되는 권력분점 형태인데, 일본 신종교 교단에는 이렇게 여성 교조와 남성 후원자가 결합된 지도체제 형태가 적지 않다.

예를 들어 입정교성회(立正佼成會)의 나가누 묘코(長沼妙佼, 1889-1957)나 묘지회(妙智會)교단의 미야모토 미쓰(宮本ミツ, 1900-1984)가 여성교조이면서 유능한 남성의 지원을 받아 교단을 설립한 경우이다. 여성교조는 아니지만, 진여원(眞如苑)의 이토 토모지(伊藤友司, 1912-1967)는 남편인 신죠(伊藤真乘, 1906-1989)를 도와서 교단 창립에 중요한 역할을 했고, 영우회(靈友會)의 고타니 키미(小谷喜美, 1901-1971)는 창설자 구보 가쿠타로(久保角太郎, 1892-1944)를 도와서 영유회의 기반을 확립했다. 고타니 기미는 동

교단의 초대 회장을 지냈는데, 교단에서 창설자에 버금가는 권위를 누리고 있다.[37]

시대를 거슬러 올라가 19세기, 에도 시대 말엽과 명치 시대 초기에는 당시 신종교의 대표적인 교단이라고 할 만한 천리교 교조 나카야마 미키(中山みき)도 여성교조였으며, 1802년에 창시된 여래교(如來敎)도 교조가 '키노'(きの, 1756-1826)라고 하는 여성이었다.[38] 규모는 작지만 연문교(蓮門敎)의 시마무라 미쓰(島村みつ, 1831-1914), 원응교(圓應敎)의 교조 후카타 지요코(深田千代子, 1887-1925, 1908년 창립)도 여성교조가 유능한 남성 후원자의 지원을 받아 교단을 창시하거나 운영했다.

이들 교단은 대개 '신'과의 영적인 교류를 담당하는 샤먼적인 여성 지도자가 있고, 동시에 그 지도자 옆에서 그녀를 도와 세속적인 일을 처리하는 남성이 존재한다. 이러한 구조는 바로 일본의 오래된 역사에서도 찾아볼 수 있는 모계사회적인 문화 전통이다.[39]

예를 들면, 사마대국(邪馬臺国, 야마타이코쿠)의 히미코(卑弥呼)는 여왕의 직위를 가지고 있으며 동시에 제사장의 직위를 겸했다.[40] 『삼국지』 위지(魏志) 동이전에 다음과 같은 기록이 나온다.

"그녀는 귀신의 도를 섬겨 사람들을 잘 현혹시켰다. 나이는 많았지만 남편이 없었다. 남동생이 하나 있어 보좌해 나라를 다스렸다. 그녀가 왕이 된 이래, 직접 본 사람은 드물고 천명이 되는 하녀들을 거느렸다. 그러나 오직 남자 한 사람만이 음식을 올리고 말을 전하러 출입할 뿐이었다."

히미코는 결혼을 하지 않은 무당이며 동시에 통치자였다. '히미코'라는 말 가운데 '미코'는 무당을 뜻한다. 당시 일본 사회는 제정일치, 즉 종교와 정치가 한 사람의 통치자에 집중되는 사회였다는 것을 알 수

일본 사상을 다시 만나다

있다. 또 히미코를 보좌하는 남
동생이 곁에 있어 중요한 역할
을 하고 있었다.

일본의 한 연구자에 따르면,
히미코뿐만 아니라 그 남동생도
무격(巫覡), 즉 남자무당이었다
고 한다. 또 이들 두 사람의 관계
는 아마테라스 신(天照大神)과 아
메노코야네 신(天兒屋根命)·다케
미가즈치 신(建御雷神) 그리고 신
공황후(神功皇后)와 다케노우치
쓰쿠네(武內宿禰), 스이코(推古)

1930년대 오모토교단의 교주 부부. 오른쪽이 오
니사부로.

천황과 쇼토쿠(聖德)태자, 사이메이(齊明)천황과 나카노오에 왕자(中大兄
皇子) 등의 관계와 아주 흡사하다고 한다.[41] 지도자의 위치에 있는 여성
과 보좌하는 남성의 관계이다. 나오를 보좌하던 오니사부로도 귀신을
제압하고 진정시키는 영술(靈術)을 배운 사람이었는데,[42] 그 역시 무당
의 성격을 가지고 있었다.

모계사회에서는 어떤 집단 내부의 제반 권리가 한 사람에게 모두 집
중되지 않는다. 가족 집단 내에서의 경제권, 소유권, 대외권, 가독권(家
督權) 등을 남자 한 사람이 모두 가지고 있는 부계사회와 달리, 모계사
회는 그런 경우가 매우 드물다. 히미코의 남동생이 사마대국에서 중요
한 역할을 했던 것이나 아마테라스 신, 신공황후, 스이코 천황, 사이메
이 천황 등이 보좌하는 남성과 권력을 나누어 갖는 관계가 그렇다.[43]

이러한 전통은 현대의 일본적인 정치 상황에도 그대로 전해져 내려

오고 있다. 시로타슌(城田俊)은 그것을 정치적인 용어로 '이중왕권(二重王權)'으로 정의한다.[44] 그는 고대부터 성스러운 권위를 가진 자와 정치적 실무를 담당하는 속세의 권력이 '이중 왕권'을 이루어 일본 역사에 면면히 그 전통을 유지해 오고 있다고 했는데, 그의 주장에 따르면 히미코와 그녀의 남동생, 스이코 천황과 성덕태자, 나아가 율령체제의 천황과 태정관(太政官), 섭관(攝官) 정치기의 천황과 섭관, 원정기(院政期)의 천황과 상황(上皇), 무사정권 시기의 천황과 장군 그리고 근현대 시기의 천황과 맥아더 장군, 천황과 총리 등의 관계가 그러한 이중왕권체제라고 했다. 모계사회적 전통을 정치적 용어로 설명한 것이다.

이러한 모계사회적인 여성 중심의 문화는 중국으로부터 전해진 남성 중심의 문화에 의해서 이미 나라 시대 때부터 변화되기 시작했지만, 그래도 19~20세기의 현대까지 일본 문화의 심층에 그런 전통이 뿌리 깊게 남아, 종교 교단의 창립과 발전 과정에 깊은 영향을 미친 것이다.[45] 오모토 교단뿐만 아니라 적지 않은 교단에서 볼 수 있는 여성 교조의 활약과 그 교조를 돕는 특별한 남성 협력자의 모습이 그것을 말해 준다.

데구치 나오 연보

1세(1837년)[46] 후쿠치야마(福知山)시 가미코야(上紺屋) 마을 부근에서 가난한 집안의 장녀로 출생함.

10세(1846년) 부친이 콜레라에 걸려 사망(향년 41세). 인근 상점에 들어가 고용살이를 함.

12세(1848년) 모친에 대한 효도가 지극해 후쿠치야마번(福知山藩)의 번주로부터 효행상을 받음.

일본 사상을 다시 만나다

16세(1852년)	10세 때부터 여러 곳의 상점에서 고용살이를 하다 이 해에 집으로 돌아옴.
17세(1853년)	아야베(綾部)에 사는 이모 데구치 유리(出口ゆり)의 양녀로 들어감.
19세(1855년)	목수일을 하는 시가타 토요스케(四方豊助)와 결혼.
36세(1872년)	생활이 궁핍해져 가옥을 팔고 곳간에서 생활. 나중에는 곳간도 팔고 남의 집에서 생활.
37세(1873년)	음식점을 시작하고 만두 등을 만들어 팜.
48세(1884년)	가계 재정이 파산 상태에 이르고 생활이 몹시 궁핍해짐.
49세(1885년)	남편이 일을 하다 높은 데서 떨어져 부상을 당함. 중풍까지 걸려 반신불수의 몸이 됨.
50세(1886년)	폐지 등을 주워 생계를 유지함. 장남, 자살 미수 후 행방불명됨.
51세(1887년)	남편이 사망함(향년 61세).
54세(1890년)	산후 조리를 하던 셋째딸 히사가 발광 상태에 빠짐.
55세(1891년)	12월 장녀 요네가 정신이 이상하게 되어 발작을 일으킴.
56세(1892년)	이 해 첫날에 이상한 꿈을 꿈. 1월 5일경 처음으로 신들림 상태가 됨.
57세(1893년)	2월 오랫동안 신들린 상태로 지냄. 3월 방화혐의로 체포됨. 『오후데사키(筆先)』집필 시작.
58세(1894년)	금광교(金光教)와 천리교(天理教) 교회 방문. 금광교에 소속하여 포교 활동 시작.
59세(1895년)	차남이 대만에서 전투 중에 병사함.
61세(1897년)	금광교에서 벗어나 단독으로 최고신 '우시토라 곤진(艮の金神)'을 모심.
62세(1898년)	8월 교단을 이끌 오니사부로(出口王仁三郞)가 찾아와 처음으로 대면함.
63세(1899년)	오니사부로가 자주 나오가 있는 아야베를 방문하고, 금명령학회(金明靈學會)를 설립함.
64세(1900년)	오니사부로와 다섯째 딸 스미코(澄子)를 결혼시킴.
65세(1901년)	오니사부로와 의견이 대립되어 사이가 멀어짐.

66세(1902년)	제3대 교주(出口直日)가 될 손녀 아사노(浅野)가 출생함.
67세(1903년)	행방불명된 장남이 찾아옴. 장남에게 집안을 상속함.
70세(1906년)	오니사부로가 교단을 떠남. 교단과 데구치 가문 모두 경제적으로 어렵게 됨.
72세(1908년)	오니사부로 교단 복귀. 금명령학회를 대일본수재회(大日本修斎会)로 개칭.
80세(1916년)	교단 이름을 '황도(皇道) 오모토(大本)'로 개명.
82세(1918년)	사망. 다음 해 딸 스미코가 2대 교주, 사위 오니사부로가 교주보(教主補)에 임명됨.

주석

1   윤기엽, 「근대일본 신종교의 붐과 탄압-大本의 발전과 탄압사건을 중심으로」, 『종교연구』 59, 2010, 242-247쪽.

2   시마조노 스스무, 박규태 역, 『현대일본 종교문화의 이해』, 청년사, 1997, 139-141쪽.

3   박규태, 「일본종교학의 전개와 특징」, 『종교연구』 48, 2007, 113쪽. 시마조노 스스무, 『현대일본 종교문화의 이해』, 136, 268-269쪽 참조.

4   시마조노 스스무, 『현대일본 종교문화의 이해』, 239-240, 270-271쪽.

5   http://park8.wakwak.com/~kasa/Religion/oomoto.html, 2012.3.26.

6   http://www.oomoto.or.jp/Japanese/about/index.html, 2012.03.26.

7   村上重良, 「大本教」, 『日本宗教事典』, 講談社, 2002, 380쪽.

8   対馬路人, 「出口なお」, 井上順孝編, 『近代日本の宗教家101』, 新書館, 2007, 133쪽. 出口京太郎, 『巨人出口王仁三郎』, 강講談社, 1975, 72-80쪽.

9   安丸良夫, 『出口なお』, 朝日新聞社, 1977, 15-16쪽. 이하, 나오의 생애에 대해서 특별히 주석을 붙이지 않은 내용은 주로 이 자료에 의거한 것임.

10   対馬路人, 「出口なお」, 132쪽. 安丸良夫, 『出口なお』, 24쪽.

11 安丸良夫,『出口なお』, 29쪽.

12 安丸良夫,『出口なお』, 33-35쪽.

13 學研雜誌出版社業部,『新宗教の本』, 2008, 49쪽. 安丸良夫,『出口なお』, 45-46쪽 참고.

14 이하 나오의 신내림 체험에 대해서는 安丸良夫,『出口なお』, 74-87쪽, 박규태, 「신종교와 여성」, 314-316쪽 등을 참조.

15 學研雜誌出版社業部,『新宗教の本』, 48쪽 참조.

16 井上順孝編,『近代日本の宗教家101』, 130쪽.

17 対馬路人,「出口なお」, 井上順孝編,『近代日本の宗教家101』, 131쪽.

18 宗教情報リサーチセンター, 종교 교단 정보데이터베이스 http://www.rirc.or.jp/(2009. 4. 26) 참조.

19 安丸良夫,『出口なお』, 83-84쪽.

20 가와세 다카야,『동학·텐리교·오모토의 신관념과 그 사상」,『동학학보』8, 2004. 12, 208쪽 참조.

21 「明治二十伍年舊正月」,『大本神諭 天の卷』, 平凡社東洋文庫, 1979年, p. 3. 가와세 다카야,『동학·텐리교·오모토의 신관념과 그 사상』, 210-211쪽의 한글 번역문 참조.

22 박규태,「일본 신종교의 신관념」,『종교학연구』18, 1999, 48-50쪽 참조.

23 박규태,「일본 신도에 있어 선악의 문제」,『종교와문화』3, 1997, 243, 260쪽 참조.

24 近藤真男,「国家権力との競合を論ず-大本教事件の場合」,『國士館大學政經論叢』35, 1980, 111-112쪽. 윤기엽,「근대일본 신종교의 붐과 탄압」, 247쪽.

25 가와세 다카야,『동학·텐리교·오모토의 신관념과 그 사상」,『동학학보』8, 2004.12, 209쪽 참조.

26 「宗教法人 大本」, http://park8.wakwak.com/~kasa/Religion/oomoto.html, 2011. 3. 16.

27 윤기엽,「근대일본 신종교의 붐과 탄압」, 251쪽.

28 삿사 미츠아키,「전전기의 오오모토교와 도원·세계홍만자회의 연합운동에

관한 연구」,『신종교연구』15, 2006.10, 37쪽. 윤기엽,「근대일본 신종교의 붐과 탄압」, 249쪽.

29 삿사 미츠아키,「전전기의 오오모토교와 도원·세계홍만자회의 연합운동에 관한 연구」, 47쪽.

30 出口榮二,「強権政治による「近代化」と民衆宗教の対応―大本教弾圧事件の意味」,『社会科学討究』28, 1982, 392-393쪽. 삿사 미츠아키,「전전기의 오오모토교와 도원·세계홍만자회의 연합운동에 관한 연구」, 38쪽.

31 윤기엽,「근대일본 신종교의 붐과 탄압」, 252쪽.

32 윤기엽,「근대이론 신종교의 붐과 탄압」, 242, 255쪽.

33 윤기엽,「근대일본 신종교의 붐과 탄압」, 247쪽.

34 出口榮二,「強権政治による「近代化」と民衆宗教の対応―大本教弾圧事件の意味」, 406쪽 참조.

35 스에키 후미이코, 백승연역,『일본 종교사』, 논형, 202-203쪽. 가와세 다카야,『동학·텐리교·오모토의 신관념과 그 사상』, 210쪽. 出口京太郎,『巨人出口王仁三郎』, 68-69쪽.

36 ナンシー·K·ストーカー, 岩坂彰訳,『出口王仁三郎帝国の時代のカリスマ』, 原書房, 2009. 6, 59쪽.

37 영우회 교단 홈페이지(http://www.reiyukai.or.jp/ayumi/index_ayumi.html, 2009. 5. 16. 참조.

38 간다 히데오,「19세기 일본에 있어서 민중종교의 탄생과 그 변혁성-여래교를 중심으로」,『신종교연구』14, 2006. 4, 351-352쪽. 박규태,「신종교와 여성-일본 신종교 여성교조의 종교경험과 관련하여」,『한국종교』23, 1998, 308쪽 참조.

39 일본 신종교의 여성 지도자 위상과 모계사회 관련성에 대해서는 임태홍,「일본 신종교에 있어서 여성 지도자의 위상-역사 , 문화적인 배경을 중심으로」(『신종교연구』21, 2009) 참조.

40 石原道博,『譯註中國正史日本傳』, 國書刊行會, 1975, 10-11쪽 참조.

41 石原道博,『譯註中國正史日本傳』, 22쪽 주석 참조.

42 삿사 미츠아키, 「전전기의 오오모토교와 도원·세계홍만자회의 연합운동에 관한 연구」, 36쪽.

43 모계사회에 대해서는 이광규, 「모계사회에 관한 제연구」, 『문화인류학』 1, 1968, 2-4쪽. 김의규, 「신라모계제 사회설에 대한 검토」, 『한국사연구』 23, 1979, 46-49쪽 참고. 한편 허영은의 연구에 따르면, 헤이안 시대 초기 중기의 일본 사회는 모계적 요소와 더불어 부계적인 요소도 있었으나, 그 앞 시대, 즉 상대(上代)는 모계사회에 더 가까운 사회였다고 한다(허영은, 「일본 고대사회의 모계적 성격에 대해」, 『일어일문학연구』 29, 1996, 344-345쪽).

44 城田俊, 「카자르와 일본의 이중왕권」, 명지대학교 인문과학연구소편, 『인문과학논총』 28호, 2007, 8-17쪽 참조.

45 城田俊, 「카자르와 일본의 이중왕권」, 8-17쪽 참조.

46 연보 참고자료.

- 安丸良夫, 「出口なお年譜」, 『出口なお』, 朝日新聞社, 1977.
- 対馬路人, 「出口なお」, 井上順孝編, 『近代日本の宗教家101』, 新書館, 2007.
- 「出口なお」, http://ja.wikipedia.org, 2012.2.24.
- 「宗教法人 大本」, 「新興宗教を考察するページ」, http://park8.wakwak.com/~kasa/Religion/oomoto.html, 2012.2.24.

일본 민속학을 구축한

야나기타 쿠니오

"전쟁터에서 죽은 사람도 시조(始祖)가 될 수 있다."

야나기타 쿠니오(柳田國男, 1875-1962)

일본 민속학의 '시조(始祖)'

민속학(民俗學, Folklore)이란 무엇일까? 민속학과가 개설되어 있는 국내 어느 대학교 홈페이지를 보면 다음과 같이 소개되어 있다.

"문자를 갖지 않았거나 문맹률이 높은 사회의 민간 전승을 연구하는 것은 민족학(ethnology)과 인류학(anthropology)에 속한다. 민속학이라는 용어는 때로 구비문학만을 가리키는 경우도 있지만, 이것은 어디까지나 사전상의 정의이다. 민속학의 연구대상은 한 민족의 문화와 풍습 상에 따른 그 기원과 형성·발전을 밝히며, 현지조사 방법을 가장 중시한다. 생업기술·민간신앙·민간예술·민속놀이·민속공예·의식주생활·명절·세시풍속·통과의례 등을 가장 중요하게 다루고 있다."

간단히 말하자면, 민속학은 현장조사를 통해서 민간의 풍습과 문화를 연구하는 학문이다. 오래된 문화를 연구한다는 점에서 역사학과 같지만, 문자화되어 있지 않은 소재를 발굴해 기록한다는 점에서 역사학과 다르다. 이러한 민속학이지만 최근에는 그 성격이 다소 바뀌고 있다. 계속해서 같은 홈페이지 내용을 읽어보자.

"민속 연구는 과거에만 한정되는 것이 아닌 현재, 나아가 미래를 연구하는 학문이다. 민속학의 관심은 이제 더 이상 농촌사회에만 머물지 않는다. 도시에도 독특한 예술과 관습 및 가치관을 통해 나름의 동질성을 나타내는 집단이 존재한다는 사실이 인식되었기 때문이다. 과거보다 현재를 더 강조하고, 민간 전승의 기원을 찾는 것보다 현재적 의미와 기능을 조사하는 데 역점을 두며, 전통 내부에서 일어나는 변화 및 적응을 연구하는 것이 바로 현재의 민속학이라고 할 수 있다."

현재의 문화 그리고 도시 문화를 중시하고 민속학의 새로운 지평을 개척해 나가려는 것은 일본의 민속학계도 마찬가지다. 갈수록 전통문화, 농촌의 문화는 사라지고 도시를 중심으로 한 새로운 문화가 형성되고 있으니 민속학도 변모하지 않을 수 없는 것이다.

기본적으로 한국과 대만, 중국의 민속학계는 초창기 성립시기에 일본 민속학계의 영향을 적지 않게 받았다. 중국 민속학의 개척자 중 한 사람인 주작인(周作人, 1885-1967)이나 우리나라의 손진태 그리고 송석하 등이 일본에 체재하면서 일본 민속학, 특히 야나기타 쿠니오(柳田国男)의 영향을 많이 받았다.

일본 민속학계는 1910년부터 1940년 사이에 야나기타의 압도적인 영향력 아래에서 성립되었다. 야나기타는 이 기간에 민속 관련 동호인들을 모아 향토회(鄕土會, 1910년)를 발족시키고, 민간 신앙 자료집인『석신문답(石神問答)』(1910)과 동북지방의 전승을 담은『도노 이야기(遠野物語)』(1910)를 간행했다. 그리고 연구학술지인『향토연구(鄕土硏究)』(1913)와『민족』(1925),『민간전승』(1935)을 발간하고,『민간전승론(民間傳承論)』(1934)과『산촌생활의 연구』(1937),『향토생활 연구법』(1940)등을 간행했다. 1935년에는 나중에 '일본민속학회'로 발전한 '민간전승의 모임'이라는 학회를 창립했다. 연구할 사람을 모으고 학술잡지를 만들어 인프라를 구축하고 연구방법론을 정립했으며, 자료를 수집해 학계에 제시하는 역할까지 담당했다. 그의 활동 자체가 일본 민속학이 성립되는 과정이었으니, 명실공히 일본 민속학계의 '시조'라고 할 수 있다.

서양에서 시작된 민속학, 즉 Folklore라는 학문은 이미 1893년에 일본에 전해졌다. 토속학회(土俗學會)가 발족되고 여러 차례에 걸친 조사보고도 이루어졌다. 그러나 그때는 미개사회의 진기한 습속을 찾는 정도의 관심에 그쳤다.

1909년에 야나기타는 『수렵 이야기(後狩詞記)』라는 소책자를 발간했다. 이 책자는 농상무성(農商務省)의 관료 신분이었던 그가 규슈 남부 일대를 돌아보고 수렵을 중심으로 하는 산촌 사람들의 생활문화를 정리한 것이었다. 이 책자가 그 동안의 '토속학'과 달랐던 것은 민간의 진기한 습속에 대해서 성급한 결론은 뒤로 미루고 '산촌 생활을 따뜻하게 보면서 방언을 기어(奇語)로만 취급하지 말고 학문의 자료로써 활용해야 한다'는 강한 주장이 담겨 있었다는 점이다. '토속학'이 하나의 학문으로 발전할 수 있는 계기를 마련한 것이다.

이후 그는 앞서 소개했듯이 1910년부터 1940년 사이에 왕성한 활동을 통해 일본 민속학의 토대를 마련했다. 30여 년간 그는 80여 권의 저서를 발간하고 1,800여 편의 보고서와 논문을 발표했다. 이러한 작업을 통해서 민속학 관련 자료를 제공하고, 연구 방법론을 제시했으며, 이론적 기초를 구축했다. 또 민속학을 역사학이나 사회학 등의 보조학문이 아니라 독립된 과학으로 확립하고자 노력했다.

야나기타는 1940년 이후에도 계속 정력적으로 활동했다. 1949년에 '민간전승의 모임'을 일본민속학회로 개칭해 초대회장으로 취임하고, 사망하기 직전에는 역작으로 평가받는 『해상의 길』(1961)을 출간하기도 했다. 75세 되던 어느 날 그는 자신의 소망을 이렇게 소개했다.

"죽어서 영혼이 남는다 할지라도 자기가 산 곳에 머무른다는 생각은 나 자신도 일본인이기 때문인지 매우 즐겁게 느껴진다. 가능하다면 영원히 이곳에 머물고 싶다. 그리하여 하나의 문화가 좀 더 아름답게 전개되고 하나의 학문이 좀 더 사회에 기여하게 되기를 어느 조그마한 산 위에서 기원하고 또 지켜보고 싶다."

민속학이 일본 사회에 오래도록 기여할 수 있기를 바라는 마음이 담겨 있다. 죽은 뒤에도 자신의 영혼이 일본 국토에 머물러 있기를 바란 것은 국학자 히라타 아쓰타네(平田篤胤)의 소망과도 같다.

야나기타에 대해서는 여러 가지 비판도 많다. 귀족주의적인 취향으로 민중의 비속한 풍습에 대해서 외면했다든지, 그의 일국(一國)민속학은 이민족인 류큐(琉球) 민족을 일본화시킨 혼합민족론이라는 비판을 받았다. 최길성은 "진정한 학문적인 학문을 목표로 했다기보다는 자기의 신학을 만든 사람이다. 그가 일본민속학의 발전을 이룩하기는 했어도 결국 발전의 한계성을 극히 제한했다는 점에서 문제가 있다."고 비판했다. 야나키타의 학문이 민족주의적인 색채가 강한 점도 문제라고 할 수 있다.

이러한 비판에도 불구하고, 그의 업적은 민족주의나 제국주의의 기준으로 간단히 폄하할 수 없는 측면이 있다. 일본이나 동아시아 각국의 민속학 성립에 미친 영향이 매우 크며, 비록 왜곡된 부분도 있지만 일본의 다양한 민간 문화와 생활 풍습이 문자화되고, 정리, 출판된 것은 그의 헌신적인 노력이 있었기 때문이다. 또 압도적인 서양문화의 범람 속에서 자칫 폄하되고 무시될 수 있는 자국의 문화를 애정 어린 시선으로 보존, 기록하려고 노력했다는 점 역시 높이 평가받을 만하다고 할 수 있다.

야나기타 쿠니오의 생애

야나기타는 명치유신이 일어난 7년 뒤인 1875년에 효고현(兵庫県)의 쓰지카와(辻川) 마을에서 태어났다. 부친은 유학자이자 의사인 마쓰오

카 미사오(松岡操)로 마을에서 한학(漢學)을 가르치는 지식인이었다. 그는 국학(國學)에도 조예가 깊어 모토오리 노리나가(本居宣長)나 히라타 아쓰타네를 존경한 국학자이기도 했다.

야나기타 쿠니오의 생가. 효고현 후쿠사키 마을(福崎町) 소재. 야나기타는 이곳에서 10살 때까지 살았다.

야나기타의 집안은 형제들이 많았다. 야나기타 위로 5형제가 있었고 밑으로도 두 동생이 있었다. 맨 위의 큰형은 야나기타가 5살 때 상속을 받고 집안일을 책임졌는데, 사범학교를 졸업하고 초등학교 교장이 되었다. 그러나 결혼 생활의 불행이 겹쳐 과음을 하고 자포자기에 빠진 바람에 직장을 사퇴하고 집안생활이 어려워졌다. 한편 부친은 직업생활을 할 수 없을 정도로 정신이 이상해져 가끔 행방불명이 되기도 했다. 이 때문에 집안 생활이 매우 빈곤했다.

22세 되던 1896년에 부모가 2개월 사이로 모두 사망했다. 마침 당시 가깝게 사귀던 여성까지 사망해 야나기타는 정신적으로 큰 충격을 받았다. 그러나 그 다음해 형들의 도움을 얻어 고등학교를 무사히 졸업하고 도쿄제국대학(東京帝国大学) 법과대학 정치과에 입학함으로써 새로운 출발을 꾀할 수 있게 되었다.

대학 때 그는 농정학(農政學)을 전공했다. 당시의 사정을 그는 이렇게 말한다.

"대학은 모처럼 법과에 들어갔지만 무엇을 하고 싶은 생각도 없었다. 임업이라도 해서 산에나 들어갈까 하는 낭만적인 생각을 가슴에 그리게 되었다. 그러나 임업은 당시 가장 어려운 실용과학이었고, 수학 실력이 매우 필요했다. 나는 수학적 소양이 충분하지 않았기 때문에 농학을 하기로 했다."

26세 때 대학을 졸업한 야나기타는 공무원의 길을 선택했다. 농상무성(農商務省) 농무국(農務局) 농정과(農政課)에 근무했기 시작했는데, 이것이 계기가 되어 전국의 농촌, 산촌을 이곳저곳 돌아다니게 되었다. 그가 일본 각지 민속에 적극적인 관심을 가지게 된 것은 이 때문이었다.

공무원 생활을 시작한 지 얼마 되지 않아 그는 주위 사람들의 소개로 당시 대법원 판사였던 야나기타 나오히라(柳田直平)의 양자가 되었다. 야나기타 집안은 명치시대 당시 화려한 문벌을 자랑하는 집안이었다. 야나기타는 그동안에 사용했던 마쓰오카(松岡)라는 성을 버리고 그 집안의 데릴사위가 되어, 3년 뒤에는 그 집 셋째딸과 결혼을 했다. 덕분에 그는 나중에 법제국 참사관(法制局参事官), 궁내 서기관(宮内書記官), 내각 서기관 기록과장 등 관료로서 화려한 경력을 쌓을 수 있었다.

야나기타는 공무원 생활을 하면서도 문학에 깊이 심취해 있었다. 그는 어려서부터 독서를 좋아하고 글쓰기를 좋아했다. 중학교를 졸업하고 1년 정도 장서가(藏書家)의 집에 묵으면서 온갖 서적을 읽기도 하고, 고등학교 다닐 때에는 문학잡지에 시가를 발표하거나 문학 모임에 참가하여 문학가들의 지도를 받은 경험이 있었다. 30대 초반에는 소설 창작의 꿈을 가지고 주위 사람들과 함께 입센 모임을 시작했으며, 신체시를 발표하기도 했다. 이러한 문학 활동이 그가 나중에 민속학을 콘텐츠로 삼는 대중적인 글쓰기로 크게 어필할 수 있는 힘이 되었다.

35세(1909) 때 그는 업무상 방문한 산간 지역의 생활을 목격하고 『수렵이야기(後狩詞記)』를 출판했으며, 규슈 남부지방의 풍속에 대해서도 조

야나기타의 생가 앞을 지나는 이치가와(市川). 이 강은 히메지시(姬路市)를 지나 세토나이카이(瀨戶內海)로 흘러들어간다.

사 발표했다. 그 다음해에는 자료를 정리해 『석신문답(石神問答)』, 『도노이야기(遠野物語)』 등을 집필하고 니토베 이나조(新渡戶稻造) 등과 함께 민속 연구모임인 향토회를 발족시켰다. 이 당시만 하더라도 그는 농정학에 전념할 생각을 가지고 있었다. 그러나 그의 생각은 차츰 변해서 39세(1913) 때에는 잡지 『향토연구(鄕土硏究)』를 간행하고 「무녀고(巫女考)」, 「산인외전자료(山人外傳資料)」 등 민속과 관련된 많은 작품을 발표했다.

평소 천황에 대해서 각별한 존경과 애정을 가지고 있던 그는 41세(1915) 때 교토에서 다이쇼(大正)천황 즉위식에 참가해 봉사했다. 당시그는 대례사(大禮使) 사무관의 직책을 맡고 있었는데, 궁중 사람들과 가깝게 지내 궁중관료적인 경향이 강했다. 43세(1917) 때에는 대만, 중국,조선 등지를 여행했다. 중국 상해에서는 당시 중국 혁명을 이끌고 있던손문(孫文)을 만나기도 하고, 남경에서는 여원홍(黎元洪) 대총통과 면담을 하기도 했다. 조선은 귀국하는 길에 잠시 서울을 거쳤을 뿐이었지만그로서는 감회가 깊은 여행이었다. 그 자신이 한일합병에 관한 법제(法

制)를 작성했기 때문이다.

45세(1919) 때에 그는 정치적인 알력 때문에 오랫동안의 관직생활을 그만두게 되었다. 자신이 원하지 않은 갑작스러운 사임이었지만, 민속학자로서는 오히려 전화위복이었다. 다음해 그는 아사히신문사에 입사했다. 덕분에 신문 논설을 통해 저널리스트로 활약하면서 동북지방, 규슈, 오키나와 등 전국으로 조사여행을 다니며 각종 여행기와 민속 이야기를 신문지상에 활발히 발표하게 되었다. 조사 여행도 공무원 때보다 더 자유스럽게 다닐 수 있었다.

47세(1921) 때부터 그는 2년 정도 국제연맹위임통치위원에 취임해 스위스에 거주하기도 했다. 국제연맹에서는 영어와 프랑스어만 공용어로 사용하는 것을 보고, 니토베 이나조(新渡戸稲造)와 함께 전 세계 공립학교에서 에스페란토를 교육하도록 하는 안건을 국제연맹에서 통과시키는 등 큰 활약을 했다. 이때의 유럽 체재 경험은 오랫동안 편하게 공무원 생활을 하다 퇴직해 실의에 차 있던 야나기타에게 커다란 자극이 되었다. 유럽에서 최첨단의 인문·사회과학을 접하면서 그의 민속학은 한 단계 더 높이 발전할 수 있었다.

56세(1930) 때 야나기타는 아사히신문사 논설위원을 사임하고 왕성한 집필활동을 시작했다. 이후 거의 매년 2, 3권의 서적을 집필했다. 그는 민속학뿐만 아니라 인문사회과학과 관련된 방대한 저술을 남겼다.

1945년 태평양 전쟁이 끝난 뒤, 야나기타는 민속학연구소를 설립하고 1949년에는 민간전승회를 일본민속학회로 개칭해 회장에 취임했다. 이후 지속적으로 일본 민속학의 저변 확대를 위해 노력하다 1962년 심장쇠약으로 사망했다. 향년 88세였다.

시조(始祖) 이야기

1945년 8월 15일 미국을 상대로 벌였던 태평양전쟁에서 일본이 패했다. 1868년 명치유신으로 시작된 일본의 근대는 이날 일본 천황이 항복을 선언함으로써 그 막을 내렸다. 천황 자신이 정치 전면에 나서서 강력한 근대국가를 세우고자 노력했지만 결국에 그러한 시도는 반토막의 성공으로 끝났다. 근대적이고 통일된 일본 국가를 건설하는 일에는 성공했지만, 제국주의와 침략주의 노선을 고집함으로써 주변국들에 큰 피해를 안긴 결과가 된 것은 실패였다.

야나기타 쿠니오는 전쟁이 종식되기 직전인 1945년 4월부터 5월에 걸쳐 『선조 이야기』를 집필하고 있었다. 당시 그의 나이는 71세였다. 노령의 나이도 그렇지만 전쟁은 점점 더 격화되어 어느 순간에라도 죽음이 찾아올 수 있는 시기였다. 그의 뇌리에는 자신의 죽음뿐만 아니라, 나라를 위해서 죽은 젊은이들의 영혼은 어떻게 될 것인가, 그들은 자식도 없는 귀신으로 타국의 어느 들판에서 유령으로 떠돌게 되는 것인가 하는 문제로 가득 차 있었다.

일본에서는 고대부터 불행하게 죽은 사람은 그 혼이 악신(惡神)이 된다는 관념이 있었다. 그렇다면 해외의 전쟁터에서 죽어간 젊은이들의 혼은 어떻게 될 것인가? 고국으로 돌아와 악귀가 될 것인가? 정말로 악귀가 된다면 누가 전쟁터에 나가려고 할 것인가? 그는 어떤 형태로든 자신의 지혜를 짜내 그러한 문제에 답을 주고 싶었다. 그리고 전쟁터에서 죽어가는 젊은이들에게 용기를 주고 싶었다.

"연일 계속되는 경보 속에서 여하튼 이 긴 이야기를 정리할 수 있었던 것은 나에게 있어서도 하나의 행복이었다. (중략) 적어도 나라를 위해 싸우다 죽은 젊은이들만큼은 여하튼 불교도가 말하는 의지할 곳 없는 영혼에서 제외시키고 이것을 그대로 방치해두어서는 안 된다고 생각한다. 물론 국가나 부현(府縣)에는 공식적인 제장(祭場)이 있으므로 영혼이 잠들 만한 곳은 마련되어 있지만, 한편으로 집집마다 혈육이 서로 의지하는 정은 무시할 수 없다. 집안에서의 새로운 책임 그리고 기꺼이 지켜야 하는 의무는 기념을 오래 보존하는 것, 그 뜻을 계승하는 것과 앞으로 제사를 정중하게 지내는 것이다."

야나기타는 불쌍하게 죽은 혼령은 악신이 된다는 전통적인 해석이 잘못되었다고 보았다. 그 반대로 민간 신앙에서는 유령이나 망령(亡靈)도 '시조(始祖)'가 될 수 있다. 그러므로 전쟁터에서 죽은 군인들도 죽으면 다시 일본의 고향산천으로 돌아와 한 집안의 자랑스러운 시조신(始祖神)이 될 수 있다고 주장하며 이렇게 설명했다.

"자식은 물론 결혼도 하지 못한 채 세상을 떠난 형제들은 아무리 집을 위하고 국가를 위해 많은 활약을 했다 하더라도 대개의 경우 존재가 희미해져버린다. 이를 안타깝게 생각하는 것은 아니지만 옛날 일본인들이 가졌던 조상에 대한 사고에는 다행히도 그와 같은 차별대우는 없었던 것 같다. 사람이 죽어 어느 정도 연한이 지나면 그 후는 조상 또는 신령이라는 하나의 높은 영체(靈體)로 생각했던 것이다. 이는 신을 인격으로서 설명하려는 현대인들에게 있어서는 이해하기 어려운 것일 뿐만 아니라 많은 논란의 대상이 될지도 모르지만, 적어도 옛날에 그와 같은 사실이 있었다는 것만은 증명할 수 있다."

죽은 조상들은 개별적으로 존재하는 것이 아니라 하나의 영적인 집단을 이루어 '영체'로서 존재한다. 이렇기 때문에 불행히 전사를 하더라도 조상들의 영체에 속할 수 있으며, 만약에 그런 영체가 없다면 스

일본 사상을 다시 만나다

스로 시조신이 되는 것이다. 야나기타의 이러한 생각은 『선조 이야기』로 정리되어 패전 뒤 출판되었다.

『선조 이야기』는 이렇게 전쟁터에 나간 젊은이들을 염두에 두고 집필되었으나, 그 내용은 실로 방대해 조상에 대한 제사 문제, 사후 영혼의 문제, 유령과 망혼(亡魂)의 문제, 저승과 이승의 문제, 가족의 분가(分家) 문제 등 다양한 내용이 포함되어 있다. 그가 말한 '선조(先祖)'는 일반적인 조상을 뜻하기도 하지만, 한 집안을 처음으로 세운 '시조(始祖)'를 뜻하기도 한다. 특히 일본 민간에서 '시조'를 둘러싸고 전해지는 풍습과 전승을 소개하고, 어떻게 하면 시조가 되는지 하는 문제를 주의 깊게 고찰했다.

야나기타의 조사에 따르면, 일본에서는 장남이 아닌 아들이 똑똑하면 "시조가 될 아이다."라고 칭찬해주거나 "열심히 공부해서 시조가 되어라."는 말로 격려한다고 한다. 장래에 커서 한 가문을 세울 수 있는 사람이 되라는 뜻이다. 보통 장남은 자기 집안을 유지해 후손의 제사를 받을 수 있지만, 장남이 아닌 경우는 그렇지 못하기 때문에 커서 스스로 가문을 일으켜 그 가문의 시조가 되기를 기원해주는 것이다. 그렇기 때문에 전쟁터에서 죽은 영혼도 시조가 될 수 있다는 말은 전쟁에 패배하고 시신으로 돌아온 전사자들의 영혼을 위로하는 야나기타 나름의 진혼곡이었다고 할 수 있다.

야나기타의 영혼론은

야나기타의 고향마을(兵庫県 福崎町)에 세워진 기념관(柳田國男·松岡家顕彰会記念館).

앞선 국학자 히라타 아쓰타네의 영혼론과 유사하다. 아쓰타네는 영혼이 가는 황천이 사실은 아주 먼 별세계가 아니라 바로 현세, 즉 일본 영토 안에 있다고 보았다. 이러한 아쓰타네의 사상을 이어받아 야나기타도 인간이 죽어서 가는 곳을 이렇게 설명했다.

"일본인의 사후관념, 즉 영혼은 영구히 이 땅에서 머무르는 것이지 먼 곳으로 가버리지 않는다는 신앙이 아마 원시시대부터 오늘날에 이르기까지 상당히 뿌리 깊게 내려오고 있다."

야나기타는 '아마'라는 표현을 사용해 이러한 주장이 100% 사실이라고 강변하지는 않았다. 그러나 그는 그러한 생각이 일본인의 무의식에 잠재되어 있다는 사실을 힘써 강조했다.

죽음과 관련해 그는 또 일본적인 특징으로 다음과 같이 몇 가지를 들었다.

"첫째, 사후에도 영혼이 일본 국토에 머물러 있다는 것이다. 둘째, 현세와 저승 간의 교통이 빈번해 봄과 가을의 정기적인 제사뿐만 아니라 언제든지 한쪽의 일방적인 의지를 통해 부르기 쉽다는 점이다. 셋째, 살아 있을 때의 염원이 사후에 반드시 이루어진다고 생각하는 점이다. 넷째, 이로 말미암아 자손을 위한 여러 가지 계획을 세우고 또다시 태어나 같은 사업을 계속할 수 있는 것처럼 생각했다는 점이다."

이러한 특징은 야나기타가 현장 조사를 통해서 알게 된 것이겠지만, 『선조 이야기』에 그러한 자료의 근거는 제시하지 않았다. 순수하게 그의 진술을 믿을 수도 있지만, 그가 전쟁터에서 죽어간 젊은이들의 불쌍한 영혼을 염두에 두고 이러한 영혼관을 창출해냈을 가능성도 배제할 수 없을 것이다.

일본 사상을 다시 만나다

"신들은 하나다"

야나기타의 민속학, 특히 민간신앙론이 최종적으로 도달한 곳은 바로 '신들은 하나다'라고 하는 유일신론이었다. 1946년에 간행한 『선조 이야기』에서 그는 조상숭배를 중심으로 다른 잡신을 모두 통합해 마치 서양의 유일신과도 같은 일본의 유일신을 제시했다.

종교학자 시마조노 스스무(島薗進)는 "야나기타 쿠니오(柳田国男)에 의해서 구체화된 고유 신앙론은 민속 가운데에 일본 고유의 정신 질서가 들어 있다고 보고 그리스도교나 불교 등과 같이 세계 종교에 필적할 만한 하나의 정신원리를 거기에서 찾으려고 했다"고 지적했다. 하나의 정신원리란 구체적으로 유일신이 중심이 된 종교 교리를 말한다.

원래 일본 사람들은 수많은 신을 믿는다. 그러한 종교가 신도이며, 그러한 사정을 단적으로 표현하는 말이 '야오요로즈노 카미(八百万の 神)', 즉 '8백만의 신'이다. 그러나 야나기타는 다음과 같이 그 신들을 이해하고자 했다.

"씨족신(氏神, 우지가미)을 모시는 신사(氏神社, 우지가미샤)의 기원은 산속에 있는 신사(山宮, 야마미야)이다. 그곳에서는 조상신을 모시는데, 그 신은 산신(山神, 야마노카미)이 되기도 한다. 산신은 봄에 자손들의 밭에 내려와 밭의 신이 되고, 벼를 지켜 벼의 혼령으로도 간주된다. 벼의 수확이 끝나면 산으로 돌아가 산신이 된다. 이 산신은 자손의 출산에도 입회하는 산신(産神)이 된다. 또 이 신들은 신수(神樹)를 계단으로 삼아 왕림한다. 정월에 오는 새해 신(年神)은 밭의 신이라고 한다. 즉, 씨족신, 조상신, 산의 신, 밭의 신, 벼 신, 산신, 새해신은 동일한 신이며, 그 신이 사는 곳은 산 한 가운데."

그래서 그는 죽은 자의 영혼은 불교의 서방정토와 같은 먼 곳(他界)으로 향하는 것이 아니라, 그 영혼은 깊은 산 속의 삼림에 머물러 있다가 조상 제사나 수확제와 같은 축제 때, 자손들에 의해 영접을 받고 자손들을 비호하는 존재라고 주장했다.

하지만 그래도 그 신들의 다신론적인 성격을 면하기는 어렵다. 왜냐하면 인간들은 무수히 많이 존재하고, 따라서 죽은 자의 영혼도 무수히 많을 것이기 때문이다. 이러한 문제 제기에 대해서 야나기타는 다음과 같은 논리를 동원한다. 일본인들은 원래 개개의 영혼들이 죽으면 일정 기간이 경과된 다음에는 개성을 잃고 선조라고 하는 하나의 몰개성적인 영혼체(靈體)에 융합된다고 생각했다. 그것은 집안을 위하거나 나라의 공적인 일을 위해 자유롭게 활약할 수 있는 존재다. 바로 이것이 우지가미(氏神) 신앙의 본바탕이었다. 이것이 야나기타가 세계 종교에 대항해 제시한 유일신론적인 정신원리였다

그는 일본 천황가의 조상신으로 숭배되는 태양신에 대해서도 특별히 독립된 최고의 신으로 보지 않았다. 태양신을 모시는 이세(伊勢) 신앙도 결국은 곡령(穀靈)신앙으로 통합되는데, 곡령신앙에 따르면 태양신도 천황가의 조상신 중의 하나인 개별신에 지나지 않는다. 결국 모든 신이 하나의 '일본신'이라고 하는 통일체에 융합되어 있는 것이다.

이러한 주장은 당연히 여러 학자의 비판을 받았다. 국내 학자 박동석은 다음과 같이 비판한다. "야나기타는 먼저 산의 신을 설정하고 그것을 강제적으로 밭의 신에 연결지으려고 했다. 그것은 밭의 신으로부터 산의 신을 격리하고 싶지 않다는 전제가 있었다. 조상신이라는 것이 산의 정상에서 자손의 삶을 지켜보고 있다는 고정관념이 있기 때문일 것이다. 그것은 민족학적인 조사의 결과라기보다는 오히려 모토오

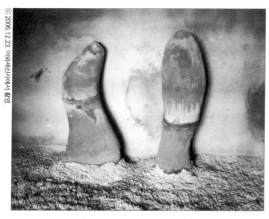

남녀를 상징하는 석신(石神), 오키나와의 아와세(泡瀬)비쥬르신. 『석신문답』은 동북지방의 잡신을 대상으로 했으며 성(性)과 관련된 언급은 피했다.

리 노리나가(本居宣長) 이래 국학자들의 영향이 있었던 것 같다." 야나기타의 주장은 실지로 현지에서 조사한 결과가 아닌 국학자들의 신학 이론에 근거한 것이라고 본 것이다.

사실 야나기타의 유일신론적인 이론이 처음부터 완성되어 있었던 것은 아니다. 1910년에 간행한 『석신문답(石神問答)』을 보면, 그러한 이론이 형성되어가는 과정을 엿볼 수 있다. 『석신문답』은 그가 동북지역을 둘러보고 여러 신들의 자료를 모아 출간한 것이다. 그 신들이 구체적으로 도로신(道祖神, 사에노카미), 산신(山神, 야마노카미), 부뚜막신(荒神, 아라가미), 할머니신(姥神, 우바카미), 애기신(子神 네노카미, 子安 코야스), 바위신(石神 이시카미, サグジ 사구지) 등이다.

예를 들면 부뚜막신으로 알려진 아라가미(荒神)에 대해서 그는 이렇게 소개했다.

"이 신을 부뚜막(竈, 카마도)의 신으로 제사지내는 유래는 전혀 알 수 없습니다. 또 반드시 전국 공통의 신앙이라고도 생각되지 않습니다. 산보황신(三寶荒神, 산보아라카미)은 한편으로 삼방황신(三方荒神, 산보아라카미)이라고도 씁니다. 다소 견강부회한 혐의는 있지만, 원래 방위에서 나온 말이지 않을까 생각합니다. 앞서 든 『준하지료(駿河志料)』에 따르면, 지금의 아베노군(安倍郡) 오자토촌(大里村)의 다카마쓰(高松)에 사황신사(四荒神社)라고 하는 아라카미(荒神)가 있습니다. 그 땅을 '마을사람들이 만든 숲(里人構森)'이라고 칭했는데, 옛날에 성곽이 있어서 때때로 네 귀퉁이에서 아라가미에게 제사를 지내던 것을 나중에 합해서 하나의 신사로 한 것입니다."

부뚜막신 아라가미가 여러 가지 신의 이름을 가지고 있고, 여러 성격을 가지고 있다는 것을 지적하고 있다. 그는 이어서 아라가미가 지주신(地主神), 산과 들의 신이라고 한 문헌자료를 인용하고, 아라가미는 산신과 같이 수가 많고 신전이 전혀 없는 경우도 있다고 지적했다. 신이 신전을 가지지 못한 것은 도로신, 산신, 할머니신 등과도 같다고 하여 아라가미는 이런 신들과 같은 신이지 않을까 하는 추측을 한 것이다.

일본의 민간사회에서는 무수히 많은 신이 존재해 왔다. 『고사기』만 해도 그 안에는 수많은 신이 등장한다. 그런데 그러한 신들 사이에는 성격이나 이름이 명확히 구분되어 있는 것일까? 물론 성격이 분명히 다르고 개성이 뚜렷한 경우도 많지만, 야나기타가 조사한 자료에서 알수 있듯이 신의 이름이나 성격이 미묘하게 중복되고 겹치는 경우가 적지 않다. 그러한 점을 근거로 야나기타처럼 모든 신을 하나로 융합시켜 버리는 것도 문제가 있지만, 그러한 중복을 무시하는 것도 문제가 있을 것이다.

야나기타가 『석신문답』에서 제기하고 싶었던 것은 바로 그러한 중복을 발견해냈다는 점이다. 즉, 이러한 동북지방의 잡신 연구를 통해서 나중에 그가 조상신을 중심으로 한 하나의 유일신 체제를 만들어내는 단초를 마련한 점에 주목할 필요가 있다.

원래 '신관(神觀)'은 인간의 사고 과정에서 탄생한 것이다. 매우 추상적이고 유동적다. 일본인의 신관에 대한 야나기타의 설명은 일본인의 신관을 얼마나 정확히 설명해주느냐는 것보다 야나기타 본인의 사상 관념을 설명해주는 그 자체에 더 큰 의미가 있다고 할 것이다.

"일본 문화는 남쪽 해상에서 왔다"

1955년 81세가 되었을 때, 야나기타는 갑자기 민속학연구소의 해산을 선언했다. 전 해에 개최되었던 민속학회에서 민속학은 대학의 문화인류학 과정에 소속되어 발전을 도모해야 한다는 주장이 제기되었는데, 연구소 소속의 제자들이 그러한 문제 제기에 적극적으로 대응하지 못했기 때문이다. 야나기타는 민속학은 마땅히 역사학에 포함되어야 한다고 생각했다.

그러나 그것은 야나기타의 다소 과한 희망사항이었다. 객관적으로 그가 수집, 정리해 제시한 자료를 보면 역사학에서 활용하기에는 부족한 자료들이 많기 때문이다. 예를 들면 그가 수집한 『도노 이야기』의 아베씨 집안 자료를 보면 다음과 같이 되어 있다.

"가시와자키(柏崎)의 전답 집안이라 불리는 아베씨(阿部氏)는 특히 쟁쟁한 집안이었다. 집안 조상 중에 조각이 뛰어난 사람이 있어서 도노(原野)마을의

오카나와의 남부에 있는 미야코섬. 야나기타는 이 섬에 처음 표류해 온 사람들이 일본 민족의 기원이라고 주장했다.

신불(神佛) 조각상은 모두 이 사람이 만들었다고 한다."

역사학에서 가장 중시하는 사건이 일어난 '때'에 대한 기록이 없고, 내용도 '역사'와 별로 관련이 없다. 그의 조사는 이런 식이 많다. 또 대개는 '라고 한다'는 형식으로 누구한테 전해 들은 말인지 불분명하다. 그가 편찬한 『선조 이야기』나 『석신 문답』도 마찬가지다. 그는 역사학의 훈련을 받지 않았다. 젊어서부터 문학에 매료되었기 때문에 그의 문장은 낭만적인 시나 수필문학에 가깝다.

만년에 그는 『해상의 길』을 발표해 일본 민족이 처음 일본 땅으로 이주해 들어오기 시작한 통로가 오키나와 남쪽의 섬들이라는 주장을 했다.

"천에 하나라고 말해도 좋을 만큼 행복에 둘러싸여 무인(無人)의 고도(孤島)에 표류해 도착한 사람들이 있었다. 그들은 거기에서 먹을 것을 찾으려고 했는데, 뜻밖에도 아주 진귀한 세상의 보물들이 조약돌처럼 여기저기 널려 있는 것을 발견했다는 이야기는 하나의 커다란 민족의 기원으로 너무 근거 없는 꿈이나 전설처럼 들릴 것이다. 그러나 사실 나는 오늘에 이르기까지 이보다 더 가능성 있는 해설을 들어본 적이 없다."

소설같이 그려낸 낭만적인 장면이지만, 야나기타는 일본 민족의 기원으로 그랬을 가능성이 가장 클 것이라고 보았다. 무인도에 도착한 사람들이 발견한 보물은 고대 중국에서 화폐로 사용한 조개를 말한다. 조개화폐에 대해서 그는 이렇게 말했다.

"진나라 시황제 시대에 동(銅)을 통화로 주조하게 될 때까지 중국에서 값비싼 보물은 조개화폐였다. 그 중에서도 시프레아 모네타라고 불리는 노랗게 빛나는 조개(子安貝, 여성 성기 모양의 조개)는 모든 이익과 욕망

오키나와 해안마을 풍경. 야나기타의 민속학은 오키나와와 밀접하게 관련되어 있다.

의 중심이었다. 지금도 이러한 조개의 산지는 한정되어 있다. 극동 방면에서는 우리 동포가 거주하는 군도 주변 산호초 외에 이것을 생산하는 곳이 알려져 있지 않다.”

‘우리 동포가 거주하는 군도’는 오키나와의 미야코섬(宮古島) 주변을 말한다. 그 주변에 표류해 온 사람들이 조개들을 발견하고 사람들을 불러들이면서 정착민이 형성되고 그들이 일본 본토까지 건너왔다는 것이다.

이러한 야나기타의 주장은 많은 비판을 받았다. 조개화폐로 쓰인 조개도 야나기타는 오키나와 남부 섬에서만 발견되는 것으로 설명했으나 여기저기서 발견된다. 중국 동남부 해안에서도 발견되고 제주도 해안에서도 풍부하게 발견된다.

야나기타는 일본 고대사의 중요한 기원문제를 다루면서 다양한 역사적 사실을 근거로 결론을 내리지 않고, 전설 같은 이야기 한두 가지를 들어 문학적인 상상력을 동원했으니 역사학자들의 비판을 피할 수 없었다.

야나기타는 민속학이라는 학문을 구축하고 수많은 사람과 어울려 일본 민속에 관한 다양한 자료집을 편찬하기도 했지만, 새로운 길을 개척한 사람이었기 때문에 그만큼 고독한 사람이었다. 그는 생애의 마지막 시기를 보내면서 자신의 활동을 후회했다. 가벼운 뇌경색 증상을 보이면서도 "그동안 아까운 짓을 했다. 옛날이야기나 방언 등에 그렇게 열을 올리는 게 아니었는데…이제는 시간이 없다."며 자주 불만을 표했다고 한다. 그의 사위인 종교학자 호리 이치로(堀一郎)는 "또 입버릇이 시작되었구나"라고 투덜거리면서도 "시시각각으로 다가오는 죽음과 쇠약해진 기력을 자각하지 않을 수 없었던 만년 최후의 야나기타의 소름 끼칠 정도의 우국의 마음을 이해하고 숙연해질 뿐이었다."고 했다.

민속학 외에도 야나기타 쿠니오가 상징하는 단어 가운데 하나는 '민족주의'이다. 그의 학문세계는 가장 먼저 '일본'이 전제되어 있다. 애국주의라고도 할 수 있는 그의 민족주의를 반드시 나쁜 의미로 받아들일 것은 아니지만, 진리를 추구하는 학자로서는 적지 않게 문제가 있다. 일본 지역을 벗어나서 그의 학문이 보편성을 획득하기가 쉽지 않기 때문이다.

그의 학문은 또 오키나와와 밀접한 관련이 있다. 그는 오키나와를 딱 한 차례 방문했다. 1921년 1월부터 2월 사이에 한 달 정도 오키나와에 체류한 적이 있다. 비록 짧은 기간이었지만 이 여행을 통해서 그는 사상적으로 커다란 변화를 겪었다. 이를 계기로 조선의 화전민과 대만의 고산족이 연계된 산인(山人)의 연구에서 벗어나 상민(常民)의 연구로 전환했으며, 당시 많은 지식인이 주장하던 조선과 일본의 동조론(同祖論)에 거리를 두고 일본 민족의 기원을 오키나와로 상정하기 시작했다. 그가 사망하기 1년 전에 발표한『해상의 길』은 바로 그러한 변화의 결실이었다.

오키나와는 원래 류큐(琉球)왕국으로 독립된 국가였다. 1609년에 사쓰마(薩摩)번의 침략을 받아 속국이 되었다가 명치유신 이후 1879년에 멸망당하고 일본의 영토로 편입된 곳이다. 편입 이후 오키나와는 1945년에 일본의 패전으로 미군 지배에 놓이게 되었는데, 줄곧 반환문제가 미국과 일본 사이에 정치적 쟁점이 되었다. 반환문제는 1956년 6월에 일본 국회에서 만장일치로 통과된 오키나와 반환요구 결의안에서 절정에 달했다. 야나기타의『해상의 길』과 오키나와에 대한 지대한 관심은 그러한 현실 정치와도 밀접한 관련이 있었다. 야나기타의 열정이 통했든지, 결국 오키나와는 1972년에 다시 일본으로 반환되어 오늘에 이르고 있다.

야나기타 쿠니오 연보

1세(1875년)	효고현(兵庫県) 진토군(神東郡) 다하라무라(田原村辻川, 현재의 후쿠사키福崎町) 의사집안에서 여섯째 아들로 태어남.
10세(1884년)	가족과 함께 효고현의 가사이군(加西郡北条町)으로 이사.
11세(1885년)	중학교(高等小学校) 졸업. 이후 1년간 이전에 살았던 쓰지카와(辻川) 마을의 친지 집에 거주. 이때 많은 서적을 닥치는 대로 읽음.
13세(1887년)	이바라키현(茨城県) 후카와촌(布川村)에서 병원을 개업한 형을 따라 이주. 약 3년간 살다가 교토로 감.

15세(1889년)	문예잡지에 시가[短歌]를 투고해 실림. 다음해부터 문학가 모리 오가이(森鴎外) 지도를 받아 시가를 지어 발표.
17세(1891년)	문학잡지에 시가를 발표하는 한편 시인 마쓰우라 다쓰오(松浦辰男)에게 입문하고 문학모임인 홍엽회(紅葉會)에 참가함. 고등학교(開成中學)에 편입학.
22세(1896년)	7월 모친 사망. 2개월 뒤 부친도 충격을 받아 사망함.
23세(1897년)	신체시, 서정시들을 지어 투고함. 고등학교를 졸업하고 도쿄제국대학(東京帝国大学) 법과대학 정치과에 입학.
26세(1900년)	대학을 졸업하고 농상무성(農商務省) 농무국(農務局) 농정과(農政課)에 근무. 동시에 대학원에도 적을 두고 학업을 지속함. 이후 업무와 관련해 수시로 전국 각지를 여행.
27세(1901년)	대법원 판사 야나기타 나오히라(柳田直平)의 양자로 입적. 3년 뒤 이 집안의 사위가 됨.
28세(1902년)	법제국 참사관에 임관. 전문학교에서 농업정책학 강의.
33세(1907년)	소설 창작의 꿈을 가지고 주위 사람들과 함께 입센모임을 시작함. 향토연구회 발족.
34세(1908년)	규슈 여행. 궁내서기관(宮内書記官)을 겸임함.
35세(1909년)	3월 『후수사기(後狩詞記)』 발표. 규슈 남부지방의 풍속에 대해서 조사 발표.
36세(1910년)	내각서기관기록과장이 됨. 이해부터 민속에 관심. 향토회 발족. 『석신문답(石神問答)』, 『원야물어(遠野物語)』 등 민속 관련 자료 다수 간행. 법제국 직원 신분으로 한국 합병조약에도 관여함.
39세(1913년)	잡지 『향토연구(郷土研究)』 간행. 「무녀고(巫女考)」 등 문장 다수 발표.
40세(1914년)	귀족원(貴族院) 서기관장(書記官長)에 임명됨.
41세(1915년)	교토에서 다이쇼(大正)천황 즉위식에 참가해 봉사.
43세(1917년)	대만, 중국, 조선 등지를 여행. 『향토연구』 휴간.
46세(1920년)	동경 아사히신문사 입사. 규슈, 오키나와 등 전국으로 조사여행 다님.
47세(1921년)	국제연맹위임통치위원에 취임해 스위스에 거주. 2년 후 귀국.

일본 사상을 다시 만나다

50세(1924년)	아사히신문사 편집국 고문으로 논설 담당. 게이오대학(慶應義塾大學) 문학부 강사로 민간전승(民間伝承)에 대해 강의.
56세(1930년)	아사히신문사 논설위원 사임. 이즈음부터 거의 매년 2, 3권의 서적을 집필.
72세(1946년)	추밀고문관(枢密顧問官)에 취임. 『선조 이야기(先祖の話)』 간행.
73세(1947년)	민속학연구소를 설립. 이 연구소는 8년 뒤인 1955년에 해산됨.
75세(1949년)	'민간전승의 모임'을 일본민속학회로 개칭하고 초대 회장에 취임.
88세(1962년)	심장쇠약으로 사망. 가나가와현(神奈川県) 가와사키시(川崎市)의 공원묘지 쥬엔(春秋苑)에 안장.

주석

1 「민속학이란」, 중앙대학교 민속학과 홈페이지 http://www.caufolk.co.kr/, 2011.10.9 참조. 일부 경어체 표현을 평어체로 바꿈.

2 시노 겐지, 김현아 역, 「일본민속학사: 일본 민속학의 발자취와 전망」, 『남도민속연구』 16, 2008.6, 94-95쪽 참조.

3 趙京華, 「周作人與柳田国男」, 『魯迅研究月刊』, 2002년 제9기, 42쪽. 최길성, 「柳田国男의 국학사상과 조선」, 『일본학보』 27, 1991, 31쪽.

4 시노 겐지, 「일본민속학사: 일본 민속학의 발자취와 전망」, 76쪽.

5 竹田旦, 「일본에 있어서 민속학의 성립과 발전」, 『민속학회』 29, 1997.12, 13-14쪽 참조.

6 竹田旦, 「일본에 있어서 민속학의 성립과 발전」, 14쪽.

7 竹田旦, 「일본에 있어서 민속학의 성립과 발전」, 15쪽.

8 야나기타 쿠니오, 『선조(先祖)의 이야기』, 192쪽. 1949년의 글로 제목은 「영혼의 행방」임.

9 古野清人, 「柳田先生の學風」, 『柳田国男全集』 月報七, 1962년.

10 김광식, 「일본 민속학과 내이션 통합에 관한 연구」, 『한양일본학』 9, 2001.2, 82쪽.

11 최길성,「해설」,『선조의 이야기』, 광일문화사, 1989, 17쪽.

12 山下紘一郎,『柳田國男の皇室観』, 梟社, 1990, 15쪽.

13 福田アジオ,「柳田國男略年譜」,『柳田國男の民俗学』, 吉川弘文館, 1992, 5-6쪽.

14 川田稔,『柳田國男-その生涯と思想』, 吉川弘文館, 1997, 10쪽.

15 川田稔,『柳田國男-その生涯と思想』, 13쪽.

16 山下紘一郎,『柳田國男の皇室観』, 28쪽.

17 山下紘一郎,『柳田國男の皇室観』, 52-53쪽 참조.

18 柳田國男研究會,「柳田國男略年譜」,『柳田國男傳 別册』, 三一書店, 1988, 23쪽.

19 김광식,「일본 민속학과 내이션 통합에 관한 연구」, 137쪽 참조.

20 川田稔,『柳田國男-その生涯と思想』, 吉川弘文館, 1997, 31-32쪽.

21 福田アジオ,『柳田國男の民俗学』, 吉川弘文館, 1992, 39-40쪽.

22 川田稔,『柳田國男-その生涯と思想』, 36-37쪽.

23 최길성,「해설」,『선조의 이야기』, 8쪽. 森岡淸美,「柳田 민속학에 있어 선조관의 전개」,『일본의 종교』, 예전사, 1993, 182쪽 참조.

24 야나기타 쿠니오, 최길성, 노성환 역,『선조의 이야기』, 광일문화사, 1989, 14쪽.

25 최길성,「해설」,『선조의 이야기』, 8쪽. 森岡淸美,「柳田 민속학에 있어 선조관의 전개」, 182쪽 참조.

26 야나기타 쿠니오,『선조의 이야기』, 180-181쪽.

27 최길성,「해설」,『선조의 이야기』, 13쪽.

28 야나기타 쿠니오,『선조 이야기』, 62-63쪽.

29 야나기타 쿠니오,『선조의 이야기』, 24쪽.

30 야나기타 쿠니오,『선조의 이야기』, 60쪽.

31 야나기타 쿠니오,『선조의 이야기』, 148쪽.

32 남근우,「순국 이데올로기의 창출」,『일본사상』4, 2002.7, 215-216쪽 참조.

33 이 절의 글은 필자가 이미 발표한「야나가타 쿠니오의 일본 민간신앙 이해-『석신문답』에 소개된 잡신을 중심으로-」(『일본근대학연구』9, 2004.11)를 재정리한 것이다.

34 島薗進,「宗教と民俗」, 일본종교학회편,『宗教研究』230, 50-3, 1976, 56쪽

일본 사상을 다시 만나다

35 赤田光男, 「総説 神と霊魂の民俗」, 『神と霊魂の民俗』講座日本の民俗學 7, 雄山閣, 1997, 4쪽.

36 桜井徳太郎, 「柳田国男의 조상관」, 최길성 편역, 『일본의 종교』, 예전사, 1993, 226-227쪽 참조.

37 박동석, 「日本人の祖先観-柳田国男を中心に-」, 『성심외국어전문대학』, 1988, 184쪽.

38 박동석, 「日本人の祖先観-柳田国男を中心に-」, 183쪽.

39 柳田国男, 『石神問答』, 58-59쪽.

40 신타니 타카노리(新谷尚紀), 「전후 일본의 민속학」, 국립민속박물관 학술세미 나 자료(www.nfm.go.kr), 2005.3.10. 참조.

41 야나기타 구니오, 김용의 역, 『도노 모노가타리 - 일본민속학의 원향』, 전남대학 교 출판부, 2009, 60쪽

42 야나기타 쿠니오, 『해상의 길』, 國分直一, 「柳田国男と『海上の道』」, 『沖縄文化 研究』 3, 1976.7, 232쪽 재인용.

43 야나기타 쿠니오, 『해상의 길』, 國分直一, 「柳田国男と『海上の道』」, 232쪽에서 재인용.

44 國分直一, 「柳田国男と『海上の道』」, 243쪽.

45 호리 이치로, 「야나기타 쿠니오와 종교사학」(『국문학』, 1973. 1). 신타니 타카노리 의 「전후 일본의 민속학」(4쪽)에서 재인용.

46 김광식, 「일본 민속학과 내이션 통합에 관한 연구」, 137-140쪽 참조.

47 연보 작성은 다음 자료를 참고함.

- 福田アジオ, 「柳田國男略年譜」, 『柳田國男の民俗学』, 吉川弘文館, 1992.

- 三浦佑之, 「柳田国男 年譜と仕事」, http://homepage1.nifty.com/miuras-tiger/, 2010.11.3

- 柳田國男研究會, 「柳田國男略年譜」, 『柳田國男傳別冊』, 三一書店, 1988.

-「柳田國男 略年譜」, http://ja.wikipedia.org/, 2010.11.3.

근대 일본 학술계의 천황

마루야마 마사오

"민주주의는 끝없이 계속해야 하는 영구적인 혁명운동이다."

마루야마 마사오(丸山眞男, 1914-1996)

1996년 8월 15일, 현대 일본 최고의 석학 마루야마 마사오(丸山眞男)가 사망했다. 며칠 뒤 그의 사망이 정식 발표되고 동경에서 그를 위한 추모회가 열렸다. 많은 사람이 모인 추모회 자리에서 그가 살아 있을 때(1995년 12월 3일) 제자들과 나눈 다음과 같은 대화가 공개되었다.

"어딘가 일본은 이상한 점이 있어요. (중략) 일본의 바깥으로 한 발만 나가면 전혀 통하지 않을 논리가 일본 안에서만은 당당하게 통용이 됩니다. 다른 의견은 들으려고도 하지 않고 문제시하려고도 않아요."[1]

어느 나라나 이러한 경향이 없지 않으나 일본은 좀 더 심한 편이다. 대학 교수이자 일본의 최고 지성이 이렇게 제자들에게 지적한 것은 나름대로 심각한 문제라고 생각했기 때문일 것이다. 일본의 신화가 지나치게 현실의 정치제도, 즉 천황제와 연결되어 있다는 점이나 일본의 대사상가들, 예를 들면 모토오리 노리나가(本居宣長)나 오규 소라이(荻生徂徠)가 사상의 보편성보다는 일본적인 특수성을 중요시한 점도 그러한 경향을 잘 대변해준다.

최근에 일본의 일부 지식인들은 새로운 개국을 외치고 있다. 특히 경제계나 문화계에서 그러한 목소리가 크다. 경제적으로는 중국에 밀리기 시작하고, 드라마·음악 등 대중문화에서 한국에 밀리는 상황에 당황한 이들은 아시아에 대해서 일본 사회가 더욱 개방적인 태도를 취해야 한다고 주장한다. 그동안 일본 기업들은 해외보다는 자국 시장을 중심으로 움직이는 경향이 많았다. 자국 시장의 소비자들을 상대로 물건을 만들고 해외 수출은 부차적으로 이루어졌다. 대중문화도 1990년대 이후로 갈수록 해외에서 지지자들을 잃어가고 있다.

1990년대 중반에 마루야마가 던진 화두는 일본 사회와 문화의 근본적인 문제점을 지적한 것이었다. 2010년대로 접어든 현재 일본 사회는 그러한 문제점을 더욱 심각하게 느끼고 있다. 마루야마는 제자들에게 또 이러한 말도 했다.

"(일본 사회에는) 타자가 없어요. 같은 동료들하고만 말하기 때문입니다. 타자 감각의 결여에 아주 중요한 문제가 있는 것은 아닌가 생각됩니다. 그게 무섭습니다. 그래서 마지막으로 말씀드리고 싶은 것은 완전히 서로 다른 사람들, 다른 직업을 가진 사람들과 서로 횡적으로 훨씬 더 사귀고 대화를 나누는 기회를 만들어가도록 부탁합니다."

마루야마가 일본 사회에 던진 화두이다. 유언과도 같은 그의 말을 어떻게 해석할 수 있을까? 그가 '천황제'에 대해 꾸준히 비판적인 관심을 보였던 것을 생각해보면, 종적인 사회질서를 중시하는 사회보다는 횡적인 교류와 연대가 활발한 민주화된 사회를 희망한 것으로 볼 수 있다. 가부장적 질서보다 횡적인 연대가 강화되면 자연스럽게 민주주의가 발전할 수 있기 때문이다.

일본 사회의 근본적인 문제점을 정확히 집어냈던 마루야마는 어떠한 사람일까? 일본이 가장 화려한 발전을 거듭했던 근대 시기에 동경대학의 교수였다. 그에게는 '진보적 지식인', '일본 근대 지식인의 초상', '전후 민주주의의 이론적인 지도자'[2]라는 칭호가 있다. 또 '학술계의 천황'[3]이라는 찬사도 있다.

그가 1952년에 발표한 저서 『일본 정치사상사 연구』는 일본 사상사를 연구하는 학생들에게는 교과서와 다름없는 필독서다. 국내에는 1995년에 김석근 교수의 수고로 번역서가 발간되었는데, 아직도 일본 사상사 연구에 이만큼 영향력이 있는 서적은 없을 것이다.

1980년대 중반 일본의 비약적인 경제발전으로 미국을 초월할지도 모른다는 전망이 나오던 시기에 마루야마는 이러한 말을 한 적이 있다.

"일본은 겨우 한 세기 남짓한 기간에 실질적으로 오늘날의 제3세계에 가까운 국제적 지위에서 통일국가의 형성이라는 시련을 통과했다. 마침내 군사적인 제국주의적 팽창을 실천하게 되기까지 기나긴 노정을 단숨에 달려갔습니다. (중략) 우리 일본인은 서구가 수백 년을 필요로 했던 경험을 몇 단계나 아슬아슬하게 건너뛰었습니다. 그런 의미에서는 적어도 국가 차원에서 일본은 한 몸으로 여러 삶을 살았다고 할 수도 있겠습니다. 하지만 정상회담의 개최국임을 자랑하는 오늘날의 일본도 다른 측면에서는 여전히 '국제인의 양성'이라는 의미 불명의 말이 통용될 정도로 정신적 쇄국에서 벗어나 있지 않습니다. 과연 우리

동경대학 교문. 교문 바로 안쪽에 보이는 건물이 법대 건물. 마루야마 마사오는 1931년에 입학해 1971년 지병으로 퇴직할 때까지 약 40년간 이곳에서 근무했다.

일본인은 파탄에 직면해 있는 현재의 세계질서에 대해 새로운 구상을 처음으로 만들어내는 실험을 견뎌내고, 그에 걸맞은 상상력을 구사할 수 있을까요?"[4]

일본의 국력이 최고조로 발전한 순간에 그동안 지나온 순간을 뒤돌아보고 일본 사회에 묻는 질문이었다. 일본은 새로운 세계질서를 구상할 수 있는 능력이 있는가? 새 시대에 걸맞은 상상력을 구사할 수 있을까?

제국주의가 맹위를 떨친 시대에 태어나 패전국 일본이 경제적 부흥을 이룩한 시기에 살았던 마루야마는 상아탑 속에서 학생들과 책 속에 파묻혀 산 전형적인 학자였지만 끊임없이 시대와 함께 고민했다.

동아시아 근대의 지식인 대부분이 다 그러했듯이, 그는 유럽 사회를 동경했다. 특히 독일 사상가들의 영향을 많이 받은 그는 일본 사회가 더욱 발전해 민주와 인권 등 근대적인 가치가 충분히 실현되기를 갈망했다. 물질적인 풍요 속에서 일본 사회가 외면하는 민주주의 실천의 문제를 천황제나 일본 고유의 사고방식 등 문제와 결부하여 고민하고 분석했다.

그의 사상적인 궤적은 에도 시대의 근대성 탐구에서 명치 시대 이후의 민주주의 탐구 그리고 좀 더 근본적으로 천황제가 가지고 있는 사상적인 폐해에 대한 사색으로 발전했다. 그가 제시한 초국가주의론, 고층론, 즉 '집요한 저음' 이론 그리고 정통과 이단 관련 논의들은 그런 사색을 바탕으로 형성된 것이다.

일본 사상을 다시 만나다

마루야마는 1914년 오사카(大阪府) 텐노지 마을(天王寺村)에서 아버지 마루야마 칸지(丸山幹治)와 어머니 세이(セイ)의 둘째아들로 태어났다. 아버지 칸지는 오사카 아사히신문사(大阪朝日新聞社) 기자였는데 마루야마가 어렸을 때 사직했다.[5]

마루야마는 18세 때 동경의 제1고등학교 문과(第一高等学校文科乙類)에 입학했다. 이 학교는 나중에 동경제국대학으로 바뀌었는데, 현재 동경대학 교양학부에 해당한다. 마루야마가 입학하던 그 해에 일본 관동군은 만주사변(1931년)을 일으켜 만주 전체를 장악하고, 그 다음해 괴뢰국가인 만주국을 세웠다.

20세 때(1933년) 마루야마는 유물론(唯物論)연구회 창립기념 강연회에 갔다가 경찰에 검거당했다. 곧바로 풀려났으나 그 이후 그는 사상범 피의자로서, 대학 2학년 때 지도교수가 보증을 설 때까지 정기적으로 감찰을 받는 신분이 되었다.

21세가 되던 해 동경제국대학 법학부 정치학과에 입학한 그는 지도교수 난바라 시게루(南原繁)의 영향을 받아 정치학사 강의를 듣거나 홉스의 정치사상에 대해서 발표를 하기도 했다. 당시 그는 어떤 잡지의 현상 논문으로 국가와 개인의 문제를 다룬 「정치학에서 국가 개념」(1936년)이라는 논문을 투고했다. 다행히 논문이 채택되

동경대학교 학생 시절의 마루야마 마사오. 뒷줄 왼쪽에서 두번째가 마루야마, 맨 오른쪽 인물이 스승 난바라 시게루 교수.

어 지도교수의 전폭적인 지지를 받게 되었다.[6]

대학을 졸업하고 마루야마는 법학부 조교가 되었다. 당시 동경대 조교는 우리나라와 달리 해당 학과의 교수직이 보장되는 자리였다. 예상대로 그는 3년 뒤인 1940년에 조교수로 승진했다.

31세 때에 그는 결혼을 했다. 하지만 당시는 태평양전쟁의 막바지(1944년)로 갑작스럽게 이등병 교육 소집통지를 받았다. 교수가 그렇게 소집된 경우는 없었다. 당시 그는 나중에 『일본 정치사상사 연구』에 포함되게 될 「국민주의 이론의 형성」이라는 논문을 쓰고 있었다. 그 논문은 징집되던 그날까지 집필을 계속했는데, 신주쿠(新宿)역에서 출발 직전에 겨우 완성하여 지인에게 만나 건넸다고 한다.

마루야마는 일본을 떠나 조선의 평양으로 건너가 보병부대 보충대에서 훈련을 받았다. 하지만 고참병의 폭력에 시달리던 그는 결국 영양실조와 각기병(脚気病) 등의 이유로 소집이 해제되었다.[7] 증언에 따르면 마루야마는 점잖으면서도 어리숙했기 때문에 고참들에게 많은 폭력을 당했다고 한다. 만약 그의 부인이 그 장면을 보았다면 아마 자살해버렸을 것이라고 하니 그 폭력이 얼마나 가혹했는지 상상할 수 있다.[8]

마루야마는 입대한 지 몇 개월 되지 않아 고향으로 돌아왔다. 하지만 전쟁은 그를 그냥 두지 않았다. 다시 히로시마 육군선박사령부에 배속되어 두 번째 군생활을 하게 되었다. 이때 새롭게 배치받은 곳은 불행하게도 히로시마였다. 암호교육을 받고 정보병으로 육군 선박사령부 참모부 정보반에 배속되었다.

그해 8월 6일 오전 8시경, 마루야마는 사령부 광장에서 점호를 받다 히로시마에 떨어진 원자폭탄의 굉음을 들었다. 3일 뒤 상부의 명령으로 피해 상황을 조사하기 위해 현장으로 파견된 그는 거기에서 다량의

동경대학 교정. 마루야마는 1968년 동경대학 분쟁 당시 학생들과 대립해 학생들의 비난을 듣고 사회적인 활동에 거리를 두기 시작했다.

방사능에 노출되었다. 이런 사실은 1969년 학생운동의 여파로 병으로 쓰러진 뒤에 어떤 신문사 인터뷰 때 비로소 언급한 것이다.[9] 군대시절 방사능 피폭은 중년 이후 그를 여러 가지 질병에 시달리게 했다.

동경대 교수로 복직한 그는 1946년 5월에 『세계』 잡지에 논문 「초국가주의의 논리와 심리」를 발표했다. 그는 일본에서 군국주의가 득세한 이유를 다룬 이 논문으로 세간의 주목을 받았다. 마침 전범들에 대한 동경재판이 열리던 때였기 때문에 그의 문제의식이 일본 사회의 관심을 끈 것이다.

하지만 그가 일반인에게 더욱 널리 알려지게 된 계기는 39세 때 『일본 정치사상사 연구』(1952)를 발표한 직후였다. 군에 입대하기 직전에 써둔 논문 3편을 모아 출판한 이 책은 공전의 베스트셀러가 되었다. 그가 동경대학 법학부의 젊은 학자라는 것과 그동안 백안시했던 에도 시대 사상에서 일본 사회의 근대성을 찾아냈다는 점이 전쟁 폐허를 딛고 새로운 희망을 찾고자 한 일반 대중에 크게 어필했다.

한편 1949년에 종결된 중국 내전은 공산세력이 대륙을 석권하는 결과가 되었으며, 일본을 둘러싼 주변 국가들에서는 공산주의와 자본주의, 독재세력과 자유세력이 서로 대항하는 연합전선이 형성되었다. 공산 사회주의 운동에 위기를 느낀 일본 정부는 지식인들에 대한 국가적

통제를 강화하기 시작했다. 특히 한반도 전쟁을 계기로 개혁파 지식인에 대한 통제를 강화해 마루야마를 비롯해 많은 교수가 추방 리스트에 오르고 감시를 받았다.

55세(1968) 때에는 유명한 동경대학 분쟁이 일어났는데, 사회주의 사상의 영향을 받은 학생들은 연구실을 봉쇄하고 학원 민주화를 외치고 기성 권위를 부정하며 학원 경영의 투명성을 요구했다. 마루야마도 '서양주의자', '근대주의자'라는 비난을 받게 되었다. 학생들의 비난에 크게 상심한 그는 자신의 학문에 전념하기로 다짐하고 사회운동과 거리를 두기 시작했다.

당시 그는 학생들이 훼손할지 모르는 자료를 지키기 위해서 문헌자료실에서 숙박을 했는데, 이 때문에 건강이 극도로 악화되었다. 이후 히로시마에서 원자폭탄에 피폭된 원인도 있어 심부전, 간암 등으로 입원과 자택요양을 반복했으며, 58세 때에 병 때문에 정년을 채우지 못하고 사직했다.

마루야마의 저작이 영어로 번역되고 일본 최고의 학자로 인정을 받았기 때문에 서구 학계에서도 마루야마의 명성이 드높았다. 1961년에 그는 하버드대학 객원교수로 초빙되었으며, 1962년에는 옥스퍼드대학에 장기간 체류하기도 했다. 또 1982년에는 미국 역사학협회(American Historical Association) 외국 회원으로 선정되었으며, 영국 학사원 외국 회원으로도 선임되었다.

다망한 활동 중에도 마루야마는 병마와 싸우면서 병원 출입을 계속했다. 1995년 간장암이 발견되고, 그 다음해 암이 척추로 전이되는 바람에 사망했다. 향년 83세였다. 그가 남긴 저작으로는 대표작『일본 정치사상사 연구』(1952),『현대정치의 사상과 행동』(1957),『일본의 사상』

일본 사상을 다시 만나다

(1961), 『문명론의 개략을 읽다』(1986), 『충성과 반역』(1992) 등이 있다. 이 저서들은 대부분 한글로 번역되어 있다.

에도 시대 사상사의 구축

『일본 정치사상사 연구』는 제목과 달리 일본의 정치사상사 전체를 다룬 것은 아니다. 근세라고 부르는 에도 시대만을 대상으로 연구한 서적으로, 그 핵심적인 내용은 '근대성' 탐구다. 또한 이 저서는 개설적인 '일본 정치사상사'가 아니라 에도 시대 정치사상사를 정치학적인 입장에서 연구하고 분석한 서적이라는 점을 알아야 한다.

예를 들면, 마루야마는 주자학이 전근대적인 사상이라고 단정하고 그것이 자연적인 윤리나 질서를 중시했으나, 소라이학은 거기에서 좀 더 발전하여 자연을 벗어나 '작위(作爲)'를 발견했다고 보았다. 이로써 일본 사상은 근대성을 갖추어 근대적인 변혁을 이루는 기초가 되었다고 설명했다.[10] 이렇게 그가 관심을 가진 것은 개별적인 사상이 아니라 그런 사상이 나오게 된 어떤 법칙성, 즉 구조였다. 마치 과학자가 어떤 물체의 움직임을 살펴보면서 물질운동의 법칙을 찾아내고자 하는 방식이었다.

'근대성'이 무엇인가 하는 문제는 학자마다 다양한 주장이 있지만, 마루야마가 염두에 두고 있던 근대성은 한마디로 민족주의를 바탕으로 한 근대적인 국가의 건설이라고 할 수 있다. 여기에서 '민족주의'는 무조건 자기 민족을 최고라고 주장하는 편협한 종족주의가 아니라 모든 민족의 구성원이 공동체의식을 가지고 주체적으로 국가를 건설해야 한다고 하는 근대적인 민족주의를 말한다. 마루야마는 이를 '국민주의(nationalism)'라고 부르며 이렇게 소개했다.

"nationalism은 민족주의라고도 번역되는데, 민족주의라 하면 예컨대, 다른 한 국가의 영토에 소수민족으로 존재하거나 식민지가 된 민족이 독립을 한다든지 몇 개의 국가로 나뉘어 있던 민족이 하나의 국가를 형성하는 경우에는 적당하다. 하지만 일본처럼 옛날부터 민족적 순수성을 지녀오고 있어 이른바 민족적인 문제가 없는 국가에 있어서는 과연 어떻게 보아야 할까. (중략) 국가주의라는 용어는 종종 개인주의의 반대 개념으로 사용되고 있으므로 적당치 않다. 내셔널리즘은 일정한 단계에서 개인적 자주성의 주장과 불가분하게 결합되어 있기 때문이다. 결국 이런 다양한 뉘앙스를 포함하는 의미에서 국민주의라 부르는 것이다."[11]

일본에서 내셔널리즘은 마루야마식으로 국민주의라고 번역하기도 하고, 국가주의나 민족주의로 번역하기도 하지만, 대부분 내셔널리즘이라고 그대로 사용하는 경우가 많다. 민족주의는 그보다 좁은 의미로 사용되며, 국가주의나 국민주의는 최근에 별로 사용하지 않는다. 마루야마가 국민주의라는 단어를 사용하여 내셔널리즘을 소개한 것은 '국민의 인권이나 자유를 존중하면서 민주적으로 국가를 형성, 발전시키려고 하는 사상이나 운동'[12]이라고 하는 의미를 염두에 둔 것이었다. 다만 그가 처음부터 민주주의에 대해서 깊은 공감과 인식을 하고 있었던 것은 아니다.

마루야마는 어려서부터 독일 문화에 관심이 많았다. 독일어와 독일 문화 그리고 독일의 음악에 매료되었다. 13세경에 그는 서양인이 지휘하는 오케스트라 연주와 해군 군악대 연주를 듣고 서양음악에 흥미를 갖기 시작했다. 나중에는 그것이 계기가 되어 독일 작곡가 바그너와 지휘자 푸르트뱅글러를 좋아하게 되었으며 서양의 클래식 음악에 심취하기도 했다.

마루야마는 한때 아버지처럼 기자가 되려고 했으나 아버지가 법대에 진학하기를 바랐다. 결국 아버지의 설득을 뿌리치지 못하여 법대에 진학하여 난바라 교수의 지도를 받았다. 난바라 교수는 그에게 일본의 전통사상이나 중국 고전에 나타난 정치사상을 연구하도록 권유했다. 특히 일본의 정치사상사를 과학적으로 연구할 것을 부추겼다. 그 결과물이 『일본 정치사상사 연구』와 관련된 논문들이다.

그런데 왜 법대생이 고시공부를 하지 않고 정치사상을 연구했을까? 그것은 동경대 법대의 성격이 법률가만을 양성하는 것이 아니라 법사상 연구자를 배출하는 기능도 가지고 있었다는 점과 관련된다. 법률을 제정하는 엘리트 양성도 법대의 목표였다. 특히 독일의 법률은 근대 일본의 법률계가 벤치마킹해야 할 대상이었다. 그 때문에 독일 철학이 중시된 것이다.

독일어를 잘했던 마루야마는 독일의 헤겔철학을 바탕으로 일본에 전해진 중국 사상, 즉 유학사상 안에서 일본 정치사상의 '근대성'을 찾는데 매진했다. 그는 특히 봉건적인 유학사상이 시대 흐름에 따라서 어떻게 변화되었는지 하는 과정에 관심을 두었다.

마루야마에게 헤겔철학이 얼마나 중요했는지는 『일본 정치사상사 연구』의 제1장 제1절 처음에 다음과 같이 말한 한마디를 보면 바로 알 수 있다. "헤겔은 그의 『역사철학서론』에서 중국제국의 특성을 다음과 같이 말했다." 이어서 마루야마는 중국이 가부장제를 바탕으로 형성한 사회이며, 개인은 존재하지 않고 그 역사는 정체되어 있다고 하는 헤겔

의 유명한 중국론을 다음과 같이 소개했다.[13]

"중국과 몽고제국은 신정적(神政的) 전제정(專制政)의 제국이다. 거기에서 근저를 이루고 있는 것이 가부장제적인 상태이다. 한 사람의 아버지가 가장 높은 자리에 위치하여 사람들이 양심에 따라서 행하는 일까지도 지배하고 있다. 중국에서 이런 가부장제적 원리는 국가로까지 조직화되었다. ……중국에서는 한 사람의 전제군주가 꼭대기에 앉아 계층제의 많은 단계를 통해서 조직적인 구성을 가진 정부를 지도하고 있다. 거기에서는 종교관계나 가사에 이르기까지 모두 국가의 법으로 정해져 있다. 개인은 도덕적으로 자기가 없는 것과도 같다."

마루야마는 헤겔의 이러한 인식을 바탕으로 중국 유학, 특히 주자학이 봉건적이며 비근대적인 것으로 보았다.[14] 그는 주자학이 '도학적 합리주의, 엄격주의를 내포한 자연주의, 연속적 사유, 정적이며 관조적인 경향'[15]을 가지고 있다고 보았다. 그것은 낙관주의를 바탕으로 하고 있는데 그러한 사상은 바로 중국의 송나라나 일본의 에도 시대 초기와 같은 봉건주의 시대에 잘 어울리는 것이다. 그런데 시간이 흐르면서 사회가 변화하여 주자학적인 가르침이 새로운 사회 상황에 어울리지 않게 되어 버렸다. 이때 오규 소라이가 등장한다.

"소라이에게 있어서 사회관계를 '자연'에 의해 기초 지우는 주자학적 사유는 이미 봉건적 지배관계를 정당화하기 위한 너무나도 현실과 괴리되어 있는 낙관주의였을 뿐만 아니라, 그것은 이미 이완·붕괴의 조짐을 보여주고 있는 현재의 계층적 질서도 자연적이라 간주함으로써, 그런 안정성을 회복하기 위한, 이른바 '제도의 재건'을 저해하는 것으로 비쳤다."[16]

소라이는 유학에서 말하는 도(道)를 의례[禮]나 음악[樂], 형벌[刑]이나

일본 사상을 다시 만나다

정치[政]로 한정해서 해석했다. 주자학에서 말하는 '인간의 본성'이나 '우주의 원리' 등과는 전혀 다르다. 추상적인 도덕도 아니며 인간의 내면을 개혁하는 기준도 아닌 단지 정치적 도구에 지나지 않은 제도 차원의 것으로 해석한 것이다.[17] 소라이는 『논어』를 읽을 때에도 그 책이 인간의 덕성을 함양하는 도덕 교과서가 아니라 군주가 통치를 하는데 필요한 통치의 기술이나 제도를 전하는 책으로 보았다. 이러한 소라이의 태도를 마루야마는 '근대성의 맹아'라는 측면에서 높이 평가했다.

마루야마는 명치유신 전후로 활약한 후쿠자와 유키지의 유학 비판에 깊은 공감을 했다. 1942년(29세)에 그는 후쿠자와 사상과 관련해 두 편의 논문을 발표했는데, 하나는 유교 비판과 관련되고 또 하나는 '질서와 인간'에 관련된 것이었다. 후쿠자와의 유교 비판적인 입장을 계승해 그는 일본 사회가 버려야 할 전근대적인 주자학을 에도 사상가들이 언제부터 벗어나게 되었는지에 대해 관심을 가졌다.

마루야마가 찾아낸 '근대성'은 사실 대단한 발견이라고 할 수는 없다. 그가 "중국의 정체성이라는 것은 당시 제일선에 서 있던 중국사 연구자들 사이에 많든 적든 간에 공통된 문제의식이었다. 나도 그것을 따르면서, 어찌하여 중국은 근대화에 실패해 반(半)식민지가 되고 일본은 메이지 유신에 의해 동양에서는 유일한 그리고 최초의 근대국가가 되었는가 하는 과제를 사상사 측면에서 추구하고 있었던 것"[18]이라고 한 말을 보면 그것을 알 수 있다.

다만 마루야마가 당시 일본 국민들에게 크게 어필할 수 있었던 것은 선진 유럽의 사상, 즉 헤겔사상을 잘 수용해 에도 시대 사상가들의 저작을 종횡무진으로 섭렵하면서 일본이 근대화에 성공할 수 밖에 없었던 이유를 치밀하게 분석, 설명했기 때문이다.

미군의 원자폭탄 투하로 폐허가 된 히로시마 시가지. 이곳 부근에서 군생활을 했던 마루야마는 폐허 상황을 조사하면서 방사능에 노출되었다.

『일본 정치사상사 연구』는 마루야마가 전쟁 전에 집필했던 논문들을 모아놓은 것이다. 예를 들면, 제1장 '근세 일본 유교의 발전에 있어서 소라이학의 특질 및 국학과의 관련성'은 1940년(27세)에, 제2장 '근세 일본 정치사상에 있어서의 자연과 작위-제도관의 대립으로서의'는 그 다음해에, 제3장 '국민주의의 전기적(前期的) 형성'은 1944년 군대에 징집되던 해에 쓴 논문이다. 모두 전쟁이 끝나기 이전, 즉 1945년 이전의 글이며 『국가학회잡지(国家学會雜誌)』라고 하는 학술잡지에 투고한 논문들이다. 말하자면 이 논문들은 제국주의 일본이 화려한 비상을 꿈꾸던 시기에 집필된 것이다.

왜 일본만이 아시아에서 유일하게 성공했을까? 이것이 『일본 정치사상사 연구』의 핵심적인 문제의식이었다. 다만, 이러한 문제의식은 전쟁이 끝나고 나서 이미 마루야마 마사오의 문제관심에서 멀어져 갔다. 그는 전쟁을 거치면서 왜 일본이 그런 전쟁을 일으켰을까? 전쟁을 일으킨 사람은 누구인가? 등의 문제로 관심이 바뀌었다.

마루야마는 근세에는 근대의 맹아가 싹텄는데, 근대에 들어서면서 그 맹아가 잘못된 길을 걸었다고 판단했다. "명치유신의 신분적 구속을 배제함으로써 새로운 질서에 대한 주체적 자유를 확보하는 것처럼 보였던 인간은, 바야흐로 다시 거대한 국가 속에 매몰되어 버리게 되었다."[19]

'주체적 자유'는 개인의 인권과 자유가 중시되는 민주주의적인 자유를 뜻한다. 그것이 국가적인 차원의 권력에 압도되었다는 것이다. 이러한 인식은 명치유신 이후에 근대 일본이 제국주의와 군국주의에 압도되어, 내부적으로는 자국민을 억압하고 외부적으로는 해외 식민지 건설로 나간 역사적 사실에 기인한 것이다. 바꿔 말한다면, 일본 근대의 파시즘 체제가 일본사에서는 예외적인 상황이라는 것을 역설한 것이다.[20]

마루야마의 일본 문화론 : 집요한 저음

'집요한 저음(低音)'이란 음악 용어 'basso ostinato(바소 오스티나토)'를 우리말로 옮긴 것이다. '집요한 베이스'라는 뜻으로, 그라운드(ground) 또는 그라운드 베이스(ground bass)라고도 불리는데, 관현악이나 협주곡 등에서 반복적으로 깔리는 낮은 음을 말한다. 대중가요에서도 중독성을 강화하기 위해서 한두 악절을 낮은 음으로 반복해 계속 깔아서 들려주는데 그 부분을 말한다.

마루야마는 1970년경부터 이러한 음악 용어를 사용하여 일본 문화를 설명하고자 했다. 특히 그가 주목한 일본의 정치사상을 이렇게 설명했다.

"여기서 음악을 비유해 말하자면, 역시 (일본 사상의) 주선율은 모두가 외래사상입니다. 그런데 그것이 일본에 이식되자 그대로는 울리지 않습니다. 아주 마음에 들지 않는 비유가 되어 송구스럽지만, 음악에서 말하는 basso obstinato, 영어로는 obstinate bass, 즉 집요하게 반복되는 저음의 단락이 있어서, 그것이 밖에서 들어온 주선율과 서로 혼합되기 때문에 단순히 주선율이 화음을 수반하여 울리고 있을 때와는 다르게 울리게 됩니다. 그런 의미에서 일본 사상은 외래 사상의 수정의 역사라고도 할 수 있습니다."[21]

일본 사상의 '주된 멜로디', 즉 주선율은 모두 외래사상인데 그것은 이미 일본 사상의 바탕에 깔려 있는 '집요한 저음'과 어울려 일본적인 특색을 지니게 된다는 의미이다. 그는 이러한 논리를 사용해 일본사회의 정치문화를 '밑에서 위로 향하는' 구조로 설명했다. 즉, 신에게 제사를 지내듯이 윗사람에게 공물을 바치고 충성을 바치는 전통이 '집요한 저음'으로 존재해 끊임없이 일본의 정치사상에 영향을 미쳤다고 보았다. 그의 주장에 따르면, 중국이나 서양의 정치는 위에서 밑으로 내려가지만, 일본은 밑에서 위로 지향하고 있다. 그 때문에 일본의 정치 조직은 종종 무책임의 체제가 되기도 하지만 독재가 쉽게 등장하지 못하는 장점도 있다. 나아가 현실 정치에서 가장 높은 위치에 있는 천황 자신도 '집요한 저음'이라는 사상적 주선율에 따라 자기보다 위에 있는 '신'을 모시는 입장이기 때문에 절대적인 최고 통치자가 될 수 없다고 했다.[22]

일본에서는 역사적으로 혁명이 거의 일어나지 않았다. 지금의 천황은 나라, 헤이안 시대 천황들과 혈통적으로 이어진다고 간주되는데, 그점은 일본의 일부 지식인들이 '만세일계(萬世一系)'의 천황가로 자부하는 점이기도 하다. 역대 천황들은 권력이 강하든 약하든 혁명의 대상이 되지는 않았다. 마루야마의 '집요한 저음' 이론은 이러한 점도 잘 설명해준다.

454

즉, 일본에서 정치는 밑에서 위로 향하는 지향성을 가지고 있기 때문에 하위자가 상위자를 멸망시켜 권력과 권위를 통째로 빼앗는 혁명은 일어나기 어렵다는 것이다.[23]

일본이라고 하는 나라의 정치적 구조의 가장 특징적인 문제, 즉 왜 천황이 이렇게 오래도록 대를 이을 수 있었는가? 왜 천황이 있고, 또 별도로 더 강한 권력을 가진 쇼군(將軍)이 존재할 수 있었는가? 등의 문제를 마루야마 나름대로 해석한 것이 '집요한 저음' 이론이기도 하다.

마루야마의 집요한 저음 이론을 접하면서 독자들은 다시금 그가 이론의 구축을 중시하는 정치학자라는 점을 느낄 것이다. 그는 어떤 역사적인 개별적 사실보다는 사상 전체의 구조를 밝히는 데 흥미를 가졌다. 그를 사상가라고 부르는 이유도 여기에 있다.

마루야마는 그 자신도 그렇게 말했지만 '사회과학을 전공한 사람'[24]으로 특히 정치학과 정치사상에 관심을 가진 학자였다. 『일본 정치사상사 연구』는 그러한 입장이 잘 드러나 있는 저작이다. 거기에서 그는 사회과학도의 이상적인 모습을 보여준다. 개별적인 현상들의 뒤편에 있는 어떤 사회과학적인 구조와 원리를 발견해내고자 한 것이 그 저서의 목표였다. 그러한 태도가 일본 사상사 전체를 만나게 되자 '집요한 저음' 이론으로 정리된 것이다.

마루야마의 이러한 방법론을 알지 못하면 그의 여러 가지 저서들은 읽기 힘들고 사상의 전모를 파악하기도 힘들다. 특히 개별적인 사회현상이나 사상에 관심이 많은 독자라면 그의 학문적인 성과를 정당하게 이해하지 못할 것이다.

1861년에 그가 발표한 『일본의 사상』에는 1957~59년 사이에 4편의 논문이 다음과 같이 실려 있다.

이러한 목차를 보고 있으며 언뜻 왜 책 제목을『일본의 사상』이라고 했는지 의

음악에 관심이 많았던 마루야마는 특히 독일 작곡가 바그너와 지휘자 푸르트뱅글러를 좋아했다. 사진은 푸르트뱅글러가 1942년 독일군 앞에서 베토벤 교향곡 9번을 지휘하고 있는 모습.

문이 든다. 마루야마는 "변명처럼 들리겠지만, 사실 그 원고의 성립 사정이라는, 이른바 객관적인 조건에 의해 대상의 선택이나 범위의 설정이 제약되고 있는 이상, 그것을 제일 먼저 분명하게 해두는 것은 표제로부터 만일 일본사상사 개설이나 일본사상사 개론과 같은 것을 추측하게 될지도 모르는" 독자들에게 그런 제목을 짓게 된 사정을 소개하고 있다. 아울러 "그 때문에 비난을 받더라도 어쩔 수 없다고 생각한다"라는 말까지 덧붙였다.[25]

그러나 사실 '일본의 사상'에 대한 마루야마의 학술적인 관심은 바로 일본사상사의 어떤 구조적인 모습이나 원리적인 측면에 기울어 있기 때문에 개설서가 되지 못하고 위와 같은 모습으로 나타난 것이라고 할 수 있다.

제1장 '일본의 사상'에서 그는 '일본 사상사의 포괄적인 연구는 왜 빈약한가', '일본에서의 사상적 좌표축의 결여', '이른바 전통사상과 외래사상' 등을 주제로 집필하고, 이어서 일본 사상의 무구조적(無構造的)

일본 사상을 다시 만나다

인 전통에 대해서 서술하고 있다. 예를 들면, 그는 일본 사상에 대해서 이렇게 말한다.

"전통사상이 아무리 일본의 근대화 혹은 현대화와 더불어 그 그림자가 옅어졌다고 하더라도, 그것은 앞에서 말한 것처럼 우리의 생활 감정이나 의식의 깊은 곳에 깊이 스며들어 있다. (중략) 일정한 시간적인 순서에 따라 들어온 다양한 사상이 단순히 정신의 내면에서의 공간적 배치를 바꿀 뿐이어서 이른바 무시간적으로 병존하는 경향을 가짐으로써, 도리어 그것들은 역사적인 구조성을 잃어버리고 만다."[26]

고대부터 외부에서 들어온 사상들이 차곡차곡 내부에 쌓여 형성된 일본 사상은 구조를 가질 수 없는 성격을 가지고 있다. 이러한 무구조적인 전통 때문에 일본 사상은 체계적으로 정리를 할 수 없다는 것이다. 이런 인식이 나중에 '고층론'이라고도 불리는 '집요한 저음'론을 제창하는 바탕이 되었다.[27]

민주주의 : 이루지 못한 꿈

『일본 정치사상사 연구』에는 민주주의에 대한 논의가 없다. 국민주의나 자유, 인권 등에 대한 언급은 있지만 '근대성'의 핵심적인 주제라고 할 만한 민주주의에 대해서는 이렇다 할 언급이 없다. 그것은 무슨 의미일까? 아마도 그것은 그에게 있어서 '민주주의'는 전후에 갖게 된 관심사였기 때문일 것이다.

민주주의는 백성이 주인이 되는 주의이다. 국가나 어떤 통치자가 주인이 아니고, 국민 하나하나가 주인으로서 권리를 주장하고 국가 권력으로부터도 존경을 받는 정치 시스템이 민주주의 체제다.

마루야마가 이러한 민주주의에 대해 관심을 갖게 된 것은 국가로부터 받은 폭력 때문이었다. 혹독한 '전쟁 체험'도 거기에 포함된다.[28] 1933년(20세) 그는 우연히 어떤 강연회에 참석했다가 경찰에 체포되었다. 부친과 잘 아는 반골 신문기자 하세가와 료제칸(長谷川如是閑, 1875-1969)이 연사로 나왔는데 '유물론연구회(唯物論研究会)' 창립을 기념하는 강연회였다. 경찰은 체포한 마루야마를 구타하면서 이렇게 말했다. "하세가와 료제칸 같은 좌익들은 전쟁이 일어나면 바로 처형될 놈들이야." 마루야마는 커다란 충격을 받았다. 국가라고 하는 거대한 권력이 얼마나 폭력적이고 독선적인지를 절감했다. 자신이 상상하고 있던 그런 근대국가의 모습이 아니었다.[29] 이것이 그가 천황제 국가 문제에 관심을 갖게 된 계기였다. 그렇다고 그것이 바로 민주주의에 대한 사색으로 이어진 것은 아니었다.[30]

패전 후 마루야마는 누가 이러한 전쟁을 시작했는가 하는 물음으로부터 사상적인 모색을 시작했다. 그는 동경제국대학 헌법연구위원회 위원이 되어, 앞으로 일본은 주권을 국민에게 두어야 할 것인가, 천황에게 두어야 할 것인가 하는 문제를 고민하기도 했고, 수업에서 일본 군대의 전근대성과 초국가주의에 대해서 강연하기도 했다.

당시 그는 그렇게 큰 전쟁을 일으켰는데도 일본 사회에서 전쟁을 일으켰다는

동경대학 불교회관 앞 도로(本郷3丁目). 오른쪽에 불교회관이 있는데, 학생 신분인 마루야마는 이곳 강연회에 참석했다 경찰에 체포되어 요주의 인물로 감시받았다.

일본 사상을 다시 만나다

의식이 없다는 것이 궁금했다. 일본인은 누구인가? 천황제라고 하는 정신구조에 의해서 명치유신 이래 구축해온 일본이라고 하는 국가는 어떠한 국가인가? 국가 전체가 전쟁을 했는데도 어느 한 사람 그 책임자가 없다. 그는 '초국가주의' 문제, 즉 국가권력의 구조적인 문제점을 파시즘이나 군국주의의 문제가 아니라 명치유신 이래 일본 사회에 숨겨 있는 무책임의 체제라는 틀로 설명하고자 했다. 결국 권력의 정점에 있는 천황마저 자신의 조상인 고대의 천황들에게 의존하는 그런 체제, 즉 무책임한 정치구조를 가진 나라가 일본이라고 판단했다.[31] 요컨대, 천황도 그 위에 있는 신적인 존재의 명령을 받는 구조였다.

마루야마의 고민은 일본 내부에서 일본 군국주의, 반민주주의 체제의 구조를 확실히 설명하고자 한 최초의 시도였다. 그는 1946년 3월 자신의 생각을 정리하여, 마침 새로 창간한 잡지 『세계(世界)』의 민주주의 특집에 「초국가주의의 논리와 심리」를 발표했다. 당시 같이 실린 논문을 보면 「자본주의의 조직화와 민주주의」, 「일본 헌법의 민주화」, 「조선 통치에 대한 반성」, 「일본인의 사명에 대해서」 등이 있었다.

그는 쇼와천황이 사망했을 때 이렇게 말했다고 한다.[32] "패전 후 반년 동안 고민한 끝에 '나는 천황제가 일본인의 자유스러운 인격 형성, 스스로의 양심에 따라서 판단하고 행동하고, 그 결과에 대해서 스스로 책임을 지는 인간의 형성에 치명적인 상처를 입히고 있다는 결론을 내렸다.' 이 논문은 학문적인 것이므로 천황이나 궁실을 말할 때 경어를 쓸 필요는 없다고 스스로 다짐했다."

앞으로 사회는 천황이 아니라 일본인 개개인이 중심이 되는 사회다. 민주주의의 기초는 한 사람 한 사람의 행동에 달려 있으며, 민주주의란 정치를 목적이나 직업으로 하지 않는 사람들의 정치적 행동에 의해서 생생한 생명을 갖게 된다고 판단했다.

그러나 그런 생각이 쉽게 행동으로 옮겨질 수 없는 상황이 발생했다. 1950년 한반도에서 전쟁이 발발한 것이다. 공산주의와 자본주의의 전쟁은 일본사회에서 지식인에 대한 탄압과 국가권력의 전횡을 불러왔다. 공산주의에 동조하는 지식인들이 늘어나면서 그것을 제어하고자 하는 움직임도 강화되었다. 마루야마를 포함해 많은 교수가 블랙리스트에 올랐다. 제국주의로부터의 해방을 만끽한 지 5년도 지나지 않아 다시 암흑의 제국주의 시대로 돌아간 것이다.

전후에 마루야마는 민주주의에 대해서 사색하고 연구는 많이 했지만 행동파 지식인은 아니었다. 또한 그가 마음껏 신념대로 행동할 수 있는 상황도 아니었다. 마루야마는 그러한 일본 사회의 답답한 상황을 천황제를 둘러싼 구조적인 문제로 보았다. 그가 할 수 있는 것은 오직 연구하는 것과 가끔 가까운 지인을 만나 민주주의에 대해서 이야기하고 충고하며 서로 논의하는 것뿐이었다.

그는 일본 사회가 민주주의 이념을 쉽게 받아들이지 못하는 사상 풍토에 대하여 다양한 분석과 해석을 시도했다. 예를 들어 1982년(69세)에 일본학사원(学士院)에서 강연한 「에도 시대에서 '이단(異端)'의 의미론」 그리고 '역사의식의 고층 개념'이나 '무책임의 체계'에 관한 연구가 그것이다. 특히 1980년대 후반에 그는 천황제 사회에서 정치체제를 지탱하는 정신구조를 정통과 이단의 틀로 설명하는 연구를 시도하기도 했다. 『일본의 사상』에 포함된 글 「'이다'는 것과 '하다'는 것」에서 그가 "국민은 지금 주권자이지만 그 권리 행사를 태만하게 하면, 어느 날 아침 주권자의 위치를 빼앗길지 모른다."고 하거나 "매일 자유를 누리고자 할 때 비로소 '자유'인 것이다."[33] 등의 발언도 민주주의에 대한 그의 절박한 관심을 대변한다.

만년에 쓴 「우리나라 민주주의의 제문제」라는 메모에서 그는 민주주의의 정신적인 구조를 다음과 같이 언급했다. 1) 한 사람 한 사람이 독립된 인간이 되는 것. 2) 타인을 독립된 인격으로 존중하는 것. 3) 잘못되었다고 생각한 것은 NO라고 말하는 것 그리고 No라고 말하는 그 정신이 중요하다.

그러나 이러한 것들을 하나의 사상 체계로 묶어내는 작업은 하지 못했다. 문제가 그렇게 간단하지 않기 때문이었다. 그로서는 민주주의와 대립되는 천황제를 정면에서 다루어야 하는데 '일본적인' 상황이 그것을 허락하지 않았다. 또 '민주주의'라고 하는 것은 행동의 문제이지 연구해서 성취될 일은 아니었다. 그는 학문적인 이론 전개보다는 실천 문제를 고민했지만 학자로서는 한계가 있었다.

마루야마는 말년에 자기 제자들에게 자신을 '민주주의는 영원히 계속해 나가는 혁명이라고 주장하는 이론가', '영구적인 혁명으로서의 민주주의론자'라고 불러달라고 했다. 수년에 걸친 그의 고민과 일본 사회에 바라는 소망이 담겨 있는 부탁이었다. 물론 그것이 일본만의 문제는 아닐 것이다.

마루야마 마사오 연보

1세(1914년)[34]　오사카(大阪府) 텐노지(天王寺村, 현재는 阿倍野区)에서 출생.
7세(1920년)　효고현(兵庫県) 무코군(武庫郡, 현재의 芦屋市精道町)으로 이사. 초등학교 입학.

8세(1921년) 동경(東京市四谷区麹町12丁目)으로 이사, 동경의 초등학교(四谷尋常小学校)로 전학.

10세(1923년) 관동대지진(関東大震災)이 발생해 나가노(中野)로 잠시 피난.

13세(1926년) 중학교(東京府立第一中学校)에 입학.

18세(1931년) 제일고등학교 문과(第一高等学校文科乙類, 현재 동경대 교양학부에 해당)에 입학.

20세(1933년) 유물론연구회(唯物論研究会) 창립기념 강연회에서 경찰에게 검거되어 구류에 처해짐.

21세(1934년) 동경제국대학 법학부 정치학과에 입학. 3년 후(1937) 졸업하고 법학부 조교가 됨. 이후 1940년에 조교수, 1950년에 교수로 승진.

25세(1938년) 9월에 이등병 교육 소집을 받았으나 당일 해제됨.

31세(1944년) 지도교수의 중매로 결혼. 이등병 교육 소집을 받고, 평양의 보충대에 들어가 훈련을 받던 중 각기병(脚気病)에 걸려 소집이 해제되어 귀향.

32세(1945년) 히로시마의 육군선박사령부로 재입대. 원자폭탄에 피폭. 모친 사망. 대학에 복직.

38세(1951년) 폐결핵 때문에 입원. 자택에서 요양함.

41세(1954년) 결핵이 재발해 입원, 수술을 받음.

49세(1962년) 하버드대학에 객원교수로 있다가 영국으로 건너감. 다음 해까지 옥스퍼드대학에 체재.

55세(1968년) 동경대학 학생들의 분쟁이 일어남. 이 일을 계기로 건강이 악화, 병원에 입퇴원을 계속함.

58세(1971년) 지병을 이유로 정년을 채우지 않고 동경대학 교수직을 사직함.

59세(1972년) 역사의식의 고층론(집요저음론)에 관한 논문 발표.

61세(1974년) 동경대학 명예교수가 됨. 1년 전에 프린스턴대학, 하버드대학에서 명예 박사학위를 받음.

62세(1975년) 옥스퍼드대학에 체재하면서 일본학 세미나를 주재, 「정치의 구조(The Structure of Matsurigoto)」라는 제목으로 발표. 프린스턴 고등학술연구소 연구원이 됨. 이듬해에는 캘리포니아대학의 특별 객원

일본 사상을 다시 만나다

교수로 초빙됨.

66세(1979년)　　　기관지염, 급성장연동정지(急性腸蠕動停止) 등으로 입원. 영국왕립
　　　　　　　　　　역사학협회(Royal Historical Society) 외국 회원에 선정됨.

79세(1993년)　　　간장암이 발견됨. 이후 암 때문에 입원, 퇴원을 반복함.

83세(1996년)　　　간장암이 척추로 전이되어 사망.

주석

1　　NHK,「丸山眞男と戦後日本」(ETV特集丸山眞男と戦後日本), 1996년 11월 18일
　　방영, 1997년 11월 비디오 발매) 참조.

2　　NHK,「丸山眞男と戦後日本」 참조.

3　　김석근,「마루야마의 군대체험과 군국주의 비판」,『일본사상』2, 2000, 241쪽.
　　김용옥,「해제」,『일본정치사상사연구』, 통나무, 1995, 11쪽 참조.

4　　마루야마 마사오, 김석근 역,『『문명론의 개략』을 읽는다』, 문학동네, 2009, 783-
　　784쪽.

5　　마루야마의 생애에 대해서는 刘部直의『丸山眞男』(岩波書店, 2006), 石田雄의
　　『丸山眞男との対話』(みすず書房, 2005), 松沢弘陽外의『丸山眞男回顧談(上・下)』
　　(岩波書店, 2006) 그리고 영상자료 NHK의「丸山眞男と戦後日本」 등 자료를 참
　　조함.

6　　박양신,「일본의 전후민주주의와 마루야마 마사오」,『역사비평』89, 2009.11,
　　288쪽 참조.

7　　刘部直,「略年譜」,『丸山眞男』, 岩波書店, 2006, 107-108쪽 참조.

8　　NHK,「丸山眞男と戦後日本」 참조. 김석근,「마루야마의 군대체험과 군국주의
　　비판」,『동아시아비평』2, 1999.4, 256쪽 참조.

9　　마루야마는 자신의 피폭체험에 대한 언급을 최대한 자제했다(平野敬和,「丸山眞
　　男と原爆體驗」,『丸山眞男』, 2006, 河出書房新社, 34쪽 참조).

10　　마루야마 마사오, 김석근 역,『일본 정치사상사 연구』, 통나무, 1995, 326-352쪽.

강정인·장원윤,「마루야마 마사오의 정치사상에 나타난 서구중심주의와 일본중
심주의」,『정치사상연구』14-2, 2008 가을, 9-13쪽 참조.

11 丸山眞男,『日本政治思想史研究』, 東京大學出版會, 1970, 324쪽 2번 주석. 마루
야마 마사오,『일본 정치사상사 연구』, 466쪽 2번 주석.

12 デジタル大辞泉(http://kotobank.jp/, 2011.9.15)의 '国民主義' 의미.

13 마루야마 마사오『일본 정치사상사 연구』, 105쪽.

14 '비근대적'은 몰근대적(沒近代的)으로 표현된다. 주자학이 군신의 상하관계를
천지의 상하관계처럼 항상 변함없다고 보기 때문에 거기에는 변화나 발전의 가
능성을 가지고 있지 않다는 의미이다(미조구찌 유조 외, 동국대 동 양사연구실
역,『중국의 예치시스템』, 청계, 2001, 47쪽 참조).

15 마루야마 마사오,『일본 정치사상사 연구』, 133-136쪽.

16 마루야마 마사오,『일본 정치사상사 연구』, 336쪽.

17 마루야마 마사오,『일본 정치사상사 연구』, 339쪽.

18 마루야마 마사오,『일본 정치사상사 연구』, 저자후기 83쪽.

19 마루야마 마사오,『일본 정치사상사 연구』, 462쪽

20 강정인·장원윤,「마루야마 마사오의 정치사상에 나타난 서구중심주의와 일본
중심주의」,『정치사상연구』14.2, 2008가을, 19쪽.

21 마루야마 마사오, 김영국 등 역,「政事(마쯔리고토)의 구조: 정치의식의 집요
저음(basso obstinato)」,『동양정치사상사』제4권 1호, 2005, 211쪽.

22 마루야마 마사오,「政事(마쯔리고토)의 구조: 정치의식의 집요저음(bassoo
bstinato)」, 232-233쪽.

23 야규 마코토,「마루야마 마사오의 "bassoobstinato"에 대한 일고찰」,『일본사상』
6, 2004.4, 43쪽 참조. 마루야마 마사오,「政事(마쯔리고토)의 구조」, 231-232쪽.

24 마루야마 마사오, 김석근 역,『일본의 사상』, 한길사, 1998, 46쪽.

25 마루야마 마사오,『일본의 사상』, 38-39쪽.

26 마루야마 마사오,『일본의 사상』, 62-63쪽.

27 마루야마의 고층론 또는 집요저음론이 그의 일본사상사 연구에서 차지하는
의미에 대해서는 이희복,「전통사상과 고유양식 그리고 일본사상」(『인문과학

연구』24, 2010.3)을 참조.

28 김석근, 「마루야마의 군대체험과 군국주의 비판」, 251쪽 참조.

29 NHK, 「丸山眞男と戰後日本」, 1978년 12월 2일 세미나에서 학생들에게 한 말.

30 NHK, 「丸山眞男と戰後日本」 참조.

31 NHK, 「丸山眞男と戰後日本」 참조. 아울러 김석근, 「마루야마 마사오의 군대체험과 군국주의비판」, 246-249쪽 참조.

32 NHK, 「丸山眞男と戰後日本」(마루야마의 「천황을 둘러싼 몇 가지 회상」, 1989.1.31) 참조. 강정인·장원윤, 「마루야마 마사오의 정치사상에 나타난 서구중심주의와 일본중심주의」, 22쪽도 참조.

33 인용문은 마루야마 마사오, 『일본의 사상』 154쪽과 156쪽 참조.

34 연보 작성에는 다음 자료를 참조함.

-刈部直, 「略年譜」, 『丸山眞男』, 岩波書店, 2006, 1-3쪽.

- 丸山眞男, 「關係年譜」, 『丸山眞男書簡集 1940-1973』, 2003, みすず書房, 299-311쪽.

- 松沢弘陽外, 「丸山眞男略年譜」, 『丸山眞男回顧談(下)』, 岩波書店, 2006, 311-325쪽.

-김석근, 「마루야마 마사오 연보」, 『일본의 사상』, 1998, 281-283쪽.

-丸山眞男手帖の会, 「年譜」, http://members3.jcom.home.ne.jp/mm-techo.no_kai/techo/, 2011.1.14

닫는글

마지막 원고를 완성하고 출판사에 넘기기 위히여 그동안 썼던 원고들을 정리했다. 파일로 된 원고를 정리하다 보니 최종 수정일 기록이 이렇게 나온다.

- 이시다 바이간(石田梅岩) 원고 최종 수정일 : 2011.9.14.
- 다다노 마쿠즈(只野真葛) 원고 최종 수정일 : 2011.9.17.
- 히라타 아쓰타네(平田篤胤) 원고 최종 수정일 : 2011.9.18.
- 사카모토 료마(坂本龍馬) 원고 최종 수정일 : 2011.9.25.
- 이토 진사이(伊藤仁齋) 원고 최종 수정일 : 2011.10.7.
- 와타나베 카잔(渡邊崋山) 원고 최종 수정일 : 2011.10.25.
- 아라이 하쿠세키(新井白石) 원고 최종 수정일 : 2011.11.14.
- 요시다 쇼인(吉田松陰) 원고 최종 수정일 : 2012.1.2.
- 아이자와 야스시(會澤安) 원고 최종 수정일 : 2012.2.22.
- 야나기타 쿠니오(柳田国男) 원고 최종 수정일 : 2012.2.22.
- 마루야마 마사오(丸山眞男) 원고 최종 수정일 : 2012.3.16.
- 데구치 나오(出口なお) 원고 최종 수정일 : 2012.3.28.
- 렌뇨(蓮如) 원고 최종 수정일 : 2013.1.21.
- 엔닌(円仁) 원고 최종 수정일 : 2013.1.29.
- 도겐(道元) 원고 최종 수정일 : 2013.2.1.
- 교키(行基) 원고 최종 수정일 : 2013.2.12.

일본 사상을 다시 만나다

2010년 2월에 『일본 사상을 만나다』를 내고 나서 나름대로 좋은 평가를 받았다. 독자들과 일부 언론사에서도 좋은 반응이 있었다. 그래서 제2권을 준비했는데, 예상치 못하게 4년의 세월이 지났다. 그동안 기다려 주신 성균관대학교 출판부 관계자 여러분께 미안함과 감사의 말씀을 전한다. 신철호님께는 특별히 죄송스러운 마음을 표하고 싶다. 금방이면 된다던 원고를 3년이나 넘겼으니….

최종 수정일을 살펴보면 2011년 9월에 네 편의 원고를 쓴 것으로 되어 있으나, 사실 히라타 아쓰타네와 다다노 마쿠즈의 원고는 제2권 출판계획서를 성대 출판부에 제출할 때(2010년 11월경) 이미 완성해 견본으로 제출한 것이다. 그 뒤 조금씩 수정하다 2011년 9월에 최종 수정을 한 것이다.

제2권 집필 준비는 첫 권이 나온 2010년 2월부터 시작했다. 10일 정도 일정으로 동경대학교 도서관을 방문해 대상 인물들에 대한 자료를 한꺼번에 복사해 왔다. 그 해 여름방학 때는 나라, 교토, 오사카, 아스카 지역을 방문해 역시 자료 수집과 함께 답사를 했다. 일본 사상의 형성에 가장 중요한 이 지역에 대한 이해가 필요했기 때문이다. 약 20일간 이곳저곳을 방문했다. 그 성과가 이 책의 곳곳에 담겨 있다.

본격적으로 집필을 시작한 것은 해가 바뀐 2011년 8월이었다. 바이간, 마쿠즈의 원고를 완성하고 아쓰타네, 료마의 원고를 다시 읽으며 수정했다. 이들 원고부터 작업을 시작한 것은 그동안 이들에 대해서 필자 나름대로 연구 경험이 있었기 때문이다.

바이간에 대해서는 2010년 여름 오사카의 공공(公共)철학회에 초청되어 발표를 한 적이 있다. 당시 발표한 논문은 동경대학 출판부에서 발간한 단행본(『公共する人間』, 제2권, 2010.9.)에 실려 있다. 제목은 「한중일

을 매개하는 상인도-동아시아에서 본 이시다 바이간의 '상인도' 사상
(韓·中·日を媒介する商人道」東アジアから見る石田梅岩の「商人道」思想」) 이다.

마쿠즈에 대해서는 그 전에 다음과 같이 5편의 논문을 발표한 적이
있었다.

-다다노 마쿠즈의 『獨考』에 나타난 서양지식(『일본문화학보』, 2009.8)

-교쿠테이 바킨(曲亭馬琴)의 『독고론』에 나타난 유교인식(『일본문화연구』,
2009.7)

-다다노 마쿠즈의 천지간 박자개념(『동양철학연구』, 2009.5)

-다다노 마쿠즈 사상의 형성과정(『일본문화연구』, 2009.1)

-에도 시대 한 여성 지식인의 유교인식(『일본문화학보』, 2008.11)

2008년부터 1년간은 마쿠즈 연구에 매달려 적지 않은 논문을 썼기
때문에 집필하는 데 부담이 덜할 것으로 생각했으나, 글쓰기가 어려운
것은 마찬가지였다. 알고 있는 것을 요점만 간략히 표현한다는 것도 쉽
지 않은 일이었다.

아쓰타네에 대해서는 그동안 연구 경험이 없었지만 그에 대한 관심
이 오래 전부터 있었고, 자료 분석도 어느 정도 진척이 되어 있었기 때
문에 그런대로 수월했다.

료마에 대해서도 논문을 발표한 적이 있다. 「사카모토 료마의 국가
건설사상 : 동아시아적 관점에서 본 선중팔책(船中八策)」(『정치사상연구』,
2004.11)이라는 논문인데, 그 내용의 많은 부분을 활용했다.

료마의 원고를 완성하고 약 2주 걸려 진사이의 원고를 완성했다. 이
토 진사이에 대해서는 이기동 교수의 이토 진사이 단행본(『이토오 진사
이』, 성균관대학교 출판부, 2000)이 이미 출판되어 있고, 국내 학계에 적지않
은 연구 성과가 있기 때문에 든든했다. 역시 국내 연구 성과가 있는 경

우 집필 부담은 그만큼 적었다.

하지만 카잔과 하쿠세키처럼 국내 연구 성과도 적고 생소한 인물에 대한 원고 집필은 부담이 컸다. 2011년 10월과 11월 약 2주간씩 집중해 쓴 이 두 사람 원고는 고난의 연속이었다. 카잔은 일본 예술에 대한 이해가 필요했고, 하쿠세키는 일본 역사에 대한 이해가 필요했다.

2011년은 일본 사회에 깊은 상처가 남은 한 해였다. 3월 11일 동북지방을 휩쓴 쓰나미는 원전 폭발이라고 하는 사상 초유의 비상사태를 몰고 왔다. 방사능이 동북지방에 퍼지기 시작하면서 경제대국, 기술대국 일본이 뿌리부터 흔들렸다. 원전과 방사능에 대처하는 일본 사회의 실망스러운 모습을 보면서 우울한 마음으로 일본 사상사를 집필해 나간 한 해였다.

해가 바뀌어 2012년 1월부터 3월까지 요시다 쇼인, 아이자와 야스시, 야나키타 쿠니오, 마루야마 마사오, 데구치 나오의 원고를 집필했다. 어느 한 사람 간단한 경우가 없었으나, 야나기타와 나오에 대해서는 연구 성과가 있어서 다소 도움이 되었다. 야나기타에 대해서는 「야나기타 쿠니오의 일본 민간신앙 이해-『석신문답(石神問答)』에 소개된 잡신을 중심으로」(『일본근대학연구』, 2004.11)를 발표한 적이 있고, 나오에 대해서는 「일본 신종교에 있어서 여성 지도자의 위상」(『신종교연구』, 2009.10)에서 일부 다룬 적이 있다. 나머지 다른 사람들은 생소한 자료를 읽으면서 2주 혹은 3주에 걸쳐 한 명씩 집필해 나갔다.

3월 중순에는 성대 유교문화연구소 책임연구원으로 부임하게 되어 집필이 중단되었다. 이후 약 반년간 연구소 일로 바쁘게 지냈다. 그래도 다행히 2학기에는 성대에서 '일본사상사' 강의를 맡았고, 서울대에서 '일본종교' 강의를 맡아 마지막으로 남겨두었던 일본 고대 인물들에 대한 집필을 준비할 수 있었다.

필자에게 가장 어려웠던 렌뇨, 엔닌, 도겐, 교키에 대한 집필은 연구소 일이 어느 정도 줄어든 11월부터 시작했다. 순서는 무로마치 시대의 렌뇨, 가마쿠라 시대의 도겐, 헤이안 시대의 엔닌 그리고 마지막으로 나라 시대의 교키를 집필했다. 시대를 거꾸로 올라가면서 집필한 것은 위로 올라갈수록 자료가 적었고, 고대사에 대한 흐름 파악이 어려웠기 때문이다.

렌뇨는 무로마치 시대의 실상을 이해하는 데 시간이 많이 들었고, 도겐은 참선과 불교 사상에 대한 이해가 어려웠다. 엔닌은 사상가로서의 위상을 파악하는 데 어려움을 느꼈다. 마지막으로 교키는 아스카, 나라 시대의 도래인, 즉 한반도 이주민들의 자기 정체성을 파악하는 데 고민을 많이 했다.

고대 사상가에 대한 서술은 자료의 부족과 함께 도래인들이 일본 사상에서 차지하는 큰 비중 때문에 여러모로 부담이 컸다. 그래서 가장 나중에 집필을 했는데, 이제는 원고를 넘겨야 한다는 강박관념 때문에 부족하나마 일단 집필을 마감했다. 이렇게 해서 약 4년에 걸친 『일본 사상을 만나다』 제2권의 작업을 모두 마쳤다.

제1권에서처럼 일본 사상사의 전체적인 흐름을 빠르게 살펴볼 수 있는 부분을 제시한다. 일본 사상사의 숲을 전체적으로 조망하면서 한 사람 한 사람 그 나무를 살펴보면, 일본 사상과 문화에 대한 지식을 쌓는 데 도움이 될 것이다.

각 사상가의 생애 부분만 골라 읽어도 일본 사상사의 대략적인 분위기를 살펴볼 수 있다. 이 책은 일반 개설서와 달리 주석을 상세히 달았다. 좀 더 깊이 있는 일본 연구에 도움이 되길 바란다.

2011년 3월 이후 일본은 주변국과 수시로 갈등을 일으키는 신경질적인 국가가 되었다. 우리나라와는 독도 문제로 갈등을 빚었고, 중국과는 센카쿠(尖閣, 댜오위다오)문제로 전쟁까지 불사하는 모습이다. 그런 모습과 상대적으로 K-pop과 싸이로 상징되는 우리 문화의 흥성 기운을 보면서, 필자는 일본 사회의 문제가 허약한 민주주의 체질 때문은 아닌가 생각한 적이 있다.

하지만 민주주의 체질에 대하여 우리가 남의 말을 할 때가 아니다. 지난 몇 년간 우리나라 민주주의도 한계를 드러내고 있다. 중국도 마찬가지다. 역사는 항상 발전하는 것만은 아니라는 사실을 새삼 깨닫는다. 최근의 일본, 중국, 한국 사회를 보면서 마루야마 마사오의 말을 되새겨 본다. "민주주의는 끝없이 계속해야 하는 영구적인 혁명운동이다."

2014년 2월
임태홍 삼가 씀